国家社科基金重点项目
"互联网背景下的表达权研究"
(15AZD055)的最终成果

厦门大学互联网和数据法治系列

郭春镇　主编

郭春镇　张慧　王海洋
黄耀鹏　成立文　曾钰诚
谢于思　候天赐　熊捷 ◎著

互联网背景下的

表达权研究

厦门大学出版社
XIAMEN UNIVERSITY PRESS
国家一级出版社
全国百佳图书出版单位

图书在版编目（CIP）数据

互联网背景下的表达权研究 / 郭春镇等著. -- 厦门：
厦门大学出版社，2023.5
（厦门大学互联网和数据法治系列 / 郭春镇主编）
ISBN 978-7-5615-8845-1

Ⅰ. ①互… Ⅱ. ①郭… Ⅲ. ①互联网络—舆论—研究
Ⅳ. ①G206.2

中国版本图书馆CIP数据核字(2022)第214434号

出 版 人	郑文礼
责任编辑	甘世恒
美术编辑	李夏凌
技术编辑	许克华

出版发行　厦门大学出版社

社　　　址	厦门市软件园二期望海路 39 号
邮政编码	361008
总　　　机	0592-2181111　0592-2181406(传真)
营销中心	0592-2184458　0592-2181365
网　　　址	http://www.xmupress.com
邮　　　箱	xmup@xmupress.com
印　　　刷	厦门集大印刷有限公司

开本	720 mm×1 020 mm　1/16
印张	25.25
字数	406 千字
版次	2023 年 5 月第 1 版
印次	2023 年 5 月第 1 次印刷
定价	98.00 元

厦门大学出版社
微信二维码

厦门大学出版社
微博二维码

前言
Foreword

当表达权遭遇互联网

表达是人类的一种需求和能力。通过表达，信息得以传递、反馈，不同的观点和意见得以对话、交涉。在此表达不断往复的过程中，表达的主体达成共识，并由此形成进一步交流与协作的起点。在这个意义上，表达对于人类的形成和生存、对于人类社会的产生和发展，都具有难以替代的意义。

表达既具有实现某种功能、达成特定目标的工具性价值，也具有自身固有的内在价值。易言之，在某种意义上，表达本身就是价值。正是出于对表达所具有价值的关切、重视和强调，世界上主要国家均在宪法或宪法性法律中对表达自由作出了规定。尽管各自表述有所不同，但其主要内容都将以言论为核心的多种表达形式界定为宪法的基本权利，应受到宪法或法律的肯定与保护。尽管如此，这也并不意味着言论是不受任何限制的，即便是影响力极为广泛的美国宪法第一修正案，也只是强调"国会不得制定关于下列事项的法律：确立国教或禁止信教自由，剥夺言论自由或出版自由，或剥夺人民和平集会和向政府请愿申冤的权利。"这并没有从规范意义上排除其他国家机关在某些时候对某些言论的限制乃至剥夺。我们也在很多案例中看到美国政府和司法机关对诸如仇恨言论、种族歧视言论、色情言论等的限制。

如果说"表达自由"是一个内涵较为确定、学理和规范意义较为清晰的概念的话，那么"表达权"则是一个新的词语。从表达自由到表达权的演变过程，是从"自由"向"权利"演进的过程。表达权的演变机理十分复杂,从"历史的行动者"角度来看,它与社会转型、改革攻坚、经济体制改革深入及由此带来的不同利益阶层的利益表达需求具有较强的相关性。同时,在群众政治参与意识提高但在一些重大问题上缺乏共识的背景下,立足于中国特色社会主义民主,通过确立表达权来促进人民对公共事务和公共政策的讨论,应是表达权产生的另一重要原因。

表达权的内容、行使方式和边界等要素本身就是重要而复杂的问题,当它与互联网不期而遇之时,有待解决的问题则进一步丰富与复杂化。与传统纸质媒体不同,互联网的产生与迅猛发展在相当程度上改变了表达的模式。如果说传统表达自由是"街角发言者"的模式,那么互联网表达权及其实现则需要一个新的模式来予以概括。而当它和匿名表达、无过滤或少过滤表达相结合时,则进一步增加了保护、保障和治理的难度。本书尝试在立足于对表达权进行界定的基础上,对其保护、保障和治理问题进行探索,并提出建设性的意见和建议。

本书共分为三编。第一编为"表达权的学理属性",其中第一章力求探索中国场景下表达权的意涵与实现,第二章则尝试从传媒学角度,探索媒介对于表达的影响。

在第一章"作为中国政法话语的表达权"中,作者认为表达权是一个容纳了表达自由内核且富有中国特色的政法表述,它既与表达自由具有学理上的关联性,又在数字人权的时代背景下被嵌入了新的制度内涵。在理论上,表达权通过节制资本和立足于底线性思维扩展了表达自由的内涵,建构了数字人权时代的"新思想市场"。在功能上,表达权满足了新的时代需求,有助于通过制定良法表达人民意志、通过善治实现人民意志。表达权的实现需要国家在消极层面不干涉公民的表达,也需要国家在积极层面为公民提供必要的物质保障和制度安排。其中包括通过基础设施建设来打破"数字鸿沟",保障公民能够自由"表"明自身观点,也包括通过制度安排尊重网络平台的自治并对其进行规制,使公民的观点"达"致受众。

在第二章"从表达自由到表达权——媒介变迁的视角"中,作者认为媒介在表达自由中不仅具有工具性价值,还具有其独特的主体性价值,塑造着人们的行为方式和认知方式。从美国媒介形态变迁的历史来看，信息技术的发展虽然增加了表达媒介的多样性，但不一定扩展了公民的表达自由，甚至有可能减损公民的表达自由。不同于欧美自由主义传统下的表达自由，我们的党和政府在媒介融合的场景下汲取域外法治成果提出了表达权这一概念。表达权建立在国家与公民之间的信赖关系之下，所追求的不仅是公民能够通过媒介发出声音，更是公民的声音在媒介上能够为他人所听到，但媒介融合场景下平台企业基于技术控制衍生出一套堪比国家公权力的社会权力，成为公民表达权的最大对手。因此，未来国家应当通过资源的分配和规则的设计加强对网络平台社会权力的规制，助推公民表达权的实现。

第二编"表达权的治理"立足于对表达进行治理进而实现表达权。该编包含四个章节，分别对"三元模式"表达权的保护与规制、网络表达的多元主义规制、疫情防控背景下"网络表达权"的异化及其治理、互联网平台对公众表达的规制及其限度等问题开展具体研究。

在第三章"'三元模式'网络表达权的保护与规制"中，作者认为，网络"闯入"传统表达权碰撞出的火花摧毁了原有的表达权基础，诞生的网络表达权是新事物而不仅仅是表达介质的改变。在此情形下，一些传统表达权理论已然不适用于当今代码所架构的网络世界，表达权已经由"二元模式"转为"三元模式"。在此背景下，要营造一个"清朗"的网络表达权空间，需要纵向公权力机制与硬法以及横向软法机制与柔性治理的纵横联合，实现表达权范式和理念更新，迈向网络表达的回应型监管，并将关注的目光转向网络平台、代码和算法，尤其是在网络表达权保护与规制中要积极发挥平台主体责任和主体地位的作用。

在第四章"网络表达的多元规制——以规范表达权的实现为视角"中，作者认为，在公民与国家权利保障意识日益增长的今天，如何控制表达权的限度，防止因表达权滥用而引发网络舆情成为一项新的重要议题。相较于作为法定基本人权的表达自由，表达权是具有强烈政治属性的"政定"公民基本权利。在网络舆情时代，网络表达去中心化、快速传播条件下，传统规制方式难以应对表达权规制的新需要。新规制理论以"软法"

"合作规制""回应型规制"为理论渊源,将治理方式从传统的法律规制与行政规制,转变为以效率和民主为核心治理理念的多元主义规制,进而形成充分发挥党的政治领导、完善法律规制制度、强化政府常规规制、注重行业自我规制以及个体自治的"党—政—行业—个体"多主体协同发力的新型表达权规制模式。

在第五章"疫情防控下'网络表达权'异化及其治理"中,作者认为,在中国特色社会主义宪制结构及其权利体系中,表达权作为一类具有准规范性、准权力性、整合性等特征的"政定性"权利,在推进民主参与、政治表达、权力制约等方面扮演着重要角色。这意味着表达权的权利属性区别于传统法定表达自由或者言论自由。"网络表达权"是表达权的数字化延伸,是表达权历经无媒介时代、传统媒体时代到网络自媒体时代而衍生出的新型权利类型,打破了表达的时空局限与话语垄断并降低了表达成本。然而,疫情发展导致"网络表达权"的异化,加剧了网络谣言的制造传播。其中,网络谣言制造者存在的话题制造、相对剥夺感、偏颇吸收等诱因,以及谣言传播者受事件重要性与模糊性、信息不对称、信息流瀑与群体极化、算法推荐等因素影响,共同揭示出"网络表达权"异化问题的发生逻辑。解决问题的方案在于通过设定区分原则标准、比例原则标准、效益原则标准等"网络表达权"的合理边界及限制标准,以实现对其的妥善规制。

在第六章"互联网平台对公众表达的规制及限度"中,作者认为,互联网平台构筑了一个公众表达的新"场域",呈现出表达权力格局去中心化、表达媒介资源非稀缺性、表达内容裂变性、表达时空延展性等特性。互联网平台作为这个新场域的支撑者、构建者和管理者,对公众表达进行规制的行动逻辑是:通过用户协议设定表达规范,通过算法规则引导或干预表达效果,通过惩罚机制限制或剥夺表达权利,通过争议处置提供救济或质疑表达权利的渠道。这种规制在客观上已形成了一种权力,且具有正当性支撑:从经验视角来看,平台获得了基于技术架构的普遍同意、基于"公共论坛"性质的群体同意和基于用户协议的个体同意;从理性视角来看,平台实现了由规制权力到公众表达权利的"交换",促成了规制权力属性从国家权力向社会权力的"回归"。为发挥互联网平台对公众表达的正向价值并规避因其权力失序可能导致的不利因素,有必要对平台的这种规制权力进行治理。主要思路是基于现有三角格局实行主体制衡,从权力运行环节把关视角对关键风险点进行预控,此外还可探索设立第三方言论"判断"机构以重构表达权力格局。

第七章"表达权视角下互联网仇恨言论的规制"是在前述表达权治理研究基础上的具体化,主要针对仇恨言论进行探讨。作者认为,表达权属于现代法治国家应当给予其公民的基本权利,该项权利与言论自由或称表达自由这一价值相连接,但言论本身并不具有绝对的神圣性,需要对其采取一定的规制措施,这种规制可以促成公民表达权更加有效地行使。该章以仇恨言论为视角,结合数字媒介时代信息传播的特点以及网络技术的特性,从保证公民表达权行使的角度论证了对仇恨言论进行规制的合理性和可行性,并对当前规制仇恨言论的理论与现实困境进行分析,最后从 ISP 的自律治理、技术治理等角度提出了关于如何规制互联网仇恨言论的若干建议。

第三编为"表达权的实现",这一编共有两章,其中第八章是基于表达权的实践而开展的实证研究。作者采用了法律社会学的方法,对亲历厦门 PX 事件前后的公民表达进行了梳理和分析;第九章则尝试探索网络表达权与国家权力之间的合作互动关系。

在第八章"表达权行使如何可能"中,作者认为厦门 PX 事件被认为是政府吸纳民意的范本,但无法为解决类似事件提供方法。对该起事件发生过程的梳理表明,其民意的成功表达有特殊原因,即社会、政治以及法律之间的复杂互动。在该事件中,公民的表达权行使呈现了良好的社会效果与法律效果。通过对该事件的讨论,作者强调,理性表达是民意胜利的关键,能整合政治资源与法律资源,从而为行动者所借助,实现自身利益诉求。表达权作为民主法治成熟的标志,需要通过法律规范的保障来实现。

在第九章"权能相长:论网络表达权与国家权力的合作互动关系"中,作者认为,欲实现实质的网络表达权,公民需要一种混合能力:在一定的政治、经济和社会环境中发展出的内在表达能力和外在表达机会。因此,网络表达权需要与国家权力开展合作互动,使得公民权利、能力和国家权力、治理能力相辅相成,进而实现权能相长。网络表达权通过促进民主协商、民主参与和民主监督巩固国家权力的合法性,亦推动社会自治、提供治理信息,从而增进国家治理的有效性。国家权力在设施层、规则层和内容层三个逻辑层次分别采取保障措施,协助实现网络的可用性、网络表达平台的稳定性和网络表达的完整性。当前国家网络内容管理制度日益稠密,并有趋向泛化之势,而行政机关对制度的解释与适用亦常常倾向于权力本位而非权利本位,导致过度寒蝉效应在一定程度和范围内出现,并使得曲线表达出现并流行。因此须在立法、执法、司法活动中贯彻多元、宽容、自治的表达理念,畅通表达权的私力和公力救济渠道,以营造良好的网络生态,维持强国家与强社会的合作共赢关系。

目录
Contents

第二编　表达权的治理

第三编　表达权的实现

第 一 编

表达权的学理属性

互联网
背景下的
表达权研究

第一章

Chapter I

作为中国政法话语的表达权

　　党的十八大以来,中国逐步迈入了中国特色社会主义和民主法治的新时代。新时代不仅是"数字人权"的时代①,也是政法话语范围和意涵更加丰富的时代,因而有必要立足于我国当前特有场域,对某些权利表述的内涵与外延进行挖掘和建构,并在此基础上探索如何将其实现。话语是权力和权利的一种展示或表达方式,就像"法言法语"及对它们的解释制度与技术中存在着权力与权利精细幽微而复杂的关系一样②,政法话语中的术语亦如是。值得关注的是,这些术语必须置于中国特有的政治历史进程中,在特定的政法背景和话语体系中理解,才能把握其恰切的含义。

　　在新时代的中国政法话语体系中③,表达权与知情权、参与权、监督

① 数字人权的意涵非常丰富,张文显教授认为它包括"通过数字科技实现人权""数字生活或数字空间中的人权",也包括"数字科技的人权标准""数字人权的法理依据"等,参见张文显:《新时代的人权法理》,《人权》2019 年第 3 期。

② 参见[美]约翰·吉本斯:《法律语言学导论》,程朝阳等译,法律出版社 2007 年版,第 246～247 页。

③ 侯猛对中国的政法话语有精细的研究,他在爬梳了诸多政法工作文件之后,指出"政法概念的所指基本集中在审判、检察、公安、国家安全和监狱事务"。参见侯猛:《新中国政法话语的流变》,《学术月刊》2020 年第 2 期。2019 年 1 月 13 日中共中央印发的《中国共产党政法工作条例》第 3 条规定:"政法单位是党领导下从事政法工作的专门力量,主要包括审判机关、检察机关、公安机关、国家安全机关、司法行政机关等单位"。该条明确了政法机关的范围,但对政法机关概念的界定未必能垄断对"政法"含义的理解,就像我们能够从法律文本上确定"司法机关"的含义,但对"司法"在学理上的理解却仍然丰富多彩。因此,此处在更广泛的意义上使用"政法话语"一词,即前述机关和立法机关及政法委等部门所使用的、施行于法律运行各环节的语句,以及其他在中国政治运行过程中的"涉法"语句。

权共同构成了一个有机整体。它们既是"完善基层民主制度"的重要方式,也是"坚持党的领导、人民当家作主、依法治国有机统一"政策的组成部分,其实现有助于"健全人民当家作主制度体系,发展社会主义民主政治"①。探究作为新时代中国政法话语的表达权的源流及其在学理上的价值,揭示其对于良法善治的功能与意义,探索它的实现与保障的基础与方式,在数字人权时代具有重要的理论意义和现实价值。

第一节　学理与脉络:"转进"的表达权

从党政文件的描述来看,表达权是一个既新鲜又富有活力的概念。作为一个新鲜的术语,它由 2006 年 10 月 11 日党的十六届六中全会通过的《中共中央关于构建社会主义和谐社会若干重大问题的决定》(以下简称《决定》)首次提出。该《决定》指出:"为了维护社会公平正义……依法保障公民的知情权、参与权、表达权、监督权。"此后,表达权频繁出现在以党的中央委员会全体会议决议和政府各项工作报告等为代表的系列党政文件中。②

---

①　习近平:《决胜全面建成小康社会　夺取新时代中国特色社会主义伟大胜利——在中国共产党第十九次全国代表大会上的报告》,载《人民日报》2017 年 10 月 28 日第 001 版。

②　具体包括:以 2006 年 10 月 11 日党的十六届六中全会决议《中共中央关于构建社会主义和谐社会若干重大问题的决定》、2008 年 2 月 27 日十七届二中全会公布的《关于深化行政管理体制改革的意见》、2008 年 10 月 12 日十七届三中全会通过的《中共中央关于推进农村改革发展若干重大问题的决定》、2011 年 10 月 18 日十七届六中全会通过的《中共中央关于深化文化体制改革 推动社会主义文化大发展大繁荣若干重大问题的决定》为代表的中共中央委员会决议;2007 年 3 月 25 日国务院第 171 次常务会议(国务院签发)的《国务院 2007 年工作要点》、2008 年 5 月 12 日国务院第 7 次常务会议(国务院签发)《国务院关于加强市县政府依法行政的决定》、2016 年 2 月 17 日中共中央办公厅、国务院办公厅联合印发的《关于全面推进政务公开工作的意见》、2016 年 4 月 2 日国务院办公厅印发的《2016 年政务公开工作要点》等在内的政府决议;2007 年 10 月 15 日党的十七大报告《高举中国特色社会主义伟大旗帜为夺取全面建设小康社会新胜利而奋斗——在中国共产党第十七次全国代表大会上的报告》、2012 年 11 月 8 日党的十八大报告《坚定不移沿着中国特色社会主义道路前进为全面建成小康社会而奋斗》等党代会文件;以及 2009 年 4 月 13 日《国家人权行动计划(2009—2010 年)》、2010 年 6 月 8 日《中国互联网状况》、2011 年 7 月 14 日《国家人权行动计划(2009—2010 年)评估报告》、2011 年 9 月 6 日《中国的和平发展》、2012 年 6 月 11 日《国家人权行动计划(2012—2015 年)》、2013 年 5 月 14 日《2012 中国人权事业的进展》、2016 年 6 月 14 日《国家人权行动计划(2012—2015 年)实施评估报告》、2016 年 9 月 29 日《国家人权行动计划(2016—2020 年)》等在内的政府白皮书。

与此同时,表达权也是一个富有活力的词语,它曾出现在党和政府诸多文件的不同章节、不同领域中。从其所处的文件名称和内容来看,它既是一种公民权利和政治权利,又是一种使人之为人的基本人权①;既是制度建设的内容②,又是政治体制改革的组成部分③;既是依法行政、科学监督等基本理念的具体制度安排④,又是广义上社会主义民主政治和民主法治建设的重要内容⑤。

从文字的表述来看,表达权与宪法理论中的表达自由存在"家族相似性"。有学者直接将其等同,在确认言论自由为表达自由核心和母体的同时,强调表达自由的表达形式既包括由语言和文字形成的言论,也包括各种符号性语言(symbolic speech)。⑥ 也有学者将其视为一种法定权利,强调表达权是"公民依法享有的由法律确认,受法律保障和限制"的"通过一定方式公开发表,传递思想、意见、主张、观点等内容,而不受他人和社会组织非法干涉或侵犯的权利"。⑦ 还有学者在承认表达权为法定权利的基础上,将表达权分为积极和消极两个面向——消极面向体现为不受他人和社会组织限制地表达个人思想、观点和主张,积极面向体现为"要求

---

　　① 参见 2009 年 4 月 13 日《国家人权行动计划(2009—2010 年)》、2011 年 7 月 14 日《国家人权行动计划(2009—2010 年)评估报告》、2012 年 6 月 11 日《国家人权行动计划(2012—2015 年)》、2013 年 5 月 14 日《2012 年中国人权事业的进展》、2016 年 6 月 14 日《国家人权行动计划(2012—2015 年)实施评估报告》、2016 年 9 月 29 日《国家人权行动计划(2016—2020 年)》。

　　② 党的十七届三中全会《中共中央关于推进农村改革发展若干重大问题的决定》。

　　③ 党的十八大报告《坚定不移沿着中国特色社会主义道路前进 为全面建成小康社会而奋斗》。

　　④ 党的十八大报告《坚定不移沿着中国特色社会主义道路前进 为全面建成小康社会而奋斗》以及《国务院关于加强市县政府依法行政的决定》《关于深化行政管理体制改革的意见》。

　　⑤ 党的十九大报告决胜全面建成小康社会　夺取新时代中国特色社会主义伟大胜利,党的十七大报告《高举中国特色社会主义伟大旗帜 为夺取全面建设小康社会新胜利而奋斗——在中国共产党第十七次全国代表大会上的报告》,十六届六中全会《中共中央关于构建社会主义和谐社会若干重大问题的决定》。

　　⑥ 参见郭道晖:《论作为人权和公民权的表达权》,《河北法学》2009 年第 1 期。

　　⑦ 参见章舜钦:《和谐社会公民表达权的法治保障》,《法治论丛》2007 年第 4 期。

他人或组织,特别是政府提供必要的资源给予支持"。①

从这些论述来看,学者们多把表达自由和表达权这两个外观上有着亲缘关系的术语进行等同化,并提供了具有一定说服力的学理论证,似乎两者真的是一个意思两种表述。但笔者通过对这两个术语的理论脉络和嵌入背景进行多维度审视之后,发现两者之间的关系需要在进一步思考的基础上进行重新定位。

首先,表达自由和表达权所对应的自由/权利主体存在着交叉关系。表达自由是一个法学术语,在规范上对应着《宪法》第 35 条"中华人民共和国公民有言论、出版、集会、结社、游行、示威的自由"。表达自由是对该条文所列举自由的概括性表达,其主体是"公民"。而表达权所对应的主体则较为庞杂。通过对 2006 年以来党政相关文件的梳理,可以发现,表达权对应的主体有"公民""人民""群众""人民群众""公众"等,还有"农民"这样的特定群体②,甚至在国务院同一个部门发布的不同文件中,对

---

① 参见淦家辉、谢向阳:《公民表达权浅论》,《燕山大学学报(哲学社会科学版)》2008 年第 4 期。

② 2006 年党的十六届六中全会之后中表达权的主体为"公民",其后,中共中央委员会及十八大报告中在提及"表达权"的时候,均为"人民"或"人民群众",2008 年十七届三中全会的《中共中央关于推进农村改革发展若干重大问题的决定》,由于涉及农村改革问题,"表达权"的权利主体是"农民"。但中央政府文件中则出现了多种表述,如《国务院 2007 年工作要点》中表达权的主体是"公民"并在文件中注明由民政部、法制办负责,2008 年的《国务院关于加强市县政府依法行政的决定》中表达权的主体也是"公民",2009 年国务院新闻办发布的《国家人权行动计划(2009—2010 年)》中表明要"保障公民的表达权利",国务院新闻办于 2011 年 9 月发布的《中国的和平发展》表达权的主体是"人民",国务院新闻办于 2012 年 6 月发布的《国家人权行动计划(2012—2015 年)》中表达权的主体是"公民",国务院新闻办于 2013 年 5 月发布《2012 年中国人权事业的进展》表达权的主体是"公民",2016 年中共中央办公厅、国务院办公厅印发的《关于全面推进政务公开工作的意见》中表达权的主体是"人民群众",2016 年国务院办公厅印发的《〈关于全面推进政务公开工作的意见〉实施细则》的通知中表达权的主体是"公众",国务院《2016 年政务公开工作要点》中表达权的主体是"人民群众",国务院新闻办于 2016 年 9 月 29 日发布的《国家人权行动计划(2016—2020 年)》中表达权的主体是"公民"。

表达权的主体都有不同的表述。^①"人民""群众""人民群众"更多的是政治学术语或政治话语,公众则带有传播学、公共关系学的痕迹,也存在于法律规范的表述之中。^② 表达权未曾在法律规范文本中出现过,在之前的法学论著中也鲜被提及。从前述文件中表达权的主体来看,它更像是一个兼容了法律术语的政法表述。

其次,表达自由和表达权存在着学理上的交叠关系。关于表达自由的学理价值主要有三大类理论:思想市场理论、民主自治理论和个人自主(autonomy)理论。第一类是思想市场理论,其主张让各种思想在市场上进行自由竞争,由理性和睿智的大众自行决定接受何种思想。^③ 该理论相信人类的理性,相信人类会基于理性而分辨对错,区别真理和谬误。它强调任何表达,不管其是真理还是谬误,也不管其对错程度如何,都有助于人类探索和发现真理,因此表达自由不应受到限制。第二类是民主自治理论,米克尔约翰对此有巨大的理论贡献。米克尔约翰反对将表达区分为"有害的"和"无害的","可容忍的"和"不可容忍的","可能导致明显且即刻的危险的"与"不会导致明显且即刻的危险的"。他认为表达只能被划分为"为公的"和"为私的"^④,其中"为公"的表达有助于民主协商而不应受到任何限制或削减。^⑤ 第三类是个人自主理论,该理论认为表达自由有助于个人的自我实现,是一种历史社会中的自由,属于"反思的判断力",是人的自由本体的"象征"或"类比",与人的自我实现密不可分。^⑥而表达权这一术语则未承载这样复杂的价值和理论纷争,在所有关于表

---

① 如国务院新闻办于 2011 年 9 月发布的《中国的和平发展》中表达权的主体是"人民",于 2012 年 6 月发布的《国家人权行动计划(2012—2015 年)》中表达权的主体是"公民",于 2013 年 5 月发布的《2012 年中国人权事业的进展》中表达权的主体是"公民"。

② 如《刑法》第 176 条规定的"非法吸收公众存款罪"。

③ Abrams v. United States,250 U.S. 616(1919).

④ 参见[美]亚历山大·米克尔约翰:《表达自由的法律限度》,侯健译,贵州人民出版社 2003 年版,第 27～29 页。

⑤ See Saul Levmore, Martha Nussbaum, *The offensive Internet*:*Speech*,*Privacy and Reputation*,Harvard University Press,2010,p.7.

⑥ 参见邓晓芒:《康德自由概念的三个层次》,《复旦学报》2004 年第 2 期。

达权的文本中,都将"公民的知情权、参与权、表达权、监督权"置于一体之中。表达权和其他三权存在密不可分的共生关系,用以监督公权力,实现民主政治,并进而实现社会公平正义、构建和谐社会。因而,如果说表达自由这一术语承载了多种价值追求的话,那么表达权的价值目标则直指民主政治,服务于社会正义、和谐社会、人民当家作主等政治性目标。在这个意义上,表达权是一个经由党和政府确认和保障的、立足于法定权利且包容了部分新兴权利,具有特定政治意义和学理意涵的概念。从价值追求的角度来看,表达自由和表达权都包容于公民权利和政治权利之中,是人权的组成部分。从理论性质的角度来看,二者都致力于限制公权力,实现民主政治。

最后,从发展脉络来看,表达权的产生是党和政府在表达自由源流与学理的基础上,立足于数字人权的时代场景有意识地吸纳现代法治内核的表现。从这两个术语的起源来看,表达权在《决定》中首次出现。它尽管看似横空出世,但其内在含义和政治意义与表达自由存在着密切的源流关系。它是在继承了表达自由的部分意涵之后,集合特定时空诸多因素的历史产物。

在西学东渐的过程中,表达自由的意涵与研究框架在我国逐渐清晰明确。弥尔顿于1644年发表的《论出版自由》中首次系统明确地阐述了表达自由的基本原理之后[①],密尔在《论自由》中对表达自由思想进行了系统化和进一步的提炼,其强调所有的意见都应当得到表达,即使是那些少数的、异端的、片面的意见也可能蕴含着某些被忽视被压制的真理。[②]中国表达自由思想萌芽于清末。严复将密尔的《论自由》翻译为《群己权界论》,精准把握了自由的意涵,引领着表达自由理念在中国的阐释和传播。梁启超在《自由书序》中引介和界定了现代思想自由、言论自由、出版自由等话语表达形式,并指出这三大自由"实为一切文明之母"。[③] 中华

---

① 参见[英]约翰·弥尔顿:《论出版自由》,吴之椿译,商务印书馆1958年版,第5页。

② 参见[英]约翰·密尔:《论自由》,许宝骙译,商务印书馆1998年版,第53页。

③ 转引自路鹏程:《晚清言论自由思想的肇始与演变(1833—1911)》,华中科技大学2009年博士学位论文,第164页。

人民共和国成立后,学界仍沿袭清末以来的"言论自由"表述。改革开放之后,学界在对言论自由进行本体论阐述的同时①,在学理上论述了表达自由概念②。在经历了理论铺垫和初步储备之后,中国学界开始对表达自由进行较为全面的研究,搭建起了研究表达自由的基本框架,对表达自由的内涵、外延、属性、价值、限制与保护等问题进行系统研究。③

表达权是对表达自由的发展。"任何语言概念关系都不是独立存在的,而只能依存于与符号结构总体的特定关系","它的各个要素只能在此统一的框架内才能理解"④。在中国改革开放的进程中,党和政府不断深化政治领域改革,有意识地以更加开放的态度汲取现代法治的成果,表达权就是这一进程中对表达自由内容的部分汲取。这既包括对表达自由理论在文本上的研习,也包括在学术对话过程中的交流与汇通。⑤ 这些成果在本土化之后在党的文件中得到体现⑥,且在每一个重大时间节点,表达权都被进一步细化、具体化和明晰化。从表达权的发展历程来看,"表达权"这一符码是在我国全面深化改革的背景下,适应时代发展,立足于

---

① 如高呈祥:《"言者无罪"与"违法必究"》,《社会科学》1982 年第 7 期;崔敏、王礼明:《试论言论自由》,《学习与研究》1982 年第 4 期。

② 参见陶国臣:《没有大众的"大众媒介"》,《新闻战线》1983 年第 12 期。

③ 如李怀德:《论表达自由》,《现代法学》1988 年第 6 期;王立成:《资本主义民主中的表达自由及其限制》,《湖南师范大学社会科学学报》1990 年第 1 期;张志铭:《欧洲人权法院判例法中的表达自由》,《外国法评议》2000 年第 4 期;甄树青:《论表达自由》,社会科学文献出版社 2000 年版,第 19 页。

④ 张一兵:《索绪尔与语言学结构主义》,《南京社会科学》2004 年第 10 期。

⑤ 如我国外交部和欧盟委员会在 2005 年举办的"中欧人权对话研讨会•表达自由"会议,这是自 1995 年中欧人权对话开端以来的第十三次人权对话研讨会,但却是首次以"表达自由"为主题的中欧人权研讨会。参与此次会议的我国代表,除了 18 位学者,还有 23 位来自外交、法院、检察院、全国人大、公安、司法行政等部门的代表。参见陈力丹:《中国、欧盟学者共同探讨表达自由的法律与实践——"中欧人权对话研讨会•表达自由"会议综述》,《国际新闻界》2005 年第 4 期。

⑥ 从党的十三大中提到的"建立社会协商对话制度……重大问题经人民讨论",到十五大的"保证人民依法享有广泛的权利和自由,尊重和保障人权……形成深入了解民情、充分反映民意、广泛集中民智的决策机制",再到十七大明确提出表达权并在党和政府的系列文件中反复强调,以及十九大报告中重申表达权在"坚持党的领导、人民当家作主、依法治国有机统一"的重要作用。

自身的偏好与需求①,遵从历史与逻辑演进规律的产物。在这一发展历程中,表达权及其行使不断地被规范化和程序化,不断地被赋予新的制度内涵。从起初偏重"不被干涉"的消极自由面向的表达自由,转化为兼具消极与积极双重面向的表达权,这种表达方式的转化更具有制度规范性,充分体现了法治化建设的要求,并最终发展成为一种新时代的法治动力机制。

总之,表达权的意涵与传统的表达自由相交叠,是在中国历史发展与政治现实需求的召唤中产生的权利概念。在经过数字时代的加持之后,表达权成为数字人权的组成部分②,它不仅在面对公权力机关时具有积极与消极双重权能,还在某些场景下面对占据强有力优势地位乃至垄断地位的高科技企业时,具有要求企业在行使其社会权力时尊重、保护和保障公民表达,以及请求国家对此类企业进行规制的权能。这充分体现了表达权是党和政府根据时代发展吸纳表达自由法治意涵,根据数字时代与政治价值导向转进的结果。

第二节　理论拓展:
表达权建构数字人权时代的"新思想市场"

表达自由之所以在诸多宪法权利中位居前列,最重要的原因是它提供了有助于民主和自治的"思想市场"。在数字时代,互联网技术和资本对表达的影响,使得原有的以"街头发言者模式"③建构的"思想市场"理论及立足于该理论的制度安排难以回应现实的需求。因此,我们需要建构一个超越"思想市场"的"新思想市场"。"新思想市场"秉承"思想市场"的核心要素,同时兼容与整合民主自治和个人自主理论所追求的目标。

---

① 如中国对积极权利的偏好和社会主义民主政治发展的需求。参见郭春镇:《论两种人权偏好之关系及中国人权的积极面向》,《法学评论》2012年第2期。

② 参见张文显:《新时代的人权法理》,《人权》2019年第3期。

③ 左亦鲁:《告别"街头发言者":美国网络言论自由二十年》,《中外法学》2015年第2期。

"新思想市场"的实现需要排除诸如垄断、毁谤、贿赂、"虚假广告"等扰乱市场资源配置的因素,使得各种"为公"的思想和言论在一个健康有序的市场进行交锋、交流与整合。

(一)"思想市场"理论的不足

"思想市场"理论是西方传播法立法的基石,它构想了一个让不同思想进行竞争的思想市场。就像市场能够通过自由竞争让最优的商品胜出一样,最具真理价值的言论和观点也能够在纷繁复杂的思想市场得到"消费者"的认可,进而成为市场竞争中的胜利者。它内在地预设从市场上选购思想的"消费者"是理性、明智的个体,能够根据自己的判断从诸多思想中选择最正确的一个。实际上,"思想市场"理论与民主自治理论有内在的相关性,它们都将"多数决"视为决定性的力量和价值①,相信人们会在理性的召唤下达成共识,并依据这种充分体现民主精神、遵循自治理念的"正确"思想,作出决策。

在思想实验层面,"思想市场"是一个非常有创意的理论构想,为我们营造了一个理想状态下不同思想进行碰撞、竞争和遴选的平台,为我们在多元主义背景下寻找和发现最具竞争力和可接受性的思想观点,提供了思路和方向。但其理论预设及其实现环节则存在着诸多争议之处。

首先,"思想市场"并不能确保产生"正确"的观点。"思想市场"的表述源自市场经济,但很多市场经济预设与理论并不能切实反映真实世界中人的需求和行为。古典经济学对市场经济进行了原教旨主义理解,它强调市场参与者的理性人预设,把参与市场经济的人视为理性、自治、自利、知晓并追求自己最大利益的主体。② 这种预设虽然有其特有意义和价值,基于它而产生的诸多理论模型也展示了其对人类行为和市场运行的解释力和说服力。但实际上,真实世界中的人们,在给定信息背景下,

① 参见秦小建:《言论自由、政治结构与民主协商程序的多元构造》,《法制与社会发展》2016 年第 5 期。

② 参见张理智:《论"理性经济人假说"之不能成立》,《江苏社会科学》2002 年第 6 期。

受种种因素的影响,经常会将个人的最大利益放在次要甚至不重要的位置。基于情感、认知等经济利益之外的因素,作出牺牲个人经济利益的利他行为,甚至有些时候会作出"舍生取义"这种看似不理性的行为。与之类似,在思想市场中,人们也恐怕难以像预设的那样能够对诸多相互竞争的思想作出理性选择。而且,即便人们按照理性人的标准在思想市场中选择了最符合自己利益的思想或理论,也难以说这个思想或理论是"最正确的"。因为评价思想和理论是否正确的标准并不全然是个人经济利益的最大化,很多公共政策都难以用经济利益来衡量。比如,对人的尊严的尊重、对他人生命安全的维护、对某些经济价值不高但对人权有重要价值的权利的珍视、对国家和民族的热爱等,这些价值与个体经济利益同样重要,某些时候甚至更加重要。

其次,"思想市场"缺乏良好的规则来保障运转。即便我们认同可以从自由竞争的思想市场上寻找到最"正确"的思想,这个市场也需要有良好的规则来保障,否则可能会带来市场的暴政。在自由资本主义时期,自由放任的市场确实推动了人的解放,促进了经济的发展。但随着资本主义发展到垄断阶段,垄断资本通过其竞争优势乃至垄断地位,限制、打击了自由竞争,从而让资源配置不再像以往那样有效,对人的权利的侵犯和人格尊严的贬损现象更是屡见不鲜。[1] 与之相类似,思想市场也存在扭曲市场信号、垄断市场、侵犯人权与人的尊严的情形。尤其是在互联网时代,扭曲市场信号现象更加常见和严重。比如,在"粉丝经济""流量经济"的背景下,购买关注度、粉丝等日益发展成为一门火热的生意。如果说电商流量的"刷单""买热搜"更多的是出于经济利益考量,那么某些公共人物"买热搜"[2]"上头条"[3]则是思想观点的不正当竞争。这种行为通过不正当竞争的方式扩大自己的话语权,让自己的观点和声音借助资本投入而放大,进而在思想市场上占据了超出其真实水平的优势地位。在这种

---

[1] 比如《威尼斯商人》中割一磅肉还债的合同,人类历史上存在的童工、性交易等行为,以及当前存在器官买卖、代孕市场等。

[2] 刘胜枝:《微博热搜的价值、问题与完善》,《人民论坛》2020年第31期。

[3] 张爱凤:《网络舆情中的文化政治》,《新闻与传播研究》2017年第2期。

情况下,资本绑架了思想,扭曲了思想市场信号,让思想观点的可接受性产生偏移,可能使得资本支持的小众观点被放大成为看似得到公众普遍支持的主流观点,进而使得资本能够影响乃至控制思想市场。资本的介入不仅不会让那些更公平、更具有可接受性的观点胜出,反而可能会使其淹没在"金喇叭"①的噪声中。

不受节制的市场会成为资本的天堂和压迫无产者的工具,不受规制的思想市场有可能让资本扶持或偏爱的思想,甚至让在话术方面表现出色的邪教思想胜出。接受这种思想的人们,不仅无法实现个人的自主,也无法通过集体行为实现民主和自治。在此意义上,各种所谓经由市场自由竞争而胜出的思想,实际上只是具有形式正义外观的修饰正义。② 或者说,这种思想市场在表面上提供了一种仿真的正义,但这只是一种"涂层",遮蔽了其后的权力支配关系,而在看似美好或有价值的涂层之下,则隐藏着斑驳甚至丑态。③ 因此,实质正义与真正人权的实现,需要构建"新思想市场"。

(二)表达权建构"新思想市场"的途径

相对于思想市场理论对人的理性的迷信和对"自由"竞争的迷恋,表达权理论更多地指向一种"新思想市场"。在这个市场中,不同思想、理论和观点相互竞争,但这个市场必须是有底线的、摆脱资本控制的、服务于人民的市场。这个市场上的思想、理论和观点旨在与知情权、参与权、监

---

① "金喇叭"源自美国作家 Mike Quin 的小说 *The Golden Trumpets of Yap Yap*,讲的是雅普雅普国的国王说该国以民主的方式决定公共事务,而民主的方式在支持某个观点的时候就吹喇叭,声音越大表明该观点就越受支持。但实际上穷人没有金喇叭,只有四个富人有金喇叭。"金喇叭"此时意味着富人掌控的媒体,而民主由此成为富人们或当权者意志的反映。参见[美]买克·魁恩:《"金喇叭"》,赖恭谦译,《实事求是》1987 年第 1 期。

② Leonidas K Cheliotis, Decorative Justice: Deconstructing the Relationship between the Arts and Imprisonment, *International Journal for Crime Justice and Social Democracy*,2014,Vol. 3,No. 1,p. 16.

③ 参见陈忠:《涂层正义论——关于正义真实性的行为哲学研究》,《探索与争鸣》2019 年第 2 期。

督权密切合作,通过信息公开而知情、通过参与公共政治而对权力进行监督,使公共部门能够更尽职尽责地服务于公共利益和人民民主。在这个意义上,新思想市场是对旧思想市场的超越,是对修饰正义的剥离和对涂层正义的抛弃。这个市场的有效运行,为实现基于个人自主的人权和基于民主的自治提供了可靠场域。

表达权有多重路径建构"新思想市场"。首先,要确保公民有表达的权利。"确保"意味着要有宪法和法律文本的支撑以及基于文本的有效实施。表达权在规范上可以被我国《宪法》第 35 条所覆盖,这使它有明确的文本依据。[①] 公民在基于宪法行使表达权的过程中,不应受到不合理的限制。对表达权的限制,应符合比例原则或与之近似的合理性原则或成本收益原则。[②] "确保"还意味着要对表达权进行保障。此时,表达权不仅具有消极权利的内容,也有积极权利的要求。它要求国家采取有效措施为公众提供表达的渠道、平台以及相应的基础设施。任何权利的诉求及实现,都离不开其所处的时空与场景。在迈入数字人权和 5G 万物互联时代的今天,表达权的实现高度依赖互联网平台和移动终端,因此国家有义务和责任对此类基础设施进行投资,在物质上保障表达权的实现渠道。否则,仅仅在文本上宣示对权利进行保护,但拒绝提供表达的平台和途径,无异于通过"金喇叭"来确定支持率的多少,最终不利于对权力的监督和权利的实现。

其次,在表达权实现的过程中需要节制资本,传递正确的市场信号。市场经济需要资本的参与,但若不对资本进行规制,它就可能在野蛮生长的过程中产生巨大的破坏力,不仅扭曲市场秩序,而且可能垄断市场,造成资源的低效甚至是无效配置,并将其产生的成本转嫁到参与市场的其他主体身上。"思想市场"中同样如此。因此,"新思想市场"应当合理规

---

① 《宪法》第 35 条规定:"中华人民共和国公民有言论、出版、集会、结社、游行、示威的自由。"

② 关于德国法中的比例原则、英美法中的合理性原则及成本收益原则的论述,参见戴昕:《比例原则还是成本收益原则:法学方法的批判性重构》,《中外法学》2018 年第 6 期。

制思想市场中借助资本来垄断性地扩大自己声音的行为,避免资本垄断思想、推销思想,使思想成为资本的奴仆。此外,在"新思想市场"中还要治理网络虚假谣言。[①] 虚构事实并传播谣言的行为[②],可能影响思想市场的有序竞争。这些虚构的事实,可能被用来论证某些观点和思想,证成其合理性与正当性,对此类谣言的治理有利于形塑"新思想市场"的公平竞争秩序。表达权的产生过程及其与知情权、参与权、监督权协作配合的语境,决定了只有面向公共事务的、基于事实的、负责的表达才是表达权所保护和保障的内容。当然,如果在这一过程中还存在着扰乱社会秩序的行为,还应由相关的行政法乃至刑法规范对其进行规制。

最后,在行使表达权的过程中应坚持底线思维。无论是在传统表达自由的学理框架内,还是在表达权的语义射程和所嵌入的文本场景内,表达都存在着边界。[③] 就表达权而言,由于它与其他相邻三种权利共同指向对公权力的限制,因此在民主政治和限权、控权的背景下,需要立足于底线思维,将某些超出底线的表达置于表达权保护的范围之外。这些表达包括歧视性言论、仇恨言论、色情言论和其他涉及违反公序良俗的言论。歧视性言论既包括种族歧视言论,也包括对某个群体歧视的言论。这些言论将某些特定的消极、病态或否定性的词语、观点和理论与特定族群相关联,对其进行污名化、物化和去人格化。歧视性言论在不同的地域范围和历史阶段有不同的表现形式。[④] 当前在世界范围内则体现为一种新型的"黄祸论",把诸如新冠肺炎等疾病与特定族群相关联,将某种疾病

[①]　对于谣言的定义学者们基于不同的面向进行界定,有虚假说、故意说、未经证实说、都市传说说、不确定信息说等多种界定,但谣言更多的是未经证实的言论,因此有可能为真,也有可能为假,具体参见雷霞:《谣言生命力解读——谣言概念及公式研究综述》,《新闻记者》2020 年第 11 期。

[②]　如故意捏造虚假信息,或者明知是虚假信息还在信息网络上散布,或者组织、指使人员在信息网络上散布、起哄闹事,造成公共秩序严重混乱的,构成寻衅滋事罪。

[③]　参见张燕、徐继强:《论网络表达自由的规制——以国家与社会治理为视角》,《法学论坛》2015 年第 6 期。

[④]　美国通常对种族歧视高度敏感和零容忍,但为纠正以往的歧视所采取的"纠偏行动"可能走向了问题的反面,引发了"反向歧视"。具体参见张千帆:《平等是一门科学——就业歧视法律控制的比较研究》,《北方法学》2007 年第 4 期。

的来源、暴发进行"种族化"或"群体化"解读,进而将这个族^[1]病人化"。① 仇恨言论与歧视有一定的相关性,歧视往往伴随着仇恨。对这种言论的立法规制源自二战后,欧洲国家为了抑制种族和宗教仇恨相继通过法律对仇恨言论予以约束和禁止。随着社会的发展和新的社会问题不断出现,对仇恨言论的规制范围不断扩展,如今已涵盖基于民族、种族、宗教、国籍等多类别而发表的侮辱性言论。② 当前仇恨言论有了新的体现,比如为了推卸自身在公共卫生事件中的责任,把自身面对病毒的无能为力或不作为转移到对特定族群的歧视和伤害上。③ 尽管世界各国对色情表达是否属于言论自由仍存在巨大的讨论空间④,但在中国的法律规范和道德文化的背景下,将色情表达视为应受保护的言论的观点不具有可接受性,对色情淫秽表达的治理在我国的行政法和刑法中也有清晰与严厉的禁止性规定,因此它不在具有公共指向的表达权语义射程之内,不应当受到表达权的保护与保障。

---

① 参见纪莉:《种族主义的新冠:以病为名——新冠肺炎的全球媒介呈现》,《学术研究》2020 年第 3 期。

② 参见何志鹏、姜晨曦:《网络仇恨言论规制与表达自由的边界》,《甘肃政法学院学报》2018 年第 3 期。

③ 新型冠状病毒肺炎疫情暴发以来,美国对亚裔的歧视日益严重。在 2020 年 1 月初有非洲裔男子在纽约的一个地铁站辱骂戴口罩的华裔女子,并追上去猛击其头部。具体参见梁燕等:《反歧视,美国华裔这次做足准备》,载《环球时报》2020 年 3 月 26 日第007 版。

④ 参见江登琴:《美国网络色情刑事处罚的宪法审查——雷诺案的经验与启示》,《国家检察官学院学报》2011 年第 1 期。

第三节　功能价值：表达权在良法善治中 表达和实现人民意志

新时代的法治是"良法善治"，蕴含着"良法"和"良法应当被有效实施"这一传统内涵①，前者表达人民意志，后者执行人民意志。② 在新时代，表达权不仅可以通过建构"新思想市场"，并在这一市场的运行过程中实现传统的真理发现、民主自治、个人自主等表达自由价值，还能够与数字人权的时代特征相融合，在其自身的实现过程中丰富权利的意涵。这种融合与发展的螺旋式上升过程，是表达权的内在基本价值及建构性价值得以实现的过程。在这一过程中，人民的意志和蕴含于其中的数字人权得以表达和实现。

（一）表达权在"良法"中表达人民意志

良法是体现共同善的法律。在经典的法治理论中，"制定得良好"的法律是法治实现的前提和基础。从字面来看，"良法"意指良善的法律。从理论渊源来看，"良法"既指立法层面"最好的法律"，还指涉"高级法"和"自然法"层面应当效仿的法律。③ 这里的"良善"，指涉的不是个体行为，而是法律的内在属性，是一种涉及整体的善。它包括对人有益的全部的善、灵魂的美德和灵魂美德中的理性。④ 这种整体的善可以化约为两类：一类是物化的共同善，主要以公共利益的形式表现出来，包括非物品形式的公共利益和物品形式的公共利益；另一类是非物化的共同善，主要以美

---

① 参见王利明：《法治：良法与善治》，《中国人民大学学报》2015 年第 2 期。

② 古德诺在《政治与行政》中，将国家权力区分为立法权与行政权，前者表达人民意志，后者执行人民意志，具体参见［美］F. J. 古德诺：《政治与行政》，王元译，华夏出版社1987 年版，第 12 页。

③ 参见曹义孙、娄曲亢：《柏拉图〈法律篇〉的良法思想研究》，《首都师范大学学报（社会科学版）》2017 年第 6 期。

④ 参见［古希腊］柏拉图：《法律篇》，张智仁、何勤华译，商务印书馆 2016 年版，第16～17 页。

德(virtue)的形式表现出来,关乎人们的精神生活健康和幸福的道德福利。① 我国当前重视、强调以及正在勠力实现的"良法善治"中的"良法",体现的就是社会主义法治所追求和践行的公共善。这种公共善,既包括物质层面的共同利益,也包括精神与道德层面的共同价值追求。在此意义上,制定良法,不仅可以在交叠共识中确定公共利益的内容,还可以向社会成员传导良善的价值观。因此,良法既是凝聚共同善的发生器,也是传导理性力量、使得人具有德性的金绳索。②

1. 表达权的双向属性汇聚人民意志

表达权的实现不仅需要公众或群众把意见表达出来,还需要国家基于公众表达的意见来制定或调整其方针政策,因此表达权具有双向属性。与表达权相关的知情权、参与权和监督权也不是单向度的权利表达,而是群众路线与表达、知情、参与和监督深入融合的双向互动模式。良法是体现共同善的法律规范体系,新时代的良法中所蕴含的共同善,除了以往良法内涵中的实质性价值外,在政治取向上还要体现"以人民为中心",而"以人民为中心"就意味着必须尊重和践行群众路线。如果说以往强调公众参与(广义的参与,包括表达权、知情权、参与权和监督权)是民众的权利,那么"群众路线模式则强调与民众打成一片是干部的责任","决策者必须主动深入到人民大众中去,而不是坐等群众前来参与"。③ 即领导干部、国家资源的控制者或国家权力的行使者有政治和道德义务确保公众有途径进行有效表达,确保公民表达权的实现,并基于公众表达的群体性意见制定或调整相关政策。在双向互动的过程中,意见的表达、汇集、凝聚、反馈在公众与国家之间形成良性互动,让经过表达、汇聚而形成的观

---

① 参见钱宁:《"共同善"与分配正义论——社群主义的社会福利思想及其对社会政策研究的启示》,《学海》2006 年第 6 期。

② "为了变得有德性,我们必须始终跟随一条拉拽我们的绳索,也就是那条唯一金质的和神圣的推理导索,这种推理就叫做城邦的公法。"参见[美]施特劳斯:《柏拉图〈法义〉的论辩与情节》,程志敏、方旭译,华夏出版社 2011 年版,第 20 页。

③ 王绍光:《不应淡忘的公共决策参与模式:群众路线》,载李朱主编:《群众路线大家谈》,华文出版社 2013 年版,第 337 页。

点在两个向度之间反复或多次交涉,进而形成真正以人民为中心、体现人民意志的法律法规。

2. 表达权的双重特性推动将人民意志纳入良法中

表达权具有嵌入性特征,需要在知情权、参与权、表达权、监督权四位一体的框架和背景中理解,更需要从中国政法话语和价值体系中理解。不同于一般规范意义上的权利表达,表达权具有双重特征,它既有通常法律意义上的权利特征,也有政法话语意义上的政治属性。从权利表达的角度来看,现代意义上法律规范中的权利主体通常建立在个人主义之上,权利义务指向的对象通常是确定、明晰的法定主体。但表达权这一政法话语在"群众路线""以人民为中心"等政治立场和目标的浸入下,不仅意指公民有权利表达,还意味着党政部门负有道德和政治义务来尊重和保障群众对现实问题表达出真实的意见。这既包括尊重群众的表达权,也包括采取各种措施、提供条件、鼓励群众表达,为群众表达权的实现提供各种物质和技术条件。在现有的话语体系中,"酝酿"一词很好地体现了这一双向互动的过程和结果。在现实的政法实践中,"酝酿"不仅意味着收集汇总原料(群众表达出来的观点和意见),还意味着使这些原料发生化学反应,形成一种崭新的事物。"酝酿"使得群众的表达和后续有关部门主动参与讨论、磋商、交换意见成为一种制度化行为,并在此基础上统一思想,达成良法共识。

3. 表达权是推动人民意志成为良法的启动力

表达权的嵌入性使其与知情权、参与权、监督权成为一个有机整体,也使得它成为推动人民意志成为良法的启动力。从这四种权利的意涵来看,每一种权利都有其独特内涵,都可以自成体系,都可以成为现代法治研究尤其是宪制研究的重要议题。从它们之间的关系与顺序来看,表达权在逻辑上具有延伸性。表达权不仅要求个人观点能够"表"露出来,还要求"达"到表达者希望的信息接收者处。它的双向属性使其超越了单向度的信息传递和接收,还要求有相应的反馈机制。在获得反馈之后,表达者可以继续发声,也可以要求对方提供相应的国家权力运行信息,即满足公众对意见和观点表达及随后反馈的知情需求,在此基础上参与国家和社会治理,监督国家权力乃至社会权力的运行。因此,表达权在很大程度上成为启动群众行使知情权、参与权和监督权的第一推动力。表达权与知情权、参与权、监督权相互协作,成为践行民主的行动机制,使得公共政策和公共决策能够不被利益集团所俘获,真正体现人民意志。

4. 表达权有助于整合人民意见形成公意

人民意志是公意,公意追求共同善(the common good)的实现,以获得人民"满意"为目的。[①] 但对"共同善"的形成和内涵达成共识并不是一件简单的事情,也不是仅仅依靠想象中的民主投票就能实现的。投票固然是一种实现民主的经典途径[②],但实际上,投票未必能体现出投票人真正的偏好。一方面,投票人在受到怂恿、鼓动之时未必能够理性选择,反而更可能是受社会心理的影响"随大流"。另一方面,即便投票人基于个体理性投票,全有或全无式的投票方式也未必能够真正体现投票人集体的偏好。[③] 此外,由于存在着通过代表投票的间接民主,在偏好的传递过程中可能发生扭曲,进而使得票最多的人未必能真正体现公众的偏好。[④] 因此,仅靠投票难以真正体现人民的意志,这就需要对公众偏好进行凝聚、整合,以削弱乃至排除那些非理性偏好的影响,使集体偏好真正体现共同善和公意。而表达权的行使,可以使人民有充分的机会发表自己的意见,并在意见和观点的交流乃至交锋中,逐渐达成共识,体现真正的共同善。当然,这种公意难以自发形成,需要使各种思想原料相互碰撞产生化学反应进而凝聚。

---

① 参见周濂:《政治正当性与政治义务》,《吉林大学社会科学学报》2006年第2期。

② 比如,在米克尔约翰的心目中,"更好地投票"是表达自由所要保护和实现的目标。参见[美]亚历山大·米克尔约翰:《表达自由的法律限度》,侯健译,贵州人民出版社2003年版,第18页。

③ 如对每张投票进行赋值,根据不同的标准如最支持、一般支持、反对等支持的层级分别标出不同的分值,通过候选人所得总分来衡量其被投票人偏好的程度,其结果可能与支持/反对二分法投票得到的分数有很大的不同。参见郭春镇:《论反司法审查观的"民主解药"》,《法律科学(西北政法大学学报)》2012年第2期。

④ 社会选择研究表明:基于多数投票规则,并不能由个体偏好获得一个逻辑上一致的集体偏好,集体偏好的结果可能背离个体偏好。参见袁继红:《社会选择悖论与集体理性——从阿罗不可能定理谈起》,《学术研究》2015年第8期。

（二）表达权在"善治"中实现人民意志

"徒法不足以自行"，徒有良法亦不足以自行。良法的立法目的与价值依归，需要通过"善治"来实现。"良法善治是当代中国法理体系的精髓"[①]，良法与善治相伴而行，善治是规则之治，良好的规则是善治的前提。[②] 文本规则的践行离不开有效的实施，善治是实现良法的机制。由于中国特有的权力运行体制，良法善治除了在法治层面的意涵外，还有其超越法治的政治意涵。[③] 此时，作为政法表达的善治还意味着治理能力和治理体系的现代化。其既包括国家（政府）、市场和社会公众等多元主体治理能力的提升，又包括立足于多重规则，"通过协商、对话和互动，达成管理日常事务、调控资源、履行权利的行动共识以缓解冲突或整合利益、实现公共目标、满足人民生活需要的结构、过程、关系、程序和规则的体系性活动"。[④] 在善治的过程中，多元主体自身能力的提升，与它们在治理过程中的协商、对话和互动，都需要表达权在其中发挥重要的作用。

1. 表达权有助于治理能力的现代化

人民的意志决定了国家的目标和功能，而实现这些目标和功能的能力，就是国家能力。从国家能力的角度来看，善治包括治理能力和治理体系现代化两部分。治理能力是一种多元主体通过不同的规则体系治理国家和社会事务的能力。由于国家在治理过程中起着主导性作用，国家能力成为治理能力的重要组成部分。在国家能力的初始研究中，更偏重于国家在经济方面的能力，即将国家汲取财政能力视为最重要的国家能力，并将财政收入占国民收入的比例和中央财政收入占总财政收入的比例视为衡量国家能力的标准，而调控能力、合法化能力和强制能力则被视为次

---

① 张文显：《法理：法理学的中心主题和法学的共同关注》，《清华法学》2017年第4期。

② 参见王利明：《新时代中国法治建设的基本问题》，《中国社会科学》2018年第1期。

③ 参见姚大志：《善治与合法性》，《中国人民大学学报》2015年第1期。

④ 陈进华：《治理体系现代化的国家逻辑》，《中国社会科学》2019年第5期。

要性国家能力。① 随着对国家能力理解的深化,学者们开始将国家能力与社会、治理、法治相关联,注重政府与社会的协作,强调以法治统领国家能力建设②,在公权力与社会正和博弈的基础上实现共治。③ 鉴于表达权在社会主义民主政治中的定位,它天然具有对权力进行监督的功能。通过对公权力的监督,表达权可以提升国家的法治水平及与之密切相关的合法化能力,并有助于将国家对社会的调控纳入法治轨道。表达权对社会权力的监督可以提升社会与国家的协作水平,保护和保障公民权利和利益,进而提升社会治理的法治化、人性化水准。

治理能力的现代化过程就是国家能力的提升过程,而表达权的实现是提升国家能力的必要条件。国家能力既有统治性的一面,也有基础性的一面。前者意味着国家的意识形态、经济和军事职能,后者则更注重国家在社会领域内贯彻国家意志和命令、实施政策、提取和分配资源的能力。④ 我国的社会主义国家属性决定了政府要关注民生⑤,承担更多的社会职能,而这需要强有力的国家机关来贯彻实施国家意志、汲取社会资源并对其进行公平分配。这既是对国家和政府进行正当性塑造的要求,也是对国家强制力进行合法化的要求,还是实现国家功能与目标的要求。首先,表达权有助于对国家进行正当性塑造,进而有利于国家意志和命令的贯彻实施。国家意志和命令的贯彻实施,需要有强制力的保障。但是,就像一个国家难以完全通过暴力进行统治一样,仅仅通过强制力进行保

---

① 参见王绍光、胡鞍钢:《中国国家能力报告》,辽宁人民出版社 1993 年版,第 3 页。

② 参见尤陈俊:《当代中国国家治理能力提升与基础性国家能力建设》,《法制与社会发展》2015 年第 5 期;张长东:《国家治理能力现代化研究——基于国家能力理论视角》,《法学评论》2014 年第 3 期。

③ 参见李姿姿:《国家与社会互动理论研究述评》,《学术界》2008 年第 1 期。

④ 参见[英]迈克尔·曼:《社会权力的来源》(第二卷·上),陈海宏等译,上海人民出版社 2007 年版,第 68 页。

⑤ 如 2017 年《决胜全面建成小康社会 夺取新时代中国特色社会主义伟大胜利——在中国共产党第十九次全国代表大会上的报告》指出,坚持在发展中保障与改善民生;2019 年十九届四中全会通过《中共中央关于坚持和完善中国特色社会主义制度 推进国家治理体系和治理能力现代化若干重大问题的决定》指出,坚持和完善统筹城乡的民生保障制度,满足人民日益增长的美好生活需要。

障,将会大幅度提高国家意志、命令及相应政策的执行成本,并在国家难以承受这些成本时造成统治力的下降乃至国家的崩溃。表达权具有压力释放功能,通过让表达者发表自己的意见、建议乃至不满情绪,让负面的、对抗性的情绪得以释放与缓解。[①] 表达权还能在双向互动的过程中,将人民的意志通过相应程序与制度设计转化成为国家意志和命令,并以规范化的形式融入国家政策中,从而减少政令实施的阻力与成本。其次,表达权有助于政府合理汲取社会资源并进行公平分配。从治理的角度来看,政府是治理的主体之一,而任何一个治理主体,都有立足于自身利益制定和执行公共政策的可能性。治理主体有可能被利益集团所"俘获"进而为其利益行事,甚至治理主体自身都可能发展成为一个利益集团,将汲取的社会资源更多地用于自身。而表达权自身固有的民主气质,及其与其他三权的相互协作,可以有效监督和约束治理主体的行为,保障治理主体在合理汲取资源的基础上,对其掌握的资源实施公平分配,减少被利益集团"俘获"的可能性。

2. 表达权有助于治理体系的完善

表达权推动治理体系的完善,既体现在与法律规则相伴的制度与规则体系的完善中,也体现在对法律执行与适用过程的评论和监督中。治理体系是立足于治理目标并在治理流程、环节、步骤中运用多重治理方式而形成的内在统一的基本制度体系,是由国家法律制度体系、党的制度体系、社会的制度体系等组成的综合系统。[②] 这一系统的良性运转,有赖于表达权的推动和融合。首先,善治不仅要求治理能力的现代化,还要求其内生的制度性结构具有稳定性和机制化的特征。[③] 这除了要求在法律层面制定良法外,还需要制定与之相应的政策、规制性措施和社会规范。有

---

① 参见齐小力:《论表达自由的保障与限制》,《中国人民公安大学学报(社会科学版)》2010 年第 2 期。

② 参见胡鞍钢:《中国国家治理现代化的特征与方向》,《国家行政学院学报》2014 年第 3 期。

③ 参见郑玉双:《实现共同善的良法善治:工具主义法治观新探》,《环球法律评论》2016 年第 3 期。

关部门或社会组织尊重公众的表达权,可以使其获知公众的意见和建议,培育和制定更具有可接受性的高质量社会规范,进而在不同层面解决社会问题,推进善治的实现。如果规则制订者忽略客观世界中影响规则实施的诸多因素,忽视问题自身以及问题所在系统的复杂性,基于自己对客观世界的想象制订规则,此时,基于规则制订者对上位规范与立法技术的掌握,所制订的规则具有合法律性,但是否具有可行性与可操作性则充满了不确定性。如果能够妥善落实表达权,受规则影响的各方能够充分表达自己的观点,使得不同立场与视角的声音能够相互竞争,并在相应机制下被听到乃至被听取,进而降低信息不对称程度,这能够在一定程度上走出集体行动的困境。相较之下,社会规范在形成的过程中需要所涉及主体在重复博弈的过程中通过表达不断进行意见交涉并逐渐达成共识,因而它们往往可以通过非中心化的非强制性方式实施。[1] 这不仅可以降低执行成本,还降低了公权力在实施规则时"执行难"所面临的种种困境。

其次,对法律执行和实施的诸环节进行"围观"和表达,也有助于法律良好的运作,进而实现善治。基于"围观"的表达,公众可以在一定程度上通过评论来对热议的行政行为与司法裁判进行舆论监督,在追求法律公正的同时降低法律的运行阻耗和社会成本。这种表达未必适用于所有案件,因为案件信息的获取需要相应的社会成本,同时公众的注意力资源是有限的,如果对所有案件进行"围观"和表达,在分散公众注意力资源的同时还会浪费宝贵的信息渠道资源,给执法或司法部门带来巨大的信息沟通成本,使执法或司法公开被异化为"过度曝光"。[2] 表达权的指向对象应该是那些引发公众普遍关注的"公案"[3]或"新冠疫情"这样的公共事件中的执法行为,以及其他对于社会稳定和社会价值观形塑有重大影响的

---

① See Jon Elster, *The Cement of Society: A Study of Social Order*, Cambridge University Press, 1989, p. 17.

② 参见孙笑侠:《司法信息化的"止境"在哪里——在法治与改革高端论坛(2020)上的讲话》,http://www.ghls.zju.edu.cn/ghlscn/2020/1121/c13708a2218928/page.htm,下载日期:2020年12月10日。

③ 参见孙笑侠:《公案及其背景——透视转型期司法中的民意》,《浙江社会科学》2010年第3期。

案件,因为它们在法律执行适用过程中存在的争议超越了规范语义射程,或即使没有超越语义射程其执行适用的结果也会造成明显的不公正。[①]因此,有必要通过公众的表达来使执法、司法机关审视规范适用与结果不公正之间的关联性,寻求个案的公正。必须强调的是,这种表达应当是公众真实意愿的表达,而非网络推手或媒体大亨裹挟民意、干预司法、为资本力量所俘获的表达。尊重公众对执法和司法意见的表达,需要相应的配套措施。这些措施包括真实、健康的新思想市场,以及思想交流、碰撞所必须的社会秩序。为了维护这种秩序,需要对通过权力和资本"制造民意"、干预真实表达甚至制造谣言(包括网络谣言)的行为进行制裁。[②]

第四节　实现与保障:表达权实现的物质与制度基础

从"思想市场"向体现人民意志、凝聚公意的"新思想市场"的转变,体现了我国始终坚持"以人民为中心"的法治思想,也体现了表达权这一权利在新时代的建构性价值。这一价值的实现,不仅需要在物质层面上建设表达权的基础设施,还需要在制度层面上对表达权进行保障。

(一)表达权实现的基础设施保障

表达权基础设施,涉及物理世界与网络空间两个领域。在物理世界中,国家通过各种制度设计来保障公民表达权的有效实现。然后当前更值得关注且需要完善的是网络空间的表达权。网络基础设施不完备会导致表达通道不畅,人们的利益诉求无法得到解决,进而影响表达权的实现和公意的凝聚。互联网基础设施包括但不限于电缆、通信卫星、光纤传输线路、微波通信网、数据存储设备、信号处理和传输设施等硬件设施,以及

[①]　如许霆案,对于许霆利用自动取款机故障而恶意取款的法律适用问题,如果按照盗窃罪的加重情节来适用,则会造成明显的不公。

[②]　参见郭春镇:《公共人物理论视角下网络谣言的规制》,《法学研究》2014 年第 4 期。

通信协议、操作系统、数据库、各种应用程序等软件设施。① 互联网基础设施的建设一方面能够为人们提供随时随地所需的信息服务和信息资讯,满足公众对公共事务和社会管理运行知情权的需要;另一方面能够为人们提供表达、参与、监督的平台与渠道,满足公众对于表达权、参与权、监督权的需要。在网络表达日益成为主流的今天,互联网基础设施的建设与人们表达权的实现直接相关,谁控制了言论"基础设施",谁就掌握了表达权。② 互联网基础设施的建设填平了公众在互联网接入方面的鸿沟,使人们能够平等地接触到网络平台。

表达权基础设施的完善,既是表达权有效实现的前提与基础,又是新时代消除数字不平等、实现表达权平等保护的有效途径。平等是重要的法律价值和原则,它不仅体现在宪法规范中,还体现在现实生活中。无论是在立法时对公众意见的征集和听取,还是在执法和司法时对法律的贯彻实施,都是在尊重和践行平等原则。即便如此,平等原则在规范和现实中仍有诸多难以真正实现之处,这也是法律规范一再强调平等的原因所在。日常生活中的不平等可以为人们所直接感知,人们能够基于此种感知为平等而斗争,但在数字时代,很多不平等可能以隐性的方式存在并强化,无法为人们直接感知,这种隐性的不平等在数字迷雾遮蔽下广泛存在,这种数字不平等可以被称为"数字鸿沟"。③ 数字鸿沟是物理世界政治、经济不平等的延伸,并进一步恶化了弱者在网络世界的劣势,使其在信息资源的掌握、运用方面处于更加不利的地位,甚至难以表达自身的观点。这种鸿沟是一种叠加的马太效应,是物理世界和网络世界中诸多不平等因素叠加之后施加于个体的状态。个体很难基于个人努力改变这种弱势状态,这就需要国家和社会有所作为。在这方面,我国已经在顶层设

---

① 参见金激清等:《区块链:面向新一代互联网的基础设施》,《新疆师范大学学报(哲学社会科学版)》2020年第5期。

② 左亦鲁:《告别"街头发言者":美国网络言论自由二十年》,《中外法学》2015年第2期。

③ 参见闫慧、孙立立:《1989年以来国内外数字鸿沟研究回顾:内涵、表现维度及影响因素综述》,《中国图书馆学报》2012年第5期。

计和具体措施方面作出了诸多努力。2020 年 3 月中共中央政治局常务委员会召开会议,强调要加快 5G 网络、数据中心等新型基础设施建设进度。[①] 其中与互联网表达相关的新基建主要涉及 5G 网络、大数据中心、人工智能、云计算等;同时,推行"村村通"和"电信普遍服务试点"等工程,扩大农村地区的互联网覆盖范围,将网络扶贫和数字乡村建设齐头并进。[②] 与此同时,通过增加农村地区数字表达途径和数字表达终端的供给来缩小数字鸿沟。

(二)表达权实现的制度保障

表达权基础设施的完善,既为表达权主体提供了"表"的机会,又为表达权主体的观点、意见、想法"达"到其预期对象提供了保障。但是表达权的真正实现,需要在完善网络基础设施之后,通过制度安排使得表达者的声音能够"达"到"听众"耳中,使得听众能够"听到"。而且不仅要能听到,还要使得合理的声音能被"听取"。

数字时代可能会强化某些传统权利的分配和权力支配关系,使数字穷人的权利与利益被无形克减,而那些数字富民的支配力则以或明或隐的形式不断强化。数字时代还动摇了传统的权力运行方式,为包括网络社会在内的社会治理带来革命性变量。就表达权而言,传统模式下作为表达权主体的言说者和国家之间存在着纵向二元关系,即便在学理和实践中存在所谓的宪法第三人效力[③],也无法遮蔽或改变这种根本特性。但数字时代表达权的治理结构发生了根本性的变化,从表达者与国家的

---

① 参见《研究当前新冠肺炎疫情防控和稳定经济社会运行重点工作》,载《人民日报》2020 年 3 月 5 日第 1 版。

② 参见中国互联网络信息中心(CNNIC):《第 45 次中国互联网络发展状况统计报告》, http://www.cnnic.net.cn/hlwfzyj/hlwxzbg/hlwtjbg/202004/P020210205505603631479.pdf,下载日期:2020 年 12 月 10 日。

③ "第三人效力"理论源自德国主张宪法基本权利对私法关系的拘束力。参见张巍:《德国基本权第三人效力问题》,《浙江社会科学》2007 年第 1 期。

二元关系演变为国家、网络表达所依存平台①和网络表达者之间的三元六层关系②,这为表达权的实现、保障和优化带来了巨大的挑战。从三元关系的角度来看,借助规则设计和实施,国家、网络表达所依存平台和网络表达者均可以在现有的基本制度架构内,形成良性互动关系,进而促进表达权的实现。

首先,国家应当谦抑与作为,承担起国家在数字时代保护与保障表达权的责任与义务。谦抑意味着不过多干预公民的自由表达,对公民表达权的限制应该于法有据、符合法律保留原则,不滥用公权力要求平台删除合法合理的表达。对公民表达权的限制不仅要具有合法性,还要符合比例原则或成本收益原则。公权力机关必须是为了实现紧迫或重大的社会利益,而不是以假想的或微小的政府或社会利益为借口对公民的表达权进行限制,如果不是非限制不可,尽量不要予以限制。③ 政府在限制公民表达权的过程中所采取的措施应当与公权力欲实现的利益或目标成比例关系。"作为"意味着国家不仅需要建立健全网络表达平台的鼓励和引导机制,保障网络表达平台的多元性以及网络链接渠道的畅通性、安全性、稳定性④,还要采取措施培育新思想市场,对思想市场中借助资本因素垄断表达的行为进行规制。在资本的作用下,那些小众观点往往会被放大成为主流观点甚至是垄断性观点,网络平台往往也会出于商业利益的考

---

① 包括社交媒体公司,搜索引擎,互联网服务提供商(ISP),网络托管服务,域名系统(DNS)注册商和注册管理机构,网络防御和缓存服务(如 Cloudflare 和 Akamai)以及支付系统(如作为 PayPal,万事达卡和 Visa)。杰克·巴尔金将其称为"互联网基础设施公司",为避免和前文所提到的主要是物理层面的基础设施进行区分,这里用"网络表达所依存平台"指代。Jack M. Balkin, Free Speech Is a Triangle, *Columbia Law Review*,2018,Vol. 118,No. 7,pp. 2013~2014.

② 三元六层关系分别是:国家和网络表达者之间的关系、国家与网络表达所依存平台之间的关系、网络表达所依存平台和国家之间的关系、网络表达所依存平台和表达者之间的关系、网络表达者和国家之间的关系、网络表达者和网络表达所依存平台之间的关系。

③ 参见王四新:《限制表达自由的原则》,《北京行政学院学报》2009 年第 3 期。

④ 参见邓炜辉:《网络表达自由的国家保障义务——兼评"法释〔2013〕21 号"对网络言论的刑罚规制》,《甘肃政法学院学报》2015 年第 1 期。

量借助于算法排名程序,通过网络链接结构所呈现的结果来影响用户所能看到的内容。由此,用户看到的更多的是那些密集链接的站点,而那些少数链接则被有意无意地忽视,这种网络资源的集聚化效应被称为"谷歌政体"。① 因此,国家不仅需要规制那些借助资本因素垄断表达的行为,还要严厉打击网络平台的算法"黑箱",防范"谷歌政体"的出现。此外,国家还应当严厉打击网络虚假谣言,鼓励公共人物、专业机构人士、企业、新闻媒体等多元主体共同参与网络谣言的治理,推动建立全链条立体式的谣言治理机制。

其次,网络表达所依存平台应当坚守法律,把自身建设成为真正的"新思想市场"。网络平台在某种程度上具有准公共物品的属性,有义务为公众传送信息和提供表达的通道。② 对于国家越权干预表达的行为,平台有责任依法提出异议,保护公民自由表达的权利。鉴于网络平台在技术、社会权力等方面的优势地位,在处理关于公民表达权的纠纷时,网络平台应当始终以法律和行政法规的规定作为处理依据。③ 同时,平台要立足于公平竞争的"新思想市场"的市场定位,促进公共参与,组织公共对话,助力新思想市场的培育。网络平台应当为社会弱势群体参与公共辩论提供便利,培育全面、公开的辩论市场,使各种思想观点能够在思想市场中自由竞争,以便公众能够听到他们应当听到的声音,避免出现言论"沉寂化效应"。④ 对于那些违反法律法规和公序良俗的言论,平台应当依法进行删帖,但在删帖之前,必须告知相关主体删帖的依据和救济程

---

① 参见［美］马修·辛德曼:《数字民主的迷思》,唐杰译,中国政法大学出版社 2016 年版,第 75 页。

② 参见邓瑜:《媒介融合与表达自由》,中国传媒大学出版社 2011 年版,第 84 页。

③ 参见李丹林、曹然:《新媒体治理视域下的表达权规制研究》,《山东大学学报(哲学社会科学版)》2019 年第 4 期。

④ 舆论在传播某些意见的同时,会有意或无意、自觉或不自觉、主动或非主动地压制和排斥另外的一些意见,尤其是和已经形成的舆论完全相反的意见。被压制和排斥的意见和观点往往在舆论不断形成和扩大的过程中被最终湮灭。这种情况被称为"沉寂化效应"。参见［美］欧文·费斯:《言论自由的反讽》,刘擎、殷莹译,新星出版社 2005 年版,第 14 页。

序,遵守正当程序。为了避免网络编辑和管理员出于主观好恶自行删帖,网络平台应当对网络编辑和管理员的删帖行为加以监督,以提高删帖行为的透明性和民主性。[①] 对于恶意流量或反事实陈述,网络平台不一定要禁止,但至少应该标注该信息为广告、虚假信息,提醒公众注意该信息的真实性问题。

本章小结

作为中国政法话语的表达权,不是一个修辞(rhetoric),而是一个术语(terminology),这个术语本身蕴含着在中国的政法体制框架内对中国法律和法治的理解。对这个"词"的理解和阐释,离不开中国政法体制这一"物"[②],也离不开对与表达自由相关联的法理的阐述,更离不开新时代尊重与保障数字人权、建设中国特色社会主义法治体系进而推进全面依法治国的宏阔场景。对表达权在学理上的梳理和解释,有助于丰富中国特色社会主义法学和法治话语,为它在实践中的实现与保障提供理论支撑。

在传统的纸质媒体时代,"街头发言者"模式构成了表达自由的基本样态,并由此决定了它的意涵、价值和实现方式。在国家、网络表达平台和个体之间形成三角模式的新时代,表达权的学理基础、价值与实现方式则呈现出高度的复杂性。与西方自由主义传统下的表达自由概念不同,表达权建立在节制资本和底线性思维之上,是汲取西方法治成果并立足本土提出的富有活力的政法表述。它自身"以人民为中心"的属性要求通过降低甚至排除思想市场中的"不正当竞争",营造一个真正体现公意、实现民主的"新思想市场"。表达权具有双向属性,其实现不仅需要公众或群众把意见表达出来,还需要国家践行群众路线,基于公众表达的意见来制定或调整国家的方针政策。同时,表达权有利于在双向互动的过程中

---

① 参见靖鸣、江晨:《网络删帖行为及其边界》,《新闻界》2017 年第 7 期。

② 参见侯猛:《当代中国政法体制的形成及意义》,《法学研究》2016 年第 6 期。

表达和实现"公意",通过把"以人民为中心"和共同善的理念与内容纳入法律原则和制度中而制定良法,并通过治理能力和治理体系的现代化实现善治。

表达权的实现,需要在物质层面和制度层面进行保障。首先,应建设表达权的基础设施,以消除隐藏在数字迷雾中的对信息弱势者的隐性不平等,实现表达权的平等保护,进而保护其相应的政治、经济利益。其次,在制度层面通过制度安排使得表达者的声音能够"达"到"听众"耳中,使得听众能够"听到"。而且不仅要能听到,还要使得合理的声音能被"听取"。具体而言,权力应该谦抑与作为,承担起不干预、保护和保障公民或媒体的合法表达的义务,在限制表达时应坚持合法性和比例原则,并通过对表达的保护与合法合理的限制,塑造理性和自律的表达者。表达平台应立足于其提供准公共物品的属性,排除公权力不当干预,维护公民的合法表达并提供畅通的表达通道。

第二章

从表达自由到表达权——媒介变迁的视角

2021年1月6日,美国国会召开参众两院联席会议对总统选举结果进行确认。在特朗普的煽动和怂恿下,特朗普的支持者涌入华盛顿特区,暴力冲击国会大厦,导致4名示威者和1名国会警察死亡。骚乱发生后不久,Twitter、Facebook、Instagram、YouTube等十多家社交媒体平台相继以"煽动暴力"为由,封禁了特朗普及其支持者的大量个人账户和在线社区,这引发了人们对网络平台媒介下表达自由的热议。[①] 表达自由概念自其诞生之日起就建立在"个人—国家"的对抗模式之上,表达自由既是对公民基本权利的保护,也是对政府公权力的一种限制手段[②],政府是公民表达自由天然的敌人。媒介技术的出现与发展,打破了表达自由下"个人—国家"的二元对抗模式,发展成为"个人—媒介—国家"的三元博弈模式。媒介技术一方面可能会拓宽人们获取信息和表达的渠道,另一方面也可能会减损人们的表达自由,使人们无法发出声音或发出的声音被淹没在海量的信息流中。在美国自由主义范式下,媒介权力、过滤技术、资本等以润物细无声的方式侵蚀着公民的表达自由,使公民的表达自由"表而未达",成为一种象征性、形式性的自由。党和政府汲取美国表达

---

① 美国左翼认为科技公司在规范网络言论上做得"太少太晚",而右翼则认为科技公司是被左翼意识形态所裹挟在拉偏架,甚至时任德国总理默克尔也认为推特的做法"有问题",封禁社交媒体账号的相关法律应当由政府制定,而不是由私营公司全权处理,具体参见林子人:《特朗普卸任,但关于政治极化和平台言论审查的争论还远未结束》,https://www.sohu.com/a/446274969_99897611,下载日期:2021年1月25日。

② 参见梅夏英、杨晓娜:《自媒体平台网络权力的形成及规范路径——基于对网络言论自由影响的分析》,《河北法学》2017年第1期。

自由的经验教训并结合中国本土需求创造性地提出表达权概念。该概念不仅保留了表达自由不被干涉的消极属性,还立足于媒介特性强调公民的声音能够被听到、被理解的积极属性,将表达自由的形式性和权利保护的实质性相结合,为人们参与公共事务提供切实的制度保障。

当前我国表达自由研究主要建立在西方自由主义传统之上,围绕表达自由的概念、价值、界限、规制等内容展开①,忽视了承载表达内容的媒介权力以及媒介对表达自由的限制,更忽视了媒介融合场景下党和政府所提出的表达权与表达自由的迥异之处及所承载的理性价值。本章以美国媒介形态变迁历程为视角,解读媒介技术与表达自由的双重博弈关系,通过分析美国媒介技术的发展对表达自由的影响,证成媒介技术的发展不一定扩展公民的表达自由,在资本和技术的俘获下表达自由可能异化成为"表而未达"的形式性自由,进而指出我国在媒介融合场景下提出表达权概念的合理性,需要国家通过制度安排、资源配置等保障这一实质性权利的实现。

第一节　媒介与表达自由

表达自由的提出与媒介技术密切相关,其内涵与外延随着媒介技术的发展不断扩展,媒介日益成为现代社会实现表达自由的前置性要件。媒介技术不仅在表达自由的实现中发挥着工具性价值,还在技术变迁的语境下承担着主体性价值,发挥着形塑公众认知方式和表达方式的作用。

(一)媒介的工具性价值:表达自由的前提与渠道

媒介的工具性价值主要体现在两个方面:一方面是表达自由建立在公众能够经由各种媒介和途径获取、知悉相关信息之上,否则人们将无话

---

① 如李卓:《析网络表达自由的法律边界及路径》,《北方法学》2018 年第 6 期;宋全成:《自媒体发展中的表达自由、政法规制及限度》,《南京社会科学》2017 年第 11 期;胡彦涛:《自媒体时代表达自由法律限制的论证方法》,《政治与法律》2016 年第 3 期。

可说，表达自由也将变得毫无意义。由于信息的庞杂性、发散性、多源性，普通民众无法仅依靠个人力量收集、筛选海量的信息资料，公民对社会公共事务的了解，在很大程度上是通过媒介对新闻信息的报道来实现的。[①]因此，公民有权要求通过新闻媒体等多种途径了解或知悉政府工作，有权要求政府部门或新闻媒体等提供事关公民权益的重要信息，进而在充分知情的基础上形成自己的判断和意见，以便更好地表达对公共事务的观点和看法。[②] 大众媒介全景式、全方位覆盖于日常生活中，人们主要通过新闻媒介所提供的信息来塑造自我价值判断、促进意见表达，这就要求新闻媒介所提供的信息必须是客观的、及时的、准确的，才能够保障公民对社会问题和公共事务的表达在事实层面具有可信的依据。

媒介作为知情者与公众的沟通中介，其主要功能在于向公众传递各类社会信息和汇聚社会各方对公共事务的观点与看法。但媒介不仅决定着什么信息能够传递给公众，还决定着信息传递给公众的形态与方式，影响着公众对公共议题的认知与态度。媒介所传递的信息是一种经过加工、筛选、整合和内化后的信息，公众看到的世界往往是"把关人"希望公众看到的世界。对于相同的信息内容，不同媒介形态基于其传播特点与优势、"把关人"的倾向性以及社会关系的博弈，在传递的过程中往往会产生不同的传播效果。如 1960 年尼克松与肯尼迪第一次在电视上举行选举辩论，通过辩论后的民调发现，凡是通过电视收看辩论的，绝大多数人认为肯尼迪会赢；而那些通过收音机收听辩论的人，绝大多数认为尼克松会赢。这其中主要的差别在于电视媒介能够完全展现两个候选人的形象，从而使选民更直观地了解候选人。[③]

另一方面，人们主要通过媒介来表达对公共事务的观点与看法，通过媒介来相互沟通与对话，媒介日益成为人们行使表达自由的主要途径。

---

① 参见赵振宇：《保障公民知情权和表达权中政府及媒体的责任》，《新闻记者》2009 年第 4 期。

② 参见李良荣、张春华：《论知情权与表达权——兼论中国新一轮新闻改革》，《现代传播》2008 年第 4 期。

③ 参见刘文科：《大众媒体对当代西方政党政治的影响》，《政治学研究》2013 年第 6 期。

借助于一定的传播媒介,我们的声音才能传播得更远、更广,而如果不借助于特定的媒介,我们就可能成为默默无闻、无法尽情放歌的弥尔顿。[①]因此,表达自由在某种程度上是使用媒介的自由。人们通过媒介来表达自身的观点主要有两种方式:一种是"代言",即新闻工作者通过调查采访,在此基础上形成新闻报道或相关言论来表达自身或所处群体的心声;另一种则是"直言",即在传播媒介上直接表达自我意见和心声。[②] 新闻工作者的"代言"必须深入人民群众,忠实地反映民众的心声,要敢于说出那些民众不敢说、不能说但渴望说的话语,这样才是真正意义上的人民群众在行使自身的表达自由,但由于大众传媒无法深入民众生活的点点滴滴,仍需要人民群众通过传播媒介"直言"表达自身对公共事务和社会管理的观点与看法。

公众通过传播媒介"直言"表达,是公众行使表达自由的主要形式,但这种自由建立在对表达自由的浪漫主义想象之上,即思想市场是可以自由访问的。如果存在自我运转的思想市场,它也早已不复存在。如果要确保那些新颖的和不受欢迎的观点能够在思想市场上传播,就需要法律干预来确保大众接近媒介的权利,使那些非正统的观点能够在广播或报纸上与那些主流观点相竞争。[③] 公民表达自由的实现不仅需要保证公众能够自由地使用媒介,还需要政府如联合国教科文组织下的"国际交流问题研究委员会"在《麦克布赖德报告》中所建议的,"拨出更多的报纸篇幅、更多的广播时间,供公众或有组织的社会集团的个别成员发表意见和看法。在各级创造适当的交流便利条件,以导致公众参与管理交流工具的新形式和为交流工具提供资金的新方式"[④]。

---

　　① 参见王四新:《表达自由:媒体与互联网——以美国为例》,《国际新闻界》2007年第5期。

　　② 参见丁柏铨:《论公众意见表达及政府、大众传媒的关系》,《西南民族大学学报(人文社科版)》2009年第4期。

　　③ See Jerome A. Barron, Access to the Press——A New First Amendment Right, *Harvard Law Review*, 1967, Vol. 80, No. 8, p. 1641.

　　④ 国际交流问题研究委员会编写:《多种声音,一个世界:交流与社会·现状和展望》,中国对外出版公司第二编译室译,中国对外翻译出版公司1981年版,第368页。

总之,公众不仅需要通过媒介来表达自身的观点与看法,还需要媒介组织提供相应的便利条件来传递自己的声音,使自己的声音能够对社会经济生活和政治生活产生影响,进而保障公民参政议政和民主监督的权利得以真正实现。

(二)媒介的主体性价值:塑造表达形态与表达效用

一般而言,公民既能通过媒介获取、知悉表达自由所需的相关信息,又能通过媒介表达自身对公共事务的观点与看法,此时媒介主要是信息、知识、内容的载体,是一种消极的、静态的、工具性的存在。20 世纪 60 年代,麦克卢汉在《理解媒介——论人的延伸》一书中提出著名的"媒介即讯息"观点,认为媒介对信息、知识、内容具有强烈的反作用,是一种积极的、能动的存在,决定着信息的清晰度和结构方式。在麦克卢汉看来,每一种媒介所发出的讯息,都是一种新的尺度,都代表着或是规模,或是速度,或是类型,或是形态的变化,所有这些变化无不介入人们的日常生活中。任何媒介都是另一种媒介的内容,例如报刊、广播电视都是新媒体的内容,甚至媒介自身就是一种讯息,传递着某种社会、时代的历史文化。[1] 因此,媒介的自我变革甚至比媒介内容更为重要,因为新媒介的产生不仅改变着人类认知方式和思维方式,还深刻改变着社会结构和历史文化等,更能够对人类的组合与行为发挥塑造与控制作用,而媒介内容对于塑造人类行为和人际组合的形态往往是无能为力的。[2] 每一种新媒介的诞生,无论其传递的内容如何,它本身就会给人类社会带来某种讯息,引起社会结构和社会生活的种种变革。这种变革源于媒介使得劳动分工和时空延展成为可能,源于媒介在承载着现代社会重大变革任务的同时,其本身也对现代化起到能动作用。[3] 媒介形态的变迁,往往与现代性的制度变革

---

① 参见张国良:《传播学原理》,复旦大学出版社 2009 年版,第 89 页。

② 参见[加]马歇尔·麦克卢汉:《理解媒介:论人的延伸》,何道宽译,译林出版社 2011 年版,第 19 页。

③ 参见[丹麦]施蒂格·夏瓦:《媒介化:社会变迁中媒介的角色》,刘君、范伊馨译,《山西大学学报(哲学社会科学版)》2005 年第 5 期。

或技术革命联系在一起,例如第一次工业革命催生了报纸的诞生,报纸则加速了知识与信息的生产、传播与推广,进一步推动了第一次工业革命的延伸。

媒介不仅承载着内容的表达,还承载着时代的讯息,塑造着不同的表达形态,引发着社会形态和社会生活的种种变迁。表达的媒介形态先后经历了报纸、广播电视、互联网的演变,每一种新媒介的诞生不仅蕴含着技术所传递的讯息,还会引发表达形态和社会结构的层层迭代。一方面,媒介本身就是真正有意义的讯息,即人类有了某种媒介才可能从事与之相适应的表达和其他社会活动。[①] 媒介技术不单单是作为传播与表达的渠道而存在,还传递着技术的发展水平、人们对美好生活的需求与期待等讯息。在智能化、个性化的今天,人工智能中的算法本身就是一种真正有意义的讯息,甚至在某种程度上被视为是一种言论。[②] 另一方面,媒介技术的变迁引领着表达形态和社会结构的演变,影响着我们理解和思考世界的结构。报纸的出现使信息能够在特定范围内广泛传播,满足了人们多样化的信息需求,推动各种思想的传播,使各种观点、言论得以在思想市场中自由竞争。而广播的出现打破了报纸的时空限制,在时效上也远远超过报纸,人们所表达的内容能够迅速在全国范围内传播,极大地扩展了表达的范围。电视新闻报道不仅在内容上比广播、报纸更为生动,还能让观众犹如身临其境,亲眼看到事件发展的全过程。在网络时代,每一个人不仅可以在互联网上有针对性地获取信息,还可以随时表达自己的观

[①]　参见许向东、郭萌萌:《智媒时代的新闻生产:自动化新闻的实践与思考》,《国际新闻界》2017 年第 5 期。

[②]　对于算法是否是一种言论,目前学术界存在较大的争议。美国的理论界和司法实务中都将算法视为言论,而我国的陈景辉、陈道英等学者则认为算法不是言论,具体参见左亦鲁:《算法与言论——美国的理论与实践》,《环球法律评论》2018 年第 5 期;陈景辉:《算法的法律性质——言论、商业秘密还是正当程序》,《比较法研究》2020 年第 2 期;陈道英:《人工智能中的算法是言论吗? ——对人工智能中的算法与言论关系的理论探讨》,《深圳社会科学》2020 年第 2 期。

点与看法,通过实时互动与其他人交流意见。① 媒介形态的变迁一方面改变着人们接收和传递讯息的形态,另一方面改变着社会的结构和形态,形塑着人们认知世界和诠释世界的方式,推动着社会朝着民主化、自由化的方向演进。

综上,媒介在表达自由中具有独特的主体性价值,形塑着我们的表达方式,影响着我们的表达效果。对于同一内容,不同媒介往往具有不同的表达效果,这就需要根据媒介形态的特性适用不同的表达自由标准,需要在媒介变迁的视角下考察表达自由的效用性。

第二节　美国媒介变迁下的表达自由

美国是世界上最早在宪法层面明确规定表达自由的国家,美国宪法第一修正案明文规定"国会不得制定剥夺言论自由或出版自由的法律",对公民表达自由进行全方位的保护。美国表达自由概念的提出,离不开报纸的出现与发展,并随着传播媒介从报纸到广播、电视再到互联网的演进不断扩展着表达自由的范围。美国最高法院在司法实践中根据媒介形态的特性确立了不同的表达自由审查标准,通过管制媒介形态来确保公民表达自由的实现。

(一)印刷媒介下的表达自由

表达自由自其诞生之初,就与报纸、书籍等印刷媒介密不可分,主要用于表达政治观点、反对政府的事前审查。以报纸为代表的媒介在美国民主宪政的创建和随后的政治生活中发挥着重要作用,被誉为立法、行政、司法之外的"第四种权力"②,报纸、书籍等印刷媒介所享有的表达自由是一种独立于公权力机关、不受其干预的自由。但由于报纸不具有稀

---

① 参见陈沛芹:《媒介即讯息?——论技术的使用之于媒介内容的影响》,《新闻界》2010 年第 2 期。

② 参见[美]安东尼·刘易斯:《批评官员的尺度》,何帆译,北京大学出版社 2011 年版,第 2 页。

缺性,理论上任何人都可以办报,都可以通过报纸来表达自己的观点,且报纸所刊载的内容不会主动浮现在读者眼前,需要读者自主选择,读者可以自由选择阅读时间、阅读地点与阅读方式,可以重复阅读和跳跃性阅读,读者在阅读过程中的自主性较强①,报纸、书籍等大众媒体不是作为表达的"媒介"(medium),而是作为公民言论自由的一种特殊形式。② 在这一场景下,报纸、书籍等大众媒体作为发言者直接与听众交流,无须借助于任何中介,报纸、书籍等传播媒介想"发表"什么新闻内容与公民想要"表达"什么的表达自由一样享受最高级别的宪法第一修正案保护。③ 在美国最高法院许多涉及报纸的判例中,都将报纸视作发言者,都对政府干预报纸的做法保持高度的警惕。在"纽约时报诉沙利文案"中,最高法院认为除非政府官员能够证明报纸具有"实质恶意",即明知该信息是虚假的,或者完全无视它是不是虚假的,否则政府官员不得对报纸提起名誉侵权诉讼,压缩媒体的报道空间。④ 在"托尼罗案"中,最高法院否决了《佛罗里达州选举法》中的"回应权"条款,认为佛州法律强迫报纸必须说什么,是一种对新闻自由的严重侵犯,强制报纸刊登理性告诉他们不应出版的命令是违宪的。⑤ 在这些案件中,最高法院都未将报纸视作表达的媒介,而是视为与公民相等同的发言者,考察这名发言者所发表的言论是否受到宪法第一修正案的保护,报纸所具有的媒介属性并未纳入最高法院的思考范围。

报纸时代的表达自由建构在"个人—国家"二元对立之上,政府是公民表达自由的主要敌人。对公民表达自由来说,最完美的政府就是那种管得最少甚至是什么都不管的政府。政府不应将报纸、书籍等印刷媒介视作表达的"媒介",强迫报纸、书籍等必须说什么,而应将其等同于公民

① 参见申凡:《传播学原理》,华中科技大学出版社2012年版,第203页。
② 参见李丹林、曹然:《以事实为尺度:网络言论自由的界限与第三方事实核查》,《南京师大学报(社会科学版)》2018年第4期。
③ 参见左亦鲁:《超越"街角发言者":表达权的边缘与中心》,社会科学文献出版社2020年版,第119~120页。
④ New York Times Co. v. Sullivan, 376 U.S. 254(1964).
⑤ Miami Herald Pub. Co. v. Tornillo, 418 U.S. 241(1974).

受到宪法第一修正案的全面保护。这种模式下表达自由关注的是谁（表达主体）和说了什么（表达内容），表达者通过什么媒介来发表言论在所不问。表达自由首先是一种将其所思所想表达出来的自由，既可以通过报纸、书籍、小册子来展示，也可以在公共场所公开发表议论、进行演讲。只要他们没有被迫去表达或被禁止表达某种类型的言论，其表达自由就没有被以公然违法的方式侵犯。

（二）电子媒介下的表达自由

电子媒介是依赖编码技术，将各种信息编成电子信号，然后借助特定的通信技术和播放工具，将信息传播给受众，主要有电报、电话、广播、电影和电视等。① 不同于印刷媒介点对点的单向传播，电子媒介实现了点对面的动态的、多维的交互性传播，使人们能够在更大范围内传播自身的观点与意见，其中广播、有线电视对表达自由的影响最为深远。

广播是继报纸、杂志之后的是一种新型大众媒介。不同于印刷媒介所享有的宪法第一修正案的全面保护，广播自其诞生之初就伴随着政府管制，要求广播电台在涉及公共议题时，必须给予持不同观点的各方公平的报道。同样是针对政府官员的批评性言论，最高法院在"尼尔诉明尼苏达州案"中，认为明尼苏达州法律禁止报纸发表"恶意、丑闻和诽谤"及"淫秽"的文章，是一种事前限制，违背宪法第一修正案所保护的出版自由。② 而在"舒勒案"中，联邦上诉法院维持了联邦无线电委员会的决定，主张为了阻止将来出现辱骂性和诽谤性的广播节目，委员会有权收回牌照，有权对广播节目的内容进行事先限制。③ 广播媒介的规制不同于印刷媒介，一方面在于频谱资源的稀缺性，最高法院在"红狮案"中指出"广播频谱是一种稀缺的资源，需要政府对其进行监管和合理化使用，否则相互竞争的声音是嘈杂的，没有一种声音将会被听到"④；另一方面在于电磁波本身

---

① 参见王四新：《网络空间的表达自由》，社会科学文献出版社 2007 年版，第 130 页。
② Near v. Minnesota，283 U.S. 697(1931).
③ Trinity Methodist Church v.FRC，62 F. 2d 850(D.C.Cir.1932).
④ Red Lion Broadcasting Co. v. F.C.C.，395U.S. 367(1969).

所具有的主动侵入性和无所不在性,最高法院在"帕西菲卡广播案"中指出,广播的"遍布性"使公众不仅在公共场合,甚至在享有压倒性隐私利益的私人场所,都会同无孔不入的广播相遇,这使未成年人极易接触到低俗的内容,即使那些不识字的未成年人无法阅读印刷的低俗材料,但仍可以收听广播。① 这些都要求对广播采取更加严格的规制路径。

有线电视是 20 世纪 90 年代主宰美国民众日常生活的一项大众媒介。有线电视的频道资源并不像广播那样具有稀缺性,能够服务于同一户家庭的有线电视经营者在数量上没有严格的限制,正如不同的报纸可以在同一地区发行一样。有线电视也不像广播那样具有主动侵入性,收看有线电视需要用户主动采取一系列有意识的行动,且在有争议的内容出现之前,通常都会有警告性提示。② 正是因为有线电视的这些特质,20 世纪 80 年代司法界的主流意见是有线电视更像是印刷媒介,应享受实质性的宪法第一修正案的保护,直到 1994 年美国最高法院才在第一次"特纳案"中确立了有线电视表达自由的中级审查标准。③ 在第一次"特纳案"中,最高法院基于"奥布赖恩案"所确立的中级审查标准来分析必播条款④,即政府对言论的限制是否出于增进一种实质性的政府利益,且其范围是否超过增进该利益所必需的程度。⑤ 由于最高法院法官就必播条款能否显著增进政府实质性利益存在分歧,该案被退回地区法院再次进行事实认定。1997 年,此案再次回到最高法院,最高法院以 5 : 4 维持了必播条款,认为必播条款有助于公众保留免费的无线地方电视台,推动节目

① F.C.C. v. Pacifica Foundation,438 U.S. 726(1978).

② 参见王四新:《网络空间的表达自由》,社会科学文献出版社 2007 年版,第 148 页。

③ 参见[美]约翰·D.泽莱兹尼:《传播法:自由、限制与现代媒介》,张金玺、赵刚译,清华大学出版社 2007 年版,第 377 页。

④ 美国最高法院针对各种类型的言论,确立了针对政府行为的合理审查、中级审查、严格审查标准。合理审查主要是针对那些不受保护的言论,如淫秽、煽动暴力言论等,政府的行为只要与正当的政府利益合理相关,且不过于宽泛,则政府干涉言论的行为有效;中级审查意味着政府必须证明对言论的限制增进了一种实质性的政府利益,且其范围没有超出增进该利益必需的程度;严格审查要求政府对受保护言论的限制只有在直接增进了令人信服的政府利益,且其限制范围和程度恰恰是增进该利益所必需的。

⑤ Turner Broadcasting System v. F.C.C.,512 U.S. 622(1994).

内容的多样化,并维持电视节目市场的公平竞争。一旦没有必播条款,地方电视台可能会失去三分之二以上的潜在观众;即使规定必播条款,对有线运营商造成的压力也是极其微小的。[①]

在电子媒介时代,表达自由从报纸时代的"个人—国家"的二元对立关系转化为"个人—媒介—国家"的三元关系,"基于媒介"成为最高法院处理大众传播时代表达自由问题的基本进路。印刷媒介下表达自由是一种不受干预的消极自由,而广播电视时代的表达自由从其诞生之初就伴随着政府管制,政府部门或出于频谱资源的稀缺性,或出于有线电视运营商的垄断地位,先后出台法律要求广播电视台必须提供频道资源播放那些激进的甚至是令人厌恶的观点。这种模式下的表达自由不仅关注谁(表达主体)说了什么(表达内容),更关注表达者通过什么媒介来发表言论,采用中级审查标准来审查政府对广播电视等媒介的言论限制,根据时间、地点、方式的性质和范围来评估表达的效果。

(三)当表达自由遇到互联网自媒体等新媒介

互联网是继报纸、广播、电视等大众媒介之后的第四媒介,其去中心化、开放化、匿名化为人们提供了一个多元化的公共话语平台,人们能够借助这一平台畅所欲言,尽情地表达观点和诉求,通过互联网来参与公共事务已经成为普通公民的一种主要表达形式。[②] 不同于报纸、广播、电视等传统媒介,互联网不是诸多媒介或平台中的一种,而是一切媒介的平台和基础,互联网与报纸、广播、电视等媒介相融合衍生出网络环境下新的媒介形态,表达者从报纸、广播、电视等转移到互联网,通过网络进行表达成为实现公民表达自由的主要途径。在美国诸多涉及网络表达的判例中,最高法院都禁止政府部门通过立法手段对互联网上的言论内容进行规制,但对于网络不当言论也不能听之任之,可以采取过滤、屏蔽等技术

---

① Turner Broadcasting System v. F.C.C.,520 U.S. 180(1997).

② 参见罗楚湘:《网络空间的表达自由及其限制——兼论政府对互联网内容的管理》,《法学评论》2012 年第 4 期。

手段保护网络用户。在"雷诺诉美国公民自由联盟案"中,最高法院裁定国会于 1996 年制定的《通信礼仪法》(*Communications Decency Act*)违宪,认为该法禁止在网络上将"淫秽或低俗"和"明显冒犯"的内容传播给未成年人,构成对言论内容的直接限制。[①] 在美国诉图书馆协会案中,最高法院认为图书馆的价值在于"便于人们学习和丰富文化",有权对公共体有直接、重大好处和利益的材料进行选择性呈现。图书馆安装过滤软件的行为,是图书馆对馆藏文献信息进行业务管理的行为,属于图书馆自由裁量的范围之内。[②]

不同于广播、电视等媒介自其诞生之初就伴随着政府管制,美国国会通过《通信礼仪法》赋予了网络平台超然的法律地位,其不仅不需要为第三方在该平台上发表的言论负责,还能在自愿与善意的前提下,对他人发表的某些言论预先进行限制访问或技术过滤而不受宪法约束。[③] 网络平台允许甚至鼓励公众在其平台上自由发表、评论各种意见,除非言论内容违法,否则网络平台不对言论内容进行任何审查或限制,网络平台成为公民实现表达自由的主要途径。但网络平台的独特性不在于其打破了传统媒介表达的时空限制,使每个人都能平等地发表意见,而在于其以隐性的方式改造着公民的表达结构,通过算法与过滤审查机制引导、把控着公民的言论表达。一方面,媒介平台通过过滤审查机制把控着表达自由的出口,决定着公众表达能否刺透信息迷雾到达预期受众。在过滤审查的背后潜藏着公众表达的沉寂化效应,那些"小众"的声音往往成为"沉默的证据"[④],被有意无意地隐藏起来。另一方面,媒介平台通过算法推荐机制把控着表达自由的入口,平台通过数据挖掘、交叉比对技术分析个体心理进而开展个性化推送,直接影响着公众的态度与意见表达,使公众表达受

---

① 　Reno v. American Civil Liberties Union, 521 U.S. 844(1997).

② 　United States v. American Library Association, 539 U.S. 194(2003).

③ 　参见张金玺:《美国网络中介者的诽谤责任与免责规范初探——以〈通讯端正法〉第 230 条及其司法适用为中心》,《新闻与传播研究》2015 年第 1 期。

④ 　"沉默的证据"是指人们总是习惯性地看到、听到自己已知的事项而忽略了尚未关注到或听到的其他真相,具体参见[美]纳西姆·尼古拉斯·塔勒布:《黑天鹅:如何应对不可预知的未来》,万丹、刘宁译,中信出版社 2011 年版,第 49 页。

限于算法的操控之中①,引导着公众表达的内容与形态。在媒介平台算法化、过滤审查隐性化的过程中,媒介不再仅仅是言论传输或表达的渠道与平台,还是言论内容的监管者,掌控着言论表达的基础设施。

在平台媒介时代,网络平台通过其技术架构、商业模式与内容设计改变着"个人—媒介(平台)—国家"三方博弈力量。国家面对无数的发言者和海量的信息流动,往往无法通过事前许可或事后审查的方式对言论直接规制,必须诉诸平台媒介的力量。网络平台相较于个人具有技术和资源上的优势,能够通过关键词过滤、屏蔽、封号等手段对用户的表达自由产生实质性影响,其对公民表达自由的危害程度不亚于传统的政府行为。② 公民在自身表达自由被侵犯乃至剥夺时,唯一能够求助的就是政府,政府通过立法来帮助公民对抗那些超级网络平台,但政府也可能被特殊利益集团所俘获,在权力和资本的合谋下,公民的表达自由可能仅仅是一种书本上的自由。

第三节　对美国媒介变迁下表达自由的反思

从媒介变迁的视角看,公民表达的媒介经历了从报纸到广播电视再到互联网的发展历程。一种新媒介的诞生并不会导致旧媒介的消亡,旧媒介会顺应社会的发展需求作出相应的调整和变革③,各种新旧媒介和谐共存为表达自由的实现提供了多元化的路径与平台。媒介技术既有中立的一面,在一定的制度条件下又有价值偏向的一面④,偏离技术最初的价值预设。从表达渠道的角度来看,媒介技术的发展丰富了公民表达自

---

① 参见张涛、马海群:《智能情报分析中算法风险及其规制研究》,《图书情报工作》2021 年第 12 期。

② 参见孔祥稳:《网络平台信息内容规制结构的公法反思》,《环球法律评论》2020 年第 2 期。

③ 参见李沁:《沉浸媒介:重新定义媒介概念的内涵和外延》,《国际新闻界》2017 年第 8 期。

④ 参见陆江兵:《中立的技术及其在制度下的价值偏向》,《科学技术与辩证法》2000 年第 5 期。

由行使的路径,使公民的声音能够传播得更远,但从表达效果的角度来看,答案可能截然相反。

（一）媒介组织的集中化、垄断化趋势

随着传播技术的发展,媒介集团之间的兼并、收购、联合日益规模化。到 20 世纪 90 年代中期,大约 25 家联合大企业以相互联系的联盟控制了美国大部分报纸、杂志、书籍、广播、电视、电影和电子信息服务业①,传播资源日益为少数人所垄断,大多数人难以通过传播媒介发出自己的声音。"互联网时代的到来改变了大众传播只将社会资源配置给精英群体的模式,新的信息生产方式开启了将社会资源配置给普通人的历史。"②互联网的发展确实打破了精英阶层对信息的垄断,普通民众能够平等地借助这一平台参与公共事务的讨论中,尽情表达自己对公共问题的看法与态度。当前互联网市场表面上看是充满"竞争"的,但这不是传统经济学意义上的竞争,几乎所有的竞争者都隶属于少数大公司,而且这些大公司之间的经营关系也非常密切。③ 搜索引擎、社交平台、电子邮件等表达自由的基础设施大多都掌握在苹果、谷歌、亚马逊、微软等私人手中,媒介的集中化、垄断化趋势对公民的表达自由产生了一系列不利影响。

首先,媒介垄断化不仅使新闻媒体所传播的信息日益同质化,还抑制思想市场的流动,戕害民主多元化价值。媒介垄断往往会导致内容垄断,这些媒介集团通过整合报纸、广播电视、互联网的内容使其在内容生产上口径一致,按照自身的价值偏好和利弊筛除那些对自身不利的信息;同时按照自己的意识观念对新闻事件进行评论,使公众的信息来源单一化,挤

---

① 参见［美］迈克尔·埃默里等:《美国新闻史:大众传播媒介解释史》,展江译,中国人民大学出版社 2004 年版,第 686 页。

② 隋岩:《群体传播时代:信息生产方式的变革与影响》,《中国社会科学》2018 年第 11 期。

③ 美国最大的八家媒介公司,每个公司平均与其中的五家签订共同承担风险的协议,彼此之间拥有所有权,这不仅降低了行业风险,还消除了潜在竞争者联合起来的风险,具体参见［美］罗伯特·W. 麦克切斯尼:《富媒体 穷民主:不确定时代的传播政治》,谢岳译,新华出版社 2003 年版,第 35 页。

压思想观点的多元性,使"思想市场"的理想幻灭。① "思想市场"理论建立在市场的充分竞争之上,各种思想在言论市场中自由竞争,只有那些真理性的思想才会脱颖而出或广为接受,但在少数媒体垄断的市场中,各种言论、思想自由竞争的程度相当有限,这些媒体发布的往往是契合自身价值偏好的信息,难以形成一个多元的意见市场,真理和谬误也无法在同一市场上公开论辩,公众更无从判断各种思想、言论的真伪善恶,只能被动地成为沉默的大多数。② "思想市场"的失灵不仅会妨碍公民表达自由的实现,还会对民主政治造成危害,这些媒介垄断集团可以制造舆论甚至左右舆论的走向,进而影响民主选举的结果。③

其次,这些媒介主要掌握在私人手中,建构在私人所有权下的大众传媒以追逐利润为主要目标,越来越少地考虑消费者的需求,回避具有重大社会意义的问题,以公司表达代替公共表达,湮没了媒体作为公共机构的特性,使媒介公司的公共价值日益衰落和边缘化。④ 媒介组织以向大众传送信息为基本功能,是现代社会公共领域的主要推动者和创造者,也是现代民主政治的重要组成部分,它因信息传播和公共论坛功能而受到公众信任,代理公众行使知情权、监督权和表达权。⑤ 但媒介组织承担信息传播和公共论坛功能是一种理想状态,实践中媒介组织往往是那些掌握政治和经济权力者的代言人,新闻报道的内容往往反映为新闻媒介资金提供者的利益。⑥ 这些媒介组织不再是独立于商业需求的公共机构,而

---

① 参见靖鸣、臧诚:《传媒批判视野下媒介融合过程中的问题与思考》,《现代传播(中国传媒大学学报)》2011 年第 4 期。

② 参见吴飞:《西方传播法立法的基石——"思想市场"理论评析》,《中国人民大学学报》2003 年第 6 期。

③ 参见任孟山:《"新媒体总统"奥巴马的政治传播学分析》,《国际新闻界》2008 年第 12 期。

④ 参见[美]罗伯特·W.麦克切斯尼:《富媒体 穷民主:不确定时代的传播政治》,谢岳译,新华出版社 2003 年版,第 42~57 页。

⑤ 参见邓瑜:《媒介融合与表达自由》,中国传媒大学出版社 2011 年版,第 84 页。

⑥ 参见[美]J.赫伯特·阿特休尔:《权力的媒介》,黄煜、裘志康译,华夏出版社 1989 年版,第 336~337 页。

逐渐演变成为"盈利机构",所发布的信息大多是契合自身利益、迎合商业需求的信息。对于那些与其利益、价值偏好不一致的信息,媒介机构往往会选择性失声。例如在 2011 年"占领华尔街运动"中,社交网络成为该运动的"广播电台",纷纷为该运动发声、争取支持,反观传统主流媒体在占领运动的报道上则比较迟钝,在运动发生初期集体性失语。[①]

最后,在盈利动机的驱使下,媒介内容越来越浅薄化、刺激化、煽情化,把受众当作媒介市场的消费者,而非社会公共事务与公共政策的知情者和参与者。媒介公司制作迎合大众的节目,这些节目大多流于低级趣味而缺乏公共性,将公民浸泡在娱乐中,这些娱乐节目占据了公众大量时间,公众被排挤出对公共问题的讨论,失去了对公共问题的兴趣,甚至丧失了判断是非的能力,造成一种"政治疏离",民主变成没有公民的政治游戏。[②] 美国一项针对 35 个州的调查显示,地方电视新闻和全国电视新闻在内容上相似,基本上是关于犯罪、暴力、鸡毛蒜皮的小事以及名人的私生活等,而且很多电视台都将更多时间给予了商业节目。[③] 在网络日益成为人们日常生活不可或缺的一部分的今天,公民主要通过网络来获取信息、发表言论,但大量低俗化、娱乐化的内容充斥着网络空间,挤占了网民对公共事务的关注度,使公众饱受商业主义的侵蚀和娱乐化、浅薄化的信息轰炸,难以就公共事务表达出理性的声音。此时公众表达要么是人云亦云,要么是浅尝辄止,难以实现表达自由探寻真理、监督民主政治的作用。

总之,媒介组织的集中化、垄断化趋势一方面使媒介所提供的信息越来越同质化、娱乐化,难以为公民表达自由的实现提供多元化的信息;另一方面使媒介日益从信息传播和汇聚的"公共机构"演变为资本俘获下的"商业机构"。即使是开启了信息生产和传递去中心化的互联网,也正不

[①] 参见高金萍:《社交媒体格局下传统媒体如何担当"船桥上的瞭望者"——析美媒"占领华尔街"运动报道》,《国际新闻界》2012 年第 4 期。

[②] 参见王雅菲、臧诚:《媒介批判视野下西方自由主义理论的现实困惑》,《青年记者》2012 年第 8 期。

[③] 参见谢静:《美国的新闻媒介批评》,中国人民大学出版社 2009 年版,第 198 页。

断以"贵族式"网络取代"平民式"网络,少数精英分子的言论能　　优于普通用户,其言论内容沿着社交网络流动和传播,能够对更多用户的言论和态度产生示范性影响。①

（2）从传统媒介"把关人"机制到新媒介"过滤审查"机制的演进

从媒介的审查与过滤功能来看,媒介技术的发展使对公民言论的审查正从显性的方式向隐性的方式转变,以润物细无声的方式影响着公民表达自由的行使。在传统的大众媒介下,媒介在信息传播过程中充当"把关人"的角色,有限的少数人决定了社会大多数人应当接受什么或不接受什么,受众只能被动地接受媒介的选择。② 传统的"把关人"机制是一种前置的、拦截式的把关,由编辑根据相关标准对新闻信息进行过滤拦截,他们在某种程度上掌握着信息的"生杀大权"。"把关人"往往通过"限制和删除"的方式对信息进行编辑,他们要么将信息阻隔在传播之前,使公众无从接触这些信息;要么在信息触犯相关群体利益时,不再播报相关信息或另外制造新闻点吸引公众的注意力。③ 在这种"把关人"模式下,大众媒介的新闻报道和信息传播往往难以保持客观中立,那些符合媒介利益或价值偏好的内容更容易优先传播,而普通民众的声音则难以广为传播。④ 当媒体日益集中在少数巨头手中,传统媒介的"把关人"进一步提高了市场准入壁垒,这在一定程度上限制了那些缺乏经济支撑的团体或个人通过媒介平台来表达自身的观点。

网络时代的到来打破了传统媒体对信息的垄断,普通民众能够直接参与信息的生成与传播,为公众提供了广泛的知情权和话语权空间。但由于传统"把关人"角色的缺失,立基于权威专家的信息过滤机制失效,数

---

① 参见胡凌:《网络法中的"网络"》,《思想战线》2020 年第 3 期。
② 参见丁建军:《网络民意对中国民主政治的影响》,《广西社会科学》2004 年第 11 期。
③ 参见靖鸣、臧诚:《微博对把关人理论的结构及其对大众传播的影响》,《新闻与传播研究》2013 年第 2 期。
④ 参见李宗建、程竹汝:《新媒体时代舆论引导的挑战与对策》,《上海行政学院学报》2016 年第 5 期。

据信息呈爆炸式增长,整片信息深海都展现在我们面前①,其中充斥着各类非理性的、色情的、危险的言论,各网络平台纷纷采用过滤技术对网络内容进行筛选。网络平台的过滤通常分为两步:第一步是做标记,对内容进行评级,由网络内容提供商和评级组织根据内容类型赋予不同的权重与标签;第二步是根据标记过滤内容,网站根据事前设定的规则判断是否允许用户登录该网站及浏览所呈现的内容。② 这种过滤审查机制正以隐形的方式影响着公民的表达自由,被认为是传统事先审查制度的复辟,只不过是数字化自动审查取代了人工审阅而已。我们往往无法知晓哪些信息将会被屏蔽掉,"我们自以为知悉全部信息,实际上我们只是生活在过滤装置的下游;我们以为我们了解世间的真相,但我们了解的知识是那些愿意将这些信息发布给我们的人留存下来的"③。网络平台的信息过滤机制对用户的表达自由产生了双重影响:一方面是用户所接触到的信息都是编辑过滤后的信息,用户只能被动地基于这些过滤信息来表达自己的观点和意见,此时用户所表达的言论不一定出于其真实、自由的意志;另一方面则是公民所表达的言论不一定契合平台的价值偏好,可能会成为过滤审查机制下的牺牲品。

我们每天都被海量的数据信息频繁轰炸,但我们表达所依赖的有效信息依旧不足。首先,有用信息通常淹没在海量的无效信息、无关信息之中,用户难以在海量信息中筛选出有用的信息。其次,以算法为基础的信息过滤机制能够根据用户的兴趣爱好,自动过滤掉那些异质信息,为用户打造属于他的个性化信息服务或内容,在迎合用户偏好的同时将用户置于隔绝、封闭的信息和观念空间中,用户仿佛置身于"网络气泡"之中,阻

---

① 参见[美]戴维·温伯格:《知识的边界》,胡泳、高美译,山西人民出版社 2014 年版,第 17～22 页。

② 参见[美]劳伦斯·莱斯格:《代码 2.0:网络空间中的法律》,李旭、沈伟伟译,清华大学出版社 2009 年版,第 273 页。

③ 时飞:《网络过滤技术的正当性批判——对美国网络法学界一个理论论争的观察》,《环球法律评论》2011 年第 1 期。

碍了多元观点的相互交流。① 人们沉浸在自我认知框架的满足之中,选择性地接触那些满足自身"预设立场"的信息,拒斥那些与自身固有观点相抵触的信息或观点,在隔绝的环境中不断强化着自身已有的偏见。再次,多媒体技术融多种不同类型的信息于一屏,造成用户查询的信息内容碎片化。这一方面分散了用户的注意力,使用户的注意力被吸引到文本的只言片语上;另一方面让用户只见树木,不见森林,更有甚者连树木都看不到,看到的只是末梢和树叶。互联网在顺应用户意愿的情况下,一步步改变着公众的思维习惯,使其专注和思考能力日益碎裂化和浅薄化。② 最后,互联网企业通过网络链接结构所呈现的结果来影响用户所能看到的内容,用户看到的更多的是那些密集链接的站点,而那些少数链接则被有意无意地忽视,这种网络资源的集聚化效应形成了"谷歌政体"。③ 在"谷歌政体"下,互联网企业不仅能够对信息顺序施加影响,还能够通过过滤机制对用户表达的内容进行审查,使用户的声音能否被他人听到、在多大范围内被他人听到取决于算法机制,此时我们的表达自由依赖于那些算法设计者。

(三)从"知识鸿沟"到"数字鸿沟"的深化

从不同阶层公民所掌握的知识、媒介技能来看,媒介技术的发展进一步拉大了信息富民与信息贫民在表达自由方面的鸿沟。在大众媒介时代,信息富民与信息贫民之间的鸿沟主要是知识方面的鸿沟,"随着大众媒介信息向社会系统注入的增加,具有较高社会经济地位的人群比处于较低地位的人群能更快地获取信息,从而使这两个群体之间的知识差距

---

① 参见[美]伊莱·帕里泽:《过滤泡:互联网对我们的隐秘操纵》,方师师、杨媛译,中国人民大学出版社 2020 年版,第 78 页。

② 参见[美]尼古拉斯·卡尔:《浅薄:互联网如何毒化了我们的大脑》,刘纯毅译,中信出版社 2010 年版,第 96～97 页。

③ 谷歌政体的存在,一方面在于利基优势的存在,密集链接的站点吸引更多的关注和流量,呈现出赢家通吃现象;另一方面在于搜索引擎正在恶化富者越富现象,使网络流量更加集聚化,具体参见[美]马修·辛德曼:《数字民主的迷思》,唐杰译,中国政法大学出版社 2016 年版,第 72～73 页。

不是缩小而是增加了"①。在报纸时代,阅读报纸需要读者有较高的文化教育水平,能够理解报纸所表达的内容,社会底层的民众往往无法接触到或理解报纸所传递的讯息。即使处于同一教育水平,那些更多使用或偏好报纸的人往往能够知晓更多的讯息,更好地表达自身观点。② 在广播电视时代,广播电视的内容转瞬即逝,即使受众能够接收到广播电视传递的信息,也不一定能够理解这些媒介所传递的讯息,更遑论利用这些媒介来表达自身的观点与思想。大众传媒时代,信息富人与信息穷人基于不同媒介的"知识鸿沟"使得表达自由成为一种"精英式"自由,难以为信息穷人所享有。

互联网的出现打破了精英分子对信息与话语的垄断,使普通百姓能够参加他们从前不可能参加的公共讨论,但信息技术的发展使大众传媒时代的"知识鸿沟"衍变成为新媒体时代的"数字鸿沟",以多样态的方式制约着公民表达自由的实现。数字鸿沟主要有三方面的内容:一是信息通信接入方面的鸿沟,主要是使用互联网和不使用互联网的人之间存在的差异。③ 根据皮尤研究中心 2019 年 6 月的一项研究,大约 25％的美国人在家中缺乏高速互联网接入,大约 33％的美国农村人口缺乏家庭宽带接入,2020 年暴发的新冠疫情进一步加剧了这些不平等。④ 在网络表达成为表达自由主流的今天,那些远离互联网的非网民群体既无法通过网络获取各类及时有效的公共信息,又无法通过网络发出自己的声音,他们就像网络世界的被遗弃者一般。二是信息通信使用方面的鸿沟,即人们在媒介使用时间、使用类型和使用内容、使用动机和兴趣、使用技能等方

---

① P. J. Tichenor, G. A. Donohue, C .N. Olien, Mass Media Flow and Differential Growth in Knowledge, *Public Opinion Quarterly*, 1990, Vol. 34, No. 2, p.159.

② 参见吴悦等:《关于"知识鸿沟"影响因素的文献综述——基于 SCI 和 CSSCI 数据库的分析》,《东南学术》2018 年第 1 期。

③ 参见汪明峰:《互联网使用与中国城市化——"数字鸿沟"的空间层面》,《社会学研究》2005 年第 6 期。

④ See American Library Association:State of America's Libraries Special Report: COVID-19,https://www.ala.org/news/sites/ala.org.news/files/content/State-of-Ameri-cas-Libraries-Report-2021-4-21.pdf,下载日期:2021 年 5 月 10 日。

面的差异所导致的数字差距。① 互联网确实为普通公民提供了接触各类信息的平台,但大多数网民主要将互联网用于休闲娱乐,较少参与到对公共事务、公共政策的讨论。即使这些网民参与公共事务的讨论,他们所发表的意见也无法均衡地反映我国社会各阶层的诉求。② 三是信息资源和知识方面的鸿沟,数字技术接入和使用上的鸿沟会导致人们信息资源和知识上的鸿沟。③ 这种信息资源和知识上的鸿沟造就了信息时代的富人和穷人,信息富人往往比信息穷人更容易获得丰富的信息来源和更多的表达机会,甚至有不少内容服务商出于经济利益的考虑,只将其所提供的服务瞄准那些在经济上具有较高支付能力和消费能力的用户,而那些经济上处于劣势或消费能力不高的用户,要么根本不为他们提供服务,要么提供质量不高的服务。④ 这些信息穷人往往无法在网络上发出自己的声音,即使他们能够发出自己的声音,也可能会湮没在海量的数据信息中。

信息技术的发展与普及化可以填平人们在信息通信接入方面的鸿沟,但无法消除人们在信息使用和知识运用方面的鸿沟,甚至可能进一步加剧这种数字不平等现象。未来的数字鸿沟不再是接入互联网和没有接入互联网之间的差距,而是有能力创造知识、最大化信息效用和只会故步自封、先入之见、不再学习之间的差距。⑤ 这种数字鸿沟严重影响着公民表达的平等性,纵使互联网表面上看打破了精英阶层对话语与信息的垄断,使普通民众能够自由平等地通过网络平台表达对公共事务的看法,但在媒介组织集中化、垄断化的时代场景里,媒介平台所提供的信息越来越同质化、浅薄化,在算法推荐和过滤审查机制的作用下进一步加剧了平台

---

① 参见李晓静:《数字鸿沟的新变:多元使用、内在动机与数字技能——基于豫沪学龄儿童的田野调查》,《现代传播(中国传媒大学学报)》2019 年第 8 期。

② 参见邱鸿峰、杨松:《网络传播、公共领域与行政控制》,《中国行政管理》2007 年第 6 期。

③ 参见韦路、张明新:《第三道数字鸿沟:互联网上的知识沟》,《新闻与传播研究》2006 年第 4 期。

④ 参见王四新:《网络空间的表达自由》,社会科学文献出版社 2007 年版,第 372 页。

⑤ 参见[美]比尔·科瓦奇、汤姆·罗森斯蒂尔:《真相:信息超载时代如何知道该相信什么》,陆佳怡、孙志刚译,中国人民大学出版社 2014 年版,第 207 页。

内容分化现象,使普通民众难以接触到多元化的言论与信息。在资本与技术的隐性控制下,他们在表达自由的假象下往往"无以为表",只能被动接受平台的话语引导和精英分子的话语渗透,成为信息时代的"局外人"。

(四)表达自由的"表"而未"达"

对于表达自由的内涵,国内外学者众说纷纭,迄今为止仍未有统一的法律界定和共识性认知。有学者认为:"表达自由是公民在法律规定或认可的情况下,使用各种媒介或方式表明、显示或公开传递思想、意见、观点、主张、情感、信息、知识等内容而不受他人干涉、约束或惩罚的自主性状态,包括言论自由、出版自由、新闻自由、艺术表现自由。"[1]也有学者认为:"表达自由是指一个人可以按照自己的意愿进行言论表达活动,表达自己的所见所闻所思,或收集或传播有关的信息,其他人对之必须尊重而不能妄加干涉,包括(狭义的)言论自由、新闻出版自由、集会游行示威自由、艺术自由、网络表达自由等。"[2]还有学者认为:"表达自由是通过各种方式进行交流的自由,包括但不限于使用口语、印刷文字、音乐、电视、互联网或象征性行为等。"[3]无论是上述国内外学者的观点,还是美国司法实践都将表达自由视为一种"言说"的自由,一种不受他人干涉与约束的消极性自由,但对于"言说"后是否为他人所听到、所理解则在所不论。如果仅将表达自由视为一种"言说"不受干涉的自由,而不管表达的效果如何,那么表达自由将会演变成为发言者的自话自说,无法对自我实现、真理探求和民主政治产生任何实质性影响。

表达自由不仅需要关注发言者能否自由地发出声音,更需要关注所发出的声音能否为预期受众所听到、所理解,即所发出的声音能否得到"有效传播"。有效传播是"传播的信息能够到达受传者并被受传者接收

---

① 甄树青:《论表达自由》,社会科学文献出版社 2000 年版,第 19 页。

② 侯健:《表达自由的法理》,上海三联书店 2008 年版,第 412 页。

③ Douglas M. Fraleigh, Joseph S.Tuman, *Freedom of Expression in the Market-place of Ideas* , SAGE Publications, 2010, pp. 2~4.

和理解","仅仅完美地把信息传达出去并不能有效传播"。① 媒介环境下的信息传播通常分为三类:第一类是传播渠道不通畅,发言者要传递的信息无法传达到预期受众那里,即"传而不通";第二类是传播渠道畅通,即预期受众接收到发言者和媒介所传递的信息,但由于种种原因,预期受众无法理解这些信息,即"通而不受";第三类是发言者和媒介所传递的信息传播渠道畅通,预期受众不仅能够接收到该信息还能理解该信息,即"通而乐受"。② 在第一、二类场景中,发言者对公共事务或公共管理所表达的观点与意见要么无法到达预期受众,要么无法为预期受众所理解,进而无法引起预期受众的共鸣和互动,此时发言者的表达自由是一种形式上的自由,无法在发言者与预期受众之间协商对话以达成共识。在第三类场景下,发言者所表达的信息不仅能够到达预期受众,还能够为预期受众所理解,此时表达自由才能真正发挥自我实现、民主政治、真理探寻的作用。因此,表达自由作为公民的一项基本权利,不仅需要发言者能够自由表达观点与意见不受他人非法干涉,还需要发言者的声音能够畅通无阻地为受众所接收与理解。

从发言者能否发出声音的角度来看,媒介技术的发展确实为公众提供了多元化的发声平台,特别是互联网的去中心化使普通公民能够自由表达对公共事务的观点与意见,但公民能够通过多元化的媒介平台发出声音不一定意味着该声音能够到达预期受众并为预期受众所理解。公众在算法推荐下更容易接受那些证实已有信念、预期或假设的信息和言论,抗拒那些与我们内心观点不一致的言论和信息③,即使受众乐于倾听那些与自身信念、预期不一致的言论,这些言论也可能消亡在过滤审查机制下,就算能够穿过过滤审查机制,也可能湮没在海量的数据信息中,无法到达预期受众耳中,日常生活中能够发出声音并能够为人们听到的依旧

① 黄晓钟等主编:《传播学关键术语解读》,四川大学出版社2005年版,第36页。
② 参见丁柏铨:《论新闻的有效传播》,《新闻与传播研究》2002年第4期。
③ 参见[英]赫克托·麦克唐纳:《后真相时代:当真相被利用、操纵,我们该任何看、如何听、如何思考》,刘清山译,民主与建设出版社2019年版,第10页。

是那些精英分子。[1] 纵使言论信息历经险阻到达预期受众耳中,也不一定能够为预期受众所理解与接受,甚至可能产生负面影响,消解了公众表达的内在动力与欲望。表达自由不应仅仅是单向度的信息输出,还应保障该信息能够畅通无阻地到达预期受众耳中为他们所理解,促成发言者与受众之间的协商对话,从而使公共决策、公共事务与公共管理更加科学、民主与高效化。

综上,媒介技术的发展扩展了公民表达的渠道,使普通民众能够在各类媒介平台上发出自己的声音,但能够发出声音意味着能够为预期受众所接收与理解。在媒介组织的私人化、垄断化和算法的过滤审查机制作用下,媒介技术的发展不一定扩展了公民的表达自由,反而以隐性的方式减损了公民的表达自由,使公民的表达在"信息茧房"中往返回荡,媒介组织的这一行为不仅不被美国宪法第一修正案所限制,反而以保护表达自由和技术发展之名起着推波助澜的作用。这一方面是因为美国宪法第一修正案禁止的对象是政府,针对的是政府行为,而媒介组织不是政府机构,其行为不是政府行为,其限制公民表达的行为自然不受宪法限制[2];另一方面是因为 1996 年《通信礼仪法》赋予了网络平台在法律上的超然地位,其不仅不需要为第三方发表在该平台上的言论负责,还能在自愿与善意的前提下,对他人发表的某些言论预先进行限制访问或技术过滤而不受宪法约束。[3] 在网络表达成为公民表达主流的今天,美国场景下的表达自由在资本、技术、媒介权力等因素的作用下往往"无以为表"或"表而未达",被异化为一种形式性的自由。

---

① 根据武汉大学管理学院沈阳教授 2011 年发布的《微博意见活跃群体分析报告》,公共事件中微博话语权依然掌握在少数人手中,草根阶层要么"自话自说",要么受微博意见活跃群体潜移默化的影响。具体参见郑燕:《网民的自由与边界——关于微博公共领域中言论自由的反思》,《社会科学研究》2012 年第 1 期。

② 参见张毅:《美国言论自由的边界》,《美国研究》2020 年第 5 期。

③ 参见张金玺:《美国网络中介者的诽谤责任与免责规范初探——以〈通讯端正法〉第 230 条及其司法适用为中心》,《新闻与传播研究》2015 年第 1 期。

第四节　中国媒介融合场景下的表达权

表达自由概念并非古已有之,而是近代宗教改革、文艺复兴以及资本主义工商业者反对国家对表达自由的干预与压制的产物。对于中国而言,表达自由是清末西学东渐中由国外传入的舶来品。在表达自由中国化的进程中,党和政府一方面借鉴表达自由要求国家不作为的消极面向,另一方面汲取表达自由"表而未达"、资本俘获的经验教训,创造性地提出表达权概念,在尊重表达权消极性属性的同时赋予其积极权利的内涵,激发公众表达的意愿和诉求,进而推动我国的民主政治建设。

（一）中国表达权概念的提出

中国表达自由思想萌芽于清末,以言论自由的形态输入中国。1899年梁启超在《饮冰室自由书》中明确引入和诠释西方言论自由思想,"西儒约翰弥勒曰,人群之进化,莫要于思想自由、言论自由、出版自由"。[1] 1908年清政府颁布的《钦定宪法大纲》首次以根本法的形式确立了公民享有言论、出版、著作等自由,但将言论、出版等自由限制在"法律范围之内",且先后制定《大清印刷物专律》《大清报律》《钦定报律》等强化对公民言论、出版自由的审查。[2] 民国时期,南京临时政府1912年颁布的《中华民国临时约法》在第6条第4项进一步确认"人民有言论、著作、刊行即集会结社之自由",此后无论是北洋政府时期的《中华民国约法》（1914年）、《中华民国宪法》（1923年）还是蒋介石时期的《中华民国宪法》（1946年）,都将公民的言论自由写入宪法,从形式上赋予公民参政议政、言论表达的自由,各类报纸、团体组织纷纷创立极力争取公民的言论自由,但这些言论自由条款都被严格限制在法律的范围内。民国政府更是通过舆论监控

---

[1]　参见于翠玲、郭毅:《清末民国开言论与言论自由的比较视野考论》,《国际新闻界》2013年第9期。

[2]　参见郝铁川:《权利实现的差序格局》,《中国社会科学》2002年第5期。

和出版审查不断强化对公民言论自由的控制。在 1946 年 1 月 12 日到 8 月 8 日,仅广州一地就有 10 多万册刊物被没收,20 多名记者、教授被特务殴打,47 名记者被捕,3 位记者遭杀害。[①] 这一时期,政府加强对言论自由的控制和公众争取言论自由的斗争留下了鲜明的时代烙印。言论自由条款主要具有"宣言"的色彩,难以成为公民的"务实"权利。

中华人民共和国成立后,《中国人民政治协商会议共同纲领》(1949年)、《宪法》(1954 年)都明确规定公民享有言论、出版、集会、结社、游行、示威的自由[②],基本上沿用清末以来"言论自由"的表述,且 1954 年宪法更进一步要求"国家供给必需的物质上的便利,以保证公民享受这些自由"。1975 年与 1978 年宪法除了规定言论自由外,新增"四大"权利:"大鸣、大放、大辩论、大字报,是人民群众创造的社会主义革命的新形式。国家保障人民群众运用这种形式"(1975 年宪法第 13 条),公民有运用"大鸣、大放、大辩论、大字报"的权利(1978 年宪法第 45 条),带有鲜明的阶级斗争色彩。1982 年宪法总结中华人民共和国成立以来正反两方面的经验教训,删除了 1975 年和 1978 年宪法中"大鸣、大放、大辩论、大字报""公民子弟兵"等政治术语和政治词语,通过规范性法律用语进行表达[③],其在第 35 条明确规定"中华人民共和国公民有言论、出版、集会、结社、游行、示威的自由"。学术界基于该条款将言论自由的研究逐渐发展到涵摄言论自由、出版自由、结社自由、游行自由、示威自由等表达自由[④],表达

---

① 参见傅国涌:《笔底波澜:百年中国言论史的一种读法》,广西师范大学出版社 2006 年版,第 242 页。

② 《中国人民政治协商会议共同纲领》第 5 条规定"中华人民共和国人民有思想、言论、出版、集会、结社、通讯、人身、居住、迁徙、宗教信仰及示威游行的自由权",《宪法》(1954 年)将《共同纲领》所保护的自由权根据权利性质分列在第 87 条到第 90 条中,其中第 87 条规定公民的言论、出版、集会、结社、游行、示威自由,第 88 条规定公民宗教信仰自由,第 89 条规定公民人身自由,第 90 条规定公民通讯、住宅和迁徙自由。

③ 参见韩大元主编:《新中国宪法发展 60 年》,广东人民出版社 2009 年版,第 213 页。

④ 参见王四新:《言论出版条款的理解》,《国际新闻界》2006 年第 9 期;熊静波:《表达自由和人格权的冲突与调和——从基本权利限制理论角度观察》,《法律科学(西北政法大学学报)》2007 年第 1 期;胡光志、雷云:《版权、表达自由与市民社会》,《法学评论》2008 年第 2 期。

自由的深入研究为党和政府明确提出表达权奠定了坚实的理论基础。

2006 年 10 月,中国共产党第十六届中央委员会第六次全体会议审议通过《中共中央关于构建社会主义和谐社会若干重大问题的决定》,提出要"依法保障公民的知情权、参与权、表达权、监督权",首次明确提出具有中国特色的"表达权"这一表述。2007 年 10 月,胡锦涛总书记在中国共产党第十七次全国代表大会的政治报告中再次明确提出表达权。表达权自此成为我国政治生活中不可或缺的一部分。表达权不仅明确规定在《建立健全惩治和预防腐败体系 2008—2012 年工作规划》《中共中央办公厅关于建立促进科学发展的党政领导班子和领导干部考核评价机制的意见》《中共中央关于党的基层组织实行党务公开的意见》《中共中央挂标语加强社会主义协商民主建设的意见》等党内法规中,还为《改革开放 40 年中国人权事业的发展进步》《为人民谋幸福:新中国人权事业发展 70 年》《中国共产党尊重和保障人权的伟大实践》等政策性文件所规定,更溢出到《未成年人学校保护规定》《最高人民法院关于进一步深化司法公开的意见》《国务院办公厅关于全面推进基层政务公开标准化规范化工作的指导意见》《中华人民共和国国民经济和社会发展第十二个五年规划纲要》等部门规章、司法解释、行政法规和法律中,为我国规范性法律文件所明确确认。①

表达权与表达自由在外观上具有相似性,甚至有学者认为表达权是表达自由的别称②,但二者在本质上不同。第一,表达自由建立在西方自由主义传统之下,建立在"个人—国家"的二元对立之上,将政府视作公民表达自由的最大敌人,各国宪法都对政府干预表达自由的行为作出了明

---

① 笔者以北大法宝为基础,结合威科先行等法律数据库,全文检索现行的法律、行政法规、部门规章、司法解释等有关"表达自由""言论自由""表达权"的内容,对于理论话语"表达自由",检索结果为没有满足条件的数据;对于法律话语"言论自由",仅在最高人民法院发布的 4 份典型案例或指导性案例和 2016 年国家互联网信息办公室发布的《国家网络空间安全战略》中规定,而表达权的搜索结果为法律 2 篇,行政法规 18 篇,司法解释 35 篇,部门规章 207 篇,具体参见北大法宝:http://www.pkulaw.cn,下载日期:2021年 10 月 29 日。

② 参见郭道晖:《论作为人权和公民权的表达权》,《河北法学》2009 年第 1 期。

确的限制①,而表达权建立在中国民众与政府的互动、合一关系之上,不仅需要政府通过信息公开、网上问政等手段自上而下地扩大公民表达渠道,积极回应公众的表达与诉求,还需要民众通过参政议政、舆论监督自下而上参与到民主政治建设中②,进而在二者之间形成一种和谐共生关系。第二,表达自由是一项不受政府干预的消极性自由,是公民对国家的一种防御权,而表达权既有消极性权利的一面,要求国家消极不作为,又有积极性权利的一面,要求国家提供制度与现实层面的帮助和支持。③第三,表达自由是单向度的发声过程,强调公民能否通过媒介平台自由地发表意见,对于该声音能否为预期受众所听到、所理解则在所不问,而表达权则是双向互动的过程,不仅强调公民能够通过媒介平台表达自己意见,还强调公民表达能够畅通无阻地到达预期受众、为受众所理解,进而在发言者与受众之间形成良性互动,在表达与反馈之间往返流转。第四,表达自由是一项法律话语,是对《宪法》第 35 条所列举的言论、出版、集会、结社、游行、示威自由的概括性表达,而表达权是对表达自由的继承性发展,是一项政法话语,是党和政府根据时代需求和价值偏好所提出的一项具有中国特色的权利概念,与知情权、参与权、监督权共同指向公权力监督、民主政治建设。④

　　表达权在中国的提出具有深刻的社会背景和现实依据。首先,经过改革开放以来四十多年的发展,人民的生活水平显著提高,基本上解决了温饱问题,人们的权利需求从物质性追求转向精神性追求,这就必然面临着人民表达的需要,言说的自由。如果连最基本的表达权都无法满足,何

---

　　① 参见臧震:《美国宪政精神下的表达自由——以焚烧国旗案为例》,《法学论坛》2006 年第 2 期。

　　② 参见黄宗智:《民主主义与群众主义之间:中国民众与国家关系的历史回顾与前瞻愿想》,《文史哲》2021 年第 2 期。

　　③ 参见郭春镇:《论两种人权偏好之关系及中国人权的积极面向》,《法学评论》2012 年第 2 期。

　　④ 参见郭春镇:《作为中国政法话语的表达权》,《法学家》2021 年第 5 期。

谈公民其他权利的实现,法治建设也将会成为没有公民参与的空中楼阁。① 其次,中国的改革是政府主导的自上而下自我革命与革新,而改革的最终成功必将伴随着公民和社会自下而上的觉醒。② 表达权的建立,相当于建立了一个自下而上的意见表达和改革动力机制,不仅能够促进公民主体意识的觉醒,还能弥补政府自我改革的种种弊端。再次,我国正处于社会转型期,社会阶层的分化使得利益主体日益多元化,围绕各种利益纷争、矛盾日益激化,表达权概念的提出能够起到"减压阀""缓冲器"的作用,有助于疏导和缓解社会矛盾。人们通过表达宣泄自身的不满情绪,使自我压抑的情感得到一定的释放,能够防止将不满情绪转化为违法犯罪活动。③ 最后,媒介融合不仅是表达权概念提出的传播场景,还为表达权的实现提供了必要条件。随着媒介融合时代的到来,极大地改变了传统媒介下精英分子垄断话语表达权、把控议程设置与表达框架的局面,普通民众得以通过论坛、微博、社交网站、微信、博客等新媒体表达对公共事务和公共政策的观点与看法,党和政府根据媒介融合的时代特征提出表达权概念以实现对公民政治权利的保护。

表达权在中国的提出具有强烈的理论需求。表达自由建立在自由主义理念之上,自由主义一方面将人预设为完全理性人,能够运用自身的理性明辨是非善恶,能够通过自由而广泛的讨论与不同观点之间的交锋发现真理④,另一方面将政府视为一种"必要的恶",政府公权力的干涉是公民表达自由的最大敌人,表达自由的实现不需要国家提供额外的保障性措施和物质帮助。表达自由的理性人预设和消极自由观都是反事实的。首先,人是理性和非理性的统一体,在直觉思维系统和理性思维系统分工

---

① 参见李步云等:《全面推进依法治国 迈向法治新时代》,《法学研究》2013年第2期。

② 参见包国宪、孙加献:《政府绩效评价中的"顾客导向"探析》,《中国行政管理》2006年第1期。

③ 参见齐小力:《论表达自由的保障与限制》,《中国人民公安大学学报(社会科学版)》2010年第2期。

④ 参见张建红:《自由主义之表达自由观——兼谈"中国到自由之路"》,《内蒙古社会科学(汉文版)》2006年第6期。

协作下运作,人们主要依赖无意识且快速的直觉思维系统作出决策,这使我们总是犯系统性错误,在直觉思维系统的运行遭遇障碍时,大脑才会向理性思维系统求助,请求理性思维系统给出更为明晰的处理方式以解决问题。① 其次,即使每个人都是理性的个体,也不一定能够通过观点交锋发现真理,特别是在媒介组织集中化、垄断化的市场环境下,普通民众往往无法通过媒介来表达自身观点,只能被动地接受资本、权力裹挟下的观点。② 最后,表达自由的消极自由观试图反对来自外界的一切干预,将不受干预的自由神话为一种绝对化自由,最终可能导致自由的滥用,葬送了自由之路。③ 在媒介表达成为公民表达常态化的今天,国家不应再局限于不干预的消极属性,更应通过表达资源的重新配置保障公民能够畅通无阻地表达。表达权概念的提出,一方面汲取了表达自由下发言者有限理性的经验教训,不仅强调普通公民能够通过媒介平台自由地表达观点,还要求公民表达能够到达受众耳中、为受众所理解,促成发言者与受众之间的协商互动,从而在二者之间尽可能形成重叠共识,减少个体理性的不完备性;另一方面在保留表达自由不干涉的消极属性基础上,赋予表达权以积极属性的内涵,不仅要求国家采取措施保障表达渠道的畅通性,还要保障弱势群体能够发出声音、能够为受众所听到。

（二）中国表达权生成的内在机理

表达自由是近代资产阶级在反抗封建专制和宗教压迫中产生的,是西方民主宪政的产物,通过人权理论的跨文化传播,逐渐发展成为国际社会公认的一项基本人权,并借助《世界人权宣言》《公民权利和政治权利国际公约》《儿童权利公约》以及联合国人权理事会等国际人权条约、组织和

---

① 参见［美］丹尼尔·卡尼曼:《思考,快与慢》,胡晓姣、李爱民、何梦莹译,中信出版社 2012 年版,第 5～9 页。

② 参见［美］迈克尔·埃默里等:《美国新闻史:大众传播媒介解释史》,展江译,中国人民大学出版社 2004 年版,第 686 页。

③ 参见马正华、樊浩:《"观念的自由"与"自由的传媒"》,《南京社会科学》2014 年第 8 期。

机制不断强化①,被视为民主社会人们所享有的一项普遍性、根本性的权利。表达自由的普遍性是一种价值层面的普遍性,是人们对表达自由自我实现、真理探求和民主政治价值的认可。但从实现方式和呈现形态来看,表达自由具有特殊性,各国基于政治、经济、文化、历史等因素在实现表达自由价值过程中所采用的具体方式和制度形态不尽相同。② 对中国来说,表达自由是近代西学东渐的舶来品,即使在宪法文本中予以明确规定,也是效仿或追赶国际人权保护的"言词而已",难以在中国落地生根,需要中国主动建构既立足于本土资源又能进行国际对话,将普遍性与特殊性相结合的表达权话语体系,这也是新时代中国特色社会主义人权体系的重要组成部分。

中国场景下表达权的生成不仅是表达自由的一种范式转变,更是对当前中国历史、文化、政治、经济以及民众需求的积极回应。第一,表达自由建构在以个人为本位的自由主义之上,而中国自始至终都不具有以个人为本位的自由主义传统。在古代中国,自由不是个体层面上的自由,而是以家庭为单位的自由,每个家庭成员都要根据其名分承担相应的责任。③ 即使在当前中国,自由也是建立在超越原子化个人的社会关系之中,需要从人与人的"交互性关系"与"互依性关系"理解人的存在。④ 第二,我们正处在权利备受关注、权利话语日益彰显的时代,权利本位成为时代的鲜明特征。权利本位是在与阶级斗争范式论争的过程中发展而成的,但权利本位"没有完全摆脱政治话语或意识形态话语的支配,反而在某种程度上证明了政治话语或意识形态在中国法学讨论中的有效性或合法地位",甚至"可能在一定程度转换成某种政治话语或意识形态的同时

---

① 参见刘志强:《新时代中国人权话语体系的表达》,《法律科学(西北政法大学学报)》2018 年第 5 期。

② 参见常健、赵玉林:《关于人权普遍性的学科间争论》,《南开学报(哲学社会科学版)》2014 年第 5 期。

③ 参见徐勇:《历史延续性视角下的中国道路》,《中国社会科学》2016 年第 7 期。

④ 参见贺来:《"关系理性"与真实的"共同体"》,《中国社会科学》2015 年第 6 期。

成为那种更高的意识形态的注释"。[①] 表达权就是基于权利本位理念将表达自由转化成为以权利形态呈现的政法话语。第三,我国宪法文本中隐含着权利与自由分殊的意涵。在宪法条文中,以"自由"的名义或以"不得""不受""禁止"对基本权利加以规定的,大多契合消极权利"不受阻碍"的属性;以"权利"命名的基本权利,需要国家提供相应的制度设置、物质基础来保障实现,大致属于积极权利范畴。[②] 公众能否通过媒介平台畅通无阻地表达自身观点,不再仅仅取决于权利的行使,更依赖于国家所提供的基础设施与物质帮助以及对媒介平台的管控,需要表达自由以权利的形态呈现。第四,党和政府对积极权利的偏好塑造着表达自由到表达权的范式转换。相对于强调国家不作为的消极权利,积极权利更容易产生直接成效,更容易让公众以看得见的方式感受到党和政府的担当作为和责任感,进而提升党和政府的合法性与正当性[③],表达权就是党和政府基于文本规范和价值偏好将表达自由本土化转换的成果。

表达权的提出是基于当前中国政治体制所形成的一种政法话语。1982 年宪法规定公民有言论、出版、集会、结社、游行、示威的自由,这些政治自由条款本身不具有直接的效力,需要具体化为普通法律法规上的权利,但宪法所规定的言论、出版、结社等自由权利长期停留在"字面"上,没有法律对此加以规定。[④] 在中国政治体制中,人民代表大会制度生成了人民—国家的代表关系,而民主宪制结构促成了党—国家的功能融合关系,二者统一于人民的意志,形成人民—党—国家的复合主权结构,人民的意志通过民主集中制成为党的政策,党的政策通过执行成为国家政

---

① 邓正来:《中国法学向何处去(上)——建构"中国法律理想图景"时代的论纲》,《政法论坛》2005 年第 1 期。

② 参见胡玉鸿:《论我国宪法中基本权利的"级差"与"殊相"》,《法律科学(西北政法大学学报)》2017 年第 4 期。

③ 参见郭春镇:《论两种人权偏好之关系及中国人权的积极面向》,《法学评论》2012 年第 2 期。

④ 有学者统计,宪法规定的公民基本权利有 27 项之多,但其中 9 项长期停留在宪法文本之上,具体参见李林、莫纪宏主编:《中国宪法三十年:1982—2012》(上卷),社会科学文献出版社 2012 年版,第 485～486 页。

策,国家政策再经由法定程序上升为法律。① 党的政策成为沟通人民意志和国家法律的重要媒介,深刻影响着中国的法治进程。面对改革开放以来人民的生活水平、权利意识日益高涨,社会阶层的分化使各主体的矛盾日益激化,需要国家在制度层面保障公民表达与参与的权利。在表达自由法律缺位的场景下,党基于中国国情、因应时代变化在党的政策性文件中创造性地提出表达权概念,回应公众不断高涨的表达与参与诉求。表达权概念的提出,一方面立足于中国所实行的人民代表大会制度,国家的一切权力都来源于人民,强调国家对公民权利的保护与保障功能②,需要基于权利本位理念将个人自由转化为权利形态。另一方面需要在反思和省察西方表达自由所建构的言说模式固化成为人们对表达自由的基本想象的基础上,汲取表达自由的法治内核并结合党和政府的积极权利偏好和民众需求转化为具体的具有中国特色的表达权,将表达权与表达自由的理论传统和知识谱系相对接,进而为表达权概念的提出提供必要的理论和知识支持。③

　　表达权的提出是对西方表达自由权利话语的竞争性回应,也是参与国际对话、建构中国特色社会主义人权体系的需要。在人权领域,西方国家通过对外输出人权话语的软渗透方式和武力、殖民、霸权的硬介入方式获得了国际人权领域的话语主导权④,表达自由即为西方人权话语体系的重要一环,甚至被视为一项具有全球普适性的基本人权。西方人权观念是在与王权、神权的斗争中发展而来的,强调公民的权利与自由不受国家公权力的干涉,将表达自由、人身自由、宗教信仰自由等政治权利视为人权体系的核心,甚至公开否认发展权,而中国人权观念则是基于自身的经验总结与需求偏好,强调自决、生存和发展在人权体系中的基础性地

---

① 参见王旭:《"法治中国"命题的理论逻辑及其展开》,《中国法学》2016年第1期。
② 参见韩大元:《中国宪法学上的基本权利体系》,《江汉大学学报(社会科学版)》2008年第1期。
③ 参见顾培东:《当代中国法治话语体系的构建》,《法学研究》2012年第3期。
④ 参见毛俊响:《从西方人权话语拓展看中国人权话语的国际化》,《法学论坛》2021年第2期。

位,将表达权、宗教信仰自由等政治权利与社会、经济、文化权利同等重视,共同推进、相辅相成。① 自 1991 年中国政府发布第一部《中国的人权状况》白皮书以来,中国政府先后发布 65 部与人权相关的白皮书,始终以生存权与发展权作为首要人权、以核心价值和共同价值为价值导向、以人民主体地位为基本原则在人权的动态发展中建构中国特色社会主义人权体系。② 表达权不仅是中国特色社会主义人权话语体系的重要内容,还是一种基于自身需求与价值偏好发展而成的竞争性话语,是对西方表达自由话语主导的积极回应。

表达权的提出既是对"西方中心主义"表达自由支配的超越,也是对"自我东方化"言说藩篱的超越,是在对话基础上相互交流、借鉴与融合的成果。③ 表达权并非孤立存在的,而是处在与表达自由的复杂互动关系之中,通过将表达自由融进表达权的意义之网,为表达权提供新的内涵和认同来源④,通过表达权与表达自由的平等对话,为寻求、培育、凝聚价值共识提供现实可能性。表达权与表达自由的对话,一方面建立在二者的暂时性共识之上,即以保障公民能够自由地进行表达为要旨,使公民能够通过各种途径发出声音,国家权力的行使是为了促进而不是限制公民表达的实现;另一方面需要二者具有理论的异质性和独特价值。不同于表达自由排斥甚至反对国家干预,国家承担"守夜人"的角色,表达权架构下国家不仅要消极不作为,不得非法干涉公民的自由表达,还要通过制度设计、物质安排保障公民表达的实现,是不作为和作为的结合体。表达权与表达自由之所以能够对话还在于二者都面临着共同的现实挑战,即媒介权力的挑战,媒介平台甚至能够决定公民表达能否刺破"过滤泡"达至受众耳中。信息技术的发展使我们迈入人人在线、万物互联的新时代。平

---

① 参见康华茹:《"前白皮书时代"中国国际人权话语考略——以中国政府在联合国人权委员会的发言和立场文件为中心》,《人权研究》2021 年第 2 期。

② 参见汪习根、陈亦琳:《中国特色社会主义人权话语体系的三个维度》,《中南民族大学学报(人文社会科学版)》2019 年第 3 期。

③ 参见王理万:《以中国为方法的人权话语体系》,《人权研究》2021 年第 1 期。

④ 参见赵永华、刘娟:《中国人权话语建构与国际传播》,《中国人民大学学报》2021 年第 5 期。

台型互联网公司正在取代传统大众媒介,成为信息生产与分发的重要枢纽节点,通过算法和过滤审查机制把控用户内容的消费与输出,成为社会信息传播与分发的决定性力量。① 媒介平台通过资本扩张与技术壁垒逐渐构建起一套堪比国家公权力的"超级权力",代理着原本由政府承担的网络公共服务和网络治理职能,颠覆传统的政府职能及其合法性,甚至对国家公权力和国家治理构成挑战,侵蚀公权力的界限。② 正是基于对现实媒介权力扩张问题的共同关注,为表达权和表达自由提供了共通的言说范围和思考范式,为媒介治理和公民表达提供借鉴的话语资源。

总之,表达权是党和政府立足于自身的价值偏好与民众需求并汲取表达自由内核而提出的政法术语,是对表达自由主导下国际人权话语体系的竞争性解释,更是中国特色社会主义人权体系的重要组成部分。不同于建构在"个人-国家"的二元对立之上的表达自由,表达权概念自其提出之日起就建构在"个人-媒介-国家"的三元博弈关系之上,媒介在我国表达权体系中具有独特的地位与价值。

(三)媒介在表达权架构中的定位

不同于美国通过司法判例就不同媒介形态确立了多层次的表达自由审查标准,中国既没有移植美国的司法审查机制,也没有照搬西方的判例制度,中国场景下的表达权与媒介关系主要是通过自上而下的政治、经济体制改革发展而来的。我国的大众传媒是在计划经济体制下建立起来的,报纸、广播、电视等媒介自其诞生之初便被赋予了政治斗争的工具主义价值,是党和政府领导的主要舆论工具。③ 在大众传播媒介垄断新闻传播的时代,我国主要采取政府主导、国有主体的媒介组织模式,媒介大多归国家所有,即使是投资经营的媒介也必须经特别严格的政府许可,由

---

① 参见张韵:《网络中立:平台型媒体的传播公共性》,《学术界》2018 年第 8 期。

② 参见方兴东、严峰:《网络平台"超级权力"的形成与治理》,《人民论坛·学术前沿》2019 年第 14 期。

③ 参见李杉:《中国传媒产业规制及其演进研究》,中国传媒大学出版社 2017 年版,第 2 页。

党的宣传部门对新闻媒体实行统一管理。这些媒介组织运营所需要的经费主要由政府财政拨款,强调媒介的意识形态属性,承担上情下达的桥梁作用,被视为"党和政府的咽喉"。[①] 当时物资比较匮乏,吃饭保暖成为广大人民群众的最大期盼,对政治参与的积极性不高,贫困吞噬了广大民众参政议政与表达自我的愿望。对于广大民众来说,通过报纸、广播、电视等媒介来表达自己的思想和观点,是一件"难得且奢侈"的事情,更多的是作为传统媒介的被动接受者来了解其所传递的信息。[②] 党和政府始终将人民的生存和发展需要放在第一位,在满足民众基本的生存和发展需要后通过制度设计、法律安排尊重和保障公民表达权的实现。

随着社会主义市场经济的逐步推进,媒介市场化进程日益加快,激烈的市场竞争催生了媒介的联合和集中,报纸、图书、广播电视、电影、期刊等各种媒介集团先后诞生。在中央政策的推动下,我国将媒介业分为公益性文化事业和经营性文化产业,对于公益性文化事业继续采用事业单位进行管理,而经营性媒介则需要走向市场,按照企业制度模式进行管理。[③] 这打破了国有媒介组织的垄断局面,私营媒介组织陆续出现并不断扩大市场份额,外资媒介组织也以各种方式相继进入中国,媒介组织的多元化为公民行使表达权提供了有利条件。1994 年 4 月,中国正式进入互联网时代,以人民网为代表的门户网站逐步创立并发展,传统媒介与新兴媒介交融发展,但这一时期报纸、广播、电视、互联网等新旧媒介的信息传递都是单向的,广大民众只能被动地通过媒介获取信息。随着新媒体技术的快速发展,特别是 2005 年中国互联网进入社会化、商业化阶段,使每一个人都能成为网络社会的真正主体,用户在消费信息的同时也在生产信息,从根本上改变了公民的表达结构。[④] 这一时期各种类型媒介都通过网络终端汇聚、融合,在数字化、网络化技术的推动下更是使不同媒

---

①　参见邓瑜:《媒介融合与表达自由》,中国传媒大学出版社 2011 年版,第 85 页。

②　参见江登琴:《传统延伸或新兴媒介:自 1982 年宪法以来言论自由的发展》,《江汉大学学报(社会科学版)》2012 年第 5 期。

③　参见王桂科:《我国媒介产业演变过程的制度分析》,《南方经济》2005 年第 1 期。

④　参见武琳:《Web 2.0 时代信息交流模式分析》,《情报杂志》2006 年第 3 期。

介之间的界限日益模糊直至消失,最终以网络平台的形态呈现,任何媒介内容都将转化为以 0 和 1 的组合所呈现的数据信息。① 媒介融合时代的到来,使普通民众能够参与到新闻信息的生产、传播和公共事件的讨论中,能够借助手机、博客、社交网站等介质发布新闻与表达观点,这激发了广大民众通过媒介平台参政议政与利益表达的热情。然而网络表达犹如硬币的两面,在给公民表达带来便利的同时,网络谣言、网络侵权、因言获罪②等现象层出不穷,亟须在法治的轨道上对公民表达进行规范与保障。

当代中国在长期历史发展中形成了最具标志性的政法体制,是中国共产党在政法实践中将马克思主义法治思想、古代中国礼法传统和西方现代法治经验相融合的产物,③其本质特征在于党的领导。党通过总揽全局、协调各方发挥着全面统筹依法治国实践的作用,保障党的政策、主张能够贯彻到社会生活的各个方面。党的政策往往先于国家法律而存在,对国家法律起着重要的先导与指引作用。④ 表达自由是对宪法第 35 条所列举的言论、出版、集会、结社、游行、示威自由的概括性表达,是一个抽象、纲领性的权利概念,本身并不具有直接的效力,需要具体化为一般法律权利才能对人们的日常生活产生直接效力。⑤ 表达自由在法律缺位的情形下,往往需要党通过政策、党内法规的形式对公民表达进行保护。党的政策制定首先必须立足于中国人民代表大会制度,国家的一切权力都来源于人民,强调国家对公民权利的保护与保障功能⑥,需要基于权利本位理念将个人自由转化为权利形态。其次必须回应公众表达需求和媒介权力扩张之间的张力,需要通过制度设计和物质安排保障公民不仅能

---

① 参见刘颖悟、汪丽:《媒介融合的概念界定与内涵解析》,《传媒》2012 年第 1 期。

② 我国社会生活中存在大量因言获罪的现象,如重庆彭水诗案,陕西志丹短信案等,由此引发如何保障公民表达权的实现问题,这也构成表达权概念提出的社会背景,具体参见陈力丹、吴麟:《论人民表达权的法治保障》,《新闻大学》2009 年第 2 期。

③ 参见黄文艺:《中国政法体制的规范性原理》,《法学研究》2020 年第 4 期。

④ 参见陈柏峰:《习近平法治思想中的"党的领导"理论》,《法商研究》2021 年 3 期。

⑤ 参见夏正林:《从基本权利到宪法权利》,《法学研究》2007 年第 6 期。

⑥ 参见韩大元:《中国宪法学上的基本权利体系》,《江汉大学学报(社会科学版)》2008 年第 1 期。

够通过媒介平台发出声音,还要保障该声音能够达到预期受众耳中,为其
所理解。最后必须在反思和省察西方表达自由所建构的言说模式固化成
为人们对表达自由的基本想象基础上,汲取表达自由的法治内核并结合
党和政府的积极权利偏好和民众需求转化为具体的具有中国特色的表达
权,将表达权与表达自由的理论传统和知识谱系相对接,进而为表达权概
念的提出提供必要的理论和知识支持。[①] 党基于权利本位的时代特征和
权利自由的价值分殊,通过政策和党内法规的形式将宪法文本中的表达
自由转化为具有中国政法特色的表达权,进而将政策性的表达权融入部
门规章、司法解释、行政法规和法律中,在规范性文件层面对公民表达权
进行保护与保障。

　　表达权概念的提出,打破了传统表达自由"个人—国家"的二元对立
结构,使"个人—媒介—国家"的三元博弈关系成为理解表达权的基本样
态,公民借助于媒介来行使表达权成为一种常态。在传统表达自由范式
下,国家通过刑事处罚、民事损害赔偿和强制令来规制个人、团体和媒介
的言论,国家是公民表达自由的最大敌人,由此构建起表达自由"个人—
国家"的二元对立结构。[②] 在数字化时代,作为信息汇聚、分发中心的网
络平台发展成为公民表达的基础设施,国家受技术能力和执法资源的限
制难以对公民言论直接进行规制,不得不通过对媒介平台设定责任、课以
义务的方式协助政府进行言论管控,[③]公民表达结构由"个人—国家"的
二元对立结构转变为"个人—媒介(平台)—国家"的三元博弈结构,表达
权正是基于媒介融合的三元博弈结构而提出的。媒介平台在表达权架构
中不仅承担着及时、客观、公正地向公众发布各类信息和汇聚各方观点的
功能,还是公众表达对公共事务的看法、参与公共沟通与对话的中立性平
台,是一种公共性大于私人性的社会益品。但目前国内主要的网络平台

[①]　参见顾培东:《当代中国法治话语语体系的构建》,《法学研究》2012 年第 3 期。

[②]　See Jack M. Balkin, Old-School/New-School Speech Regulation, *Harvard Law Review*, 2014, Vol. 127, p. 2298.

[③]　参见孔祥稳:《网络平台信息内容规制结构的公法反思》,《环球法律评论》2020
年第 2 期。

和移动终端都建构在资本之上,所追求的往往是流量和效益,所发出的往往是契合平台利益或价值偏好的声音。这些平台还能够利用数据分析技术研究我们每个人的兴趣偏好,不断推送我们曾经浏览过的同质内容,使我们陷入信息茧房中,难以接触到那些异质信息,使我们被筛选过的知识和信息所包围[1],我们无法基于多元化的信息发出理性的声音,也无法基于理性分析参与公共事务讨论与对话。即使我们能够发出理性的声音,在过滤机制和算法排名的作用下我们的声音也不一定能够为他人所听到。这些网络平台大多掌握在私人手中,其天然地不会将公民表达权的实现作为平台建设的出发点与落脚点,平台所谓的表达权保护条款不过是其增进用户信赖的营销手段,平台对表达权的保护最终服务于平台自身的利益,甚至可能为了平台的利益,沦为公民表达权的破坏者和共谋者。[2] 此时网络平台的私人性大于公共性,网络平台不再是公民表达权的实现媒介,而是公民表达权实现的威胁或障碍。

网络平台通过制定平台规则、处理平台纠纷、行使平台监管权等具备了"准立法权""准司法权""准行政权",逐渐突破权利空间迈向权力领域,发展出一种堪比国家权力的社会权力,影响甚至决定着公民表达权的实现程度。[3] 当然,网络平台的社会权力不同于强制性的公权力,主要是通过对人们的思想意识、行为规范、价值偏好进行隐形渗透和软性支配,以媒介传播和舆论影响的形态呈现出来的。[4] 网络平台利用其所掌握的技术优势和话语权力,一方面通过技术过滤、删除机制使人们所发出的声音无法为他人所听到,另一方面则通过置顶或推荐服务直接或间接地对公众舆论走向进行引导或控制,对公民网络言论进行隐性干预,使那些与平

---

[1] 参见甘绍平:《知识与自由关系的伦理反思》,《中国人民大学学报》2020 年第 3 期。

[2] 参见齐延平、何晓斌:《算法社会言论自由保护中的国家角色》,《华东政法大学学报》2019 年第 6 期。

[3] 参见马长山:《智慧生活背景下的"第四代人权"及其保障》,《中国法学》2019 年第 5 期。

[4] 参见田大宪:《媒介的权力及其异化》,《陕西师范大学学报(哲学社会科学版)》2005 年第 6 期。

台利益相背离的群体既不能言说，也不能被倾听、被理解。[①] 在网络平台的隐性权力控制之下，公民的表达权不再取决于公民自身，而是取决于网络平台的价值偏好或利益。在网络表达日益成为公民表达主流的今天，网络平台在资本力量的作用下扭曲了"个人—媒介—国家"的三元关系结构，扭曲了思想市场的言论信号，需要国家介入以重新配置表达资源。

（四）"个人—媒介—国家"博弈下的表达资源重置

在表达权架构中，"个人—媒介—国家"的三元结构因资本力量的介入而发生了扭曲，媒介平台在资本与技术作用下衍生出一种堪比国家权力的社会权力，严重威胁着公民表达权的实现。面对强势的互联网平台，分散而孤立的个人缺乏讨价还价的筹码，往往只能被动地承受平台对公民表达权的无形剥夺，需要国家作为公民表达权的支持者和保护者介入到公民表达权的架构中来帮助公民对抗强大的网络"超级巨头"。国家能够作为公民表达权的支持者和保护者，一方面是因为表达权概念建构在国家与公民互动、合一关系之上，党和政府以"人民性"和"服务性"为依归，通过制度设计和法律安排自上而下地为公共对话、参政议政提供便利，民众则通过参政议政、公权力监督自下而上地参与到民主政治建设中。另一方面则是由于社会弱势群体在言论市场上的存在感、价值感薄弱，阻碍他们全面参与公共辩论，他们发出的声音往往因为缺乏权威性而被完全淹没，现代国家有义务培育全面、公开的辩论市场让公众听到所有应该听到的声音，避免"沉寂化效应"的发生。[②] 因此，公民表达权的实现，需要国家作为公民表达权的支持者与保护者来共同对抗作为媒介的网络平台，需要国家通过资源分配和平台监管来保障公共辩论的丰富性与多样性。

首先，国家不仅需要完善表达权基础设施，消除网络空间表达的"数

---

① 参见梅夏英、杨晓娜：《自媒体平台网络权力的形成及规范路径——基于对网络言论自由影响的分析》，《河北法学》2017年第1期。

② 参见［美］欧文·M.费斯：《言论自由的反讽》，刘擎、殷莹译，新星出版社2005年版，第13～15页。

字鸿沟",还需要通过分配公共资源来保障社会弱势群体的声音能够广为人知。表达权基础设施的建设,不仅能够为人们随时随地提供各类信息服务和资讯,满足公众对公共事务知情权的需要,还能够为公众提供表达、参与、监督的平台与渠道,满足公众表达权、参与权、监督权的实现需要。不同于以交通基础设施为主的传统基础设施建设,表达权基础设施建设以面向智慧社会的"新基础设施建设"①为纲领,不仅需要加快以 5G 基站为代表的数字化基础设施在农村及偏远地区的建设,使农村及欠发达地区的民众能够接入网络,通过网络表达对公共事务的观点与看法,还需要为农村及欠发达地区民众提供数字化教学节目,对接城市优质教育资源,帮助农村及欠发达地区的民众开阔视野,更好地参与到公共事务的管理中。② 对于社会弱势群体在言论市场的存在感、价值感薄弱问题,国家应当通过资源(如资金)的分配来赋予弱势群体以扩音器,保障公共辩论的充分性与多样性。表达资源的合理配置一方面要求禁止"赤裸裸的偏好",不得出于私利而将资源或机会配置给一个团体而非另一个团体,权力运作者对表达资源的配置必须给出为公民所理解的合乎公益的解释③,另一方面要求考虑"排斥的相对程度"和"财金需求",即在所有非正统观念中都有宪法法律赋予的对公共资助的要求权,但那些公众最难接

---

① 2020 年 12 月,中央经济工作会议首次明确提出:"加快 5G 商用步伐,加强人工智能、工业互联网、物联网等新型基础设施建设",此后中央多次强调要加快推进新型基础设施建设。如 2019 年 3 月第十三届全国人民代表大会第二次会议上,《2019 年国务院政府工作报告》提出:"加大城际交通、物流、市政、灾害防治、民用和通用航空等基础设施投资力度,加强新一代信息基础设施建设。"2019 年 7 月,中共中央政治局会议提出:"要稳定制造业投资、实施补短板工程,加快推进信息网络等新型基础设施的建设。"2020 年 1 月,国务院常务会议提出:"大力发展先进制造业,出台信息网络等新型基础设施建设投资支持政策,推进智能、绿色制造。"2020 年 3 月,中央政治局常务委员会会议提出:"要加大公共卫生服务、应急物资保障领域投入,加快 5G 网络、数据中心等新型基础设施建设速度。"

② 参见李舒沁:《疫情背景下数字鸿沟的现状与对策》,《青年记者》2020 年第 33 期。

③ 参见[美]凯斯·R.桑斯坦:《偏颇的宪法》,宋华琳、毕竞悦译,北京大兴出版社 2005 年版,第 28～29 页。

触到的观念具有最大的要求权,对财金的需求度最高。① 当然,国家对表达资源的配置,几乎总是以压制某一方的表达自由来保障另一方的表达自由②,这种以弱者之名的压制必须符合合法性原则和比例原则,合理分配表达资源在社会各群体中的比例,保障言论市场中思想的丰富性和多样性。

其次,国家应当强化对网络平台"过滤审查"机制的再审查,建构错误、不当过滤的救济机制来保障公民表达权的实现。数据信息的爆炸式增长使过滤审查变得不可避免,但过滤技术的使用在增强网络平台社会权力的同时,以普通用户不知情的方式静悄悄地侵蚀着公众的表达权。③ 对于网络平台的过滤审查技术,国家应当基于成本收益原则在权衡非法内容的检出率和合法内容的误检率的基础上,设定合理的技术过滤标准,将技术过滤的检出率和误检率控制在合理范围内,避免对公民的参与权、知情权、表达权、监督权造成寒蝉效应。④ 网络平台应当接受政府主管部门的监督,将技术过滤的依据、信息类型、过程等事先向政府主管部门报备,对于有争议的信息是否需要过滤应当事先征求政府主管部门的意见。⑤ 平台过滤审查机制的实施,不仅需要保障公众能够参与并影响平台过滤策略的选择,还需要保障公众有机会挑战错误的或不当的过滤行为,有措施阻止算法的"暴政"。网络平台在通过技术过滤措施限制公民表达权的实现时,应当以适当方式告知用户过滤机制的存在、技术过滤的标准、异议救济制度等,以便用户自我审查过滤行为是否侵害了自身的表

---

① 参见[美]欧文·M.费斯:《言论自由的反讽》,刘擎、殷莹译,新星出版社 2005 年版,第 43~44 页。

② 参见秦小建:《言论自由、政治结构与民主协商程序的多元构造》,《法制与社会发展》2016 年第 5 期。

③ 参见黄韬:《信息中心主义的表达自由》,《华东政法大学学报》2020 年第 5 期。

④ 参见姚志伟:《技术性审查:网络服务提供者公法审查义务困境之破解》,《法商研究》2019 年第 1 期。

⑤ 参见马民虎等:《基于网络审查的搜索引擎服务商信息过滤义务》,《人文杂志》2015 年第 9 期。

达权。① 如果用户认为平台的过滤行为侵害了自身的表达权或其他合法权益，可以向平台进行申诉，平台应当启动人工复核程序判断过滤是否有误，并将复核的结果和依据告知用户。如果用户对复核结果有异议或不愿使用网络平台的申诉机制，可以向法院起诉寻求救济，进而保障公民表达权的实现。

最后，国家应当对网络平台的社会权力进行合理限制，消除隐藏于资本或私人限制背后抑制表达权的行为，保障表达渠道的畅通性。国家首先需要建构对网络平台的监督和惩戒机制，形成对平台权力的威慑机制，使网络平台自觉践行平台在公民表达权的公共性价值。没有对网络平台的监督和惩戒机制，再好的制度设计也难以发挥效用。国家应当建构平台内容与算法过滤的外部监督机制，由网信办负责监督平台内容与过滤程序是否依照法律落实算法内容推荐和过滤的治理机制，对于违法从事内容推荐、算法过滤的平台进行严肃处理，用户也可以向网信办举报平台非法限制公民知情权、表达权的行为。② 国家对平台权力的规制，应当秉持权力克制的基本理念，不仅需要符合比例原则，针对不同的平台模式采取不同的规制策略，还需要符合正当程序原则，提高政府在监管平台内容时的规范性。③ 再次，国家应当通过干预手段消除隐藏于资本或私人限制背后抑制表达权的行为，保障表达渠道的畅通性。在平台社会权力的表象之下隐藏着资本的权力，网络空间公民表达权的实现在很大程度上取决于资本的力量，这需要国家加强对资本流动的监管，避免资本对公民主体性的奴役。国家需要加强对平台算法的把控，设置平台算法研发、运行的法律标准，将公共利益价值观嵌入算法全流程，加大对高校和科研单位资金的投入，通过政策倾斜推动算法研发，将核心算法掌握在政府手

---

① 参见崔国斌:《论网络服务商版权内容过滤义务》,《中国法学》2017 年第 2 期。

② 参见方师师:《算法如何重塑新闻业:现状、问题与规制》,《新闻与写作》2018 年第 9 期。

③ 参见周辉:《网络平台治理的理想类型与善治——以政府与平台企业间关系为视角》,《法学杂志》2020 年第 9 期。

中,避免其成为资本逐利的工具。① 在资本的无序扩张和竞争态势的日益复杂之下,网络平台的垄断问题日益浮出水面,大数据杀熟、非法兼并、二选一等做法层出不穷,国家应当加大反垄断的执法力度,构建有序竞争的监管机制,实施宽严相济的反垄断执法。② 平台反垄断执法还要警惕资本下的"监管俘获",防范地方政府出于政策目标或政治绩效等方面的考量,放任、掩饰甚至庇护平台企业,造成政府在平台监管方面的缺位。③

国家还需要通过网络平台的行为规制和公民权利保障体系建设来保障公民表达权的实现。一方面,国家需要提升网络平台的实质透明度,把更多"黑箱"的东西放置在阳光下。平台透明原则是传统民主政治透明原则在互联网时代的延伸,但平台透明原则往往难以实现我们对传统透明原则所期待的规制效果,即使公开算法代码、算法要素等信息,由算法设计者对算法模型进行解释,公众也不一定能够理解,甚至可能减损规制效果。④ 因此,国家应当将算法解释与算法评价相结合来提高平台的实质透明度。一方面,网络平台应当说明的不是算法的具体技术细节,而是整体方案、技术本质、主要参数和潜在风险等关键信息⑤,必要时网络平台应当公布平台算法的风险报告。另一方面,国家推动建立算法风险的公众参与机制,使公众能够参与算法问题的讨论,促成算法设计者与公众之间的持续性对话⑥,进而提升平台算法的实质透明度。另一方面,国家应当加快推进公民表达权的制度建设和体系化建设,以公民权利来制约平台的社会权力。国家一方面应当提升公众参政议政、民主监督的表达能力,引导和鼓励公众通过社会组织或人大代表制度、政治协商制度来反馈

---

① 参见张爱国、李圆:《人工智能时代的算法权力:逻辑、风险及规制》,《河海大学学报(哲学社会科学版)》2019年第6期。

② 参见李红娟:《平台经济反垄断关键在于构建有效竞争的监管机制》,载《经济参考报》2020年12月24日第1版。

③ 参见龚强等:《政策性负担、规制俘获与食品安全》,《经济研究》2015年第8期。

④ 参见沈伟伟:《算法透明原则的迷思——算法规制理论的批判》,《环球法律评论》2019年第6期。

⑤ 参见吕炳斌:《论个人信息处理者的算法说明义务》,《现代法学》2021年第4期。

⑥ 参见李安:《算法影响评价:算法规制的制度创新》,《情报杂志》2021年第3期。

利益诉求,通过知识传授、法治宣传、技能培训等增强个体表达能力。另一方面应当尊重和认可公众的意见表达,将公众的合理意见和建议作为政府重大决策的依据,在民众和政府之间寻求共识。① 国家应当引导网络平台扩大公众参与,在平台规则制定与修改方面赋予公民更多的话语权,推动公民与网络平台的良性互动,用公民权利来制衡平台权力。当然,公民表达权建设不仅需要保证公共事务声音的多样性,还需要保证该声音能够为他人听到,更需要为社会弱势群体的表达提供补偿性机会,使社会弱势群体也能够发出自己的声音,而不是成为沉默的大多数。

本章小结

"我们的世界大部分是由媒介机构创造的第二手'现实',没人能保证这现实准确地描绘我们的世界。"② 即使如此,我们也不得不依赖传播媒介来了解正在发生的新闻信息和社会各界对社会公共事件的观点与看法,媒介决定着我们能够知道什么和不能够知道什么,而知道或不知道什么直接决定着我们能够表达什么和不能够表达什么。现代社会,公民观点与意见表达主要通过媒介平台来实现,媒介平台逐渐发展成为公民表达的基础设施,甚至呈现出"无媒介,不表达"态势③,表达自由演化成为传播媒介下的表达自由,难以脱离表达媒介而单独存在。

美国媒介变迁的历史表明,媒介技术的发展虽然扩展了公民获取信息和表达的渠道,但不一定能够扩展公民的表达自由,甚至可能减损公民的表达自由,使其成为一种"表而未达"的形式性自由。鉴于美国表达自由在资本、技术的俘获下异化成为"表而未达"的形式性自由,党和政府在汲取域外表达自由法治内核的基础上结合自身的价值偏好与民众需求创

---

① 参见章楚加:《重大环境行政决策中的公众参与权利实现路径——基于权能分析视角》,《理论月刊》2021 年第 5 期。

② [美]M.麦考姆斯、T.贝尔:《大众传播的议程设置作用》,郭镇之译,《新闻大学》1999 年第 2 期。

③ 参见张文显:《新时代的人权法理》,《人权》2019 年第 3 期。

造性地提出表达权概念,不仅强调公民在媒介融合场景下能够发出声音,还强调公民的声音能够为他人所听到、所理解。不同于表达自由建构在"个人—国家"的二元对立结构之上,表达权概念建构在个人—媒介—国家的三元关系之上。媒介在表达权架构中具有独特的价值。媒介平台不仅能够通过汇聚与分发各类信息保障公民知情权的实现,还能够通过畅通与拓宽表达参与渠道来保障公民表达权、参与权、监督权的实现,服务于民主政治建设。但是作为媒介的网络平台基于技术控制形成一种堪比国家公权力的社会权力,严重威胁着公民表达权的实现,需要国家作为公民表达权的支持者与保护者介入言论市场共同对抗网络平台的社会权力。国家一方面需要通过资源分配和平台监管来保障公共辩论的多样性,另一方面需要通过监管网络平台的算法权力、过滤审查机制等来使公民的声音能够为他人听到。在网络表达成为公民表达主流的今天,表达权所追求的不再仅仅是公民能否发出声音,而是公民所发出的声音能否为他人所听到、所理解,是一种需要国家积极作为的实质性权利。

第二编

表 达 权 的 治 理

第三章

"三元模式"网络表达权的保护与规制

　　网络不再是以前说的"自由乌托邦",其在技术上具有很高的可塑造性,换言之,它是可规制的。代码能够创造一个更容易被规制的网络空间,在这个空间中某只看不见的手在塑造一个能够实现最好且能高效控制的架构,此时的我们何以保障自由?① 随着网络逐渐融入生活,网络开始成为表达的"基础设施",不再局限于媒介或者工具的角色,它的迅猛发展也渐渐革命性地改变了表达方式、表达环节甚至对表达内容产生影响,整个表达权范式已经转换。网络的迅猛发展和崛起在一定程度上动摇了各社会子系统的基本游戏规则。② 在此需要区分表达权和表达自由,表达权是一个富有中国特色的政法表述③,需要我们去挖掘其价值所在。由于网络的加入,表达权的"二元模式"("政府—个人"模式)已经变为网络表达权的"三元模式"("政府—网络平台—个人"模式),网络平台的异军突起和网络本身的创新变化使得这个"三角关系"更为复杂、混乱、多样。由于代码算法的规制变得越来越不可或缺,政府不可能控制网络中的一切事物,处在纽带中间的网络平台角色地位不断提升,一直缠绕其上的传统主题——表达权保护和规制也亟待探索更新,从而得到一个新平衡,在新平衡基础上才能更好地发展平台经济和保护表达权。社会就是在"平衡—失衡—再平衡"中不断进步,从而达到表达权与名誉权、社会公

---

　　① 参见[美]劳伦斯·莱斯格:《代码2.0:网络空间中的法律》,李旭、沈伟伟译,清华大学出版社2018年版,第5页、第200页。

　　② 参见陆宇峰:《中国网络公共领域:功能、异化与规制》,《现代法学》2014年第4期。

　　③ 参见郭春镇:《作为中国政法话语的表达权》,《法学家》2021年第5期。

共利益等因素间的动态平衡。①

没有人怀疑,在一个秩序良好的社会中,立法机构不仅有权利而且有义务禁止某种形式的言论。② 规制表达也是表达权的主旋律,表达权从来应该是相对的。网络表达权作为一个新范式出现,不再是早期将政府作为个人表达权的"假想敌",政府可能跟网络平台"并肩"共同管理个人表达内容等,也会与个人一同监督网络平台。网络平台不仅是作为政府和个人之间的"通道",其在数字赋能与规则"赋权"的双重推动下不断发展,也在"守门人"角色的路上越行越远。

表达权作为一个富有中国特色的表述,出现于许多官方文本之中。网络"闯入"传统表达权碰撞出的火花引爆了原有的表达权基础,尤其是网络平台的异军突起,诞生的网络表达权是新兴的权利而不仅是传统表达权表达介质的改变,因为有些传统表达权理论已然不适用于当今代码所架构的网络世界,表达权已经由"二元模式"转为"三元模式"。在此背景下,网络平台逐渐成为监管和规制的重心,平台生态营造需要公权力机制与硬法以及软法机制中平台规则、社会规范联合作用,也需要平台在合规检查时把握好网络信息管理的权利义务与个人表达之间的关系。

第一节　"网络发言者"的出现

(一)网络发展"闯入"表达权

1. 表达权含义分析

表达权在公共政策文件中,一般以"知情权、参与权、表达权、监督权"的形式出现,且这四个权利顺序始终如此,鲜有单独使用"表达权"的情形。从党的十七大报告到党的十九大报告,表达权主体均为"人民",保障

---

① 参见郭春镇:《公共人物理论视角下网络谣言的规制》,《法学研究》2014 年第 4 期。
② 参见[美]亚历山大·米克尔约翰:《表达自由的法律限度》,侯健译,贵州人民出版社 2003 年版,第 13 页。

人民表达权是致力于保证人民当家作主,属于社会主义民主政治领域。目前,表达权不同于具体的法定权利,它没有法律原则或具体的法律加以规定,是一种应然权利,官方文本(无论法律规定或政策文件)也均未对"表达权"有过明确定义,但这并不代表它未受到法律的直接或间接的承认与保护。表达权本身就是一个内容庞杂的权利束,作为一个具有中国特色的权利表述,近年来,官方文本中表达权主体变得多样化,包括公众、人民、社会各界、公民、法人、其他组织等、企业、行业协会、商会等。学理上,"表达权"的使用也已不限于民主政治领域,在表达权提出伊始,有学者将之等同于表达自由进行研究,但可明确的是,表达权不仅包含着一种自由,更重要的在于它是一种权利。我国表达权与表达自由有所渊源,但不能直接把表达权等同于表达自由。

表达自由与表达权有所不同。表达自由本身就是一个很有争议的概念,存在各种不同的称谓和定义,相关学术研究多处于宪法领域。"表达自由是公民的基本自由之一,它是公民在法律规定或认可的情况下,使用各种媒介或方式表明、显示或公开传递思想、意见、观点等内容而不受他人干涉、约束或惩罚的自主性状态。"① 这是将自由定义为一种自主性状态。就表达自由的外延而言,广义的表达自由与我国宪法规定(公民有言论、出版、集会、结社、游行、示威的自由)接近,其实无论学理上认同狭义、中义或是广义的定义,并不会直接减少实践中对表达的法律保护。

表达权的内容自官方提出后,逐渐从社会主义民主政治领域,即对国家公共事务提出意见或建议,发展到对群体利益表达和对一些公众问题发表自己的见解和主张。② 表达权内容从"政治中心主义"变为多元的话语。表达权是指公民在法律规定的限度内,使用各种方式表明、显示或公开传播思想、情感、意见、观点、主张,而不受他人干涉、约束的权利。③ 与表达自由相比,表达权作为一种新型权利束,虽不是法定权利但也有一定

---

① 甄树青:《论表达自由》,社会科学文献出版社2000年版,第19页。
② 参见李树桥:《公民表达权:政治体制改革的前提》,《中国改革》2007年第12期。
③ 参见汤啸天:《再论人民表达权的行使与政府的保障》,《同济大学学报(社会科学版)》2010年第3期。

的可主张性,考虑"没有无义务的权利,也没有无权利的义务"这个基本法律原则,表达权对应着一定的义务并依赖于义务主体的履行,个人可以主张保护表达权。而表达自由一般是表现为不受他人的干涉、约束等,政府处于一种消极状态,自由一般不和义务相对应;从官方文本看,对于表达权,政府需要采取措施进行一定的保障。表达权在官方文本中常以"民主政治"为背景,随着表述发展,"表达权"出现在更多其他话题背景中。表达权就是公民的言论自由通过政府提供保障的方式提升为公民的权利。[①] 总之,我国表达权的提出可能是对学理上表达自由的归纳总结后予以制度化、规范化、权利化,但它又不同于原本讨论的表达自由。它是一个中国话语,是在"全面依法治国"的背景下,用中国话语对新型权利束的新表达。

2. 网络冲击表达权

进入网络时代,互联网以及自媒体发展迅速,大数据、云存储、云计算等技术不断精进,网络平台逐渐成为一股不可忽视的力量。网络给政策建构带来了根本性变化,出现了新的特征。[②] 网络平台直接改变了传统表达主体的被动情况,提升了表达主体的表达能力,这不仅是单纯的媒介、工具改变,而且对表达权的主体、方式等都有重大影响。网络具有虚拟性、匿名性、即时性、互动性、去中心化的特征,尤其是自媒体凸显了个体的表达能力,极大拓宽了表达渠道。一定意义上,网络打破了原本表达发布、传播的垄断,让人们可以容易地表达自己的看法并对外传递。一个私人事件可通过网络的发酵,从而成为一个公共事件。网络、技术发展也让表达权内容更为丰富多元,它在促进文化传播的同时,可能也改造着表达内容。它让人人都成为内容生产者、传播者和接受者,表达主体变得多元化、表达环境复杂化。[③] 网络之于表达权,如果仅仅是传播手段或工

---

① 参见汤啸天:《政府应当如何保障人民的表达权》,《法学》2008 年第 5 期。

② 参见张康之、向玉琼:《网络空间中的政策问题建构》,《中国社会科学》2015 年第 2 期。

③ 参见李丹林、曹然:《新媒体治理视域下的表达权规制研究》,《山东大学学报(哲学社会科学版)》2019 年第 4 期。

具,自不必对该话题进行过多的研究。但网络给表达权带来的不仅是表达介质的改变,它创造了一个新的基础平台用于表达,带来整个表达范式的变革。从之前"街头发言者"变为现在的"网络发言者"。将来真正影响表达权的是技术的设计、立法和行政规范、新商业模式的形成以及用户的群体行为。① 莱斯格反复强调的"代码即法律"并不是危言耸听,有时代码的实际约束力强于法律。

网络表达权的概念也因此充满不同见解。传统意义上,官方文本中知情权、参与权、表达权、监督权有一定先后顺序的关系,而网络使得这种先后顺序更为淡化。网络表现出的较强交互性的特点,使得每个公民不仅可以在电子产品前根据自己需要有选择性获取信息,同时可以根据其获取的信息进行加工,并创造自己的表达。表达权因网络本身的匿名特征等属性加成,异化为具有独立权属的"网络表达权"②;也有的学者认为网络表达权只是借由网络表达而已,与传统表达权具有一致的范式;或者将网络表达权归入到上位的集合概念——网络权之中。③ 其实因为表达者数量指数式增长、表达途径多元扩展、道德感降低等特点,网络表达权已然具备了不同于传统言论权利的素质。④ 本章并不打算纠结于"网络表达权"如何下定义,而是关注网络给表达权带来的不同于传统表达权的实质性改变,以及网络是否改变了传统表达权的法律关系和理论基础。问题在于原有的表达权基础理论和原则等内容是否同步适用于网络时代的表达权。

表达权"三环节"是指表达者、传播渠道和接受者。在表达端,人们通过网络发布自己的看法或者见解时会受到网络平台一定程度的监视和限

---

① See Jack M. Balkin, The Future of Free Expression in a Digital Age, *Pepperdine Law Review*, 2008, Vol.36, No.2, p.427.

② 参见李立丰、高娜:《"网络表达权"刑法规制之应然进路——以刑法第二百九十一条第二款之立法范式为批判视角》,《苏州大学学报(哲学社会科学版)》2016 年第 6 期。

③ 参见何勤华、王静:《保护网络权优位于网络安全——以网络权利的构建为核心》,《政治与法律》2018 第 7 期。

④ 参见秦前红、黄明涛:《论网络言论自由与政府规制之间的关系——以美国经验为参照》,《武汉科技大学学报(社会科学版)》2014 年第 4 期。

制;在接受端,接受者可能接收到的信息并不全面或者不自主。如果要考虑接受者环节,关注表达是否被"听到"的话,我们会发现,网络并不一定带来表达的平等和自由。比如,按照平台所设计的观看规则,经过算法推荐,普通人所发布的内容先放到小范围流量池内,无关注则渐渐淘汰,有人浏览则继续放在更大的流量池内推荐。如果人们通过网络平台发布的内容并没有接受者,那么表达权的意义也变得"索然无味"。此时,网络只是降低了表达的成本,有着看似众多的潜在受众,基础设施和人力投入的门槛依旧导致了一种垄断。网络平台确实使得人们可以在网络空间自由表达意见或看法,重要的还要考虑表达权的接受者环节。换言之,重要的问题不在于谁发布内容,而在于谁实际上可以被听到。①

(二)"二元模式"与"三元模式"

受以往的理论预设影响,早期表达权以个人主义为核心,侧重于防止政府对个人表达可能的侵害,制约公权力。与上述不同,一开始我国官方政策文件所表述的表达权功能体现为:表达权是民主决策的重要保证,个人通过表达权的行使表达自己对政治生活、公共生活的各种意见和看法并参与公众讨论,即更侧重于民主和协商面向。即便如此,我国传统表达权仍主要体现为一种政治权利,以宪法规定和官方政策文件为主,贯穿于民主政治的整个过程,协调的是国家权力和公民权利之间的关系,因而其主体表现为政府与个人。此时,不仅个人表达权的义务主体是政府,对于个人表达权的限制仍旧主要由国家通过法律法规、公权力行使等方式直接进行。在这一维度下,主要是政府和个人之间的博弈,而报纸、广播等媒体作为工具介质起着"阵地"作用。在网络闯进表达权之前,表达者称为"街头发言者",政治表达还是"街头发言"的核心,媒介这一因素也没有真正进入"街头发言"考虑范围中,主体的对立表现为"政府与个人"之间

---

① 参见[美]马修·辛德曼:《数字民主的迷思》,唐杰译,中国政法大学出版社 2016 年版,第 147 页。

的论辩抗争。[①] 这种"政府—个人"之间的对立可以概括为"二元模式"。这一阶段媒介的力量还尚未颠覆表达权范式,依照原本的表达权规则即可解释相应的现象,媒介作为工具或手段。换言之,媒介还未引起"街头发言者"模式足够的重视,也尚不具备较大的影响力去干涉到政府行为和个人表达。

后来表达权的主体和内容都随着实践不断扩展丰富,表达权也不限于民主政治领域,在这期间,网络和技术的发展使得网络平台的权力私有化聚集凸显出来,对个人表达权形成不容忽视的冲击。[②] 在网络表达权关系中,网络平台(企业)已经成长为足以与政府或个人相对立抗衡的主体,比如 BAT 以及字节跳动等头部网络平台已经成为我们生活的一部分。网络平台已然成为网络内生秩序的承担者和建构者,成为网络社会的新型权威和技术型"意见领袖"。[③] 国内有学者对"网络平台私权力"做了较为详尽的证成和说明,其认为网络中平台、信息、技术的优势使网络空间中私权力崛起,从而改变了原本"公权力—私权利"的二元架构,形成了"公权力—私权力—私权利"的新架构。[④] 这也表明,网络空间权力结构由原来的二元结构转为三角结构,平台私权力成为治理中心。[⑤] 具体到网络表达权中分析,表达权保护与规制不仅取决于公权力,还取决于平台私权力,平台具有了公法角色。[⑥] "平台私权力"的论断主要从权力结

---

① 参见左亦鲁:《告别"街头发言者":美国网络言论自由二十年》,《中外法学》2015年第 2 期。

② 本章"网络平台"主要指网络服务提供者,并且是侧重于提供软件服务而不是提供基础硬件、接入等服务的。

③ 参见邹晓玫:《网络服务提供者之角色构造研究》,《中南大学学报(社会科学版)》2017 年第 3 期。

④ 参见周辉:《技术、平台与信息:网络空间中私权力的崛起》,《网络信息法学研究》2017 年第 2 期,第 68 页;周辉:《平台责任与私权力》,《电子知识产权》2015 年第 6 期;周辉:《从网络安全服务看网络空间中的私权力》,《中共浙江省委党校学报》2015 年第 4 期。

⑤ 参见韩新华、李丹林:《从二元到三角:网络空间权力结构重构及其对规制路径的影响》,《广西社会科学》2020 年第 5 期。

⑥ 参见张小强:《互联网的网络化治理:用户权利的契约化与网络中介私权力依赖》,《新闻与传播研究》2018 年第 7 期。

构和整个网络空间切入描述。左亦鲁在谈美国网络言论自由时也指出,企业等主体的加入,使言论自由已经转为"个人—企业—政府"的三角关系,但由于文章本身的侧重而未对具体规则下三角关系的发展和我国情况进一步论述。[①] 从行政监管角度看,网络表达内容规制的基本模式从二元结构变为三元结构,规制要注重以平台为中心的均衡调适。[②] 平台成为治理的焦点。

当网络平台越来越生活化、普及化,对表达权的影响愈加深远。夸张点思考,是否掌握了网络这一基础设施就相当于掌握了我们的表达? 它既可能保护表达权的行使,成为个人网络表达权的"朋友";它也可能同政府一起,规制个人表达,威胁到表达权正常行使;它还有可能独立于政府、个人,从而与政府和个人形成对立之势。因为个人在作为商业巨头的网络平台面前略显渺小,需要借助政府的帮助,个人才能与之对抗。当然,也不能仅就此作简单的分割对立,因为在不同规则、不同立场之下又会有不同的关系,需要进入具体规则之中分析"政府—网络平台—个人"之间的关系。另外,政府在网络平台也有自己的账号发布消息等,但就官方文本看,政府不是表达权的权利主体。比如,政府也逐渐开始电子政务,并且在网络平台中发声——表达事实、表达观点立场或政务宣传通知等,但这基本属于政府行使公权力的延伸部分,只有当政府不行使国家公权力并与个人、网络平台处于平等地位时,它才可能成为表达权的主体。而网络平台作为企业也可能成为表达权主体,发出自己的声音,此时,它既是网络平台,也是表达权主体。应该说,表达权主体并不是固定的,有常态化、也有转换,不同阶段不同服务可能就产生不同的角色定位。表达权也不是绝对的,当它与其他权利发生冲突时,当表达内容不符合公序良俗或者表达权被滥用时,又该对此类表达有所规范和限制。故而,表达权的保护与规制这两大主线是贯穿且萦绕在三个主体之间,形成更为复杂多元

---

① 参见左亦鲁:《告别"街头发言者":美国网络言论自由二十年》,《中外法学》2015年第2期。

② 参见孔祥稳:《网络平台信息内容规制结构的公法反思》,《环球法律评论》2020年第2期。

的三角关系,并且在规制表达权的同时某种意义上又是一种对表达权的保护,其中还夹杂着法律、技术(代码、算法)、市场、社会规范的作用和影响。

目前,网络平台既可能成为个人表达权的保护者也会成为加害者,其角色随其行为不同而变化。本章以基本主体作为核心要素,将"政府—网络平台(企业)—个人"之间的复杂关系和相互作用称为"三元模式"。胡凌老师提出的"账户、数据和评分"也是解释网络表达权的一种方式,但也正如其文中所说,三个要素展开的博弈是未来网络法的重点[①],就目前网络表达权现状而言,按博弈主体分类的三元模式更具包容性。

第二节　网络表达权三元关系分析

应该说,表达权的权利义务主体并不固定,一个主体的不同行为或表达可能使它处于不同的角色中。在法律规范以及用户协议等平台规则下,"三元模式"呈现出一定的混乱局面,并且相互联系、相互激扰。当然,需要明确的是,二元模式"政府—个人"的直接关系并非消灭而不复存在,比如鸿茅药酒事件(广州医生谭秦东发帖质疑鸿茅药酒所引发的事件),只是不在此详细展开。如果网络平台真的中立,那么网络表达权可适用二元模式予以解释;但如果网络平台不具有中立性,则是需要适用三元模式。

(一)平台中立与联动传导

实践中政府对网络平台的制度规制会有一定的制度负外部性,网络平台通过制定的规则(如用户服务协议等)将一些影响作用到了个人端的网络表达权。此时,不禁令人有所疑问,处于中间角色的网络平台是否中立? 早期的网络中立就是要求网络服务提供者处于中立的位置,不歧视

---

① 胡凌:《超越代码:从赛博空间到物理世界的控制/生产机制》,《华东政法大学学报》2018 年第 1 期。

或者偏袒任何应用服务。① 换言之，它要求网络面对各种内容、数据传递以及各类服务时要保持客观中立和平等。当然，网络中立本身就一直处于不确定之中，论争一直持续，也没有被广泛接受的概念。在美国，关于网络中立的立法进程也是曲折缓慢。网络中立在中国互联网发展背景下，在一定意义上，"网络中立"本身就代表着非中立性。② 网络中立目前不再局限于网络运营商，已经向"技术中立"发展，所谓"技术中立"就是指网络中立的升级版，还涵盖了内容和服务中立（如搜索中立）、设备中立（如软件应用商店中立）。③ 网络中立要求网络平台要透明、不屏蔽、禁止不当歧视。于此，政府监管陷入两难境地：任由网络平台发展，不对平台的差别对待和干预行为进行管理会直接损害表达权正常行使；严格监管又担心限制网络平台的创新发展。④ 由此可见，三元关系中，网络平台的角色定位和具体监管仍旧是一个难题。并且我国侧重于内容治理和平台监管，特别是出于清理网络谣言等需要，人们也普遍理解网络平台的不中立。毕竟从密码朋克看，技术是可以被塑造的⑤，人参与网络架构设计中本身多多少少就附带着设计者、操作者的价值判断在其中，为着特定的目的而去设计产品。

宏观上，三元模式更多体现为"政府和平台—个人""平台—政府和个人"的模式。政府规制作为"守门人"的网络平台，网络平台则通过代码和制定规则进一步规制用户表达权，这不是体现平台中立性而是一种链条似的"联动传导"。目前，微信在我国已经成为一种生活方式，普及非常广泛，公众号或者朋友圈也逐渐成为日常活动的一部分。而《腾讯微信软件

---

① See Tim W，Network Neutrality，Broadband Discrimination，*Journal on Tele-communications & High Technology Law*，2003，Vol.2，No.1，pp.141-176.

② 参见胡凌：《网络中立在中国》，《文化纵横》2014年第5期。

③ 参见邹军：《"网络中立"论争新趋势及启示》，《新闻与传播研究》2015年第6期。

④ 参见吴亮：《网络中立管制的法律困境及其出路——以美国实践为视角》，《环球法律评论》2015年第3期。

⑤ 胡凌、戴昕等：《网络法的理论与视野》，《地方立法研究》2019年第4期。

许可及服务协议》的 8.5 款内容加粗提示着我们什么。① 按照其协议规定,腾讯微信有如下行使权利的可能性:(1)腾讯有权不经通知随时对相关内容进行处理;(2)腾讯有权依合理判断对违反有关法律法规或本协议规定的行为进行处罚;(3)用户导致或产生第三方主张的任何损失,用户应承担责任;腾讯因此遭受损失的,也由用户承担。从条款中可直观发现平台的直接和强势,以及其处理用户协议时试图将政府对网络平台的审查管理义务、责任承担尽可能转移到用户身上。比如,对于网络平台应当知道用户表达内容是否违法违规、网络平台对表达内容进行管理的义务,腾讯希望自身拥有随时处理相关表达内容的权利;对于用户表达内容可能存在侵权赔偿等问题,腾讯也明确知道自身可能就扩大损失部分承担连带责任或承担一定的间接责任等。因此,腾讯又将自身遭受损失转移由用户赔偿。站在合规的角度,这部分协议内容尚可理解,但对用户行使表达权则不友好。这就是政府监管网络平台,网络平台将相关风险、责任与义务转移到用户身上的联动传导,有种"羊毛终究出在羊身上"的意味,最终加在用户身上的规制更多更重。

媒体访问取决于我们拥有的媒体类型,它们如何被设计以及我们设计用来管理它们的行政规则和法规;媒体访问还取决于在技术创新和监管所产生的环境中发展出何种商业模式、最终用户创新以及社会合作形式。② 网络平台的设计和发展模式是法律法规规范下塑造出来的,也是三方博弈的结果,当政府偏重表达内容的管理、规制,而对网络表达权保

---

① 《腾讯微信软件许可及服务协议》(2022 年 6 月)的 8.5 款内容包括:1.如果腾讯发现或收到他人举报或投诉用户违反本协议约定的,腾讯有权不经通知随时对相关内容进行删除、屏蔽,并视行为情节对违规账号处以包括但不限于警告、限制或禁止使用部分或全部功能、账号封禁直至注销的处罚,并公告处理结果。2.腾讯有权依合理判断对违反有关法律法规或本协议规定的行为进行处罚,对违法违规的任何用户采取适当的法律行动,并依据法律法规保存有关信息向有关部门报告等,用户应独自承担由此而产生的一切法律责任。3.因用户违反本协议或相关服务条款的规定,导致或产生第三方主张的任何索赔、要求或损失,用户应当独立承担责任,腾讯因此遭受损失的,用户也应当一并赔偿。

② Jack M. Balkin, Media Access: A Question of Design, *Georgd Washington Law Review*, 2008, Vol.76, No.4, pp.933-951.

护设计的规则较少时,网络平台代码和规则设计所显现的也是一样的局面。这种不利局面传导到个人端时,就导致网络表达权可能受到网络平台的损害时缺乏便捷的救济渠道。《最高人民法院关于审理利用信息网络侵害人身权益民事纠纷案件适用法律若干问题的规定》第 14 条第 2 款的规定有助于防止个人表达权受到网络平台的侵犯,但维权困难。① 在"程喆与北京百度网讯科技有限公司网络侵权责任纠纷一案"中,争议焦点为百度公司封禁程喆账号的行为是否构成侵权,二审法院认为,当事人之间为网络服务法律合同关系,封号为百度的管理行为,并且百度没有侵害程喆的言论自由权和信息传播权。② 且不论诉讼是否成功,作为司法救济渠道,并不是每个人都会选择,一则考虑预支的维权成本,二则考虑用户协议和网络平台的力量。

出于网络平台与个人之间存在信息不对称和技术不对等的情况,当规则传导到个人端,个人大部分是处于被动状态,表达权受到损害时个人力量小、救济渠道少。因为,有时候网络平台通过算法自动识别内容来进行审查存在错误等情况。个人也会产生一定的应对方法来应对网络平台的内容审查,比如使用拼音、谐音字等来代替表达,出现如何通过平台审查的教程等。当然个人也并非"待宰的羔羊",面对网络平台个人可以拿起弱者的武器,借助赫希曼建立的"退出—呼吁"的理论框架可以将个人"反抗"平台分为:(1)退出,主要通过市场力量作用于平台,如注销账号等;(2)呼吁,通常属于政治学领域,如共同抵制某些平台规则等。③ 个人在面对网络平台越来越多的规制时,可能采取注销账户等退出机制表达不满与抵制,当然也确实存在某些网络平台销户困难的问题;因此,用户也可能在网络发声,寻求和集结共同的声音,集体行动形成较为强有力的

---

① 《最高人民法院关于审理利用信息网络侵害人身权益民事纠纷案件适用法律若干问题的规定》(2014)第 14 条第 2 款规定,擅自篡改、删除、屏蔽特定网络信息或者以断开链接的方式阻止他人获取网络信息,发布该信息的网络用户或者网络服务提供者请求侵权人承担侵权责任的,人民法院应予支持。

② 参见辽宁省辽阳市中级人民法院(2019)辽 10 民终 1671 号二审民事判决书。

③ 参见高薇:《弱者的武器:网络呼吁机制的法与经济学分析》,《政法论坛》2020 年第 3 期。

呼吁,从而对网络平台施加舆论压力来维护自身权益,促进网络平台作出改变。

当然,个人在数字赋能中也并非全无收获。平台便利度的发展使得网络表达的主体规模越来越大,更多的人参与网络表达中,人与人之间的交互性不断增强。个人较之以往的传统媒体时代具备了更多的表达方式,成为内容生产者更为简便。不单单是表达方便,个人收集和获取信息的能力以及获得服务的便利度也有所提升。但总的来说,这些途径不能代表个人已经有足够的力量和地位,尤其是单纯的个体难以与不中立的平台相互抗衡。在联动传导的规制压力之下,个人网络表达权仍旧救济不便捷、渠道少,平台并非处于中立地位,而是正在不断加强自身影响力。平台无论是出于自身合规、避免违反相应规定而承担相应的行政责任,还是为了更多地与政府建立良好的关系、管理好用户,都需要对个人表达进行审核、控制、监督,因为其技术优势和中心优势,它是网络表达天然的控制者和监督者。

(二)现有规范构造下的三元关系

对网络表达权的规制是防止表达权滥用,以更好地保障其他人的合法权益。正如凯斯·桑斯坦所说,政府对言论的规范是自由机制里最重要的一部分。[①] 但是对于网络表达权内容的规制管理需要维护好保护与规制之间的稳定平衡关系。我国现有表达权相关规范主要还是基于二元模式,不过政府在对个人表达内容进行规制时也开始逐渐明确网络平台在其间的作用不仅仅是媒介。平台已经慢慢不满足于中立地位,在跟政府争抢网络治理控制权,法律规范会通过影响平台规则对个人表达权形成不同程度的压力。

1. 保护

当"政府和个人—网络平台"形成对立时,则是政府通过自身公权力

---

① 参见[美]凯斯·桑斯坦:《网络共和国网络社会中的民主问题》,黄维明译,上海人民出版社 2003 年版,第 98~99 页。

帮助个人在网络平台处获得表达权救济,毕竟在 BAT 等商业巨头制定的规则面前,单纯个体没有太多的方法或手段进行反制。上文提及,网络平台可能减少甚至剥夺表达被"听到"的权利,而个人并不知情,又或者个人对表达权保护的认知和意识并不是那么的充分或强烈。此时,需要政府的积极干预,才能保证用户表达权各个环节的正常运行。"共青团中央"微博号曾发布长微博"戴立忍及电影《没有别的爱》遭网友普遍谴责抵制",当时被新浪微博删除,后面又很快被恢复;紫光阁也曾被删微博,微博内容均属正常。对于官方媒体尚且如此强势,可合理推测,平台对个体表达权的掌握度和侵犯容易度、侵犯可能性皆较高,潜在风险较大。2020年 6 月,国家互联网信息办公室(简称"网信办")约谈新浪微博负责人,针对微博在蒋某舆论事件中干扰表达和网上传播秩序等问题,暂停更新微博热搜榜一周并给予一定行政处罚。网络平台如果随意干预信息正常呈现、干扰网上传播秩序影响到了用户表达权和网络秩序,政府监管也会作相应处罚,但这毕竟是少数。2019 年 12 月网信办发布的《网络信息内容生态治理规定》中针对网络信息内容服务平台采用个性化算法推荐技术推送信息的,要求网络平台应当建立健全人工干预和用户自主选择机制。这也是法律法规对表达内容是否被"听到"的一种关切。

关于网络表达权保护中网络平台的权利义务,相关法律法规是相对缺少的。《网络安全法》第 12 条、第 64 条对网络表达权的保护是较原则性的规定,并没有具体提出如何保护。法律法规多针对网络表达权主体规定责任和义务,对表达权保护缺乏可操作的规定。当微信或微博文章被删时,可以在平台设置的申诉流程中进行申诉救济,但平台处于优势地位,没有第三方介入评判,均由网络平台进行"裁判",在平台不予恢复表达内容时,个人救济渠道狭窄,只剩"无可奈何"。当然,有人认为这是用户与网络平台签订的用户协议中有约定的,属于民事纠纷,但网络表达权救济难又是现实存在的问题。在某种意义上,用户协议就是一个注册账户入口处的单方公告。[①] 这时个人可以依赖的就是政府,否则靠个体的

---

① 参见胡凌:《论赛博空间的架构及其法律意蕴》,《东方法学》2018 年第 3 期。

力量恐怕难以撼动大树。

2. 规制

我国相关法律法规表现出来的更多是对表达权的规制。《网络安全法》第 47 条规定,网络平台要加强对其用户发布的信息的管理。[①] 除此之外,《关于加强网络信息保护的决定》第 5 条、《互联网安全决定》第 7 条、《互联网信息服务管理办法》第 16 条以及《计算机信息网络国际联网安全保护管理办法》第 10 条第 6 项都存在类似的表述。《互联网信息搜索服务管理规定》第 8 条也规定了相关网络服务提供者发现违法信息后的停止服务、记录、报告等义务。这些法律法规对于网络平台发现什么类型的信息需要及时反应处理的规定有所不同,有的进行明确列举、有的是索引式规定,导致了规范一定程度的杂乱。《网络信息内容生态治理规定》对网络信息内容生产者(涉及表达权)和网络信息内容服务平台(网络平台)、网络信息内容服务使用者(使用网络信息内容服务的组织或者个人,涉及表达权)三大主体进行了专章规制,也是以网络信息内容为对象的专门治理。其第 6 条与原本禁止用户发布的信息一样,但第 7 条列举的不良信息则为新规定。[②] 网络平台对发现这些不良信息同样要立即采取处置措施、记录、报告。《网络信息内容生态治理规定》专门针对表达内容规定,鼓励正能量信息、防范和抵制违法信息和不良信息,还列出这三种信息的具体范围,契合当下网络环境,有助于营造清朗的网络空间。

仅就网络平台对发布信息进行管理的义务而言,义务范围存在交叉重叠又有所不同,《网络信息内容生态治理规定》第 7 条就是网信办对网

---

① 《网络安全法》第 47 条规定:"网络运营者应当加强对其用户发布的信息的管理,发现法律、行政法规禁止发布或者传输的信息的,应当立即停止传输该信息,采取消除等处置措施,防止信息扩散,保存有关记录,并向有关主管部门报告。"

② 《网络信息内容生态治理规定》(2019)第 7 条列举的不良信息有:(一)使用夸张标题,内容与标题严重不符的;(二)炒作绯闻、丑闻、劣迹等的;(三)不当评述自然灾害、重大事故等灾难的;(四)带有性暗示、性挑逗等易使人产生性联想的;(五)展现血腥、惊悚、残忍等致人身心不适的;(六)煽动人群歧视、地域歧视等的;(七)宣扬低俗、庸俗、媚俗内容的;(八)可能引发未成年人模仿不安全行为和违反社会公德行为,诱导未成年人不良嗜好等的;(九)其他对网络生态造成不良影响的内容。

络平台提出的新的义务审查范围。从合规角度说,网络平台的审查范围会比法律法规的规定更大,从而覆盖全部相关法律法规涉及范围,防止平台自身违法违规承担责任。比如《腾讯微信软件许可及服务协议》信息内容规范中 8.1.2.1～8.1.2.5 中明确列举十几项不得发布的信息[①];《微信个人账号使用规范》更是列出了十一大类内容规范,包括:侵权类内容、色情及色情擦边类内容、暴力违法内容、赌博类内容、危害平台安全内容、涉黑涉恐类内容、非法物品类内容、欺诈信息类、不实信息类内容、不良信息类、其他违法违规内容,每一大类下又细分列举[②];《微博服务使用协议》同样列举了十几项,并且规定有权对发布内容进行审查、监督和处理。[③]对比微信和微博的用户协议,平台审查范围又有所不同,更遑论存在那么多的平台 APP 或网站,平台对表达内容的审查范围规定较乱,并且制定的法律法规较为分散、各有明目,颇有"各自为战"的意味。

法律法规规范个人表达内容时,没有很好地考虑平台规则可能产生的异变和平台据此所做的应激行为。这也就导致"三元模式"有时候关系未厘清,处于三角关系弱势的个人容易被困在各种算法、规则的笼子中而救济无门。政府加强了网络平台对用户表达内容规制的义务,随着网络平台的多样化,政府的相关规定也随之增加,针对即时通信工具、用户账号、应用程序、直播、论坛、跟帖服务、群组等都有专门的规定出台。并且,对于网络表达内容的管理,政府主要采取列举方式,而难以给出一个内容上的判断标准,因而列举事项有越来越多之趋势,具体执行亦存有一定难度,需要平台进行"合理判断"。

《民法典》第 1197 条规定,"网络服务提供者知道或者应当知道网络用户利用其网络服务侵害他人民事权益,未采取必要措施的,与该网络用

---

① 参见《腾讯微信软件许可及服务协议》,https://weixin.qq.com/cgi-bin/readtem-plate? lang=zh_CN&t=weixin_agreement&s=default,下载日期:2022 年 3 月 22 日。

② 参见《微信个人账号使用规范》,https://kf.qq.com/faq/120813euEJVf160303a2ueAV.html,下载日期:2022 年 3 月 22 日。

③ 参见《微博服务使用协议》,https://weibo.com/signup/v5/protocol/,下载日期:2022 年 3 月 22 日。

户承担连带责任。"与原侵权责任法第 36 条第 3 款相对比,民法典增加了"应当知道"为连带责任承担的归责要件,这表明民法典对网络平台的义务进一步加强,要求网络平台更为主动、提前介入用户的网络行为(当然也包括用户行使表达权,发布内容)。这是民法典规定的红旗原则,在法律文本中直接载明"应当知道"。2020 年 10 月发布的《未成年人保护法》第 73 条、第 80 条,其中要求网络平台发现未成年人发布私密信息或者发现不利未成年人健康的信息要及时处理,也是要求平台对未成年人需要特殊保护。

此时,政府对个人表达权的规制是通过课以网络平台审查、管理等相应义务进行,并且义务不断加重。网络平台此时就是"守门人",按照网络平台责任的发展,又可以将之又分为:机构"守门人"、技术"守门人"和算法"守门人"三个理论框架——对应早期宽容规制、法律通过改变代码规制、人工智能时代的算法规制。[①] 马长山认为,这些"硬法"可以倒逼网络平台形成自律机制,提升其"软法"的正当性与合法性。[②] 比如,《网络信息内容生态治理规定》就要求网络平台要建立网络信息内容生态治理机制,制定平台的网络信息内容生态治理细则,这是直接推进网络平台的"软法"治理。

政府直接规制表达权的成本较大、效果欠佳,网络平台自身把握着代码这一"法律",政府则通过课以网络平台义务来规制表达权,当然,这也增加"私人审查"侵犯公民表达权等权利的风险。在现有规范构造下,三元关系中的网络平台更多作为一个中间角色、守门人角色,但相关制定法律法规要注意到,随着其本身技术、算法的不断发展,它通过自身发展也在争夺着更多"权力",网络平台的地位逐渐由被动变得主动、积极起来,更加具备平台主体地位,而基于二元模式建构的规范在现有的三元关系中有些力有不逮。

---

① 参见魏露露:《网络平台责任的理论与实践——兼议与我国电子商务平台责任制度的对接》,《北京航空航天大学学报(社会科学版)》2018 年第 6 期。

② 参见马长山:《互联网＋时代"软法之治"的问题与对策》,《现代法学》2016 年第 5 期。

第三节 具体场景下
网络平台与用户表达权的尴尬

在复杂的三元关系中,如果要考虑各方因素、各个主体等条件进而作全面分析不是简单探索就可完成的,但仅作宏观的分析又略有不足,分析三元模式应深入到具体规则场景中去探索网络表达权保护和规制。在具体的规则场景脉络中,各主体的角色定位是怎么样的,又存在什么样的尴尬问题是需要进一步探索、分析、理清和解决的。

(一)内容过滤筛选技术

对表达内容审核过滤是政府监管和保护其他合法权利或权益的需要(比如对色情、暴力、谣言的管理,对著作权、专利权、人格权的保护,对未成年人的特殊保护),作为"守门人"的网络平台就担负着这个职责,主要是对发布表达内容的一种事前审查。信息内容过滤机制就是当出现有国家规定的敏感词汇和其他明显具有侮辱、人身攻击性质的词汇时,平台系统采取自动屏蔽等措施。巴尔金(Jack M. Balkin)提出了一种看法:在信息时代,控制"过滤"可能是对人类思想和人类表达最重要的权力形式之一,信息过滤才是王道,而不是信息本身。[①] 工信部曾于 2009 年要求国内计算机安装"绿坝—花季护航"上网过滤软件用以保护青少年,该软件可有效过滤互联网中的不良文字和图像内容,这种自己选择过滤软件是具备一定自主性的,当然该计划可能不那么成功。但现在网络平台的过滤是隐形的,在正常表达内容情况下,它以一种不易察觉的形式存在,即设计算法对表达内容进行自动识别、整理以及人工审查辅助,从而对用户所要发布的内容采取敏感词的屏蔽或限制发布等措施。

很多人会认为,过滤对表达权的限制更少,但是过滤的猫腻不仅在于

---

① J. M. Balkin,Media filters,the v-chip,and the foundations of broadcast regulation,*Duke Law Journal*,1996,Vol.45,No.6,pp.1131-1176.

最后结果呈现,还有屏蔽内容前对表达内容的整理与选择。[①] 平台需要对发布内容进行一次"扫描",最后根据整理结果进行处理。用户的表达内容可能在发布的时候就已经被不知不觉地处理了,因此巴尔金才会有如此感慨,认为控制过滤就是一种控制表达的权力,换言之,网络平台有着控制我们表达的权力。在某种意义上,算法使得网络平台有着一种近乎上帝的权力。[②] 这里又会涉及上文提及的"网络中立"问题,只能说,在价值层面上无法让网络如何中立,但是可以考虑提高过滤筛选的规则透明、程序正当性。否则,网络平台的幕后操作甚至可以说"黑箱操作"容易对表达权行使产生较大的威胁。平台可能根据其偏好,设计代码从而筛选或者删除某些内容的表达(比如用于打击竞争对手等),从促进民主政治和公众参与的角度来说,因为网络已经是大众接收信息的重要渠道,这样会侵犯公民的"接近权",威胁网络的多元化和开放程度。[③] 在内容过滤筛选技术中,通过软件的过滤和封堵就是一种通过代码的治理,用户只能遵守网络平台制定的规则,发布内容时往往你知道未能发布是因为存在某个敏感词,但是具体是哪个关键词有问题却不清楚,只能再次翻看修改,就这样被困在了过滤的算法中。换言之,在平台自动屏蔽的算法中有可能过度屏蔽和发生错误。因而,市场上也出现了专门的关键词监测网站、软件以及如何通过网络平台审查的教程,用于帮助用户通过网络平台的过滤审查。针对表达内容,微信有包括但不限于《微信外部链接内容管理规范》《微信公众平台服务协议》《公众平台运营规范》《微信开放平台开发者服务协议》和《微信个人账号使用规范》等相关协议及专项规则。网络平台的规则只会越来越多,用户表达权就在法律法规和平台规则夹缝中生存。

事实上,鉴于当今网络信息泛滥,表达自由可能意味着过滤的自由,

---

① 参见左亦鲁:《告别"街头发言者":美国网络言论自由二十年》,《中外法学》2015年第2期。

② 参见左亦鲁:《算法与言论——美国的理论与实践》,《环球法律评论》2018年第5期。

③ 参见吴亮:《网络中立管制的法律困境及其出路——以美国实践为视角》,《环球法律评论》2015年第3期。

因为没有这种自由,个人可能会被海量的信息吞没,完全无法驾驭。① 因而,表达内容的审核、过滤、筛选有其必要性。就内容审核过滤而言,还涉及网信办、公安机关、工信部等政府部门,2014 年国务院授权国家网信办负责互联网信息内容管理工作。网信办于 2017 年发布了《互联网信息内容管理行政执法程序规定》用于规范网络内容行政执法。但是针对网络平台过滤的规制是较为缺乏的,过滤筛选规则不透明,过滤机制的用户救济也是通过向平台申诉等渠道,申诉维权时间和结果则看各个平台的服务效率和过滤机制,各有不同。用户此时只能依赖于网络平台,发布的内容要"顺从"于平台制定的规则,平台拥有一定的"准公权力"。不过在立法或者司法看来,网络平台仍然是私主体,与用户形成的是网络服务合同的法律关系,通过与用户的约定、法律法规的规定对用户发表内容进行审核管理。以著作权过滤技术为例,当法律法规将之作为法定义务加之于网络平台,平台对用户表达内容的扫描就不再只是通过用户协议授权,而是法律法规的直接授权,当算法判定用户发布的内容涉嫌侵犯其他合法权益,就阻止用户的表达。网络平台应该逐渐健全内容审核、信息过滤、投诉举报处理透明度和可说理性,不断提高内容审核过滤的技术防止误判。

用户网络表达的过滤和审查有其一定的必要性,比如防止不良信息、避免网络语言暴力等事件的发生。不过平台通过用户服务协议从而将处理个人网络表达的行为变为私法领域的处理行为,属于合同法等范畴,个人救济渠道变得更窄。网络表达信息内容的过滤标准仍旧较为不明确和不透明,个人发布信息可能都不清楚自己涉及了哪个具体的"不良"关键词。而平台提供的申诉渠道与机制一方面是反应效率问题,另一方面是申诉处理结果模式化(未能充分说明情况和理由),一定程度上处于黑箱状态,对申诉结果难以进一步救济和反馈。对此,2021 年 1 月发布的《互联网用户公众账号信息服务管理规定》第 20 条倒是提及了针对投诉、申

---

① See Patrick M. Garry, The flip side of the first amendment: A right to filter, *Michigan State Law Review*, 2004, Vol.2004, No.1, pp.57-82.

诉的渠道、方式、受理处置反馈机制和时间的平台建设义务,不过并未就此进行更深入的规定。

(二)"通知—删除"等相关规则

"通知—删除"规则在《信息网络传播权保护条例》表现为:"网络服务提供者接到权利人的通知书后,应当立即采取删除、断开链接等措施,并同时将通知书转送提供涉嫌侵权作品的服务对象。"而侵权责任法扩大其适用范围,虽然并没有规定"转送通知—恢复"的措施。[①]《民法典》在第1195 条、第 1196 条规定了"通知—删除"规则,增加了避风港规则的"反通知",其试图让网络平台结合初步的证据和服务的类型来判断用户的表达内容是否侵害其他用户的权益,进而采取相对应的必要措施。具体操作流程见图 3-1:

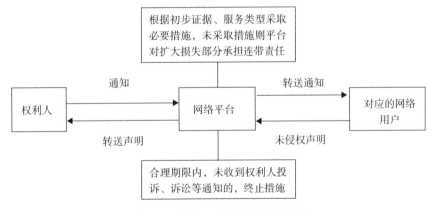

图 3-1　"通知—删除"规则的流程

在这样的规则下,原本期望对网络平台的正向激励可能异化成负面的行为激励。此时,网络平台在收到权利人的通知时,依旧是倾向于先采

---

① 《中华人民共和国侵权责任法》(2009)第 36 条第 2 款规定:"网络用户利用网络服务实施侵权行为的,被侵权人有权通知网络服务提供者采取删除、屏蔽、断开链接等必要措施。网络服务提供者接到通知后未及时采取必要措施的,对损害的扩大部分与该网络用户承担连带责任。"

取措施来预防可能承担的"扩大损失的连带责任",如果措施不当,主要还是由权利人"买单"(承担责任)。结果是:网络平台对表达内容管理义务履行不到位才会被处罚,而平台根据法律法规和用户协议可以直接采取删除等措施,如此能更好地防范违规、处罚的风险从而进入"避风港",制度推动着、诱导着网络平台先采取删除等必要措施,使得个人表达权被侵害更为高发。

另外,网络平台制定相应规则(用户服务协议等),被授权进行"审判"(判断是否侵权)并私下执行(采取必要措施),平台的"一条龙服务"对网络表达权的规制(甚至可以说"管制")力度和权力是较大的,既当运动员又当裁判员。网络平台行使"准立法权""准行政权""准司法权",塑造了有组织的"私人秩序"。[①] 虽然接受来自政府等各界的监管但权力集中,网络平台在其中看似处于被动中立的角色地位,只是作为一个"管道"转送权利人通知和用户声明,实则平台"守门人"的角色地位在"通知—删除"的规则中更为强化。有学者认为,网络平台是双重义务人的地位,即通知权和反通知权中它都是作为义务主体直接面对权利人和反通知人。[②] 虽然网络平台处于通知、采取措施义务人的被动地位,反过来说,这也是一种管理的"权力",此举容易让用户表达权陷入尴尬境地,也让表达权受侵害的风险增大。

一方面是网络平台审查管理用户表达的权力增加了,另一方面除了明显侵权,否则仅凭权利人通知和初步侵权的证据不容易判定侵权成立。此时,网络平台也陷入了一个尴尬境地。由网络平台这样的私人机构承担起一定的监管职责,首先其合法正当性就值得商榷,其次监管能力和透明化、程序化需要进一步加强。比如,在东方网与腾讯的争议中,东方网的《新闻早餐》公众号因文章被举报而封号7天,东方网总编徐世平写了两封公开信,表明其多方申诉无果、维权无门,腾讯对此迟迟不予回复。

---

① 刘权:《网络平台的公共性及其实现——以电商平台的法律规制为视角》,《法学研究》2020年第2期。

② 参见杨立新:《网络服务提供者在网络侵权避风港规则中的地位和义务》,《福建师范大学学报(哲学社会科学版)》2020第5期。

后来微信针对这封公开信,回复表明自己作为平台方时刻保持客观中立的观点。腾讯处理的过程并未公开,当处理结果有争议时,维权又较为不易。其实,无论是将"通知—删除"规则设置为免责模式还是归责模式,都是在引导网络平台直接采取必要措施。① 这也是侧重考虑规制表达权滥用而未足够重视网络平台对相关规范如何反应。

由于平台需要面对的侵权通知数量庞大,对表达内容初步证据的审查是自动化+人工,即由事先设置的算法程序进行自动审查和人工审查辅助。在"通知—删除"规则中,当平台采取的措施有错误或者不适当时,可能由于错误通知而责任归于通知权人,平台责任存在一定缺位,更加凸显该规则的不足。这就导致网络平台认为,采取必要措施(删除、屏蔽等)是最简单、最经济、最保险的做法。② 如果再考虑到恶意通知问题,实际上这是将网络表达权置于一个保护力度较小、易受侵害的规则中。网络平台就扩大损失部分承担连带责任适用过错责任制,个人需要证明平台具有主观过错,要证明平台接到通知没有及时采取必要措施。现有法律文本和法院未明确"及时"的内涵,并且平台在过错责任原则中具备优势,权利人的权利保障有所缺漏。③

上文已提及红旗规则相关法律规定,此处不再赘述。对网络平台而言,适用红旗规则的结果可能有两个走向:一是平台积极践行"应当知道"用户侵权行为进行主动注意,从而加大表达内容审查力度;二是由于"应当知道"证明难,平台可以"不知道"为由消极推脱责任,减轻自己的注意义务。在"唐某等与深圳市腾讯计算机系统有限公司侵权责任纠纷案"中,法院认为在这一系列案中,众原告未能举证证明腾讯应当知道或知道涉案公众号用户利用公众平台侵害原告的合法权益而未采取必要措施,

① 参见周学峰:《"通知—移除"规则的应然定位与相关制度构造》,《比较法研究》2019 年第 6 期。

② 参见马忠法、谢迪扬:《论"通知—移除"规则中网络服务平台的法律责任》,《上海财经大学学报》2019 第 6 期。

③ 参见刘晋名、艾国利:《"避风港规则"的法律适用困境及消解路径》,《南京社会科学》2020 年第 8 期。

要求腾讯公司担责缺乏依据。[①] 从该司法案例和成本分析看,网络平台可能更倾向于第二类走向,成本和风险都较小。个人很难去获取足够的证据证明网络平台是"应知、明知"的,也就导致红旗规则未能充分地发挥效用,难以有效保护用户的表达权。

总之,平台行使"私权力"管理用户表达是符合最小成本防范原则、有助于克服政府全民监管的缺点、是网络时代发展的需要,但不能因之形成"政府管平台、平台管用户"的规制理念[②],网络平台也不能形成"宁可错杀,不可放过"的处理观念。

(三)平台信息管理的主体责任

网络平台主体角色的强化是三元模式不断发展的一种表现。一方面是因为平台自身数字能力的不断提高、规模和普及性不断扩大的结果,另一方面则是源于相关规范对平台发展和能力的定义,以及平台自身监管责任的加强。可以说,前者体现为数字赋能平台,后者体现为规范"赋权"平台。当然有些责任规定是属于"赋权"还是"赋予责任义务",不同主体角度有不同理解,但不可否认的是,其实际上确实使平台一些规制表达权的行为更具有合法律性与正当性。大数据分析、云计算、人工智能等数字技术赋能平台企业,使得它的分析能力、关联能力、识别能力等对平台内各项事物的实际控制能力得到了巨大的提升,随之而来便是其社会权力的自然扩张,主体地位的不断凸显,对基于平台提供的各项服务与架构具有强大的建设和破坏能力。这也体现在各类新平台的出现和流行,比如网络直播带货等。

1. 平台主体责任的意涵

与个人表达关联度较高的规范是 2022 年 6 月网信办发布的新版《移动互联网应用程序信息服务管理规定》,其中第 5 条明确规定了应用程序

---

① 参见广东省深圳市南山区人民法院(2016)粤 0305 民初 12187～12199、12318 号民事判决书。

② 参见刘权:《网络平台的公共性及其实现——以电商平台的法律规制为视角》,《法学研究》2020 年第 2 期。

提供者及其分发平台应当履行信息内容管理的主体责任。另外,该规定的第 8 条明确规定了应用程序提供者对其中的信息内容呈现结果负责,并对平台的行为作出规范,即对于违法信息不得生产和传播、防范抵制不良信息。另外,同年 6 月网信办发布的《互联网跟帖评论服务管理规定(修订草案征求意见稿)》的第 4 条和第 10 条针对跟帖评论的服务提供者规定了诸如评论先审后发、平台主体责任,以及公众账号生产运营者对于跟帖评论信息内容的自主管理责任。从整个规范制定的趋势来说,平台对于个人表达的信息内容的审核、管理责任越来越重,责任形态愈加清晰。① 平台信息内容管理的主体责任意涵在网信办 2021 年 9 月发布的《关于进一步压实网站平台信息内容管理主体责任的意见》中有一定的表述和体现。平台对于个人表达的"全链条覆盖和全口径管理"表明平台主体责任包含了一定的过程责任,同时该意见要求平台对呈现出来的信息结果负责,又体现了平台主体责任一定的结果责任性质。当然,目前对于平台主体责任是补充责任还是兜底性的连带责任尚不明确。不过从"主体责任"的使用语境来看,平台主体责任的含义更侧重于对平台中信息内容违法行为承担兜底责任。② "主体责任"一开始更常出现于安全生产领域和政府管理中,比如生产经营单位的安全生产主体责任、政府监管主体责任、党委(党组)的党风廉政建设主体责任等。应该说,使用"主体责任"来规定平台的责任有其方向性指导的优势,但在具体主体责任的解释上和落实上仍需要进一步的界定。

平台作为信息内容管理、网络安全等事项的责任主体。其主体责任是强调平台在信息内容管理中把自己"摆进去",不仅仅作为管理者、监督者,同时具备一定的主体地位和"主人翁"心态,积极主动地进行个人表达的监督管理,而不是通过政府部门的公权力推动和规制。即应该积极探

---

① 另外,还有 2021 年 10 月 29 日国家市场监督管理总局发布《互联网平台落实主体责任指南(征求意见稿)》,第 12 条就规定了平台的内容管理,其中包含了对个人表达的规制与保护。

② 参见叶逸群:《互联网平台责任:从监管到治理》,《财经法学》2018 年第 5 期。

索构建起平台信息内容体系的主体性和公共价值。[①] 不可否认,平台的公共性也在不断加深,尤其是超大型平台,不论是与国家政府部门合作形成的政务小程序还是一些地区健康码的建设都是一种体现。因此,平台信息内容主体责任的推广不仅是平台义务加重,更重要的是激励平台对公共利益、公共幸福的追求,强调平台对三元主体作为一个共同体利益的追求,希望平台积极关注其社会责任、公共责任,而不是只看平台商业价值。

2. 平台主体责任的适用变化

从安全生产主体责任和党委主体责任来看,主体责任是一种自上而下的、管理类型的责任,带有较多的强制色彩。目前平台对网络表达的主体责任已经通过网信办所发布的相关规范得到了法律确认,但在具体落实中还要注意主体责任与其他责任的关系、赋予平台主体责任的限度以及主体责任的"赋权"情况。

首先,在网络表达权中平台主体责任与"通知—删除"规则的关系。平台信息内容的主体责任并不意味着"通知—删除"规则就不再适用。如果从法律位阶来看,"通知—删除"规则规定在基本法律《民法典》中,更多体现的是一种司法控制的方式。而主体责任更多出现在网信办所发布的规范性文件之中,并且主体责任属于公法上的行政责任,是一种行政规制方式。如果平台对于个人表达内容存在违法违规情况未能较好地及时处置造成传播,那么最终是由网信办、工信部等部门通过公法上行政手段对平台企业及其负责人采取相关措施,比如约谈负责人、黑名单制度、警告、通报批评等问责方式。

其次,平台天然所具备的对网络表达监督管理的便利性使得它能够快速有效地掌握平台上所发布的内容,由平台对信息内容呈现结果负责是成本相对较低的方式。并且,平台技术的发展以及模式的创新经常是比法律法规的更为超前,平台在追求"注意力经济"的时候兼顾新技术新

[①] 参见张志安、聂鑫:《互联网平台社会语境下网络内容治理机制研究》,《中国编辑》2022年第5期。

商业模式的社会影响与效果也是它作为责任主体所展现出的应有担当。换言之,平台具有公共设施的一定特征。比如,将公共承运人理论运用到网络平台的规制之中便是一种体现。[①] 虽然平台在其中承担了普遍性的审查责任,但是在个人表达不当而平台事后承担责任上、在平台事前、事中对个人表达的审查监督上,都强调考虑平台履行责任义务时的能力情况和变通情况,是要排除损害公共利益或者超出平台自身预知能力和处理能力的情况。

最后,如果将平台对个人表达的主体责任仅仅理解为平台责任进一步强化、平台监督责任和兜底责任的规定,这是陷入了"规制"的视角当中。如果从平台提供基础服务、作为基础设施的角度来看,平台主体责任的规定其实体现了平台在个人表达信息内容中的主体地位。可以说,这是把平台责任从外在转为内在[②],让平台对个人表达的监督管理具备了更大的自主性权力、普遍性权力,由此主体责任从某种意义上也是一种主体地位的表现。这种主体地位与个人表达之间存在一定的张力,尤其是在数字赋能和规范"赋权"双重加持下的平台处理个人表达信息内容时如何公开透明、具备程序性、有足够的救济渠道等方面仍存在一些不足。平台一定的透明度和用户救济程序建设有助于提高个人对平台的信任,进而也是构建二者的良性互动。

第四节　网络表达权的生态营造

在三元模式中,存在纵向与横向两个维度,前者是指通过法定的纵向权力运作,运用国家强制力的法律法规;后者是指在法律的影子下(in the shadow of law),由国家、社会和市场的机构通过协商对话形成一种柔性的约束力,以管理共同事务,引导和调整秩序,本质上是一种软法机制。

---

① 参见高薇:《互联网时代的公共承运人规制》,《政法论坛》2016 年第 4 期。
② 参见胡凌:《从开放资源到基础服务:平台监管的新视角》,《学术月刊》2019 年第 2 期。

在软硬法同向治理下,营造以"三元模式"为中心的网络表达权生态系统,并通过范式更新、理念更新、治理更新"洗涤"网络表达生态系统。

平台对个人表达权的规制权力在不断扩张,传统监管手段无法涉及网络的每个角落,专项检查行动或短期内的整治终究会存在隐秘的角落和漏网之鱼。监管上依旧是"行为主义模式",并未将规制重心放在网络技术设置——它决定着网络行为的基本模式。[①] 由于网络平台内容过滤等规则不透明,用户权益受到平台侵犯时救济途径少而不便捷,用户对平台和监管方的信任感并不强。这也导致很多"文明上网"的宣传效果不如预期,表达内容的规制不仅要靠政府和平台,也需要用户创造的良好氛围,培育理性主体。网络表达权的良好发展需要社会共治的多元合作治理,一元治理逐渐退出历史舞台。要形成政府、网络平台(企业)、个人之间的多元治理格局;在政府治理的同时需要社会自治的参与,实现合法有序的参与式治理。算法、大数据、人工智能技术不断进步,三元模式的动态平衡也会促进网络技术发展自由、商业自由与表达权保护稳步发展。

(一)转变表达权的范式和理念

1. 范式更新

网络表达权保护与规制的范式已经从街头发言者转为网络发言者、从传统的二元模式转为三元模式。目前我国法律法规已经注意到网络平台的优势地位,但仍旧未获得足够重视。现有网络表达权法律规范正走向三元模式,但是二元模式仍是相关规范建构基础,以压力型、命令控制型的规制为主。不过现有法律规范也表现出了以行政法理论中"第三方义务"为主的规制方式。所谓"第三方义务"是指政府所指明的第三方私人主体承担着防范有害行为发生的义务[②],比如政府赋予网络平台对个人表达内容的审查、安全管理义务,要求平台对个人表达的监督管理。我

---

① 参见陆宇峰:《中国网络公共领域:功能、异化与规制》,《现代法学》2014年第4期。

② 参见高秦伟:《论行政法上的第三方义务》,《华东政法大学学报》2014年第1期。

国网络治理的主要途径已然是课以网络平台（第三方）履行监管义务。[①]
此时的"第三方"指表达权中规制者（政府）和被规制者（个人）之外的主
体，还不是"政府—平台—个人"三元模式关系中的平台地位。通过上文
分析可见，目前仅通过网络平台履行第三方义务不一定产生好的效果，存
在制度传导的负外部性，平台设定的机制使得表达权规制更严格、保护救
济更困难。

在三元模式中有"政府和个人 VS·平台"的情形，这也是我国规范较
为少的一环，此时政府成为表达权的朋友。正如欧文·费斯（Owen M.
Fiss）所说，我们要接受的真相是：政府既是表达权的敌人，也会是表达权
的朋友。[②] 政府需要承担起一定的职责来保护表达权，要考虑到平台可
能对个人表达的隐蔽侵害，防止平台对个人表达权的压制，当然个人表达
权也不是一味地放任自由。2021 年 1 月网信办发布修订后的《互联网用
户公众账号信息服务管理规定》第 14 条中提到，平台不得利用优势地位
侵犯用户合法权益。这正是"朋友"的表现，也是基于三元模式考量的体
现，可援引该规定保护个人表达权，但仍存在可操作性和规范位阶不高等
问题。政府还需要将目光移转到网络表达权保护上，除了常说的保护规
范较少以外，原本表达权保护规范主要针对的是"个人—个人"，而如今
"三元模式"下的网络表达权保护急需重新理解，防范平台侵害个人表达
权的风险，相关部门（如网信办）可以针对网络平台的不同特点进行平台
信息内容分级分类并根据不同平台作出个性化的表达权保护规定，进一
步规定网络平台行政责任承担中的责任措施、责任范围等细化内容，就防
止平台利用优势侵害个人表达权作出用户救济规定。有些平台功能主要
在于交易服务等，有些则是专门的网络表达平台，如果针对不同功能和类
型的平台做统一的"一刀切"式的标准或规范，容易阻碍部分平台的发展。
同理，不同功能的平台需要个性化的法律规定。制定网络法，要尊重和把

[①] 参见张亮：《行政法视域中网络平台第三方义务的解释与适用》，《黑龙江社会科
学》2017 年第 6 期。

[②] 参见［美］欧文·费斯：《言论自由的反讽》，刘擎、殷莹译，新星出版社 2005 年版，
第 87 页。

握网络自身的规律,从而制定有针对性的法律法规。[①]

我们要清楚地认识到,三元模式中网络平台"权力"不仅来源于政府赋予,更根本的是来自平台自身技术、数据、信息优势所形成的优势地位和"自然垄断",是数字赋能平台的结果。表达权范式的更新对表达权的保护和规制路径的影响是首当其冲的,这要求网络表达权规范制定考虑的不仅是利用平台,还要提高对平台的重视和认识,将之作为三角关系看待而不是仅将之作为表达介质、工具。具体而言,需要像《平台经济领域反垄断指南》一样针对平台的优势地位作专门的规制,在网络表达权中要侧重考察平台对网络表达所进行的一系列从事前到事后的审查、筛选、监督管理或删除等操作的合法律性、正当性、程序性和公开性等,细化平台保护个人表达权的义务履行方式,比如救济渠道、救济程序的规定。

2. 理念更新

在网络表达权领域,政府也应该顺应趋势,将管制、管理的理念转变为治理、善治的理念,理念的变化才会带动体制机制和相关政策、法律法规的改变。莱斯格提出的治理结构是:法律、技术(代码、算法)、市场、社会规范,但想要真正发挥治理结构的作用还需要进一步理清它们之间的关系。在代码架构发展迅速以及越来越重要的今天,并非简单适用某个原则或理念就能解决这些难题,而是寻求一个动态的平衡。在国家治理现代化的道路上,以"堵"为主的"静态稳定"开始慢慢过时,并被以"疏"为主的"动态稳定"逐渐替代。[②]

首先,政府监督应兼顾结果与过程,换言之,政府除了监督平台对网络表达权的侵害结果,更重要的是对平台规则和技术设置的关注,唯结果论不符合目前风险防范的要求。政府除了使用法律法规或者技术手段直接规制表达内容,主要还通过课以网络平台对个人表达内容的管理义务间接规制表达内容。在政府和平台的规制过程中,呈现出规制范围愈来愈大,审查力度逐渐加大的趋势,尤其是网络平台出于合规考虑,对表达

---

① 参见周汉华:《论互联网法》,《中国法学》2015 年第 3 期。

② 参见俞可平:《国家治理的中国特色和普遍趋势》,《公共管理评论》2019 年第 3 期。

内容的审核趋向严格。考虑到用户面对网络平台救济不便捷、不容易,可以形成"政府与个人—网络平台"对立的局面,政府可帮助个人实现更为方便快捷的申诉救济。否则司法救济不及时,就只能依靠网络平台的"善意"。在规制表达权为主的今天,还需要增强对个人网络表达权的保护,传统的表达权保护规则(如宪法等)缺乏一定的可操作性和实践意义,导致现有表达权保护不足,尤其是针对来自网络平台或隐性或难以证明的权益侵害。具体而言,从平台责任角度出发,政府可以要求网络平台在从整个组织结构到产品设计再到代码架构层面贯彻规制内容的同时,做好用户的"售后服务",也就是在设计之初对用户维权、申诉救济渠道,尤其是用户表达存在问题时救济渠道的建立和完善上下功夫,同步开始、同步设计。

其次,政府需要理清各类网络表达权的规范内容,做好相应规范立改废,增强网络表达权保护的可操作性规定。明确清晰的规范指引是法治的前提,目前政府对网络表达权的规制有不同部门、各种层级位阶的法律规范,不过规范位阶较低且呈碎片化,甚至对网络表达内容的管理范围都有所差异,仍存在部门化治理、治理"缝隙"等问题。因而,需要政府对现有的法律法规进行清理,有些规范随着平台技术发展适用性已经较低,有些则与技术架构存在逻辑上的不契合,有些还有待各级部门制定相应配套措施规则,这都有必要通过体系化思维进行理清防止各部门间的规范相互冲突、重复规定或不断扩大规制范围。即在规则内容上既要达到基于网络平台技术配置的科学性规范,在结构上又要达到体系上的融贯性,使得其中各要素达到协调。这也应注重跨部门的合作治理,因为网络不止一个功能面向,网络平台也受到不同政府部门的管理。跨部门的合作治理有助于打破监管重叠、监管空白等困境,更好地保护网络表达权。

(二)迈向表达权的回应型监管

1. 回应型监管的理解

在转变表达权保护与规制的范式和理念之后,可以向表达权的回应型监管迈进(亦有称之为"回应型规制",此处将二者作为相同概念使用)。

回应型监管(responsive regulation)的概念主要源于 1992 年埃尔斯(Ian Ayres)与布莱斯怀特(John Braithwaite)的书——《回应型监管：超越放松监管的争论》(*Responsive Regulation：Transcending the Deregulation Debate*)。该理论与塞尔兹尼克、诺内特所提出的"回应型法"有一定关联,虽然都强调一种"回应"但二者在对象和适用场域等方面存在不同。"回应型法"所针对的是法律完整性与开放性的天然矛盾,它以"压制型法""自治型法"为发展前提和基础,是一种法秩序发展的高级阶段。[①] 它的理念是以(法律)目的为导向、以问题为中心,探索规则内在的实质价值,并坚持多元主义的面向。[②] 而回应型监管是政府监管和非政府监管的合作监管模式,是一种"大监管"的理念(将监管权力授予给其他主体,比如行业协会、平台、第三方等),其包含的一个重要原则就是"金字塔"型的规制手段,并且强调所使用的规制手段是逐步升级的。[③] 即具备轻重不同等级的处置措施时先使用柔性措施,在被规制者继续进行违法违规行为时再进行规制的升级。这体现了规制者与被规制者之间的一种互动博弈,可以最小成本获得更大收益,并且最终应该达成规制者与被规制者二者的合作才能更好地实现双赢。[④] 换言之,这种监管手段的使用也是动态的、渐进式的,存在一定的互动、合作、博弈等因素。

当然,自回应型监管理论提出后经过了各位学者包括布莱斯怀特本人的不断发展。2011 年他就针对该理论的核心进行了理清,并将该理论重新表述为回应型监管的 9 项原则。其中的第 8 项："激发积极责任或主动责任(active responsibility),也就是为将来取得更好结果负责;当主动责任失败时,则诉诸消极责任或被动责任(passive responsibility),即要求

---

① 参见梁平、张亦弛：《"回应型法"的泛化运用及匡正》,《山东社会科学》2021 年第 6 期。

② 参见郭春镇、马磊：《大数据时代个人信息问题的回应型治理》,《法制与社会发展》2020 年第 2 期。

③ 参见杨炳霖：《监管治理体系建设理论范式与实施路径研究——回应性监管论的启示》,《中国行政管理》2014 年第 6 期。

④ 参见曾思：《上市公司关联交易的回应型规制》,《中外法学》2021 年第 6 期。

行为者对过去的行为负责"。① 当然布莱斯怀特还强调了积极倾听、组织对话,发出处罚信号等内容,此处不作一一列举。不过,可以将这 9 项原则归结为以下几个方面:监管的区分性对待、主动责任意识和能力的建设、扩大各监管主体的合作与对话、基于与被监管者紧密关系的监管(基于"关系性"的监管)。②

回应型监管理论也有其一定的不足。比如它强调的监管者与被监管者之间的紧密关系形成互动,如果有一方不配合、不合作时,那么容易导致监管失败而陷入囚徒困境;再比如监管者在衡量监管措施的轻重上,如何使用柔性措施上,如何进行规制措施的升级上都存在较大的可操作空间,也难以进行实操。尽管如此,我们应该结合国家或地方的发展情况,或不同行业中的监管情况(比如网络表达中平台进行监管和监管平台)来看待回应型监管所提倡的各项原则。在平台技术不断发展甚至逐步成为基础设施的情况下,平台对于网络表达的实质性监管既需要对政府的监管进行"回应",也需要对个人网络表达所出现的各种诉求和问题进行"回应"。

2. 回应型监管的适用

在回应型监管的具体适用上仍要考虑具体的场景和对象,这也是该理论本身所强调的事情。回应型监管并不适用于全部的监管情景,比如对于突发的公共卫生事件等紧急、重大事件需要处理的情景就不适合互动协商后再进行监管措施的考量和升级。不过网络监管不同于传统的压力型监管,其法律约束软化,正面对策略转变、组织转型等问题,需要转向回应型监管。③ 在网络表达权的保护与规制中,回应型监管强调形成政府监管者和非政府监管者之间合作伙伴的关系(政府与平台对网络表达

---

① See Braithwaite. J, The Essence of Responsive Regulation ,*UBC Law Review*,2011,Vol.44,No.3,p.476.

② 参见杨炳霖:《回应性监管理论述评:精髓与问题》,《中国行政管理》2017 年第 4 期。

③ 参见叶正国:《我国网络规制的组织构造及其优化路径》,《中国行政管理》2018 年第 9 期。

的合作监管并加强二者的互动）；建设监管的共同体意识和主体意识（培养平台作为监管者和被监管者的主体责任和主体意识，尤其是平台积极主动地履行主体责任，追求整个共同体的公共利益、公共幸福）；基于关系的监管（这也是一种互相信任的构建方式，具备长效性，它包括政府与平台之间关系建设和沟通，政府要认识到所发布的规范对平台动机和行为是正向激励还是负面影响，它也包括在网络表达监管中平台与个人的互动、沟通与回应）。

　　以回应型监管中的主动责任和被动责任为例。主动责任意味着要激发平台在承担主体责任时积极主动地对网络表达进行监管，朝着未来更好的结果努力而预先所作的反应，让平台积极承担预防网络谣言、网络语言暴力等事件的责任。可以通过激励、表扬、约谈等压制性较低、较为柔性的监管方式促进平台企业的自我监管。另外，由于平台有不同的类型，有的本身就是网络表达的基础阵地，有的是电商平台但同样附带有评论、发布等表达功能，针对不同的平台类型和信息能力，在监管上应该有区分性地对待。一些普遍性的法律法规可能对不同平台的发展有不同影响，不同的平台类型和平台盈利模式对相同规范可能会产生不同的规范反应。平台对网络表达的主体责任不是简单的责任义务加重，也不是网络安全、信息内容管理、数据安全等各类责任的简单汇编，而是转变以往政府作为信息管理第一责任人的理念，走向平台企业参与监管、发挥主体作用的回应型监管。网络平台的主体责任规定有着回应型监管的特征。目前平台主体责任尚未进行平台内部责任主体、对象、内容和救济等方面的细化，后续在回应型监管的框架中，政府可以针对平台内部信息内容管理责任人或专门机构的设置、管理制度的设计、主体责任履行评估标准等方面进行一定的规定和干预。

　　回应型监管既提倡不同监管主体之间的协同，也强调不同监管策略的协调，从而促进各种监管策略的相互促进和补充。① 在平台具备技术

---

① 参见杨炳霖：《回应性监管理论述评：精髓与问题》，《中国行政管理》2017 年第 4 期。

优势和资源优势的情况下,"法律治理与技术治理的二元共治"①就是一种很好的协同模式。当然,此处的技术治理是以算法程序以及行业内一定的标准、自律规范、伦理为主的一种治理方式。网络表达权的法律治理与技术治理是政府与平台的合作,体现了他律与自律的协同,以及他律对自律的激励与促进。政府可以发出鼓励信号和表扬等积极的方式激发平台的主体意识、培育平台及互联网协会的技术治理能力。在我国当前背景之下,政府监管仍要发挥重要作用,也还需要鼓励企业、行业协会进行自我监管,既完善命令控制型监管也要善于运用柔性引导、公私合作等监管方法。②

(三)保护表达权:平台自治与激励

平台的存在体现了网络时代具备一定的"中心化"特征,不同于web3.0 和区块链所说的程度更高的"去中心化",平台成为个人网络表达的基本途径。因此,平台是线上线下互动交流和信息传播的桥梁,网络社会的法律治理要以平台为重点。③ 网络平台的发展使得互联网"再中心化"。④

1. 政府指导下的自治

政府指导下的自治是内外兼治的,是内部自治与外部监督指导相结合,是平台规则和社会规范、外设规制相互动。"法律制定者如果对促成非正式合作的社会条件缺乏眼力,他们就可能造就一个法律更多但秩序更少的世界。"⑤软法的重要性不言而喻。软法不依靠国家强制力实施,

---

① 郑智航:《网络社会法律治理与技术治理的二元共治》,《中国法学》2018 年第 2 期。

② 参见马英娟:《监管的概念:国际视野与中国话语》,《浙江学刊》2018 年第 4 期。

③ 参见张新平:《以平台为重点:网络社会法律治理的新思路》,《中南大学学报(社会科学版)》2022 年第 2 期。

④ 参见邹军、柳力文:《平台型媒体内容生态的失衡、无序及治理》,《传媒观察》2022 年第 1 期。

⑤ 〔美〕罗伯特·C.埃里克森:《无需法律的秩序——相邻者如何解决纠纷》,苏力译,中国政法大学出版社 2016 年版,第 304 页。

具备有弹性的制度安排,有着更高程度的对话协商性质。[1] 软硬法区别在于国家强制力,此处单纯论述软法范围较大且意义空泛,网络表达权主要涉及的是其中的网络社会规范和平台规则。网络规范是一些用户在网络平台自发形成的管理秩序,更能发挥管理用户的作用,如贴吧中吧规的规范和吧主的管理。这些秩序的形成是网络平台中多数参与者的共识,因而其可接受性和遵守度更高,容易获得规范的正当性。[2] 网络社区内部形成的内容管理规范,它是用户表达习惯的总结,也是硬法制定的参考范本。而平台规则是网络平台所设置的用户应用规则,比如用户使用协议政策等,它也是网络表达权研究的核心之一。网络法、网络平台规则、网络社会规范三者间有着微妙的互动,不可忽视的是,网络规范对网络法和平台规则的互动有着重要影响。[3] 当然,我国司法实践趋于保守,主要将平台规则作为服务合同来处理,但网络表达权不是单纯个人与平台之间服务合同化可以解释的问题。平台规则弥补了政府对网络表达规制能力的不足,在未来的网络时代将发挥更大的作用。网络平台规则具备自上而下的特征,突破了公私的界限,已然具备私法规则公法化特征。[4] 因而,在网络表达权保护与规制路径中要对网络规范和平台规则报以十分关注,尤其是平台规则的建设和监督问题。目前对此的规范仍较为笼统,如新《互联网用户公众账号信息服务管理规定》第 21 条规定,网信办监督指导平台活动和内容生产运营者活动。具体而言,政府指导监督可以通过平台规则的备案或审查,平常的专项行动检查,以及约谈负责人等机制进行。平台规则的备案、审查是平台规则的规范发展有利且有力的监督和指导,可防止平台将自身过错引发的风险成本转移到个人身上。

其实,无论是网络法、网络平台规则、网络社会规范之间的关系,还是

---

① 参见罗豪才、宋功德:《认真对待软法——公域软法的一般理论及其中国实践》,《中国法学》2006 年第 2 期。

② 参见秦前红、李少文:《网络公共空间治理的法治原理》,《现代法学》2014 年第 6 期。

③ 参见戴昕:《重新发现社会规范:中国网络法的经济社会学视角》,《学术月刊》2019 年第 1 期。

④ 参见邱遥堃:《论网络平台规则》,《思想战线》2020 第 3 期。

它们自身发展,都离不开网络表达权"政府—平台—个人"的三元模式架构。不同于单纯的加强网络平台责任和平台自律的方式,"政府指导下的自治"的提法虽然也常见,但它讲求三元模式下自治与规制监督的结合,既是三主体间的博弈也是三种规范间的互动路径,更是三元模式下规范建构值得考虑的方式,有助于改变简单的"政府规制平台、平台规制个人表达"理念。

平台对个人表达权进行限制时有时游离于公法规则的约束之外。[①]在个人表达内容审查中,平台算法和平台规则可能侵害个人表达权,其中平台保护表达权的责任缺失、审查规则的透明度不足是主要原因。那如何实现平台对个人表达权的保护? 传统"避风港和红旗原则"的保护有所不及,而平台的自我规制和政府对自我规制的规制(又可称为"后设规制")相结合是一种解决方法,其以回应型法和反身法为理论基础。[②]后设规制也是回应型规制的一种发展,将政府作为平台企业自我规制的塑造者。它还有三种方式,即基于管理、绩效、原则的三种规制。政府要注重规制方法,具体而言,在网络表达权中政府可以通过设置透明、程序性等原则来规制平台内容审查规则、申诉救济程序,政府在其中主要作为监督者、指导者。该做法的好处在于,减少对平台直接规制的运行成本,政府的指导监督可以约束平台对个人表达的强势地位,减少平台私权力可能的滥用。在平台依据平台规则对个人表达作出一定行为时,如屏蔽、删除、封号等,应设置相应的平台处理公开程序,使得个人有预期也让平台行为走在阳光下,而不是隐蔽性地处理。平台应该对网络表达的处理主体、处理程序、处理的方法以透明的方式向用户进行作出解释说理,甚至进一步引入第三方核查机制。[③]

---

① 参见孔祥稳:《网络平台信息内容规制结构的公法反思》,《环球法律评论》2020年第2期。

② 关于自我规制的内容可参见高秦伟:《社会自我规制与行政法的任务》,《中国法学》2015年第5期。

③ 参见李丹林、曹然:《新媒体治理视域下的表达权规制研究》,《山东大学学报(哲学社会科学版)》2019年第4期。

上文提及平台内容过滤筛选规则不透明,内容审核的维权申诉程序、渠道存在不明确、不便捷等问题,这除了政府可以适当介入以外,还可以考虑网络社会规范的积极作用。具体来说,政府可引导和鼓励相关互联网行业协会开展平台用户表达权保护的公众评议,并建立权威的各方参与和对话平台,即提供个人表达权受侵害的便捷、有力、受监督的保护平台,长此以往的对话有助于形成一个各方妥协认可的规范协议。如此,既有助于网络表达权有效治理和个人网络表达权的保护,亦有利于平台提高工作效率、降低活动成本。同时这也是回应型规制理论应用的一种体现,与行业协会等第三方主体形成合作与对话,培育各方主体意识和保护网络表达权的积极性、主动性。

2. 制度设计正向激励

制度设计是从规范上设定期望的行为激励,试图从源头上解决法律规范施行中联动的压力传导给个人表达权带来的不利影响。泰勒和桑斯坦提出的"助推(nudge)"[①]是一种自由主义式的父爱主义,也是一种新型治理工具。"父爱型"公权力具备"管家"的特征,也具备"家长"的特征,既有服务属性又可能为了当事人权益而约束、限制当事人的自主选择。[②]好的制度可以让坏人变为好人,可以通过"默认机制""纠正机制"等方法达到同样积极的效果[③],帮助当事人作出选择,设计"激励相容"的制度机制有助于将个人利益与公共利益相连接,此处强调的是制度设计时应当对助推理论的学习借鉴。

要改变平台"宁可错杀"的理念,以"通知—删除"规则为例,上文提及

---

① "nudge"一词英语解释为:(用肘)轻推,轻触;(朝某方向)轻推,渐渐推动。其基本内涵是以较少的强制方式来影响个人的选择,克服个人的有限理性,帮助他们作出更好的选择,通过制度设计推进一个积极结果。具体参见[美]理查德·泰勒、[美]卡斯·桑斯坦:《助推:如何作出有关健康、财富与幸福的最佳决策》,刘宁译,中信出版社2015年版,第265~294页。

② 参见郭春镇:《权力的"助推"与权利的实现》,《法学研究》2014年第1期。

③ "纠正机制"主要是决策者在掌握足够信息的情况下,直接纠正公共政策的表达方式或执行方式,以帮助当事人提高决策质量。具体参见李德国、蔡晶晶:《基于助推理论的公共服务质量改进——一个研究框架》,《江苏行政学院学报》2016年第5期。

现有规则就可能是诱导网络平台接收到侵权通知后采取措施(尽管现实中可能有些平台不会这么做)。这是一种消极激励,不符合制度设计预期。毕竟仅就承担责任而言,网络平台采取措施没有太大风险,反而是有侵权事实存在、未采取措施,平台需要就扩大损失部分承担连带责任。所以,平台不需要进行太多的判断就可以直接选择。民法典已赋予平台一定的"裁判权",即根据初步证据和服务类型判断是否侵权,既然已经让一个非官方机构的平台作判断,那么也应该让平台对此承担一部分外部责任,从而纠正平台的消极选择,增加平台的自主选择、判断的自由,并倒逼平台增强"裁判"能力,"助推"平台采取更为积极的方式面对"通知—删除"规则,"助推"平台认真对待用户权利。当然,有人会说这是给平台增加成本,不利于平台发展壮大,但只有用户权益保护顺利,作为"水"的用户们才能"载得住"作为"舟"的平台们,一个机制完善的平台才具有更强的竞争力。足够数量的用户其实是平台的生存基础,用户为平台生产足够的信息数据,而平台所掌握的大量数据就是一种资源。

在网络表达权规制中,负面的联动传导是"政府规制平台,平台规制用户",陷入这种消极的规制传导会导致用户受到越来越多、愈来愈重的规制。这种状况不容易打破,因为政府无法管理网络每个角落,需要将责任义务落实到各个具体实施的平台才能全面治理网络表达权。要打破这个负面的联动传导,政府首先要平衡好网络表达权的规制和保护,在制度的源头做好表率,政府态度理念的转变自然而然会影响平台,加之制度规则上的表达权保护才会真正使平台作出改变。相关法律法规表现出对网络表达权的保护规定(如防止利用优势地位侵害用户权益)会让平台也改变自身策略。更为重要的是,政府与网络平台进行合作治理(政府与平台有效合作、对话协商的治理,比如数据共享、设计政府介入窗口等合作路径),以及政府、平台和个人之间进行多方治理(强调制度设计各方利益的融合和理解,以及制度对各方正向驱动性的考量)。由此,将表达权保护的义务也传导到平台的代码层,直接从算法的源头保证"经由保护的算法设计",而不是依旧以规制为主。当然,法律进入算法需要法律人和技术人员合作,而不是只依赖立法者单方面可以完成的。① 这也是法律治理与技术治理的相互补充、相互支持的良好表现形式。

(四)规制表达权:合作上升与程序

首先要说明的是,表达权必然有其边界所在,甚至不同的社会环境、社会文化就会产生不同的限制内容和方式。无论是出于虚假信息、不良信息的抵制,还是保护其他个人合法权益以及公共利益,规制表达权都是必要的。网络语言暴力所直接或间接所导致的各种悲剧一直在发生。网络表达权本身就蕴含着个人利益和公共利益、内在自由和外在行为、个体价值和社会价值的冲突。② 当前政府部门通过制定监管规范、任务分发等具备科层制特征的方式将规制表达权的压力和任务传导到各个平台和个人。这种依赖国家强制力的压力型、命令型规制在网络空间中逐渐引起学者们的反思,并开始强调更多规制主体以及合作型治理的方式,其中回应型规制就是一种。

基于三元模式的关系,网信办等网络信息内容主管部门应和平台主体形成良好互动,对网络表达的信息内容"齐抓共管"。平台对网络表达管理的主体责任应该是要达到"事前防范、事中阻断、事后追溯"的效果。③ 可以说我国已经对平台治理产生了重视,法律规范上也对平台对网络表达的治理规定了越来越重的责任与义务,更不必说多头管理的各部门规定以及平台为了规避违法违规风险而对个人网络表达进行"层层加码"的监督管理。对于网络表达权的规制也已经形成"通过平台的规制",让平台承担信息内容治理主体责任,培育其"主人翁"的治理意识。

1. 规制与被规制的上升通道

规制表达权离不开平台主体地位的发挥,它具备着信息、数据、认证、

---

① 参见郑戈:《算法的法律与法律的算法》,《中国法律评论》2018 年第 2 期。
② 参见熊文瑾、易有禄:《论网络表达权的边界——以实现网络信息内容生态治理为目的》,《江西社会科学》2020 年第 8 期。
③ 何勇:《主体责任观下的互联网管理模式转型》,《现代传播(中国传媒大学学报)》2019 年第 4 期。

基础服务等各方面的优势。删除、屏蔽、封号等技术手段对于网络表达的影响是我们常接触到的。对于表达权的边界与规制已经有较多的研究，但对于"通过平台的规制"仍需要进一步合理规划。网络或平台技术的发展带给个人表达以不同的范式和方法，在司法救济途径中仍可以遵循"通知—删除"、网络侵权等私法规则对网络表达的规制和个人合法权益进行保护与救济。当然司法对于表达权的规制与保护应该体现足够的社会价值引导和起到良好的社会效果。既有的"通知—删除"规则也并不排斥平台的信息内容管理责任。不过在行政规制方面，需要根据不同的时代发展侧重而进行动态变化。当前对于"网络信息内容的生态治理"强调的政府规制已经不仅是对网络表达的限制，而且包含对正面内容（如俗称为"正能量话语、视频"）的表扬和激励。它应该是一种双向调控手段，既要对非法信息、有害信息进行监管，也要持续催生正面信息内容，是更为系统的综合治理。① 因此，在规制表达权的今天，所应该考虑的不仅是限制，而应该尽力达成规制与被规制的共同上升、逐步朝着良好态势发展。在规制网络表达权中，"规制与被规制的上升"包含三层意思，一是"政府与平台"之间的规制与被规制，二是"平台与个人"之间的规制与被规制，三是"政府与平台—个人"之间的规制与被规制（也可以称之为"权力—权利"之间的互动，"权力"包含公权力和平台的私权力或社会权力）。

在数字赋能使得政府和平台能力大幅提升的情况下，个人从中所获得的能力提升则较少。一方面规制者与被规制者之间相互制约，形成比较稳定的对应互动关系；另一方面规制者与被规制者之间相互促进，规制者能够善用手中的技术和权力并为被规制者提供足够的公共产品或服务，被规制者能够不断提高自身表达的理性和能力并对权力形成合力监督。这样就能够形成"权力—权利"的双螺旋上升通道，让各方各守其位并相互进步。② 要进入规制与被规制的上升通道并达成网络信息内容生

---

① 参见何明升:《网络内容治理的概念建构和形态细分》,《浙江社会科学》2020 年第 9 期。

② 参见郭春镇:《"权力—权利"视野中的数字赋能双螺旋结构》,《浙江社会科学》2022 年第 1 期。

态治理,需要政府在未来细化平台主体责任的过程中注意塑造、激发和助推平台和行业协会等社会主体的主动意识与能力,而不是仍旧通过压力和命令式的控制方式;需要平台作为被规制者时,与政府形成良好沟通并对规制信号保持敏感,当平台作为网络表达规制者时要平衡好商业价值、社会责任与用户表达权,增强对用户负责、反馈机制和透明程序的建设,让平台社会权力与平台责任相统一;需要个人有意识增强自身的数字素养和理性,对不良、有害信息自觉抵制和理性思考。

2. 确定平台规制的合理程序

在网络平台普及的今天,以平台为中心的网络表达权规制是符合时代发展的。以 2022 年 6 月国家广播电视总局、文化和旅游部联合发布的《网络主播行为规范》为例,其中规定了 31 项主播在直播互动时的禁止性表达或行为,另外还强调主播对语言文字的规范写法和标准含义的运用。最后该规范同样要求相关直播平台要严格落实其主体责任,激励向上向善的主播,而对违规主播进行封禁等各类处罚措施。应该说,该行为规范一方面是对主播个人表达内容方式的直接约束与规制,另一方面也要求相关平台优化其信息内容的审查、完善内容审核的规则,比如内容的分级分类等。换言之,即便是对主播等个人表达或行为的直接规制,最终仍旧绕不开平台积极作为,平台在规制网络表达权的合理行使上仍处于中心地位。

首先,平台的主体责任承担和主体地位的凸显要求平台对网络表达的规制要多注重事先和事中的预防。尽管平台要对信息呈现结果负责,但并不意味着仅仅关注事后结果的处罚问题,而是要提高平台对自身生态建设的管理和引导,构建起前中后端各阶段的信息内容管理程序,尤其是要注重前端的主动预防。比如在网络语言暴力中,虽然基本实现了"后台实名"的实名制要求、部分平台 IP 属地的标注,但是语言暴力仍存在。除了刑法的介入以外,平台应加强对网络语言暴力的识别,对于接受暴力到何种量级或程度就触发形成"个性化不推荐"的机制等等,这也是算法向善的一种体现。

其次,平台要基于从"提高个人对平台的信任"出发,就需要确保其对于网络表达的过滤筛选技术与人工审查是可解释的、受到公众监督的,确保其删除、禁言等行为是具备可预见性和容易获得救济的。它应该创设透明、能够实现的正当程序来维护规制与保护网络表达权的平衡,毕竟平台既具备一个公共场所性质又要对用户负伦理责任。[①] 另外,建设利益相关人参与网络表达规制的程序既能够分担平台审核压力,又能够增强用户的信任。比如百度贴吧的吧主制度和微博社区管理等,这类程序的处理流程更为透明和公开,并且让个人的知情权和申诉权得到保障。[②]

最后,平台对网络表达权的规制应该具备可问责性。规制的可问责性是可解释的、可修正的,通过对平台等规制主体的问责、设定程序机制确保平台自治空间的规范。[③] 平台规制表达权的可问责性是指平台在对网络表达进行删除、屏蔽、禁言、封号等措施时应该有清晰的内容、程序和标准,并能基于此明确责任主体、问责标准、问责程序和结果等内容。这关键是要做到平台"权责配置均衡化"以及"权责内容的清晰化"。[④] 比如,对表达权的相应平台规则的备案审查制度的建设。2021 年发布的《互联网信息服务算法推荐管理规定》就建立了算法备案制度。而无论是平台服务协议还是平台的内容审查的算法规则都有可能实现一定程度的备案审查,只不过仍旧需要限定备案或审查的主体、标准、范围和原则等方面的内容。比如对于社会规范要符合合法合宪性、合理合规性、适时性、可操作性等标准,可以考虑内部备案审查还是通过外部的备案监督。[⑤] 当然,我们需要进行实质性检查,防止备案仅停留在书面和形式上。

[①] 参见李媛:《论"饭圈"的法律规制》,《现代法学》2022 年第 1 期。

[②] 参见魏露露:《互联网创新视角下社交平台内容规制责任》,《东方法学》2020 年第 1 期

[③] 参见宋华琳:《迈向规制与治理的法律前沿——评科林·斯科特新著〈规制、治理与法律:前沿问题研究〉》,《法治现代化研究》2017 年第 6 期。

[④] 冯建华:《存异而治:网络服务提供者权责配置的进路与理路》,《新闻与传播研究》2022 年第 4 期。

[⑤] 参见刘作翔:《论建立分种类、多层级的社会规范备案审查制度》,《中国法学》2021 年第 5 期。

本章小结

本章写作倾向于以网络平台为中心展开,主要由于平台企业迅猛发展,已然成为我们生活的一部分。很多人可能有过微信消息发出去,但对方并没有接收到相应信息的问题。平台网络信息内容的主体责任不应当仅理解为平台义务的加重,并且应当考虑到其主体意识和共同体意识的构建,从主体责任适用的历史情况来看,平台应更为积极主动地与公权力部门、与用户个人形成沟通互动关系,并基于关系形成回应型规制,追求"公共善"。

值得思考的是,可能同样的内容,删除一些介绍性文字则平台审核通过。平台对用户表达内容的控制度很大,如果它"邪恶"一点,那么是不是网络表达权就严重受损?2018年谷歌行为准则把以往的口号"don't be evil"(不作恶)删除,这代表着什么我们不得而知。本章描述的网络表达权的"三元模式"主要围绕平台展开,未详细提及其他主体,在网络表达权中,平台似乎凭借代码制定着规则、又自行裁判和执行,而这"一揽子的服务"又不是那么透明、公开。当然,平台不总是个人表达权的敌人,比如面对"自动化水军"影响表达权市场时,也需要平台出手维护秩序。① 总之,网络表达权模式的转换需要我们将目光转到网络平台(企业)的身上,同时也需要我们关注该"三元关系"的动态平衡,注意保护与规制的路径和力度。

---

① 参见王蕙心:《被"主宰"的网络言论市场——以对自动化"水军"的多元规制视角切入》,《现代法治研究》2020年第1期。

第四章
Chapter 4

网络表达的多元规制

——以规范表达权的实现为视角

发表意见的自由是一切自由的基础。[①] 党的十六届六中全会公报首次对表达权予以确权,将表达权同知情权、参与权、监督权一道列为新时代中国政法话语体系下的公民基本权利,对保障协商民主,落实科学监督具有关键性作用。在网络媒体时代,公民表达权的实现方式已然从传统口耳相传式的街角表达,转变为更具便捷性和广泛影响力的网络表达。网络表达凭借其表述的低成本与传播的高效率,使表达逐渐常态化。这充分保障了公众表达自由,极大地发挥出网络表达舆论监督功效。甚至从某种意义上来看,借助网络表达、舆论造势的途径维权比常规司法、行政维权效果更为显著。当然,网络表达开放度的增长,在保障公众网络表达权、提高民众监督效率、扩大民众监督范围的同时,也为检验表达内容的真实性和民主监督的科学性带来了巨大的挑战。目前,民众习惯于通过网络曝光的形式检举揭发各类社会事件,这些爆料或许在某种程度上的确有助于加速推动公众对社会问题的关注,以及政府对相关问题的处理进度,但也容易造成不良势力对公共资源的恶意利用,使得各类尚未被求证的信息在坊间谣传。所谓的真相不断被反转再反转,将普通民众的立场置于虚实之间摇摆不定,一度令网络表达平台沦为博取流量和曝光度的资本逐利的重镇。这不但不利于形成绿色健康的网络环境,而且虚实难辨的舆论表达还可能成为居心叵测者混淆视听、破坏社会稳定和秩序的工具。因此,出于形塑网络空间正确的意识形态,保证网络表达风清

---

① 马克思、恩格斯:《马克思恩格斯全集》(第11卷),人民出版社1956年版,第573页。

气正的需要,应对网民的网络表达权边界予以一定限制。正如法谚所言,任何自由都是有限度的。公民网络表达权的享有也应当恪守一定限度,以保证网络舆论监督功能的有效发挥。

自进入以网络表达与传播为突出特征的网络媒体时代以来,国家日趋注意到网络空间表达的低成本与传播的高效率对于科学化民主监督带来的巨大挑战。民众网络表达权行使的尺度或将直接关乎网络舆情的走向,也是准确把握协商民主与防治舆情异化的关键所在。习近平总书记早在 2016 年的"4.19"讲话中就提出要确立新的网络舆论观,实现网民与主管部门的良性互动,"让互联网成为我们同群众交流沟通的新平台,成为了解群众、贴近群众、为群众排忧解难的新途径,成为发扬人民民主、接受人民监督的新渠道"。[①] 2019 年的全国宣传思想工作会议上,习近平总书记进一步强调,必须加强对网络话语的引导,充分维护好国家意识形态安全。[②] 可见,加强对网络表达限度的合理监管是保障表达权的科学有效践行的有力之举,中央对科学规范网络表达权的实现、有效治理网络表达乱象高度重视。受早前街角表达治理模式的影响,目前网络表达的规制主要依照网络监管相关法律,采用行政规制与司法规制等途径进行网络表达治理。然而,这种传统的"司法—行政"的二元的规制模式,已难以满足网络空间发散性、自由性、广域性的表达监管的需要。实际上除国家法律外,以网络行为规范、行业规定和网络平台规则等为代表的社会规范,平台间达成的网络契约正逐渐成为国家法律规制的重要补充,发挥出网络表达治理制度工具的作用。因此,为了更好地维护绿色健康网络舆论环境,亟待从有效分析网络表达权的性质与范围的源头出发,明确表达权实现与网络表达间的关系,建构一种适合网络表达治理实际的规制模式。本章正是顺应这一思路,在分析解读网络表达权要义与现有网络表达法律规制的基础上,借助社会规范与网络平台等媒介主体对网络表达

---

① 公方彬:《习近平"4.19"讲话确立新网络舆论观》,http://theory.people.com.cn/n1/2016/0429/c40531-28315737.html,下载日期:2022 年 6 月 23 日。

② 郑洁:《牢牢把握网络舆论引导权》,http://theory.people.com.cn/n1/2019/0114/c40531-30525730.html,下载日期:2022 年 6 月 23 日。

秩序构建的影响,尝试探讨构建一种多元主义的网络表达治理模式,以期通过对表达权在网络空间实现范围与尺度的合理规制,保障民众更充分地享有表达权,实现网络表达治理的科学化、现代化。

第一节 作为政法话语的表达权

网络表达的正当性源于公民享有的表达权,探讨网络表达的治理需以明确表达权与网络表达权的性质为基本前提。不同于其他经由宪法明文规定的基本公民权利,表达权是以"表达自由"理念为基础,经由党的政策性文件首先确权后的宪法衍生权。它呈现出显著的政法特性,需兼顾维护政治稳定的附随要义,以借助民众意见的表达实现民主监督为根本目的。

(一)表达自由与表达权:从基本人权到政策性宪法衍生权

表达权是一项经历漫长发展演化、以公民意见表达为主要实现形式、经由党的文件确立的我国特有权利术语。表达权的提法首次出现是在党的十六届六中全会审议通过的《中共中央关于构建社会主义和谐社会若干重大问题的决定》(下称《决定》)中。《决定》将表达权同知情权、参与权、监督权一道,视作公民应当享有的受到法律保障的民主性权利[①],正式对表达权予以确权。在此之前,以多国宪法为代表的世界各国法律、以《世界人权宣言》《公民权利与政治权利国际公约》为代表的国际人权文件,以及国内外学者均采用"表达自由"(freedom of expression)指代表达权的内容,一度将其视作一项基本人权。由于早前缺少界分"表达权"与"表达自由"两个概念的明确制度条款与权威理论研究,以至于这两个概

---

① 2006 年 10 月 11 日中国共产党第十六届中央委员会第六次全体会议通过的中发〔2006〕19 号文指出:"四、加强制度建设,保障社会公平正义……(一)完善民主权利保障制度,巩固人民当家作主的政治地位。……推进决策科学化、民主化,深化政务公开,依法保障公民的知情权、参与权、表达权、监督权。"参见《中共中央关于构建社会主义和谐社会若干重大问题的决定》,http://www.gov.cn/govweb/gongbao/content/2006/content_453176.htm,下载日期:2020 年 6 月 21 日。

念经常被混用,被作为同义理解。尤其是在域外法治语境下,表达权与表达自由均用同一个英文词组"freedom of expression"来指代,国外宪法或法律概念上均不存在有关"表达权"的特殊表述。不论是《世界人权宣言》中用主张和发表意见的自由指代表达权①,还是美国1941年在Bridges v. California案②中将原1791年《宪法第一修正案》规定的"liberty of speech"(言论自由)更新为"freedom of expression"的表述,都不涉及关于表达自由与表达权的差异化理解。在国内早期关于"表达自由"的研究中,较为权威的是2000年甄树青所著的《论表达自由》。其中将表达自由概括为"公民在法律规定或认可的情况下,使用各种媒介或方式表明、显示或公开传递思想、意见、观点、主张、情感或信息、知识等内容而不受他人干涉、约束或惩罚的自主性状态"③。此时也并未提及表达自由与表达权的差异。这或许是因为此前尚未存在相对独立的"表达权"的提法。

自党的十六届六中全会将表达权正式确认为一项公民权利后,我国学者对于表达权的认识开始发生变化。即便以史献之、李强彬为代表的部分学者仍旧将表达自由与表达权等同视之,他们认为表达权就是"人们将原来隐匿于内心的思想、观点等表现、显示、公开出来,为他人甚至社会所知悉、了解的一种自由权利,它暗含着公民个人就公共事务或重大社会问题可以自由地表达自己的观点和意愿,即表达自由"④。但也有不少学者开始提出不同的见解,出现将表达权与表达自由差异性看待的观点。例如,侯健认为表达自由具备应有权利、法定权利、现实权利三种属性,是比表达权更宏观的概念,除表达权指向的内容外还涵盖信息搜集和传播的权利。⑤ 汤啸天则将表达权定义为:公民在法律规定的限度内,使用各

---

① 《世界人权宣言》第19条规定:"人人有权享有主张和发表意见的自由;此项权利包括持有主张而不受干涉的自由,和通过任何媒体和不论国界寻求、接受和传递消息和思想的自由。"

② Bridges v. California, 314 U.S. 252(1941).

③ 甄树青:《论表法自由》,社会科学文献出版社2000年版,第19页。

④ 史献芝、李强彬:《表达权的多维视域考量》,《中共四川省委党校学报》2009年第2期。

⑤ 侯健:《表达自由的法理》,上海三联书店2008年版,第9～21页。

种方式表明、显示或公开传播思想、情感、意见、观点、主张,而不受他人干涉、约束的权利。①

　　对此,笔者更认同将表达权与表达自由差异化看待的观点。我国的"表达权"以中国特色社会主义法治体系为制度背景,虽然其核心内容主要源自《宪法》第 35 条规定的"中华人民共和国公民有言论、出版、集会、结社、游行、示威的自由",以及第 41 条规定的公民对国家机关和国家工作人员享有以批评建议、申诉、控告、检举在内的监督权得以概括性表现。② 但表达权并非由宪法或国家法律直接确认为基本权利,而是通过党的文件形式进行确权,与传统的宪法确权下的"表达自由"仍有所差异。本质上看,我国的表达权是以言论自由与监督权为基础,具有政法话语属性的宪法性衍生权利。与此同时,表达权经由党的文件形式确立也让其相较于"表达自由"呈现出更为显著的"政策性公民权利"属性。这也使得表达权相较于表达自由天然具有更强的政治性。

　　虽然表达权作为宪法衍生权利同宪法直接确权的基本权利存在差异,但这种差异并不能构成对表达权作为一项受到宪法法律保护的公民基本权利本质属性的质疑。权利的产生经历了"自然权利论""社会契约论""法定权利论"等演变。权利的基本形式包括"自然权利""道德权利""法定权利"等多种形式。这就为权利的产生和权利的表现形式提供了更多的可能。通过国法规范认可使权利获得法律上的实效性,但并不代表权利必须客观上是由国法规范赋予的,国法规范的认可只是对实现权利自身的价值内核有所帮助。权利实际是一种经由法律认可的资格,法律的确权实际上是将本体论上的主观权利确认为具有法律正当性的客观权

---

① 汤啸天:《政府应当如何保障人民的表达权》,《法学》2008 年第 5 期。

② 宪法第 41 条:"中华人民共和国公民对于任何国家机关和国家工作人员,有提出批评和建议的权利;对于任何国家机关和国家工作人员的违法失职行为,有向有关国家机关提出申诉、控告或者检举的权利,但是不得捏造或者歪曲事实进行诬告陷害。对于公民的申诉、控告或者检举,有关国家机关必须查清事实,负责处理。任何人不得压制和打击报复。由于国家机关和国家工作人员侵犯公民权利而受到损失的人,有依照法律规定取得赔偿的权利。"

利。① 我国特殊的政党体制赋予了党的政策文件特殊的领导地位。中国特色社会主义法治体系包括国家法律体系与党内法规体系。党的政策是党的领导的制度体现,其对国家治理、立法、司法兼具领导地位。这种政策性基本权利也洽应了我国现行《宪法》第 35 条的规定,具有确权后受国家权力机关保护的实效性,同时也赋予了表达权强烈的政治属性。此外,权利的产生通常相伴于一定量级的义务与责任,是有限制的自由。表达权作为具有强烈政法话语特征的公民权利,从我国《宪法》规定的言论自由与监督权等基本权利,经由党的文件正式确权后,具备了更多限制性因素。在逻辑关系上呈现出从基本人权向受公权力机关保障的公民权的晋升,即由不分国籍的倾向于普遍化惠及的天赋②、道德层面的基本人权演化为以特定国家保障为单位的"政策性"公民权利。

(二)表达权的政法特性与基本类型

芦部信喜曾提出公民权利可以分为自由权(freedom from state)、参政权(freedom to state)和社会权(freedom by state)三大类,通俗上来看即防御国家的权利、接近国家的权利、依靠国家的权利。③ 其中,芦部信喜将表达自由同内心的思想、宗教信仰、学问一道界定为一种精神自由权④,属于防御国家的权利。而林来梵则将表达自由划归为一种政治权利。⑤ 虽然两位学者都立足于法定权利视角采用"表达自由"的表述,但是对于探讨政治性意蕴更强的表达权的权利属性及与国家的关系上具有一定的借鉴价值。不过,相较于芦部信喜将表达自由视作防御型权利、突出倡导以个人利益为核心的价值导向而言,表达权与"知情权、参与权、监督权"三项权利一道在充分保障个人权益的同时,呈现出更为显著的监督国家权力履行的功能,始终秉持助推国家更好发展的价值内核。其重点

---

① 参见林来梵:《从宪法规范到规范宪法》,商务印书馆 2017 年版,第 84～85 页。
② 参见[荷兰]斯宾诺莎:《神学政治论》,温锡增译,商务印书馆 1963 年版,第 270 页。
③ 参见[日]芦部信喜:《宪法判例解读》,岩波书店 1987 年版,第 53～59 页。
④ 参见[日]芦部信喜:《宪法》,林来梵译,清华大学出版社 2018 年版,目录。
⑤ 参见林来梵:《从宪法规范到规范宪法》,商务印书馆 2017 年版,目录。

在于公民通过正当表达自己对国家、社会各类政治经济实践及决策的观点态度,参与国家治理。当然这种表达不一定能切实反映到治理实践中,但这并不影响表达权作为不关乎后续实效的参政"前行为"的权利性质。因此,从这个角度看表达权更倾向于是接近国家的权利,公民通过发表自己的观点,积极地参与国家治理,表达政治意愿。虽然,从权利内容的纯法律保护上看,表达权可以与表达自由等同,但表达权通过党的文件确权的形式极具中国特色,可以视作一种政党驱动型法治的表现。① 这种强政治性的来源孕育的表达权并非完全意义上的法定权利,而是倾向于一种政治性、政策性权利的本质特征。

此外,需要明确的是,从横向内涵和纵向延展的不同维度上,表达权可以分为广义和狭义两个范畴。在以权利保护内涵为核心的横向类型划分中,广义的表达权涵盖言论、著作、出版、新闻、集会、结社等兼具人身自由、参政权和精神自由的多重内涵。② 而狭义的表达权仅限于纯粹言论表达。③ 在表达行为的延展过程上,广义的表达权包括:言论表达行为、信息搜集行为和传播行为三个层面④,狭义表达权仅指对言论表达行为自由的权利。内容涵盖以政治表达为核心的公言论,以及以商业表达、文艺创作表达、个人生活等为代表的私言论。也有学者按照价值取向分为高价值的政治表达、中价值的商业性表达以及低价值的色情言论表达。鉴于我国宪法学界普遍将言论自由理解为一项政治自由,为了保障研究对象的准确性,本章探讨的表达权将限定为纯粹的言论自由为价值内核的表达权,并不过于考虑表达权的其他面向,在行为延展上涵盖信息搜集、表达、传播的全过程,内容限定为政治类表达。

综上,由于本章旨在探讨网络舆情视域中表达权规制合理限度和可靠路径,所以笔者所探讨的表达权应当理解为:公民针对自己的所见所

---

① 参见喻中:《政党驱动型法治的兴起》,《法律科学(西北政法大学学报)》2022 年第 4 期。

② 参见谢鹏程:《公民的基本权利》,中国社会科学出版社 1999 年版,第 22 页。

③ 参见郑保卫:《新闻立法刍议》,《中国广播电视学刊》1989 年第 3 期。

④ 参见侯健:《表达自由的法理》,上海三联书店 2008 年版,第 9 页。

闻,在法律规定的范围内借助媒介或直接表明、传达个人关于国家和社会治理意见或看法,并受国家保障不被他人干涉的权利。在权利属性上,表达权是由言论自由与监督权等宪法权利演化而来的"政策性"公民权利。它是自由权的一种,而自由是有条件的,在受到法律规范的同时,可以经由组织契约的形式予以限制。

第二节　表达权的实现与网络表达的规制

(一)表达权实现带来的民主监督与表达异化

表达权是政治自由权的一种,其最突出的价值在于借助民众意见的表达实现民主监督。在关于表达权基础理论与权利属性的讨论中,不论是以密尔和霍尔姆斯为代表的"真理论"认为每个人都有言论自由的权利,禁止任何一种意见的发表都是对持有意见者的损害[①],还是以米克尔约翰为代表的"民主自治论"认为公共言论的最大价值就在于实现民主自治[②],其核心均在于充分发挥民众的自主意识,从民本的角度寻求对社会治理与自治监督的最佳状态。而这种民主监督功能在当下网络时代的发挥主要依靠民众在网络社交平台上的自主表达来实现。民众通过自主表达的方式践行表达权时将会形成舆论,即民众就社会事件中暴露出的问题或现象所产生的自由观点与评价,并通过这种形式直接反映最新的社

[①]　密尔的言论自由权力观是英国言论自由史的重要组成,对美国独立后言论自由理论的发展产生重要影响。密尔的"追求真理说"在霍尔姆斯的"市场机能"的概念说明下,成为了人们熟知的言论自由的"自由市场理论",并认为言论自由的最终目标在于发现真理,当良莠不齐的言论与思想在言论市场中自由竞争时,真理一定能够胜出。参见[英]密尔:《论自由》,许宝骙译,商务印书馆1959年版,第61页。

[②]　米克尔约翰认为真正民主的社会统治者与被统治者应当是同一群人,人民应当根据集体意志统治自己,即实现"自治",他认为公共言论的最大价值就在与实现民主自治。1848年公开出版的《言论自由与民主自治》一书标志着米克尔约翰所秉持的"民主自治论"的诞生。参见[美]米克尔约翰:《表达自由的法律限度》,侯健译,贵州人民出版社2003年版,第11页。

情民意,发挥民众表达的社会监督作用。以网络言论自由为主要内涵的公民表达权在国家治理实践的诸多方面起到了重要作用,如推动落实公民知情权,借助公民表达监督的方式推动信息公开;充分践行协商民主,增强执政党和政府决策的科学化和民主化①,更及时、快速、低成本地了解民心向背;具象化民主监督,培养民众批判精神和民主监督意识,提高整体法治水平等。这也使得表达权被普遍认同为是公民一切自由权的基础,成为法律保障和国家治理关注的一项重点。

除十六届六中全会公报及现行《宪法》对表达权的确权与具体指向内涵的保障外,党的十八届四中全会及党的十九大均持续关注保障公民的表达权,支持民众理性表达并探索建立健全利益表达机制。② 随后国务院印发的《"十三五"国家信息化规划》指出:"支持各级政府有效利用政府网站、社交媒体、移动互联网等新型手段,建设政务新媒体矩阵。重视网络民意表达,畅通民主监督和参政议政渠道,在医疗、健康、养老、教育、社会保障等民生领域,提供实时在线互动的政务服务。"③《国家突发事件应急体系建设"十三五"规划》④《国

---

① 参见王海稳:《论网络民意表达的政治价值考量及其限度》,《甘肃理论学刊》2009 年第 2 期。

② 2014 年党的十八届四中全会发布的《中共中央关于全面推进依法治国若干重大问题的决定》指出:"五、增强全民法治观念,推进法治社会建设(四)健全依法维权和化解纠纷机制。强化法律在维护群众权益、化解社会矛盾中的权威地位,引导和支持人们理性表达诉求、依法维护权益,解决好群众最关心最直接最现实的利益问题。构建对维护群众利益具有重大作用的制度体系,建立健全社会矛盾预警机制、利益表达机制、协商沟通机制、救济救助机制,畅通群众利益协调、权益保障法律渠道……"2017 年 10 月 18 日党的第十九大报告《决胜全面建成小康社会 夺取新时代中国特色社会主义伟大胜利》指出:"六、健全人民当家作主制度体系,发展社会主义民主政治(一)坚持党的领导、人民当家作主、依法治国有机统一,……巩固基层政权,完善基层民主制度,保障人民知情权、参与权、表达权、监督权……"

③ 详见《国务院关于印发〈"十三五"国家信息化规划〉的通知》。

④ 《国务院办公厅关于印发〈国家突发事件应急体系建设"十三五"规划〉的通知》指出:"3.1.1.6 完善立体化社会治安防控体系,建设基础综合服务管理平台;健全利益协调机制、诉求表达机制和矛盾调处制度,完善重大决策社会稳定风险评估制。3.1.1.7 完善国家网络安全保障体系,提高关键信息基础设施的风险防控能力,保障金融、电力、通信、交通等基础性行业业务系统安全平稳运行。"

务院工作规则》(2018)①、《国务院办公厅关于在制定行政法规规章行政规范性文件过程中充分听取企业和行业协会商会意见的通知》②《2019年政务公开工作要点》③等一系列行政规范性文件也分别从网络表达基础综合服务管理平台、表达机制、矛盾调处机制、表达监督信访、政府信息公开、企业机行业协会在表达权的保障与营商环境的营造等方面对表达权的保障作出具体规定,充分体现出表达权保障正日趋得到重视,为公民权利意识的增长提供助力。由于表达权具有强烈的民主监督功能和公民基本权利属性,使得充分保障公民享有表达权,成为一项关乎民生、体察民意的重要举措。规范表达权的有效落实也成为推进治理体系与治理能力现代化的重要一环。

在借助民众表达实现民主监督的同时,网络空间的开放性也增加了表达权在网络空间实现异化的风险。当下,公民在微博、知乎、微信等网络社交平台上的表达是表达权在网络空间实现的突出表现形式。市场化的网络媒介平台给予了公民相对自由、开放、匿名的表达环境,这也让网络表达在内容、形式、传播速度以及影响力上具有极大的不确定性。此时,基于传统街角表达而假想的"思想市场"在网络媒介时代虽具备了更大的应用空间,但也随之发生了本质上的变化,极易出现思想市场失灵的情况。在自由的网络表达空间中,带有更多主观性色彩和个性化特征的分散式个体观点表达,更有可能在经由利益集团舆论造势的情形下,夹杂

---

① 《国务院办公厅关于印发〈国家突发事件应急体系建设"十三五"规划〉的通知》指出:"三十六、国务院及各部门要重视信访工作,进一步完善信访制度,畅通和规范群众诉求表达、利益协调、权益保障渠道;国务院领导同志及各部门负责人要亲自阅批重要的群众来信,督促解决重大信访问题。"

② 《国务院办公厅关于在制定行政法规规章行政规范性文件过程中充分听取企业和行业协会商会意见的通知》指出:"为深入贯彻习近平新时代中国特色社会主义思想和党的十九大精神,推进政府职能转变和'放管服'改革,保障企业和行业协会商会在制度建设中的知情权、参与权、表达权和监督权,营造法治化、国际化、便利化的营商环境。"

③ 《国务院办公厅关于印发〈2019年政务公开工作要点〉的通知》指出:"五、提升工作质量,完善公开制度规范。……(二)抓好政府信息公开条例的贯彻落实。……要进一步做好依申请公开工作,保障公众依法行使知情权、参与权、表达权、监督权。"

进对社会政治、经济、文化的偏向性评价,并伴随着参与人数的不断增长而形成整体性政治思想倾向,演变为可能危及社会稳定的网络舆情。从简单的就事论事,到衍生出对政民关系的深层次思考,以及对社会政治态度的变化是网络舆论表达与网络舆情的最大差异所在。[①] 一旦网络表达异化衍生为网络舆情,则将成为一项亟待整治的网络治理问题,或将影响到网络空间的秩序甚至是相应国家治理领域的稳定。基于这种表达权实现与网络舆情发生间的内在联系,有学者从法律层面提出,社会舆情是涵盖政治、经济、社会、文化和人身等多方面言论自由"权利束"[②],主体权利及其诉求的发展变化决定了社会舆情的差异化性质和结构,一定程度上涵盖多层次的权利体系。

影响网络舆情的因素包括:突发社会事件本身的信息公开程度、权力机关决策处理的科学性、"意见领袖"的引导、思想市场失灵与群体极化等。[③] 其中"意见领袖"倚仗自身在网络话语体系中所占有的优势地位,诱导民众舆论走向,是影响网络舆情发展的关键因素。一旦有利益集团利用网民智识程度参次不齐、信息获取存在片面、极易受到鼓舞作出非理性的决定等特点,恶意引导舆论,产生的"利益关怀"现象,那将对网络舆情治理带来巨大挑战。2015 年"维权"律师翟岩民就曾在黑龙江庆安事件中操纵网民,通过建立微信维权群在网络上散布"警察开枪是领导指使"的谣言,聚集"访民"滋事扰序,借助网络舆论造势,将原本的维权事件煽动、炒作成突发群体暴乱,严重影响政府公信力和社会和谐稳定。这种民众在受"意见领袖"诱导下产生的非理性表达,将造成舆论导向失之偏颇,使得极具"利益关怀"下的民众舆论表达最终沦为利益博弈的工具。不仅不能有效发挥出网络表达推进民主监督的基本功能,而且容易造成

---

① 参见王来华、林竹、毕宏音:《对舆情、民意和舆论三概念异同的初步辨析》,《新视野》2004 年第 5 期。

② 参见赵秋雁:《论社会舆情治理的法理基础和实施路径》,《北京师范大学学报(社会科学版)》,2017 年第 6 期。

③ 参见成立文:《治理现代化视域下突发公共实践舆情治理》,《观察与思考》2021 年第 2 期。

利益集团掌控网络话语权,作为"意见领袖"借助社会舆情从中谋取私利,影响网络空间治理,使民众对政府的信任度造成巨大的冲击。

可见,民众的网络舆论表达既可以带来"阳光",成为最好的"防腐剂",也可能变成浓雾成为有心人混淆视听的"烟雾弹"。网络表达权行使得当将有助于充分发挥舆论的监督作用,肃清地方不当利己主义与腐败现象,防止被有心之人恶意利用,激化突发公共事件带来的社会恐慌,影响权威部门的公信力,造成民众社会政治的态度不稳定。可见,在这种开放自由的网络环境下,以网络自媒体与网民自身为传播主体的社会舆情新样态极不稳定,需要充分重视对网络表达权的科学、合理规制。

(二)网络表达规制之必要性考察

自由就是做法律许可的事的权利。[①] 权利的行使通常伴随一定的义务履行,接受国家法律与政府行政规制。这体现出个人利益对公共利益的让步,从而塑造更稳定长效的社会秩序。即便基本权限制理论对基本权利的限制问题提出严格的要求,以德国为代表的大多数国家均秉持基本权利不得受到任何侵犯的观点[②],严格设置保护基本权利的司法措施[③],但公民行使权利、获得自由的同时仍有义务接受国家法律与政府行政规制。例如德国法院采用相对统一的规范标准,按照比例原则,要求正面论证对不同类型权利施以不同限制的原因。美国法院采用多元化多层次的审查标准处理表意人与人格利益方之间的纠纷。因此,任何权利中

[①] 孟德斯鸠曾经讲过:"自由就是做法律所许可的一切事情的权力。"洛克也认为:"处于政府之下的人们的自由,要有一个长期有效的规则作为生活的准绳,这种规则由社会所建立的立法机关制定,并为社会的一切成员共同遵守。"孙丽岩:《行政权下的公民权利之辩》,《政法论坛》2013年第2期。

[②] 德国《基本法》第19条第2项规定:"在任何情况下,均不得对一项基本权侵犯其本质内容"。

[③] 熊静波:《表达自由和人格权的冲突与调和——从基本权利限制理论角度观察》,《法律科学(西北政法学院学报)》2007年第1期。

蕴含的自由都不是绝对的①，即便是作为其他权利与自由的基础的表达权也不例外。同其他自由权一样，表达权的实现应恪守不损害国家和社会公共利益、不侵犯他人自由的基本原则②，通过限制公民表达达到保障表达权的最终目的。不加限制地许可公众在网络上自由表达，不仅难以保证民主监督科学有效，甚至可能助长网络谣言滋生，引发思想市场失灵，造成网络舆情泛滥。而产生这一问题的关键在于"表达"是一种行为，不涉及对内容的约束，无法保障表达内容的真实性，其传递的既可能是真实信息，也可能是引发不当舆情的谣言，当中汇集着人们对寻求特定事件满意解答的智慧③，夹杂着对事件的解释与评价。虽然霍尔姆斯提出的"思想市场"理论将言论与思想类比作商品，试图通过构建一种信息获取相对全面，言论与思想充分交流的思想市场，以实现民主监督，但这实际上只是乌托邦式的理想状态。④

网络媒体时代相较于传统街角表达而言呈现出更为显著的表达的随意性、传播的快速性、表达权限的不平等性以及广泛的影响力。加之网络准入的低门槛和民众智识程度参差不齐，民众公共理性程度与舆论自由表达能力的不衔接，使得网络秩序表现出一种看似自由、实质无序的亚秩序状态。⑤ 在难以辨别所获取的网络信息真实度时，网络"大 V"等"利益集团"掌握着极大的网络话语权，极易造成网民在信息获取不足的情况下，跟风式的信息流爆现象⑥，并基于群体压力而不断增强。即便出现对谣言的澄清，部分民众也会出于个体不同的固有前见，偏颇吸收获知的信

---

① 参见［美］玛丽·安·格伦顿：《权利话语——穷途末路的政治言辞》，周威译，北京大学出版社 2006 年版，第 7 页。

② 张千帆：《宪法学》，法律出版社 2013 年第 2 版，第 197 页。

③ Shibutani T.，Improvised News: A Sociological Study of Rumor，*The Annals of the American Academy of Political and Social Science*，1967，Vol. 374，pp.213-214.

④ 桑斯坦：《谣言》，张楠迪扬译，中信出版社 2010 年版，序言、第 115 页。

⑤ 参见谢金林：《网络舆论生态系统内在机理及其治理研究——以网络政治舆论为分析视角》，《上海行政学院学报》2013 年第 4 期。

⑥ 桑斯坦在《谣言》第 35 页中解释到，信息流爆是指当一定数量的人开始相信某些谣言时，其他人会因为找不到更好的选择而跟风式的随之相信谣言的真实性。

息以增强其固有观点,进而产生更为偏激的观点,形成群体极化。[①] 可见,无限制表达所滋生的谣言是引起网络舆情泛滥的一个因素,为表达权的合理规制提供了条件。当然也不乏观点提出社会言论自由限制的程度等同于民主限制的程度[②],并对表达权的规制持否定态度。解决这一矛盾的关键是把握好表达权的限度,对网络舆情中的表达权进行科学合理的规制。

因此,对公民网络表达的规制不应当仅仅局限于法律规制领域,表达权在经由政治性文件确权的基础孕育出这一权利强烈的政治属性,为加强政府行政规制提供了必要性前提。同时由于当下的公民表达不再局限于市井街角,而是更多地借助网络媒介,以媒介行业、网络平台或第三方独立机构主导的社会性自我规制(元规制)成为规制表达权举足轻重的一环,也就要求在网络表达的规范上需形成适应表达方式时代性变化、发挥"合作性"效能、回应现实关怀的高效的新型表达权规制模式。

需要明确的是,社会治理主体对民众网络表达秩序构建采取的规制举措也应当控制在合理的范围内,网络平台以及掌握相应网络技术操控话语权的企业在行使平台规制与数据控制权力时应受到政府的监管。这种对网络平台权力的控制是防止网络主权影响到国家对网络的控制权、危及国家政权的有效保障。

第三节 网络表达的
"行政—司法二元替代"规制模式

《布莱克法律词典》将"规制"界定为"通过规则或限制的控制行为或控制过程",[③]最初源于政府为克服市场失灵,利用国家强制权进行经济干预,追求公共利益最大化的经济调控方式。以政府规制为国家治理的

[①] 群体极化是指:基于民众间的固有前见,即便是在信息充分交流的情况下也会出于偏颇吸收而增强其固有观点,产生更为强烈的群体反馈。

[②] 参见[美]科恩:《论民主》,聂崇信译,商务印书馆1994年版,第141页。

[③] *Black's Law Dictionary* 1311(9th ed., 2009).

显著代表,以国家法律为规制治理的核心工具。桑斯坦在《权利革命之后:重塑规制国》中对传统规制概念作出界定,即指政府在特定领域借助公权力对私人活动进行干预和限制。[①] 当前针对网络表达的规制方式源于传统的街角表达规制,规制的方式主要有两种:一是行政机关运用公权力对涉及扰乱社会秩序行为直接采取的行政监管规制;二则是借助法律设置权利、义务及责任,并就违法事项诉讼维权的司法规制。[②] 其中,司法规制主要以事后对涉嫌违法的行为进行规制为主,属于权威机关主导的"命令—控制"型规制。

网络在为公民表达提供创新形式,提高传播效率和加大公民监管力度的同时,也带来了表达与传播上的不可控因素,增加规制权利正当行使的难度。而现有"行政—司法二元替代"机制是立足于传统社会背景下国家治理方式形成的规制模式,是传统经济社会规制模式在网络表达治理的延伸。这也使得不论是从单独的行政规制与法律规制体系自身来看,还是从"行政—司法二元替代"机制来看,传统以政府为主导管控,借助法律为规制工具的"命令—控制"型规制治理存在难以应对网络表达多象限、多领域、多渠道、难把控的局限性。

(一)网络表达公共规制的基本样态

1. 以政府审批监督为主的行政规制

政府掌握着公共财富、信息节点与组织能力等决定规制成效的资源,[③]是国家治理的直接参与者与执行者。表达权作为私权利领域内的公民基本权利,既要求公权力机关充分保障公民依法行使表达权,又需要政府有所作为地主动介入规制,确保表达权在合理的范围内行使。[④] 自20 世纪80 年代初我国信息化管理体制机制开始建立以来,国务院不断

---

① 参见[美]桑斯坦:《权利革命之后:重塑规制国》,中国人民大学出版社 2008 年版,第 2 页。

② 参见宋亚辉:《论公共规制中的路径选择》,《法商研究》2012 年第 3 期。

③ Christopher Hood,The Tools of Government(Macillan 1983).

④ 参见虞崇胜、李海新:《公民表达权研究述评》,《云南行政学院学报》2010 年第 5 期。

加强网络信息领导与监管工作。2014 年 2 月，以国家主席习近平为组长的中央网络安全与信息化领导小组正式成立，网络安全与信息化管理成为促进国家平稳较快发展、实现治理体系治理能力现代化的重要一环。在中国特色社会主义的特殊制度背景下，我国政府承担着对公共领域实行统筹规制的责任。目前表达权行政规制的方式主要包括：政府网络监管部门对网民言论发表的准入审查、对不当言论的实时监管、对网络平台审批发布的监控，以及对舆论事后处理的监督处罚等举措。由此可知，表述权行政规制的方式大致可以归纳为准入审查和监督处罚两大方面。

目前主要负责网络表达监督的是中央（国家信息化办公室）及地方网络监管部门。在政府对网络表达准入审查和实时监管的具体举措上，政府网监部门通常通过在网络运行后台设定禁止传播的关键词、关键句式，对网民发表不当言论的准入与实时变化进行监管。希望以屏蔽相关表达的方式，阻断不当言论上传至网络空间。这看似能够杜绝因不当表达产生网络舆情的可能，但也容易使民众对屏蔽内容产生近似"潘多拉的魔盒"的好奇，因屏蔽行为衍生出超过对原有表达内容本身的关注，从而改变原有舆情演化"事件发生—受到关注—产生讨论—引发舆情—行政规制"的基本逻辑，形成由过于强硬的行政规制方式出发，随后引起人们重点关注与讨论最终形成舆情的反向逻辑推演（参见图 4-1）。可见，行政规制准入审查中惯常采用的强硬式"一刀切"规制方式，在效果上并不能得到十足的保证，甚至可能反向加重网络舆情的产生与演化。

此外，在后续表达内容的传播监督及不当表达的事后处理方面，政府网监部门除直接对公民个体行使表达权采取各项规制措施、个人传播未经核实的报道超过一定数量予以追踪监管外，还针对网络媒介、网络平台等的舆论信息表达与传播展开有效监管。比如在媒体传播的监管方面，网监部门会对媒体资格条件、表达内容及传播行为等予以规制，具体包括以集体规制、类型规制及市场准入为主的结构规制和直接对媒体行为进行规约的行为规制两种[①]。而在针对网络平台的规制方面，政府主要通

---

① 闫海：《表达自由、媒体近用权与政府规制》，《比较法研究》2008 年第 4 期。

过严格把控平台运转的事前、事中、事后各流程的审批工作,及时监督平台运转及信息传播的合规性。

图 4-1 正向演进逻辑和反向演进逻辑

2. 以恪守各项法律法规为准则的司法规制

法律规制是国家治理领域最常见的规制方式。尤其在十八届四中全会提倡全面依法治国、建设社会主义法治国家后,健全法律法规、奉行法治成为当下我国治理的主要方略。传统的规制理论将工具性视作规制的本质属性,并将国家法律视为规制工具的核心,借助法律制度客观、中立、公平的特征,设置既定规则以强行达成预先的共识。表达权在我国虽然是一项由党的文件确认的政策性公民权利,但其权利内核与国际上通识的表达自由指向相同。宪法学界倾向于将表达权视为一项宪法性权利,认为其属于受法律规制下的基本权利之一,仅额外赋予了强烈的政治属性。因此,长期以来,表达权规制呈现出一种强烈的法律中心主义的研究和实践趋势,国内外法律法规均对表达权的规范问题作出具体规定。在国际法层面最典型的法律规制依据为联合国 1966 年通过的《公民权利与政治权利国际公约》①以及联合国人权理事会通过的《互联网上推动、保护及享有人权》,其中明确提出"民众在线下拥有的权利在线上必须受到

---

① 《公民权利与政治权利国际公约》又称《国际人权公约》第 19 条规定:"一、人人有权持有主张,不受干涉。二、人人有自由发表意见的权利;此项权利包括寻求、接受和传递各种消息和思想的自由,而不论国界,也不论口头的、书写的、印刷的、采取艺术形式的,或通过他所选择的任何其他媒介。三、本条第二款所规定的权利的行使带有特殊的义务和责任,因此得受某些限制,但这些限制只应由法律规定并为下列条件所必需:(甲)尊重他人的权利或名誉;(乙)保障国家安全或公共秩序,或公共卫生或道德。"

保护,尤其是表达自由。"①此外,《欧洲人权公约》也强调基于对国家安全、领土完整或者公共安全的利益的考量,表达权的行使需接受法律对其程式、条件、限制及惩罚的约束。②

我国关于网络表达的法律规定主要散见于宪法、网络安全类法律规定中。考虑到表达权是由我国现行《宪法》第 35 条规定的"言论、出版、集会、结社、游行、示威的自由"、第 40 条规定的通信自由和秘密权、第 41 条规定的批评建议权衍生而来,因此,公民在行使表达权进行网络表达的过程中,理应遵守现行《宪法》对以上涉及的言论、出版、通信和批评建议等相关权利的规定。此外,当民众的网络表达上升为网络舆情时,主要通过网络安全管理类法律法规的部分条款设置网络表达规制的相关规则,例如 1994 年国务院颁布的《计算机信息系统安全保护条例》是我国开启网络表达法律规制的标志,此后又陆续出台了《维护互联网安全的决定》《关于办理利用信息网络实施诽谤等刑事案件适用法律若干问题的解释》等制度文件。规制的内容主要包括:受严格保护的关于政治与公共利益的言论,严厉禁止的淫秽色情言论,对未成年人与成年人区别对待的暴力言论。③

在权利规制和公共领域规制中,从起先行政、司法交替主导的"一元规制",经波斯纳就行政规制与司法控制的经济比较分析下,推演出二者间的替代性关系④,并逐渐形成行政规制与司法控制"二元替代性规制"的基本形式,选择规制方式的标准在于就特定领域的事项,谁具有更低的

---

① The promotion, protection and enjoyment of human rights on the Internet,(A/HRC/32/L.20)

② 《欧洲人权公约》(又称《保护人权与基本自由公约》)第 10 条第 2 款规定:"行使上述各项(表达)自由,因为负有义务和责任,必须接受法律所规定的和民主社会所必需的程式、条件、限制或者是惩罚的约束。这些约束是基于对国家安全、领土完整或者公共安全的利益,为了防止混乱或者犯罪,保护健康或者道德,为了保护他人的名誉或者权利,为了防止秘密收到的情报的泄漏,或者为了维护司法官员的权威与公正的因素的考虑。"

③ 参见郭莉:《权利制约视域下网络舆论监督的法律规制》,社会科学文献出版社 2019 年版,第 291 页。

④ 参见宋亚辉:《论公共规制中的路径选择》,《法商研究》2012 年第 3 期。

规制成本。

（二）对现有规制模式的省思

1. 行政规制的强父爱主义弊端表现明显

从宏观上看，当前的行政规制不论是从规制目的、规制方式还是规制力度上看都呈现出强烈的"父爱主义"规制特征，鲜有顾及当事人的主观意志而施与家长父爱式的规制。按照目前父爱主义类型的划分，现有行政规制属于硬父爱主义规制，即在当事人完全了解某项行为将产生的后果，仍愿意从事时，法律依旧出于维护更佳利益的视角对其予以规制。[①]这种强硬性突出表现为对凡是存在敏感词语的表达一律禁止和删帖阻绝的行为。但显然，此类"父爱式"的行政规制是存在缺陷的。

从上文列举的事例分析来看，强硬的"一刀切"式的规制不仅难以达到从根源上切断舆论影响的效果，而且有违网络民意表达民主监督的本源目的。在日趋开放多元的网络环境下，要求更具有多元互动的开放性"软规制"，这也是国家治理现代化基本方略的内在需要。而现行注重政府强权主导的"硬规制"，很大程度上是受我国长期历史发展以来政府多重运转逻辑共同作用的结果，包括为稳定革命胜利果实而遗留的强硬"对抗"逻辑，现存"压力型体制"下造就的"维稳"逻辑，以及为保障全国上下集中统一的"科层式"治理逻辑。这一系列"硬"理念的驱使，虽然能在一定程度上保障政府管理行为有效应对外部冲击，但当社情局势发生极大变化，社会整体交往方式飞速发展进化时，这种对政府管理"硬"理念的路径依赖显得相对封闭和保守，在难以适应时代需要的同时甚至产生对公权力规制不信任的负作用。

除此之外，从具体内容而言，表面上行政规制看似在规制客体、规制流程、规制内容等领域涉猎相对全面，但仍存在不少实际操作与运转上的不足。首先，各行政机构间协作不充分，管理分散，科层制体制下地方政府间、政府部门间协同联动困难。当下，参与网络治理的主体较多，包括：

---

① 参见郭春镇:《论法律父爱主义的正当性》,《浙江社会科学》2013 年第 6 期。

中宣部、公安部、国新办、工业和信息化部、国家互联网信息办公室等20余个中央机构以及各省的网络信息监管部门。各治理主管部门职责划分存在交叉，责任承担不够清晰。其次，网络空间的表达因其传播速度快的特性极易形成群体性效应，以至于在传统的政府表达规制上日趋强化网络舆情表达的监管，但这种规制大多停留在运动式的间歇性管控上，尚未形成相对体系化的监管模式。在人员配备上，重点以省一级的信息监管部门为主导、市一级的部门协同，而到了县一级则鲜有配备专职监管人员。在网络日趋成为主流交流媒介的背景下，缺乏常态化的监管将成为规制表达权的一大障碍。最后，规制方式太机械，难以保证打击的精准度。传统的表达权行政规制立足于维护国家稳定秩序、推动社会治理的政治逻辑，采用一种"命令—控制"型规制。重点集中在政府借助媒体平台进行专断的简单控制上，通过设置机器语言算法的方式，确定受限的关键词，对可能涉及敏感词语的表达内容进行规制。这样的规制形式难免导致规制机械化，存在仅凭词组排列但内容不涉及敏感表达的规制泛化，或不涉及敏感词语但实际内容存在不当表达的规制贻误，产生规制不够精确的弊端。

2. 法律规制体系不够全面存在空白

首先，法律规约不完善，通常将宪法对于言论、出版等自由的规定视同为对表达权的保障和规约，但这种抽象的规定过于宽泛，缺乏具体的可操作性。尚未对具体的权利内容与义务承担提出详细要求。在网络表达日趋频繁，民众权利意识不断提高的条件下，对权利形式的规制欠缺操作空间，具体而言，互联网表达权专门立法和政府机关规制程序性规定的缺失。网络表达本就是自2000年后互联网广泛普及时才产生的新现象，当前在法律规制层面，主要依靠《宪法》第41条、第47条、第51条，以及《刑法》第363条、《出版管理条例》第26条、《互联网上网服务营业场所管理条例》《互联网信息服务管理办法》和《互联网新闻信息服务管理规定》作为规范依据。除此之外尚缺少专门规制公民网络表达问题的法律规范。

加之《宪法》第51条仅从宏观视角提出不得因行使表达权而损害其他权利[①],第41条、第47条过于宽泛地从检举控告、科研文艺创作等方面公民表达权进行有条件的限制,尚未对具体的权利内容与义务承担提出详细要求;《刑法》中也尚未设置规制公民表达的刑罚条款,仅在《出版管理条例》第26条、《刑法》第363条重点规范以出版机构为代表的传播媒介主体[②];以上提到的三项网络服务管理法规也均未针对公民个体性网络表达设置权利保障或规范内容,而是以信息服务的场所、信息服务机构为规制对象,关注媒体在表达传播中的意识形态问题。网络表达规制的法律依据分散且空白度高已成为网络表达治理中的突出问题,互联网表达权专门立法和政府机关规制程序性规定严重缺失,亟待出台规制内容更为系统、全面的网络表达管理法以弥补制度空白。

其次,表达权的法律规制集中在权利的平衡与限制中,以国家掌控为核心价值取向。而网络舆情领域的表达权基于表达主体的去中心化、内容分散性的特点,要求借助网络算法、大数据技术及网络自治组织的力量以获得更佳效果。在此过程中就存在法律规制重权利性的事后规制,同网络舆情视域中表达权规制要求的技术性事前规制之间存在一定矛盾。

最后,传统以法律规制为主导的缺陷在于法律施加控制的能力有限、法律能调控的仅是一小部分,且法律是最低限度的保障,当其他秩序工具难以实现有效治理时才能充分发挥法律的兜底保障与威慑作用。健全相关法律规定必然是提高网络表达治理成效的一项重要举措,但这并不意

----

① 《宪法》第51条规定:"中华人民共和国公民在行使自由和权利的时候,不得损害国家的、社会的、集体的利益和其他公民的合法的自由和权利。"

② 《出版管理条例》第26条规定:"以未成年人为对象的出版物不得含有诱发未成年人模仿违反社会公德的行为和违法犯罪的行为的内容,不得含有恐怖、残酷等妨害未成年人身心健康的内容。"《刑法》第363条规定:"制作、复制、出版、贩卖、传播淫秽物品牟利罪:以牟利为目的,制作、复制、出版、贩卖、传播淫秽物品的,处三年以下有期徒刑、拘役或者管制,并处罚金;情节严重的,处三年以上十年以下有期徒刑,并处罚金;情节特别严重的,处十年以上有期徒刑或者无期徒刑,并处罚金或者没收财产。为他人提供书号,出版淫秽书刊的,处三年以下有期徒刑、拘役或者管制,并处或者单处罚金;明知他人用于出版淫秽书刊而提供书号的,依照前款的规定处罚。"

味着法律规范的内容应事无巨细地面面俱到。法律施加控制的能力应当是有限的,是在其他规则秩序无法调整条件下的最后保障。在权利保障之余,法律所发挥的惩治功能通常仅用于影响社会秩序较为恶劣的行为,过多强化法律的规制,或将加大司法碎片化的风险,把它不恰当地用来规制法律经验以外的问题①。因此,即便国家法律是危险警示的制度工具,也应当妥善把握好采用法律手段规制公民表达的尺度。

3. "行政—司法二元替代"规制模式难以契合网络表达多元化的需要

在行政规制与司法控制"二元替代性规制"的基本形式中,选择何种规制方式的标准主要在于:在相同规制对象下,谁具有更低的规制成本。当前的网络表达治理除存在行政规制与法律规制体系本身的缺陷外,"行政-司法二元替代"的规制模式也存在难以适应网络舆情视域下表达自由、多发、高效传播的问题。表达权的保障与行使在于通过权利制约权力,充分实现民众的民主监督权利。过于强调以政府管制与法律规制为主的公权力规制,不管是政策框架相对狭窄的"命令—控制"型的政府管制,还是易产生法律极权主义思想将全部问题归咎于立法的法律规制,在以上列举的自身缺陷外,均忽视了私人个人、社会组织及行业监管在表达权规制上的积极作用。这也为公民自由表达增设了隐性成本,易产生表达上的寒蝉效应。②

网络时代的治理思维与秩序遵循自上而下的"网络管制主义"和自下而上的"网络参与主义"两种思维方式③。其中以网络管制主义为重点,这在《网络安全法》等网络监管法律规范中均有体现。这种以国家安全和社会秩序价值为要旨的管制思维,势必造成对表达权民主、自由行使价值的弱化。而强监管也或将造成网络专制的假象,其所带来的弊端一方面

---

① Gunther Teubner, After Privatization: The Many Autonmies of Private Law, *Current Legal Problems*, 1998, Vol.51, No.1, p.393.

② "寒蝉效应"是指当法律或其他涉及言论表达的规则过于苛刻,一旦存在涉嫌违规的言论的迹象就对行为人处以其难以承担的严重惩罚时,人们会出于恐惧于遭受国家刑罚或是无力承受所必将面对的预期耗损,就选择放弃行使其正当权利,进而打击公共事务、社会道德、个人信心的现象。

③ 张燕、徐继强:《论网络表达自由的规制》,《法学论坛》2015年第6期。

有碍于政府形象的塑造,另一方面违背了表达权民主监督功能的初衷。加之公权力规制依靠行政科层体制的管控,在问题发现与政策推行中的高人力成本、高时间成本均成为影响规制计划落实的障碍。反观法律规制,法律法规的拟定与出台更是一个长期的严谨的过程。而这种审慎性与舆情视域下对表达权规制要求的紧迫性间存在难以弥合的张力,更多的是对不当后果进行事后弥补,在事前的预防与事中的快速应对上的效果不甚显著。这也为构建新的规制模式提供了需求空间。

第四节　透视网络表达秩序的多元规范需求

互联网的核心价值在于自由、开放、平等。[①] 互联网时代的表达为国家治理带来新的挑战,不仅加大了网络安全与自由创新思想间的矛盾,而且进一步激化了制度与意识形态间的竞争,导致国家和社会治理模式发生从中央集中控制向社会分散调节转变,从国家权威治理向公私合作的社会治理转变。在"政府治理"之余,"社会治理""网络平台治理""数据治理""架构"等多种治理形式也对网络空间表达秩序的形成产生重要影响。规制网络表达所倚靠的规范工具也因此存在多样性,除国家法律作为兜底保障外,还包括网络空间的社会规范、平台规则等。

（一）社会规范与网络表达秩序

社会规范是一种相对于正式制度而存在的非正式制度、非正式约束或非正式制裁体系,它和正式制度一起发挥着形塑人们行为的作用。[②]托马斯·莱塞尔甚至认为:"事实上,法律是社会规范的特殊形式。"[③]党的十八届四中全会通过的《中共中央关于全面推进依法治国若干重大问

---

① 参见张燕、徐继强:《论网络表达自由的规制》,《法学论坛》2015 年第 6 期。

② 参见郭春镇、马磊:《对接法律的治理——美国社会规范理论述评及其中国意义》,《国外社会科学》2017 年第 3 期。

③ ［德］托马斯·莱赛尔:《法社会学导论》,高旭军等译,上海人民出版社 2008 年版,第 162 页。

题的决定》也曾强调要深入开展多层次多形式的法治创建活动,支持各类社会主体自我规制,注重发挥市民公约、乡规民约、行业规章、团体章程等社会规范在社会治理中的积极作用。① 实际上在网络表达秩序的形成过程中,社会规范已然产生了潜移默化的影响。

第一,社会规范为网络表达的"良法善治"提供制度资源。新时代的法治建设以追求"良法善治"为根本目标,即拥有好的制度,并且这种好的制度能够得到有效实施。落实到表达权的保障上则是不仅要在制度上为享有表达权的主体提供"表露"观点与想法的机会和条件,而且要保障权利的实现,使得作为表达权受体的听众能接收到被表达的信息,"到达"听众耳中。在公民基本权利的保障层面,这就要求探讨和构建权利的根本目的在于切实保障权利实现,关键要充分发挥其功能价值。从有效维护和规范网络表达的角度切入实践行表达权保障。我国法治建设中追求的"良法善治"中的"良法"以体现社会主义法治所追求和践行的"公共善"为目标。而这种凝聚公共善、传递理性力量、富含德性理念的制度规范并不全然局限于国家法律制度,网络规范、行业规定、网络习惯等网络社会规范同样可以成为维护网络空间秩序的制度工具,一种广义层面的网络空间"良法"。

网络空间是海、陆、空、太空空间之外的第五空间,也是最为年轻的表达与规制空间,不论是在制度管理还是有效运行上都相较于传统空间存在极大差异。法律出台与规制的滞后性,以及相关网络法律规定的不健全使得其在网络空间秩序的维护上存在较多的局限,难以完全涵盖网络空间中复杂多样的社会关系。这就要求在网络法律规范之外的网络社会规范作为网络制度资源的补充,跳出"法律中心主义"窠臼的规范思维,成为一项重要的网络制度工具,以弥合法治在网络空间的空白。而"善治"在当下则突出表现为实现治理能力和治理体系的现代化,既包括国家(政

---

① 详见党的十八届四中全会通过的《中共中央关于全面推进依法治国若干重大问题的决定》:"深入开展多层次多形式法治创建活动,深化基层组织和部门、行业依法治理,支持各类社会主体自我约束、自我管理。发挥市民公约、乡规民约、行业规章、团体章程等社会规范在社会治理中的积极作用。"

府)、市场和社会公众等多元主体治理能力的提升,又包括立足于多重规则,在多方协商互动中缓解冲突、达成行动共识、实现利益整合、形成稳定社会秩序的体系性活动。① 作为政法话语体系下的表达权,在借助网络表达实现表达权的同时,需充分关注网络表达治理(规制)的方式和实效。凭借可靠的制度依据,通过恰当的规制方式推动网络表达权有效实现,科学规范网络表达。实践中,对于存在网络法律规范空白的领域,网络社会规范发挥了重要的网络表达治理实效。这种显著的成效也逐渐推动相应规定融入网络法律的规约中,例如《微博客信息服务管理规定》中的辟谣、用户账号认证与分类管理的规定,后来在经过施行经验的总结被吸纳进相关网络法律规定中,由社会规范上升为法律。这有效契合了国家治理现代化所要求的借助多重规则参与国家社会治理,发挥多方协同共治的"善治"思维,网络社会规范科学规制网络表达的制度工具功能日益突出。正如埃里克森在其著作中提及的,法律的过分强化或许将形成一种法律更多而秩序更少的世界。② 而习惯、行业规则等社会规范在维持社会秩序、维护社会正义上同样具有不容忽视的作用。这类规范工具时常在特定时空塑造出一种"无需法律的秩序"。

第二,社会规范有效助推了网络表达理性主体的形塑。古典经济学把参与市场经济的人视为理性、自治、自利、知晓并追求自己最大利益的主体,将其预设为理性人。③ 民众表达"思想市场"的理想化愿景也是基于这种对人的充分理性的构想,相信人们会在理性、自觉的驱使下作出充分体现民主精神、遵循自治理念的"正确"决策,并达成相应的共识。但实际上这只是一种理想化愿景,不仅这一表达的"思想市场"极易受到意见领袖、利益集团等的干扰,造成信息获取的偏颇吸收,形成观念极化,而且网络表达者自身的智识程度与辨别能力也不一定能保障其足以成为一个"理性选择者"。而部分网民自认为"理性"的表达实际可能并不理性,甚

① 参见陈进华:《治理体系现代化的国家逻辑》,《中国社会科学》2019年第5期。
② 参见[美]罗伯特·埃里克森:《无需法律的秩序——相邻者如何解决纠纷》,苏力译,中国政法大学出版社2016年版,第304页。
③ 参见张理智:《论"理性经济人假说"之不能成立》,《江苏社会科学》2002年第6期。

至可能异化为"仇恨言论""色情言论"等非正向理性的表达。据中国互联网络信息中心（CNNIC）发布的第 47 次《中国互联网络发展状况统计报告》的最新数据统计，截至 2020 年 12 月，我国 9.89 亿网络用户的文化程度总体较低，大学本科及以上学历的用户仅占 9.3％，在初中及以下学历的网民达到 59.6％。[①] 不少网友在面对网络舆情事件时，极易受到掌握更多网络话语权的网络"大 V"、博主等煽动，跟风式地作出自认为"理性"而实际可能并不理性，甚至异化为"仇恨言论""色情言论"等极端表达。尤其是在以微博为代表的网络社交平台中，在"粉丝经济""流量经济"的作用下，"买热搜""刷评论"已成为常态。一旦微博"大 V"揭露出较具影响力的事件，网络舆论表达便极易受到资本力量的影响呈现出一边倒的趋势。原本用于统筹社会热点事件的热搜平台也时常会被公众人物鸡毛蒜皮的小事霸占，逐渐沦为资本博弈的战场。热搜榜单上呈现的并非民众自主讨论产生的焦点事件，而是资本力量作用下希望被民众看到的内容。

造成网络空间"思想市场"失灵的主要原因在于制度保障的缺失。法律塑造的更多是理想化的形式正义，加之目前网络法律规定也不甚健全，仍存在规范空白的领域。因此，基于网络习惯和"网络正义"共识产生的网络社会规范，以及超强的能动性、灵活性以及规则补强等特征，将成为网络表达治理至关重要的制度工具。塑造理性网络表达主体的首要前提是保障公民享有表达权。虽然表达权作为一项政法话语体系中的宪法性衍生权利，但我国宪法中却没有直接规约表达权的条款，在依靠宪法及法律的保障外，社会规范具有极大的制度保障意义。依靠网络规范与互联网行业规则中蕴含的良善精神，社会规范在构建网络表达的底线思维与合理边界上起到重要作用。歧视性言论、仇恨言论、色情言论和其他涉及违反公序良俗的言论成为网络规范调整的重点对象。在网络社会规范自治与网络道德自律的双重驱使下，网民也时常通过向网络运营机构和平

---

① 参见中国互联网络信息中心：第 47 次《中国互联网络发展状况统计报告》，http://www.cac.gov.cn/2021-02/03/c_1613923423079314.htm，下载日期：2021 年 3 月 4 日。

台自主举报等形式,由网络平台采取"禁言""封号"等惩治举措,进而自发形成对此类违反公序良俗的偏激言论表达的规约,助推理性表达主体的形塑。在国家强制力保障之外,社会规范依靠民众对个人声誉以及公共舆论等在社情交往中产生的巨大影响力的敬畏,实现表达上的自律,推动网络表达秩序的建构。

(二)平台规则与网络表达秩序

除社会规范外,平台规则对网络表达秩序形成的作用同样不容忽视。网络平台是网络时代民众进行网络表达的重要场域,对网络表达秩序的构建具有极大的控制权。一方面,平台可以决定民众是否具有网络表达的资格。民众通过在平台上进行注册获得浏览信息与参与网络表达的资格,呈现出平台与用户基于平台规则而产生的契约关系。但这种格式合同下所带来的表达资格却并非完全平等的,囿于信息掌控程度、资本与"网络流量"等因素差异,在平台上享有更多人力与资本力量的主体具有更多的表达话语权,网络空间是一个看似自由、实质无序的亚秩序状态。[①] 另一方面,平台可以有条件地筛选被表达与传播的内容。在表达的内容上平台可以利用自身的数据控制权能筛选对外传递的信息内容,有条件地置顶、推送和删除信息。例如微博就针对不同类型的网络表达内容制定了相应的治理标准,其中既包括具有对应法律法规和主管部门规约的事项,也包括尚未存在法律规约但基于微博平台运行需要而进行规范的事项。[②] 在某种程度上,用户所看到的信息是平台作为控制者允

---

① 参见谢金林:《网络舆论生态系统内在机理及其治理研究——以网络政治舆论为分析视角》,《上海行政学院学报》2013 年第 4 期。

② 已具有相应法律法规和主管部门的内容,包括时政社会内容(网信部门及其政策法规)、违法内容(公安部门及其政策法规)、广告内容(工商行政管理部门及其政策法规)、侵犯人身权益的内容(《中华人民共和国侵权责任法》及其相关司法解释)、侵犯知识产权的内容(《中华人民共和国著作权法》《中华人民共和国商标法》《中华人民共和国专利法》及其相关司法解释)等等。未具有相应法律法规和主管部门但"基于微博平台的运营需要"而进行治理的内容包括:不实内容(谣言)、自动化内容、垃圾内容等等。参见《微博社区公约》,https://service.account.weibo.com/roles/gongyue,下载日期:2021 年 3 月 5 日。

许民众看到或想让民众看到的信息。这种筛选的过程既难以做到筛选标准可靠、程序透明公开,也难以证实平台这种筛选信息的权力是否符合法律规定。而对这种被筛选过的信息的传递或将造成用户信息获取的偏颇,既损害用户的知情权,又难以保证信息的真实性,易造成片面信息极化。

在这个信息筛选与传播过程中,平台主要依靠平台规则作为规范依据,通过算法规制、数据控制、代码架构等技术性手段,就表达行为的主体、表达的具体内容进行规制。在具体内容的筛选上通常经历信息获取、分析处理、规制举措三个环节。由平台担任执行者,主动惩戒所发现的违规行为,并根据违法违规的程度进行阶梯式处理,借助平台自定信用机制实现对用户使用该平台时所享有的表达权限与表达内容进行有效治理。从本质上看,平台规则是一种网络平台与用户间的契约,由用户与平台签订的格式合同达成合议。平台规则的实现主要依靠平台所掌控的代码架构和数据分析等网络技术,在反映网络法与网络规范要求的基础上,以寻求平台的自身利益为最终目的。例如授予拥有 10 万以上粉丝的博主拉黑禁评权限,以实现最小成本的网络表达治理,而剥夺广大用户的在平台上的网络表达权。[①] 但由于网络平台不仅是网络运营企业开发的一项产品,而且已然成为网络空间交流表达的主要公共场域,在现今的网络社交与表达传播中兼具企业与市场的双重特性。[②] 平台规则也因此在具备"契约"的本质属性的基础上,逐渐呈现出作为网络空间公共规则的公法化特征。从一定程度上看,平台规则并非纯粹的由平台与用户间订立的契约,而更体现一种网络治理规范的效用,是一种有别于网络监管法、网络社会规范、代码架构的相对独立的治理手段。

平台规则在网络表达秩序的构建中所具备的公法化制度工具效力,来源于网络平台在网络空间中的控制权。网络平台因其掌握的技术手段

---

① 参见新浪微博:《"博主拉黑停止评论"功能测试公告》,https://card.weibo.com/article/m/show/id/2309404288479449226766,下载日期:2021 年 3 月 5 日。

② 参见邱遥堃:《论网络平台规则》,《思想战线》2020 年第 3 期。

与操控能力,使其在网络表达上的主导权、控制权、话语权已然发展成一种网络权力[①],甚至这种掌控力超过了政府在网络空间的权力,具有一定意义上网络世界的主权控制性。国家与社会的界限在网络空间因此出现模糊与交融。可见,平台规则是政府、平台和用户三方相互合作与话语博弈的结果。由网络平台制定与执行,以平台用户为规范对象,有助于弥补政府在网络表达规制领域的空白,在网络表达秩序的形成中发挥出关键制度工具的作用。

第五节　构建网络表达的多元主义规制模式

表达权是一项宪法衍生性权利,为了保障公民在网络空间享有充分的表达权,对网络表达的规制成为必要,通过合理规范表达权的行使来达到权利保障的根本目的。从当前对表达权在网络空间的实现内容和规制情况来看,以政治性表达为核心内容指向,其他民间娱乐性、个体性、商业性的表达大多以名誉权、隐私权等形式进行规制,而非借助表达权的名义。表达权的权利属性特征要求我们在探讨有关网络表达的多元主义规制问题时,仍应注重法律规制和行政规制所占据的重要地位。不过,值得关注的是以网络规范、习惯、行业规则为代表的网络社会规范,以及网络平台制定的平台规则在网络表达秩序的构建和维护上同样起到举足轻重的作用。这也将促使未来在法律中心主义的基础上,引入包括社会规范、平台规则等在内的多种规范参与对表达权的保障与规制,营造一种多元化的互联网治理模式成为必然趋势。网络表达的规制主体也在此前以行政与司法为主导的基础上,吸纳其他网络社会组织主体参与合作、互动配合。劳伦斯·莱斯格就曾将性质、执行机构、时效与主观性各有不同的架构、社会规范、市场作为与法律并列的网络空间的规制手段,从而确立了"代码就是法律"——而且是自我执行、即刻实现、不以被规制者意志为转

---

① 梅夏英、杨晓娜:《自媒体平台网络权力的形成及规范路径——基于对网络言论自由影响的分析》,《河北法学》2017 年第 1 期。

移的法律——的架构研究范式。① 现实需要也表明,以网络平台规则与网络规范为主要规制工具的私人治理逐渐成为网络空间治理的主要特点。当前网络表达规制主体已从个人—政府的二元对立,向个人—平台—政府的三元互动关系转变,与多元主义规制所倡导的多元主体协作,多元规范协同的基本理念相契合。因此,突破传统的"行政—司法二元替代"模式,尝试构建一种以政府主导的控制与法律工具的规约为最高引领,以平台协同监管、行业自律规制为辅助的网络表达多元主义规制新模式,成为未来网络表达治理与表达权保障的必要选择。

(一)多元主义规制的理论设计

网络社会规范和平台规则使形塑网络表达秩序所倚靠的规范工具多样化。这也要求在回应现实需要的基础上,需适时转变对网络表达的规制思路,从中央集中控制向社会分散调节转变,将政府主导的国家治理调整为公私合作的社会共治,借助社会规范和平台规则的力量,尝试形成一种网络表达规制的多元主义新模式。

多元主义规制是将原有政府科层式治理结构网络转为去中心化的治理模式,强调多元主体合作、互动、共治,通过资源共享、聚合,协调各方行动与利益,形成稳定的治理关系,借助多元治理工具实现规制任务。② 多元主义规制不仅仅包括国家(政府)、市场、社会团体和网络平台等规制主体的多元,还包括规制方式、手段和规则的多元。规制的主要方式不再局限于以公权力主体为核心的行政规制与法律规制,还包括其他社会主体的规制,形成多元主义的混合规制体系。从宏观上看,首先,多元主义规制强调多元主体共同参与、协作配合,借助以国家法律为代表的正式制度工具和其他社会规范和技术性措施,使得网络表达内容的传播符合社会共识要

---

① 参见[美]劳伦斯·莱斯格:《代码2.0:网络空间中的法律》,李旭、沈伟伟译,清华大学出版社2009年版,第135～152页。

② 参见李玟:《西方政策网络理论研究》,人民出版社2013年版,第111页。

求,形成较好的网络表达制度的治理过程。[①] 其次,相对于强硬的"行政—司法二元替代"的"命令—控制"型规制,多元主义规制是一种柔性的、回应型的规制模式,强调在特定的规制空间内,由多元化的规制主体不同程度地分享规制资源,依据不同的治理需要协同施行"去中心化"的规制治理。最后,结合回应型规制"金字塔模式"的特点,将本地区固有的管理规制、非正式的社会规范规制、正式法律规制从低到高依次排列,法律始终位于金字塔顶端。[②] 既强调法律在执行措施和规制形式金字塔结构顶端的剩余角色[③],又充分发挥社会团体和非法律规约在规制治理中的独特价值。

　　有效的规制体系需具备:标准制定、合规监督与适用执行制裁三要素。[④] 而规制体系的多元化主要表现为:规范的多样性、控制机制的多样性、控制者的多样性、被控制者的多样性等四个方面。[⑤] 这也就要求探讨构建多元主义规制的复合型规制体系,应当以上述几个方面为基本立足点。首先,在规制主体上要突出规制主体多元化、去中心化。多元主义规制治理是一个多层次的治理,不再局限于行政规制和司法规制,而是依据所处环境的资源禀赋,还包括以行业规制、自我规制等在内的元规制。与之相适应,承担规制责任的主体也应当多元化,不再突出强调政府规制的唯一中心地位,而是借助各社会主体在社会规制中的不同作用,通过协同互补的规制方式,实现规制主体的多元化,充分体现民主自治的权利规制新理念。尤其是在网络场域低准入门槛、低表达成本和高传播效率的背

---

　　① 参见李丹林、曹然:《新媒体治理视域下的表达权规制研究》,《山东大学学报(哲学社会科学版)》2019 年第 4 期。

　　② Christine Parker, *Just Lawyers*: *Regulation and Access to Justice*, Oxford University Press, 1999, p.76.

　　③ Alan Hunt, *Explorations in Law and Society*: *Towards a Constitutive Theory of Law*, Routledge, 1993, pp.69-71.

　　④ 参见[英]科林·斯科特:《规制、治理与法律:前沿问题研究》,安永康译,清华大学出版社 2018 年版,第 89 页。

　　⑤ 参见[英]科林·斯科特:《规制、治理与法律:前沿问题研究》,安永康译,清华大学出版社 2018 年版,第 130～135 页。

景下,社会机构主体所实施的表达权规制相较于其他主体的规制效果更为显著。这主要归因于在特定的规制空间中,社会机构主体享有的规制资源更好,更贴合民众的实际反映,以弥补政府权力规制的不足。因此,多元主义规制的最核心特征应当在于改变原有以政府为规制主体核心的基本模式,形成以政府规制和法律规制为兜底保障,其他社会组织、媒体机构、网络运营平台共同发力的多主体协同规制样态(如图 4-2 所示)。

其次,在控制机制方面,多元主义规制主要有司法、行政、软法规范、市场和网络架构五项控制机制。其中,司法机制与行政机制作为最传统的规制机制是其他多元化规制机制的基础,具有兜底规制功能;社会"软法"规制机制与市场规制机制是多元主义规制的主要控制机制,充分呈现民主、自律的基本价值理念;网络架构机制是有效回应网络表达权发展特征的新生补充机制。再次,在规制工具方面,对应不同的规制主体与控制机制,应相应采用可供依靠的多元化规制工具。行政规制的规制依据是政策与法律,合规监督与适用执行上均以政府机构为施行主体。法律规制则以国家法律为标准,由特定的公职机关依靠国家强制力监督执行。行业规制的依据是行业规定,制定的标准在于行业监管机构就行业内事项达成的行业共识。网络运行架构则依靠的是算法技术,甚至有观点认为,架构是网络空间中言论的最大保护者,是网络空间真正的第一修正案,而非地方性条例。[①]

最后,在被规制对象层面,从表达内容是属于客观事实还是主观见解来看,表达权的规制可以分为针对具体表达内容的规制和非表达内容的规制,而按照对"表达"包括表达与传播的广义解释,规制包括对表达形式的规制和传播形式的规制。不同于过去公权力规制主导下防止不当网络表达引发舆情的"删帖一刀切"模式,多元主义规制可以按照不同的规制事项由不同主体分配规制责任。公权力主体主导对表达内容与表达形式的规制,以网络平台为核心的表达媒介负责对非表达内容与传播形式的规制。

[①] 参见[美]劳伦斯·莱斯格:《代码 2.0:网络空间中的法律》,李旭、沈伟伟译,清华大学出版社 2009 年版,第 135~152 页。

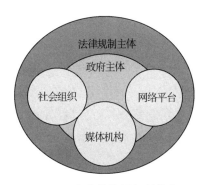

图 4-2 多主体协同规制样态

(三)多元主义规制的基本理念

规制是公共机构对社会群体活动的持续集中控制。[1] 多元主义规制同新公共规制中的"软法规制""合作规制""规制革新""协商控制""合作执行""回应型规制"等规制理论具有一定的同源性,强调倡导发挥非法律控制机制和非政府控制机构的合理[2],实现对现实社会困境的回应与治理。治理体系治理能力现代化要求国家与社会治理充分反映中国特色、民族特性、时代特征等价值观念,满足科学、合理、协调、衔接、规范、有序等基本标准。在此要求下,国家和社会治理逐渐从以政府为核心的传统一元化管理,开始转向多元互动的协同治理。这与多元主义规制在基本理念、目标、价值追求、核心方式上不谋而合。一方面要求多元主义规制应在回应网络表达快速、广泛、影响力显著基本传播特征的基础上,以提高治理效力,保障和发挥民主为核心的价值目标。另一方面,不同于传统的单一法律规制或政府单一主体的公权力管控,这种多元化的规制治理意图通

---

[1] See Philip Selznick, *Focusing Organizational Research on Regulation*, in Roger G. Noll, *Regulatory Science and the Social Sciences*, University of Calfornia Press, 1985, p.363.

[2] 参见[英]科林·斯科特:《规制、治理与法律:前沿问题研究》,安永康译,清华大学出版社 2018 年版,第 117 页。

过多元性主体、多元机制共同作用的合力,在有效回应时代现实需要的基础上,充分吸收"软法"与"合作规制"的优势,获得权利规制的最大效益。

1. 遵循以效率与民主为核心的价值目标

相较于传统的"行政-法律二元替代"规制,多元主义规制治理最大的特征在于更高效、民主。不论是"命令-控制"型的行政规制,还是兜底的法律规制,均存在很高的执行成本。一方面行政规制依赖于行政组织的科层制体制,在应对突发或重大事件的处理上,上报审批与传达执行程序相对烦琐,时间成本较高。另一方面,法律规制中立法的严谨度更是与舆情表达规制要求的高效度间存在极大的不衔接。而网络时代带来的高度信息化和急速传播性对舆论表达治理的效率提出了极高的要求。

2022 年 2 月中国互联网络信息中心(CNNIC)发布的第 49 次《中国互联网络发展状况统计报告》显示,截至 2021 年 12 月我国网民规模已达到 10.32 亿,人均每周上网时间达 28.5 小时。[①] 这就意味着,任何在互联网上公开的表达内容,都有可能被成百上千的网民看到,每一个网民都有可能成为网络表达的传播中心。如果不能以最高效的方式对异化的表达内容进行及时合理的调控,将大幅度降低治理效果。多元主义规制正是依据网络多中心传播,社会性规制效果高于行政性规制效果的特点,在政府权威规制之余充分发挥社会主体的作用,尤其是网络运行机构的预先规制。多元主义规制着重借助网络技术与媒介平台的监管与筛查,更有利于从预先阶段实现对表达内容的监管与规制,加强效率与民主间的互动、共生。需要强调的是,多元主义在以效率为价值追求的同时,还要求充分保障网络表达的民主监督功能。相较于传统以公权力主体为核心的"行政—法律二元替代"规制模式的国家强制力保障实施,多元主义表达权规制的立足点并非强权规制,而是融合多主体的民主规制。不仅规制的方式重在吸纳社会主体的行业规制与自我规制,而且规制的目标也以充分保障科学民主为前提,通过防止未经考证的虚假表达降低思想市场

---

① 参见光明网:《我国网络基础设施全面建成》,https://m.gmw.cn/baijia/2022-02/25/35546513.html,下载日期:2022 年 6 月 25 日。

的客观理性程度,造成表达异化,来保证真实理性表达对社会秩序维护的民主监督功能。可见,多元主义规制的核心价值目标在于追求网络表达规制的效率、发挥理性表达的民主监督,以及寻求二者的平衡。

2. 融合"软法规制""合作规制""回应型规制"的基本内涵

现代治理理论是一种开放的、多层次的理论,其中包括最小国家管理活动、新公共管理、"善治"、社会控制体系和自媒体网络等多个方面[①],在提升治理能力的基础上,突出强调回应社会需要的自治与合作治理。多元主义规制理论是在现代治理理论基础上发展出来的新生理论。两者不仅追求的价值目标一致,而且在基本理论内涵上具有共通性,均以社会控制体系中的"软法规制"和"合作规制"为重点,并有效回应现实需求。其中"软法规制"是指以不具有国家强制力的组织制度、行业规则、固有习惯等为代表的行为规范为约束标准,突出强调依靠自主、自觉、自律、自治的民主力量实现表达权的合理"软"规制。"合作规制"则是要求改变原先政府规制与司法规制二元规制模式,广泛吸纳以各级各类党组织、行业组织、媒体机构、网络平台等为代表的社会组织机构,发挥合作互动参与表达权规制的合力,推进表达权规制的高效性、可接受性。回应型治理重在强调,以法律所欲实现的目的为导向,以规则所蕴含的实质价值为依归,不局限于以法律程序为中心的封闭规则体系中。而是要既注重国家法律规范的重要地位,也要发挥其他社会规范和网络技术架构等多种治理方式的作用,尊重利益的多元和文化的多样。放在表达权规制上,即倡导针对以民主监督为本质目的的表达权,在权利规制中应当以维护其民主监督功能为基础,避免不顾及民众实际需求的"硬父爱主义"规制理念,充分回应民众实际需求,采取更为科学、合理的规制举措。

具体而言,"软法规制"和"合作规制"理念是多元主义规制的基础,着重立足于规制方法领域;"回应型规制"是多元主义规制的进一步追求,立足于目标原则领域。在这一理念内涵上产生的多元主义规制不仅为政府

---

① 参见郭春镇、马磊:《大数据时代个人信息问题的回应型治理》,《法制与社会发展》2020年第2期。

调控社会秩序提供了新的可行路径,其内在精神和特质也为网络数字时代日趋多元化的权利规制提供了新的思路。

第六节　网络表达多元主义规制的实施路径

多元主义规制为网络表达治理提供了一个新的治理模式。这一构想的实施应从形塑规制结构、确立规范依据、实现多元主体协同三大方面具体推进。其中,"金字塔式"的规制结构是多元主义规制的骨骼,科学借鉴多项规则,实现多主体的协同共治是多元主义规制得以推行的血肉,主要包括创新政府监管方式和发挥平台的事先核查功能两大内容。

(一)塑造回应现实的"金字塔式"规制结构

规制空间理论指出,规制权的享有和实施需要相关的资源,这些资源呈现出分散化或碎片化的状态,伴随着规制权威与责任分散于多个公私组织之间,但与政府权力不具有绝对的关联性,不存在对规制权力的垄断,且这些组织存在国别差异。① 这也就说明在表达权的规制中,不同国家背景会有不同的官方或民间主体构成规制主体来分割规制空间内的资源。多元主义规制旨在根据不同规制主体的特征充分发挥各自的规制效用,在特定规制空间进行责任划分的多主体规制。值得注意的是这种多元主义规制并非是各主体处在同一规制效力等级上的规制,而是存在一定位阶与兜底关系的。这主要是在于非政府主体规制在权威性与强制力上的不足难以实现权利规制治理的全部需要,同时由于表达权在内容指向上以言论自由的宪法性权利为主要构成,同国际上通行的法定权利——"表达自由"相近似。

表达权虽然为我国特有的政策性公民权,但按照回应型治理强调的

---

① See Leigh Hancher and Michael Moran, Organising Regulatory Space, In: *Capitalism, Culture, and Economic Regulation*, Leigh Hancher, Michael Moran, Clarendon Press, 1989, p.272.

"法治不应被局限于以法律程序为中心的封闭规则体系中,而应该以法律所欲实现的目的为导向,以规则所蕴含的实质价值为依归",[①]表达权仍需以法律规制为权利规制的兜底形式,遵循依法治国的基本理念,发挥法律规制在国家治理中的兜底效用。因此在表达权的多元主义规制模式应当采取以行业规制、媒介规制、网络运行机构规制为基础,以法律规制和行政规制为主体,以党的政治领导规制为顶层调控,遵循回应型治理理念的多元主义规制金字塔模式(如图4-3)。此时,规制的主体不再集中于以法律程序为中心的封闭规则体系中,而是依据表达涉及的内容、程度是属于客观事实的传播还是主观意志的传递,表达的形式和传播的途径处于何种阶段,是否合法等,按照规制的紧迫性与强制的必要性依次由社会组织主体—政府主体—国家法律进行规制。

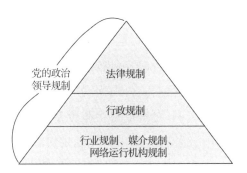

图4-3　多元主义规制金字塔模式

(二)完善法律规定吸纳多元规则为规范依据

多元主义规制的一个重要方面是规范依据的多元。既需要发挥法律的核心规范工具作用,牢固坚守法律的秩序底线,还需要充分吸纳网络规范、习惯、平台规则等多元社会规范作为辅助制度工具有效填补法律空白,形成共存共治的多元规范结构。

一方面,始终坚持以法律规范为核心的基本原则,完善相关网络监管

---

① 郭春镇,马磊:《大数据时代个人信息问题的回应型治理》,《法制与社会发展》2020 年第 2 期。

法律。自 1996 年以来,全国人大、中宣部、国务院新闻办、公安部、工信部等 14 个部门出台的网络监管法已超 60 余部,我国也成为在该领域进行法律规制最多的国家,涉及事前、事中、事后多个阶段。但目前关于舆论引导与监督的法律规定相对分散,《民法典》《侵权责任法》《信息公开法》《网络安全法》《互联网信息服务管理办法》《刑法》中均有部分涉及,尚不能满足系统化建构网络表达秩序的要求。因此,在网络表达治理领域迫切需要通过专门立法的形式创设一部专项规范网络表达的法律法规,以借助专项立法的形式加强舆情治理的科学性、精细性、可操作性。① 在科学化推进网监部门网络舆论监控,形成体系化规约的同时,应加强对公民网络表达限度的把控。需要注意的是言论自由及其限度问题一直是基本人权讨论中的重点议题,通过实名制的方式间接约束网民言论自由一度饱受争议,存在规制表达与个人信息获取、隐私保护间的平衡如何掌控的问题。这种以专项立法的形式对表达限度作出的规约并不绝对性地要求公民实现实名制表达,或对表达内容进行制式化的统一筛选,而是要在坚守刑法的"谦抑性"原则,避免造成公民表达"寒蝉效应"的基础上,考虑在网络表达规制的专项立法中,对言论自由限度及违法处罚、网络表达与科学监督的权利范围、方式、限度等作出具体规定。将原有通过党的文件对表达权予以确权的方式调整为通过国家法律形式对表达权予以确权,使表达权被确立为一项正式的法定权利,并指明其作为法定权利的界限与违法处罚。对此,2014 年和 2019 年颁布实施的《即时通信工具公众信息服务发展管理暂行规定》《网络信息内容生态治理规定》在完善法律规制上迈出了重要一步,但仍有待于持续推进专项立法。

另一方面,以社会规范、平台规则为辅助,科学发挥其在网络表达秩序构建中的制度工具价值。徒法不足以自行。网络法律规范的不灵活、不健全,完善立法的高成本与落实执行上的不精细必然要求有新的制度规范辅之以补充。这就为以群体性道德规范为价值追求,以个体违反规

---

① 参见成立文:《治理现代化视域下突发公共实践舆情治理》,《观察与思考》2021年第 2 期。

范时自发产生的羞愧、罪过等心理的"内化"机制和个体遵从规范而在所处社群预警中获得奖励的"激励"机制为保障机制[①]，规范个体行为与决策的社会规范提供了存在的可能和作为补充性制度工具的空间。反映特定预期的集体规范是社会规范的典型代表，在网络表达秩序的构建中最具影响力的社会规范主要包括网络规范、网络习惯、惯例等。从上文提到的《微博客信息服务管理规定》关于辟谣的规定经过施行的经验总结吸收进法律规定的现象可见，网络规范的灵活应用可以作为先行先试的制度工具，在存在空白规定的领域，为相关法律规定的出台提供基础。

当然，也不能完全将社会规范吸纳进法律规定中，事无巨细的法律规定看似实现了法律的精细化，实际上不仅加大了立法和执法成本，也会让用户产生"寒蝉效应"，极大限度地降低表达的意愿。这种舍本逐末的做法将背离国家通过规范网络表达形成良好表达秩序、有效践行民主监督的初衷。从对制度功能的剖析上来看，网络法是网络表达秩序的制度环境，网络规范是用户的理想规约形式，彼此间的干预与回应使二者形成某种动态均衡。对此有学者曾提出通过构建社会信用体系的方式将以影响用户"网络信誉"与适用权限的网络规范纳入网络治理的正式制度体制。[②] 这不失为一种可行的途径，用网络规范补充法律的空白，用法律规定补强社会规范的约束力。

值得注意的是，虽然平台规则在效用不断扩张下逐渐发展为网络规范与网络契约的共有子集，但本质上仍是一种格式合同，以促成平台与用户间的契约关系为目的。在构造理性表达秩序的同时更多考虑到平台企业的利益，是从最低成本最大收益实现评估秩序管理的角度出发制定的规则。所以，对于并不完全以谋求民众福利最大化为宗旨，兼顾私人企业利益的社会治理规范而言，在发挥平台规则符合"公共善"领域的规范效能的同时，还需将平台规则对表达秩序的构建权限控制在合理的范围内。

---

① 参见戴昕:《重新发现社会规范:中国网络法的经济社会学视角》,《学术月刊》2019 年第 2 期。

② 参见戴昕:《重新发现社会规范:中国网络法的经济社会学视角》,《学术月刊》2019 年第 2 期。

在处理用户网络表达纠纷时,始终以法律和行政法规的规定作为处理依据,防止平台规则适用上的利益偏颇。

(三)科学履行行政主管部门的网络监管职能

政府行政规制是网络表达治理的基本方式,主要借助政府网络宣传部门的纪律约束与主管单位的监督执法对网络表达进行事后监管规制。网络表达的多元主义规制模式在原有政府行政规制的基础上,突出多元主体在网络表达规制中的协同合作。此时,政府不应再是唯一的规制主体,而是立足于回应型治理理念,突出发挥其在网络治理中"助推"监管的"软权力"功能。这就要求将原有通过官方权威性压制的政府监管与规制过程,调整为注重公私互动、及时回应引导的协作治理过程。作为国家和社会治理的主体,政府在应对网络表达规制中应秉持民主理念,突破固有的"唯一中心"思维,重新定位政府职能,尝试将网络表达规制推向"扁平式"多元规制的方向发展。① 面对颇受民众关注甚至可能引发网络舆情的事件,政府在进行网络监管中需科学履行自身职责,从扩大舆情信息获取的公开性出发,给予民众在有效获知舆情事件实情基础上理性表达的土壤,改变先前强硬阻断信息传递,避免采用切断民众表达途径的"存疑一刀切"式的治理方式。而是选择通过推进科学的引导与监管机制,主动融入民众舆论,创新行政主体监督引导方略,实现科学监管。具体展开则包括这样几个方面:

第一,在前期监管中保障可能引发网络舆情事件本身的信息公开。依照新闻事件随时间推移热度会逐渐下降的基本规律,即新闻传播学研究上著名的"黄金四小时理论"②。在可能引发舆情的社会事件处理上政府监管部门需有效把握舆情处理的时间,必须充分抓住舆情信息控制与传播的时效性。政府作为地方权力中枢,维护地方稳定,妥善进行网络表

---

① 参见汪旻艳:《网络舆论与中国政府治理》,南京师范大学出版社 2015 年版,第 44 页。

② "黄金四小时理论",即是指新闻事件在曝光后的四小时内受到关注和评论数量最多,随后会随着时间的推移,新闻热度逐渐下降。

达监管的最好方式绝不是避而不谈地封锁消息,或是简单以传言不实为由进行打压,否则将造成民众对压制性监管产生预警过度,而是尽量在网络表达可控的早期最真切地公布事件实情,以信息透明规避民众肆意猜测,防止民众在信息获取偏颇的情况下造成表达内容的严重失实。

第二,提高网络信息监管效率,改善网络信息监管相对滞后的现状。政府具备强大的网络信息掌控力,在网络表达治理中应充分发挥政府信息掌控与国家管理执法的基本功能。通过不断提升网络监管技术,实时关注网络舆情的最新动向,第一时间回应民众表达的困惑,最大限度地保障表达内容与真实情况的恰切度。具体来说,可以根据相应关键词在网络平台的检索频率,及时将颇受关注和网民讨论的内容反馈至网络监管机构的监管系统中,通过数据处理与人工核实相结合的方式,及时从形式与实质层面核查表达信息的真伪,以及是否存在可能危害国家安全稳定、涉嫌分裂势力等的表达。再根据实际需要,采取限制传播或借助官方平台统一声明的方式,交由政府相应部门进行后续处理。

第三,考虑创新网络表达治理的预先参与机制,主动融入民众早期舆论表达。当前行政监管的事后规制机制通常需要耗费较大的司法成本和危机公关成本,因此,可以考虑通过派驻擅长发现与引导网络舆论的舆论学、传播学专业人士,作为网络监管的社会力量,着重负责在网络舆论产生的前期阶段(舆情危机演化的潜伏期)参与网络表达讨论。通过早期的动态观察和参与讨论,将政府与利益集团的话语权博弈的时间节点从过去已然引发不当舆情提前至舆情未然阶段,大幅度地降低网络舆情治理的成本。以先发制人的优势防止利益集团利用恐慌情绪或追求正义的道德价值,进而诱导人民群众在自主意识不健全时盲目偏听脱离实际的社会舆论。[①] 通过舆情监督者对于早期舆情动态的观察与参与讨论正确引导舆情发展方向,避免产生网络空间的意识形态危机,使本该体现民众民主思想与观点的网络舆论场,沦为利益集团权力博弈的阵地。由于对前

① 参见成立文:《治理现代化视域下突发公共实践舆情治理》,《观察与思考》2021年第2期。

期舆论引导者舆论把控敏感度和专业性的高要求,目前仅省级以上政府
具备专项监管的人力储备和物力条件,省级以下的市、区、县等政府网络
舆情监管的部门人员配置不够,需要及时改进缺少相对完整的舆情监控
责任单位与人才的现状,加大对舆情监管机制完善、设施升级、人员编制
增加的重视。当然,这种网络表达治理的预先参与机制并非置政府于舆
论胁迫者角色,将表达禁锢于特定的牢笼,形成无异于官方报告注解的统
一"官方舆论次生品",抹灭民众意见表达。① "各抒己见""和而不同"是
网络表达监督的本质特征。科学的政府网络监管应当是在充分保障公民
表达权的基础上,给予民众一定的自由表达空间,建造一个舆情"高速公
路检验场"。通过寻求早期话语博弈势力的平衡,避免普通网民受到利益
漩涡波及下的虚假信息影响,给予公众舆论以更为客观真实的发展空间。

(四)充分发挥网络平台的事实核查与事前规制作用

在新规制治理的多元主义规制体系中,国家法律体系通常具有次要
的非核心地位②,是在非政府机构规制难以实现有效规制时才予以强制
规制兜底。以网络媒介平台、第三方规制核查机构及社会组织等为代表
的非政府机构由于缺少执法权和国家强制力,在表达权多元规制中的功
能将更多应用于表达事实真实性核查和促进表达主体自律的事前规制预
防领域。

第一,在表达内容的事实核查方面。网络表达的内容主要包括客观
事实和主观意志两个层面,相对于主观意志的多样性,尊重事实是公民行
使表达权的基本条件,罔顾"事实"的表达不在表达权的保障范围内,如若
存在违法事项需承担相应法律责任。③ 在网络表达治理的事实核查过程

---

① 参见成立文:《治理现代化视域下突发公共实践舆情治理》,《观察与思考》2021
年第2期。

② See Marc Galanter,"Justice in Many Rooms"in:Mauro Cappelletti(ed),*Access
to Justice and the Welfare State*,Springer,1981,p.164,转引自 Christine Parker,*Just
Lawyers:Regulation and Access to Justice*,Oxford University Press,1999,p.65.

③ 参见李丹林、曹然:《新媒体治理视域下的表达权规制研究》,《山东大学学报(哲
学社会科学版)》2019年第4期。

中,非政府机构基于分支机构多、应用范围广、调配成本低等特征,更易于发动广大网民等网络查找力量寻求事实真相。尤其是以寻找、查证"事实"为工作要旨的第三方规制核查机构在事实审查上具有极大的发展潜力。美国在 2008 年就将第三方事实核查机构运用至总统竞选的重要言论真相核查中,以验证政治人物言论表达的真实性与可靠性。随后还成立了 PolitiFact 作为第三方核查机构负责专项检察官僚政客及相关组织在演讲、新闻报道、网络言论发布上事实内容陈述的验证工作。除政治人物及组织的表达核查外,还有以 Snopes 公司为代表的第三方机构负责对普通网民就社会热点事件的网络核查与辟谣。虽然由于国外多元化的政党生态背景容易使得核查机构在政治核查上具有一定的党派主张倾向,但在我国中国特色社会主义政党体制中,政治意识形态选择相对稳定,引入第三方事实核查机构通过设置是否危害国家安全、是否损害公共利益等标准进行类归梳理,形成高效率的审查"分级系统"对网络表达内容的核实与监督或将取得更佳效果。目前,我国以腾讯为代表的网络平台企业正尝试在自身现有"规制平台"的基础上同第三方机构合作,共同推进非政府主体在网络表达上的第三方核查监管规制。未来可以进一步发挥第三方事实核查机构规制网络言论表达"事实"核查确认的标准尺度功效,在网络表达规制中寻求到保护表达权行使与避免网络谣言滋生、舆情泛滥的折中方案。

第二,在提高主体自律的事前规制方面。相较于法律规制与行政规制以事后判断机制为主,非政府机构的规制通过形成媒介传播行业自律、能够在由于表达不当产生舆情的事前监管及内容信息的事前判断规制上具有更重要的作用。这里包括网络行业规制、网络媒介规制、第三方规制和社会组织规制。在传统的街角表达权行使中,媒体承担着舆情演化的事前把关人角色,而在网络表达时代,表达的广域性、表达主体的匿名、表达机会的平等和传播的即时性、互动性,进一步加深了对事前表达规制的迫切需要,而在此过程中网络服务平台作为网络传播表达媒介的网络服务机构,在事前判断上具有先导规制的重要作用。2020 年正式实施的《网络信息内容生态治理规定》除对网络信息内容产生者的权利义务予以细化规定外,还分别在第三章、第四章、第五章就网络信息内容服务平台、网络信息内容服务使用者、网络行业组织的权限与责任进行规约。重点强调发挥此类社会组织在网络表达传播生态治理、形成健康文明的网络环境、建立完善的行业自律机制①中的作用。具体来看则是要首先强化网络行业组织的责任感,进一步细化以行业自律、网民自律的规制机制,通过网络评价系统的奖惩机制促进网络自律形成。其次,通过网络媒介平台的权威报道与澄清曝光,对相近事件的网络表达传播起到教育预防作用。最后,在网络信息服务平台的传播中设置一定的推广权限,借助算法技术实时跟踪涉及敏感词汇的传播力度,在网络舆情产生的早期进行有效规制。

本章小结

保障网络舆论场域的和谐稳定,确保公民表达权科学合理行使,形成绿色网络监督环境,是构建社会主义和谐社会,维护国家平稳较快发展的重要支持。网络数字时代所带来的沟通上的便捷与信息传播的高效,虽然拉近了人与人之间的距离,但也无形中为维护国家稳定,避免因不当网络表达滋生网络舆情带来了挑战。党的文件及宪法法律对公民表达权的保障重在充分发扬民主精神,借助民智实现合理监督,以营造一个社会主义和谐社会。但这也并非意味着表达权的行使不受任何限制。面对多元开放、传播迅速、各种利益相互博弈的网络世界,科学合理规制网络表达,是保证网络舆论场域的内在稳定,发挥公民表达监督正向价值的应有之

---

① 《网络信息内容生态治理规定》第 8 条规定:"网络信息内容服务平台应当履行信息内容管理主体责任,加强本平台网络信息内容生态治理,培育积极健康、向上向善的网络文化。"第 9 条规定:"网络信息内容服务平台应当建立网络信息内容生态治理机制,制定本平台网络信息内容生态治理细则,健全用户注册、账号管理、信息发布审核、跟帖评论审核、版面页面生态管理、实时巡查、应急处置和网络谣言、黑色产业链信息处置等制度。"第 27 条规定:"鼓励行业组织建立完善行业自律机制,制定网络信息内容生态治理行业规范和自律公约,建立内容审核标准细则,指导会员单位建立健全服务规范、依法提供网络信息内容服务、接受社会监督。"

义。相较于过往以行政规制与司法规制二元互换的规制模式,多元主义规制更有助于实现网络表达的"善治"。本章虽然在构建网络表达多元主义规制的复合型框架的基础上,提出了借助"软法规制"与"合作规制"的基本理念,以"回应型规制"为价值导向,在进一步完善现有法律规制与行政规制的缺陷、充分发挥网络平台事实核查与事前规制作用等方面提出相应建议,但关于网络表达多元主义规制的具体实施机制的探讨仍较为粗浅,通过对网络表达的合理规范,保障公民更充分地享有表达权将是一项长远而艰巨的工程,有待后续进一步深入挖掘。

疫情防控下"网络表达权"异化及其治理

2020 年初,一种官方名为 COVID-19 的新型冠状病毒肺炎(以下简称"新冠")在全国乃至世界范围内蔓延。在新冠肺炎疫情(以下简称"疫情")治理过程中,基于阻断病毒传播与控制疫情的需要,地方政府对社会流动进行科学管控,以减少非必要性接触和聚集。[①] 在非常态条件下,国家借助强有力的政治动员与组织协调,引导公众的生活方式服务于治疫目标,居家隔离、居家办公、居家教育等新型生活方式逐步成为疫情防控期间人们习以为常的生活状态。由于人口流动限制与空间封闭导致基本信息获取渠道不畅,网络成为公众获取、传递疫情相关信息,参与公共话题讨论并表达见解的主要途径。互联网在实现公共表达便利化、低成本化、效率化的同时,也带来了诸多现实问题。一方面,民众对病毒的传染性、致命性、临床症状、传播途径等信息知之甚少;另一方面,疫情暴发时间节点临近春节,疫情风险的不确定性、暴发的突然性以及每一个人对自身生命健康安全的本能性关注等因素交叠,导致了一定程度的恐慌与焦虑情绪,这在客观上能够引发人们对疫情发展态势等信息的聚焦,更容易造成社会动荡,引起连锁反应与不良影响。[②] 在疫情防控期间,网络上充斥着为数众多的虚假性、误导性信息,这些消息带来了社会不稳定因素,加剧了民众非理性决策,并阻碍社会合作与共识的建立。

---

① 参见《关于重申疫情防控期间减少公众聚集性活动的通知》,http://www.hlj.gov.cn/zwfb/system/2020/02/26/010920253.shtml,下载日期:2020 年 7 月 5 日。

② 参见孔泽鸣:《疫情事件引发的媒介恐慌与现代化治理》,《云南社会科学》2020 年第 3 期。

　　在网络媒介上发布、转发以及评论同疫情相关的信息，是公众针对公共事件及其治理活动，通过行使"网络表达权"同外界建立联系，向外界传递消息，以及与之相伴随的个体情感、观点、看法等内容的一种富有目的性的行为模式。"网络表达权"是表达权嵌入网络结构与传播媒介所衍生出的一类展现宪法基本价值与权利内容的权利形态，具有表达权的基本特征。在中国特色社会主义宪制框架及其权利体系中，表达权的建构逻辑表现为政治话语对宪法性权利的改造与整合，是政治系统与法治系统相互融合、协调所形成的"本土化"权利类型，权利本身带有准权力性、整合性、政治意志性等显著特征。"网络表达权"能够有效增进民众对公共事务的积极性与参与度，提升信息公开的效率、透明度以及治理民主性，并能够对行政权力与公共决策形成较为充分的监督作用。对于这样一种新型权利形式，理论界的直接讨论并不太多，更多理论成果聚焦于针对"网络表达权"的上位概念，也即"表达权"及其保护和规制问题的讨论。①当前已发表的涉及"网络表达权"的理论成果更多是以某一法律制度规范、特定司法事件或者常态化的网络表达场景为切入点，对"网络表达权"进行的展现出一定目的性、应然性的理论建构。例如，有学者讨论了司法实践中网络匿名权的冲突及其平衡问题②；有学者以网络实名制度为切入点，研究了网络匿名表达权的宪法保护问题③；有学者集中探讨了常规政治生活中网络政治表达权的法律保障机制构建问题④；有学者从刑事规范的角度，基于法教义的立场思考了"网络表达权"规制的理论进路与

---

　　①　借助中国知网系统，在"篇名"条件下，对"表达权"与"网络表达权"两个关键词进行检索，截至 2021 年 2 月 22 日，涉及"表达权"研究的学术论文共检索到 190 篇，而涉及"网络表达权"研究的学术论文共检索到 28 篇。

　　②　参见路鹃：《网络匿名表达权在司法实践中的冲突与平衡》，《西南政法大学学报》2018 年第 6 期。

　　③　参见杨福忠：《公民网络匿名表达权之宪法保护——兼论网络实名制的正当性》，《法商研究》2012 年第 5 期。

　　④　参见管人庆：《论网络政治表达权的法律保障机制——以匿名权为核心视角》，《社会科学辑刊》2012 年第 2 期。

方案①；还有学者讨论了明确"网络表达权"的边界与实现网络信息生态治理目的之间的逻辑关联。②

然而，现有研究缺乏对紧急状态等非常态化情境中的网络表达及其权利异化现象进行整体性、回应性分析。在诸如新冠疫情等突发紧急、非常态公共治理环境中，公众"网络表达权"的行使过程会受到诸多条件与因素的限制和影响，疫情影响结果的不确定性所产生的情境效应使"网络表达权"异化现象及问题更加凸显，并成为阻碍疫情防控持续取得进展与成效的可能障碍。学界需要对这一问题进行理论回应，讨论问题的治理之道，并为"网络表达权"乃至其他新型权利研究提供新视角。

第一节 "网络表达权"：概念意涵与历史沿革

"网络表达权"是一种新型政治权利，是表达权在网络空间的派生性权利形态，属于表达权结合特定场景、空间与领域所衍生出来的权利形式。虽然表达权作为规范概念首先出现在中共的政治文件中，且提出的时间较晚③，但表达权作为一类政治性、整合性、准权力性、监督性权利已经在历史政治生活的场景中得到了广泛展现与充分实现，并随着数字信息技术的革新与网络空间的开放逐步发展出新的权利类型——"网络表达权"。研究疫情防控背景下"网球表达权"异化问题其治理方案的逻辑起点，首先应寻求对"网络表达权"的概念意涵和历史沿革等基础理论问题进行探讨。

---

① 参见李立丰、高娜：《"网络表达权"刑法规制之应然进路——以刑法第二百九十一条第二款之立法范式为批判视角》，《苏州大学学报（哲学社会科学版）》2016 年第 6 期。

② 参见熊文瑾、易有禄：《论网络表达权的边界——以实现网络信息内容生态治理为目的》，《江西社会科学》2020 年第 8 期。

③ 有学者通过考察世界宪法文本，总结出涉及表达（言论）这一自由形式所使用的十多种称谓，这其中并不包括"表达权"的概念表述。参见黄惟勤：《互联网上的表达自由：保护与规制》，法律出版社 2011 年版，第 1 页。

（一）"网络表达权"的概念意涵

"网络表达权"隶属于表达权权利体系，是表达权在网络空间与数字技术条件下所衍生出的一项子权利。因而，对"网络表达权"概念的内涵与外延的理论建构首先需要将其置于对表达权的整体性解释基础上，并深刻把握两者间的逻辑联系。

1. "网络表达权"的内涵

《现代汉语词典》将"表达"一词解释为：表示（思想、感情）；"表"即外部、外面，"达"即通，四通八达。基于该项解释，"表达"可以理解成将人的思想、情感、精神通过一定方式得以展示和呈现的行为及其过程，是人基于交际联系、传递信息等目的，将其内在性的感受、体会、情绪转化为外在性、可识别性的信息，让他人或社会知晓的一种行动方式。而表达权在形式上则是对"表达"基于特定目的与功能所进行的权利化、政治化塑造。在中国特色社会主义宪制结构之中，表达权可视为基于中国政治背景及其实践所生成的，展现宪法精神与基本价值的，中国特色社会主义权利体系中的"独创物"，在推进民主参与、政治表达、权力制约等方面扮演着重要角色。"网络表达权"可以视为表达权在网络空间效力的延伸。"网络表达权"的概念内涵主要表现在两个方面。

一方面，"网络表达权"吸纳了表达权概念内涵的基本内容。表达权是公民通过一定方式的民主参与，表达对公共事务治理与政府公共管理活动的态度、看法、批评以及建议，并旨在传播、让他人或者社会知晓的政治权利。这里的"一定方式"不仅包括口头发表意见的形式，还包括书面、肢体、电影、网络、广播、电视以及集会、结社、游行、示威、请愿等可以展示思想的形式。① 因而，"网络表达权"可以定义为：公民通过网络平台与数字媒介的方式进行民主参与，表达对政治事务、公共事件、政府管理活动的态度、观点、诉求，并旨在传播、让他人知晓或者社会知晓的政治权利。有学者将"网络表达权"界定为：公民在网络空间上，自由有序传递自己声

---

① 参见黄惟勤：《互联网上的表达自由：保护与规制》，法律出版社 2011 年版，第 9 页。

音、发表看法的权利。① "网络表达权"在理论上体现为扩大公民政治参与机会和途径的权利安排,公民将内心中对于政治公共事件与行政管理活动的想法、意愿、诉求等精神(思想)活动向外界进行展示的政治权利,是公民实现政党、国家及社会治理过程的民主参与、民主决策、民主监督等政治利益的权利形式。在日常政治与社会生活中,这种内心思想活动的外部性表达通常借助网络言论的方式来实现。

另一方面,"网络表达权"在权利价值上奉行"相对规制主义"的价值理念。"相对规制主义"理论主张为了公共利益可以适当对基本权利进行限制。我国《宪法》第 51 条规定:"中华人民共和国公民在行使自由和权利的时候,不得损害国家的、社会的、集体的利益和其他公民的合法的自由和权利。"这直观展现了权利建构及其实现所应当遵循的相对规制主义宪法价值。"网络表达权"关注政治参与对于国家和社会的积极意义,并寻求在个人政治表达意愿与公共利益之间保持平衡,这区别于西方权利体系意义下的表达自由或者言论自由。在西方权利话语中,政治领域的言论自由在价值层面展现出绝对主义导向。② 表达自由虽然同样坚持相对规制主义的权利建构理路,但其中融入了绝对保护主义的价值内容,主张对涉及公共话题的集体行动领域的言论给予绝对保护。③

2. "网络表达权"的外延

"网络表达权"是一个外延内容丰富的概念体系,整合了各种权利形式。"网络表达权"的外延范围不仅包括了我国《宪法》第 35 条所规定的言论自由的权利内容,又全面吸纳了《宪法》第 41 条规定的批评、建议、控告、检举等监督性权利内容。其中第 35 条采用的"公民有言论、出版、集

---

① 熊文瑾、易有禄:《论网络表达权的边界——以实现网络信息内容生态治理为目的》,《江西社会科学》2020 年第 8 期。

② 参见[美]卡尔·科恩:《论民主》,聂崇信、朱秀贤译,商务印书馆 1988 年版,第 140~145 页;[美]安东尼·刘易斯著:《言论的边界:美国宪法第一修正案简史》,徐爽译,法律出版社 2010 年版,第 171~173 页;左亦鲁:《超越"街角发言者":表达权的边缘与中心》,社会科学文献出版社 2020 年版,第 6 页。

③ 参见[美]亚历山大·米克尔约翰:《表达自由的法律限度》,侯健译,贵州人民出版社 2003 年版,第 26~45 页。

会、游行、示威的自由"的句式，展现了以个体对政治言论自由权享有为核心的内容结构，被认为是以人权理论为基础的个人自由条款。[①] 言论自由旨在推进与保障政治言说者的利益，[②]并激发政治热情与想象。言论是人的基本自由权利，是"网络表达权"最为基本的表现形式。有学者将表达权界定为："以言论为中心，涵括众多持有和表达主张的权利；既包括表达、传递信息和思想的自由，也包括寻求、接受信息和思想的自由；不仅包括表达权利和自由本身，而且包括利用各种媒介和渠道的权利和自由。"[③]此种理解将思想信息表达、传递、接收的自由，以及表达权本身及选择不同媒介表达的自由，均视为围绕言论自由所建构的权利形式。言论自由构成"网络表达权"基本权利内容。

此外，"网络表达权"在政治层面更多表现出以对公共利益满足和公共事务参与为指向，强调"网络表达权"对个人参与国家、社会事务管理的意义。"网络表达权"赋予公众在网络平台对公共性事务和事件表达意见，监督公权力的权利及自由，表达意见的政治自由在具体实践中主要表现为对国家机关提出批评与建议的监督行为[④]，这涉及《宪法》第41条规定的批评、建议、控告、检举等监督性权利。"网络表达权"事实上也吸纳了批评、建议、控告、检举等权利要素及内容，网络媒介与技术提供了权利实现的基本方式，无论是批评权还是建议权，抑或检举控告权，都是通过借助诸如网络语音、网络视频、网络直播、网络图片、网络文字（符号）等网络形式、技术方式与内容表达途径予以实现的，这些都构成"网络表达权"的基本权利内容与表现形态。

3."网络表达权"的权利特征

"网络表达权"是表达权的数字化形态与延伸，是表达权嵌入网络结

---

①　参见徐会平：《中国宪法学言论自由观反思》，《学术月刊》2016年第4期。

②　参见［英］雷蒙德·瓦克斯：《读懂法学》，杨天江译，广西师范大学出版社2016年版，第431页。

③　张燕、徐继强：《论网络表达自由的规制——以国家与社会治理为视角》，《法学论坛》2015年第6期。

④　参见许崇德：《中华人民共和国宪法史》（上册），福建人民出版社2005年版，第242页。

构与数字媒介,并利用网络技术及其基础设施在数字空间中发挥效力所衍生出的权利形态。其内在属性在充分吸纳表达权的权利特征的基础上,又进一步展现出一定的独特性、专属性内在特征。

其一,"网络表达权"具有鲜明的政治性特征,是公民网络政治参与和意见表达的政治权利形式。表达权权利定位的政治色彩塑造了"网络表达权"的权利特征。在中国特色社会主义权利体系中,表达权作为规范概念仅存在于党和国家政治文件及党内法规中。[①] 例如,2006 年党的十六届六中全会公报中提出,"依法保障公民的知情权、参与权、表达权、监督权"[②],这是党的政治文件中第一次明确提出表达权概念。2017 年党的十九大报告提出:"完善基层民主制度,保障人民知情权、参与权、表达权、监督权"。党的十九届四中全会提出,要健全人民当家作主制度体系,发展社会主义民主政治,"巩固基层政权,完善基层民主制度,保障人民知情权、参与权、表达权、监督权。"中央党内法规《中国共产党党员权利保障条例》规定了党员所享有的知情权、参与权、表达权、监督权等 13 项党内政治权利。[③]《中国共产党国有企业基层党组织工作条例(试行)》第 17 条明确规定要"保障职工知情权、参与权、表达权、监督权,维护职工合法权益"。在上述文件中,表达权均被放置于公民民主政治权利的基本范畴中而获得保障。"网络表达权"是公民利用网络信息技术,在网络平台等数字空间上针对公共事件发表看法与意见,并对公告决策及权力进行监督的衍生性政治权利。

其二,"网络表达权"具有整合性特征。表达权"是公民实现对国家的

---

① 虽然有学者主张表达权也受到宪法保障,体现了宪法价值,但我国宪法文本并没有使用"表达权"这样的规范概念。参见管人庆:《论网络政治表达权的法律保障机制——以匿名权为核心视角》,《社会科学辑刊》2012 年第 2 期。

② 参见《中共中央关于构建社会主义和谐社会若干重大问题的决定》,http://www.gov.cn/govweb/gongbao/content/2006/content_453176.htm,下载日期:2020 年 8 月 7 日。

③ 《中国共产党党内法规制定条例及相关规定释义》,法律出版社 2020 年版,第 36 页。

参与权、监督权、抵抗权的主要手段"①,是对各种宪法领域下政治权利要素的吸纳与集成形态。如同表达权的权利结构一样,"网络表达权"的结构内容也是经由宪法权利条款(我国《宪法》第 35 条言论自由权、第 41 条监督性权利)衍生而来,整合了宪法性权利的规范价值,蕴涵着宪法基本属性与价值理念。"网络表达权"的功能在于增进政治互动、治理民主化与社会利益的实现,因而"网络表达权"可以视为官方话语对于宪法性权利概念的政法化改造与活用,宪法权利价值寓于其内,是政治系统与法治系统相互融贯、协调所形成的权利产物。

其三,"网络表达权"具有准权力性特征。基于表达权的政治性特征,有学者认为其具有准权力的政治属性。② 因而"网络表达权"同样也可视为一种借助政治方式所塑造的"准权力"形式,属于网络权力的一部分,"网络权力的本质其实就是人民通过互联网行使舆论监督权"。③ "网络表达权"是赋予公民监督力量以抗衡国家"利维坦"的"网络权力"类型,并获得国家政治强力与法制强力的证成、背书与保障。它鼓励公众在网络空间进行有序的政治参与,从而服务于公共利益需要和目标。

其四,相较于表达权,"网络表达权"还具有一些其所特有的、专属性的内在特征。"网络表达权"在一定程度凸显出自媒体在政治表达中的中介功能,由此"网络表达权"蕴涵有自媒体所具有的平等性、匿名性、言论传播的不可控性等特征。④ 其中,平等性意味着"网络表达权"赋予社会成员以平等的表达权利。网络技术降低了民众表达的门槛,每个人都可以利用网络设施向外界传递信息,每个人的"声音"都拥有同等分量。匿名性意味着"网络表达权"行使主体的身份信息逐步模糊化,并被很好地

---

① 参见郭道晖:《论作为人权和公民权的表达权》,《河北法学》2009 年第 1 期。

② 李立丰、高娜:《"网络表达权"刑法规制之应然进路——以刑法第二百九十一条第二款之立法范式为批判视角》,《苏州大学学报(哲学社会科学版)》2016 年第 6 期。

③ 吴青熹:《习近平网络社会治理思想的三个维度》,《东南大学学报(哲学社会科学版)》2017 年第 6 期。

④ 陈丽莉:《论自媒体时代的言论自由》,《中国检察官》2013 年第 8 期。

隐藏起来,"在互联网上没人知道你是一条狗"①,人与人之间互动关系的建构呈现出脱域性与符号性的特点,信息主体的符号化与信息内容的碎片化,使人们可以更容易获取各方面信息,并将被社会角色所抑制和限制的部分想法及看法尽情地表达出来。言论传播的不可控性体现出,"网络表达权"所形成的表达内容具有传播过程不可分辨性与效果不可预见性,想要垄断与控制信息传播是件非常困难的事情。

(二)"网络表达权"的历史沿革

"网络表达权"作为公民的一项重要政治权利,需要有稳定的实现形式、场景与机制,随着经济社会发展与技术进步,人们的表达方式与信息传递模式发生了历史性转变,这为"网络表达权"的形成奠定了基础。在传统无媒介化的时代,表达权的行使通常表现为,在公共对话的具体场景之下,借助口头表达形式向外输送传递政治性信息的过程。在哈贝马斯的定义中,公共对话指的是"我们社会生活的一个领域,在这个领域中,像公共意见这样的事务能够形成。公共领域原则上向所有公民开放……在这些对话中,作为私人的人们来到一起,形成了公众"。② 公共对话场景与表达权实现被想象成"街角发言者"范式,即在都市热闹的街角,一个人站在肥皂箱上向围绕在其身旁的听众发表政治言论与观点。③ 在缺乏中介性传播媒介的技术条件下,人际传播模式就成为表达权实现的主要渠道。所谓人际传播,是指"两个或两个以上的人之间借助语言和非语言符号互通信息、交流思想感情的活动"。④ 表达权实现途径体现为"传播者、

---

① "在互联网上没有人知道你是一条狗"是美国著名杂志《纽约客》所刊登的一幅漫画,漫画的作者名叫彼得·斯坦纳,他在1993年创作了此画,漫画很好展现了虚拟世界人的形象与行为的模糊化。参见金吾伦、蔡肯兵:《在互联网上真的没人知道你是条狗吗?——虚拟实在与物理实在的关系演变》,《自然辩证法研究》2004年第12期。

② [德]尤尔根·哈贝马斯:《公共领域》,汪晖译,载汪晖、陈燕谷主编:《文化与公共性》,三联书店1998年版,第125页。

③ 参见左亦鲁:《超越"街角发言者":表达权的边缘与中心》,社会科学文献出版社2020年版,第1页。

④ 邵培仁:《传播学》,高等教育出版社2008年版,第62页。

信息内容、受（听）众"三要素之间的互动关系，即权利人通过"面对面"的人际沟通传播方式，在少数相对局限的地点，将其对公共事务及国家（社会）治理问题的看法、评论等信息向特定范围和对象进行展示。这种交流、表达与信息传递的方式较为封闭与孤立。①

随着传播技术的革新与发展，一种突破信息空间局限的传播媒介及技术的产生，使表达权的表现形式与实现方式更为多元、效率和便捷，信息表达的传播速度与效率获得大幅度提升，同时还发展出了面向大众传播信息的职业传播者与评论人（包括新闻工作者、媒体人）。与人际传播模式相区别，大众传播模式借助了诸如报纸、广播、有线电视等传统媒介技术与平台将信息传递至社会各个角落，而受众的范围也从特定范围的少数人扩展到不特定范围的多数人。虽然传统媒介的发展有效增强了表达权行使的便利性，但也间接导致了相关领域的专业分工与话语垄断，并非每一个人都可以借用新闻媒介表达其政治观念与看法，新闻界的发展不但没有使普通民众通过报刊、广播电视等新闻媒介获得更多表达观点和意见的机会②，民众角色更多表现为听众或者受众，而非传播者。传统媒介并非为每个公民提供了自由表达的便利及场所，而是为其中的职业传播者以及传播机构垄断公共话语创造条件。在大众传播模式中，"职业传播者与传播机构利用机械化、电子化的技术手段向不特定的多数人传送信息的行为或过程"③使得信息流动的效率加快。即便信息传播范式由人际传播逐步过渡到大众传播，传统性媒介的出现改善了信息流动的局限性，信息的传播速度、覆盖面、广泛性都得到了提升，但普通民众并没有获得参与信息传播过程与充分的表达机会，他们利用传统媒介向社会传递信息的可能性反倒被大大降低。

为普通民众的表达权充分实现奠定物质与技术基础的，是数字信息时代的到来。在这样一个时代背景下，"以二进制编码为核心的数字技术

---

①　参见闫海：《表达自由、媒体近用权与政府规制》，《比较法研究》2008 年第 4 期。

②　［美］新闻自由委员会：《一个自由而负责的新闻界》，展江译，中国人民大学出版社 2004 年版，第 1～3 页。

③　张国良主编：《传播学原理》，复旦大学出版社 2010 年版，第 15 页。

所引起的信息革命自 20 世纪 90 年代以来,方兴未艾,近年来云计算、大数据、物联网、移动互联网等技术的勃兴,掀起了社会生活的全方位变革"。[①] 数字时代实现了信息传播媒介由电子化到数字化,由传统媒体时代到新媒体时代再到自媒体时代的根本性转变。相较于报刊、广播以及有线电视等传统媒体与传播媒介,新媒体主要指依靠互联网技术与媒介建立起来的网络媒体,包括微信、微博、网络直播、手机终端等交互性新媒体形态。[②] 而自媒体则主要凸显普通网络用户在网络信息传播过程中的作用及功能,即利用以博客为代表的网络新技术进行自主信息发布的个体传播主体,是以个人传播为主的媒介方式,例如现代社会中的博客、微博、播客、网络社区、抖音、论坛、BBS 等网络媒介形式均属于自媒体的范围。[③] 以数字技术为支撑的互联网媒介形态(新媒体、自媒体)与技术设施的出现打破了信息传递过程中的知识壁垒与时空局限,提高了交互性,社交活动由实质化形式逐步过渡到虚拟化形式,人际交往与关系建立更加便捷,意见表达也更加自由充分,信息极速传播扩散,公共表达与网络信息呈现"裂变式"传播效应,并能够在短时间内产生广泛的社会影响。

互联网联动世界,每个个体都可参与其中,共享网络设施及数字技术所带来的表达便利、效率、便宜,在线对公共事务发表见解与看法,相关知识信息也廉价易得。"随着互联网的出现,在职业传播者和传播机构之外,普通民众同样可以参与到传播的过程中去。"[④]新媒体时代的到来与互联网的数字革新有效塑造了一个丰富多元的话语表达和信息传播空间,就此而言,网络正在重构政治影响力、拓宽公共空间、提升政治参与,使公民能够有机会涉足那些之前对他们封闭的政治活动,并且打破了前网络时代的话语垄断。[⑤] 在数字时代,每个人都是新闻传播者,每个人都

[①] 陈星、潘勤毅:《"互联网+"时代民族地区版权产业数字化发展及对策》,《中国出版》2016 年第 11 期。

[②] 杜启顺:《新媒体时代隐私权的法律保护》,《中州学刊》2017 年第 10 期。

[③] 卓莉:《自媒体时代下微博反腐的机制研究》,《理论与改革》2013 年第 4 期。

[④] 张国良主编:《传播学原理》,复旦大学出版社 2010 年版,第 15 页。

[⑤] [美]马修·辛德曼:《数字民主的迷思》,唐杰译,中国政法大学出版社 2016 年版,第 7 页。

掌握自主权、话语权和麦克风，网络用户在虚拟空间中扮演着多种角色，不仅是信息的接收者，也是信息的发布者，还可以是信息的转发者。[①]"每个人都是信息释放的源头，网民借助现代网络媒介方式，从不同层面来记述与评判社会公共事件，并开始关注与自己并无直接利益关系的事情。这促使网民的行为具有更多的公共性，为自媒体时代的公众参与提供了更多途径"。[②] 随着表达权延伸并嵌入网络生态中，一种新型政治权利——"网络表达权"被孕育出来，并改变了大众表达权实现的基本方式。网络领域的技术革新不仅给人们带来生活方式与价值观念、思维层面的变革性转换，同样也给政治生活及权利行使带来深刻影响。人们开始普遍、自主地在线对公共事务与政治活动发表观点，展现政治想象力，监督政府及其官员的工作、决策和行为。网民在线充分表达自己的公共关切与诉求，形成了对公权力的强大舆论压力。[③] 网络作为民主媒介，赋予了社会民众以"平民主义"政治表达空间。民主就是"被治者通过参与进行管理，参与决策要求共同的智力活动，因此，要依靠不断地表达和交流事实、主张和观点"。[④] 网络提供了更易接近的表达媒介，让普通民众平等自主参与民主政治过程并获得更多表达机会成为可能。

第二节　疫情防控下
"网络表达权"异化及其成因

疫情事件为我们提供了研究与思考重大突发公共卫生事件中"网络表达权"异化问题成因的现实场景与素材。在疫情防控期间，公众通过行使"网络表达权"实现对地方政府疫情治理活动的监督，在微信、微博当道

---

① 张跣:《微博与公共领域》,《文艺研究》2010 年第 12 期。

② 于建嵘:《自媒体时代公众参与的困境与破解路径——以 2012 年重大群体性事件为例》,《上海大学学报(社会科学版)》2013 年第 4 期。

③ 韦珊珊:《网络政治文化发展的发生学研究》,《人民论坛·学术前沿》2019 年第 7 期。

④ [美]卡尔·科恩:《论民主》,聂崇信、朱秀贤译,商务印书馆 1988 年版,第 125～128 页。

的互联网时代,公民对政府组织、行政官员和公共事务的监督讨论主要表现为首先通过个体发声,进而引发广泛讨论的形式,这产生了难以想象的社会影响力。[①] 在疫情防控场景下,一方面,"网络表达权"赋予公众表达诉求,是监督政府及公职人员行动的有效途径为推动疫情有效治理,改善公共部门服务质量与信息透明度的关键力量。另一方面,"网络表达权"的较低行使成本与较广泛的影响力使其容易被滥用,产生异化效应并引发严重的次生性舆情灾害与社会危机,削弱社会公众的理性认知能力,摧毁防疫成果与努力。"网络表达权"异化是权利人不正确行使或者滥用权利所导致的权利功能丧失问题。"网络表达权"设置的基本功能是保障民意渠道的畅通,提高公共信息质量与全面性,促进公共部门变革并提高效率与服务意识,而不是为虚假性、误导性信息提供传播渠道。

疫情防控期间,部分用户在网络空间表达政治性观点时,在非理性、情绪化、带有主观判断与认知偏见的倾向。部分在网络端具有影响力的人士(如微博"大V"、抖音主播等)为了私人利益或不正当目的,利用网络影响力有意识地调动网民的注意力与参与情绪,以达到操控公共舆论的意图。这一行为及危害性主要表现为:制造以及传播虚假性消息,刻意误导民众、抹黑政府形象、扰乱市场秩序、妨碍治疫工作、破坏社会稳定等。这些表达内容借助网络谣言的形式在网络平台以及社会上广泛传播,并产生了极为负面的影响。网络技术转型变革了人们的表达方式,公众在网络空间对于政治议题与公共治理活动表现出了更为积极的参与意愿,这也使他们更容易受到因"网络表达权"异化而产生的网络虚假言论的影响,并进一步成为这些表达内容的传播者。在数字空间中,每个人都有成为网络谣言制造者、传播者以及受害者的可能。

(一)"网络表达权"异化的表现形式

"网络表达权"异化的结果是导致虚假网络言论并经由传播而产生广

---

① 张燕、徐继强:《论网络表达自由的规制——以国家与社会治理为视角》,《法学论坛》2015 年第 6 期。

泛影响。"网络表达权"异化被认为是导致网络谣言生成与传播的可能原因。当前,学界对于谣言还缺乏一个较为统一的定义。桑斯坦认为,"谣言表示一类言论,这类言论声称某些人、群体、事件和组织机构发生了某些事情。这类言论尚未被证明真伪,却从一个人传向另一个人,其可信度不是因为人们有直接的证据支持它们,而是因为别人也似乎对其信以为真。"①奥尔波特和波斯特曼认为,谣言属于一个"与当时事件相关联的命题,是为了使人相信,一般以口传媒介的方式在人们之间流传,但是却缺乏具体资料以证实其确切性"。② 王绍光则认为,谣言是在人群中传播的未经证实的说法,真假难辨,是一种有意制造出来的流言。③ 周晓虹将谣言定义为:某些人或团体、组织、国家,根据特定动机和意愿,散布的一种内容没有得到确认、缺乏事实根据、通过自然发生、在非组织性传播通路中所流传的信息。④ 而网络谣言在外部形态上体现为网络数字技术嵌入谣言生产与传播过程,两者间的差异主要反映在信息生产、传播与表现方式上。因而,网络谣言是指在网络空间与网民群体中广泛传播流动的,涉及一定利益关系的缺乏事实根据的信息。⑤ 网络谣言具有如下特征:其一,网络谣言是在网络群体中具有广泛流动性与传播性的信息;其二,网络谣言所涉及的是当前人们高度关注的具有重要性与广泛影响性的公共事件;其三,网络谣言是未经权威机构确证的,没有事实依据并具有模糊性的事件信息,但普通受众却容易对此深信不疑;其四,网络谣言制造者具有清醒的意图,网络谣言的传播者在主观上也同样具有目的性。

　　虽然谣言在规范意义上被界定为"内容真伪不明,缺乏事实依据,有

---

　　① ［美］卡斯·R.桑斯坦:《谣言》,张楠迪扬译、李连江校译,中信出版社2010年版,第6页。

　　② Allport G. W., Postman L., An Analysis of Rumor, *Public Opinion Quarterly*, 1947,Vol.10,pp.501-517.

　　③ 王绍光:《知之为知之,不知为不知》,转引自［美］卡斯·R.桑斯坦:《谣言》,张楠迪扬译、李连江校译,中信出版社2010年版,序一。

　　④ 参见周晓虹:《社会心理学》,高等教育出版社2008年版,第236页。

　　⑤ 在汉语词典中,谣言是指那些没有事实根据的消息。参见中国社科院语言研究所词典编辑室编:《现代汉语小词典》(第5版),商务印书馆2008年版,第883页。

待证实的不确定性信息",但在实践层面上,谣言常常被视为缺乏真实性的信息而受到规制,面对网络谣言信息,公权力部门通常的应对策略就是澄清与删除,并运用行政与法律手段对网络谣言进行重点打击。[①] "不信谣、不传谣"成为疫情防控过程中公共治理主体向社会公众所极力传递的宣传口号。[②] 由此,在实践层面,"网络表达权"异化直接导致了虚假性、误导性网络谣言的生成和扩散,阻碍了真实信息传播与疫情治理。疫情防控中"网络表达权"异化的具体表现主要反映在:

其一,制造网络谣言。制造(发布)虚假性、误导性网络谣言是疫情防控期间"网络表达权"异化的主要表现形式。这类网络谣言大多是基于特定目的而刻意编造出来的,内容主要涉及对疫情防控期间所发生的客观事实与事件进行带有明显主观色彩、先入为主的评价,或者歪曲客观事实,捏造与虚构不真实事实,抹黑政府机关及其公职人员形象,攻击政府疫情防控政策与公共治理活动等方面。这些网络谣言借助数字技术与网络媒介向外界进行发布和输出,且能够在短时间内产生广泛影响。还存在另一种情况,少部分网民在行使"网络表达权"的过程中,其表达的内容是通过对不同网络渠道获知的一些片段化、碎片化信息进行重新排列、组合与推导而形成的新的信息内容。这些信息由不完整的信息片段与表达拼凑嫁接而成,带有一定的主观想象与臆测色彩。"网络表达权"权利人制造虚假性、误导性网络谣言的主观状态通常表现为恶意,即行为人具有刻意编造、发布带有虚假性、误导性信息以达到非正当目的的主观恶意。但行为也可能是建立在善意(不知情)的基础上,在这种情况下,行为人对事件真实情况没有切实的了解与掌握,通过对网络上一些碎片化信息的搜集进而推断出某些信息结论,且结论内容涉及其周围亲近的人的重要利益及事项容易引发社会聚焦。谣言缺乏客观依据,行为人却对此深信不疑。如果认定发布网络谣言行为是一种"网络表达权"异化的形态,其行为的外部影响应当要达到一定程度,这意味着必须设定范围上的要求。

---

① 吴仕平:《不造谣 不信谣 不传谣》,载《芜湖日报》2020年2月7日第1版。

② 张成林:《疫情当前不信谣不传谣》,载《海南日报》2020年1月29日第3版。

如果行为的影响范围有限,诸如在私人聊天或者人数较少的家庭群范围内发布编造信息,相关信息无法在社会上形成规模化影响,则发送行为就不属于"网络表达权"异化的表现形式。

其二,传播网络谣言。除了制造与发布网络谣言信息之外,传播上述信息也被认为是一种"网络表达权"异化的表现形式。传播(转发)网络信息行为与制造(发布)网络信息行为具有相同的功能指向,均属于"网络表达权"行使的有效方式。这是因为:传播行为及过程本身也是行为人观点、情感的表达和呈现方式,是传播者对被传播信息及其内容所持有的某种认同与积极看法,或者对此项信息所涉及的内容表现出某种程度上的关注与信服。被传播的网络信息事实上就代表着传播者个人的态度、见解及看法,信息传播的过程就是传播者向外界展示意志与想法的过程。因而,传播(复制、转发、分享)包括网络谣言在内的网络信息及相关链接的行为也可视为是一种网络表达方式,属于"网络表达权"实现形式。疫情防控期间,"网络表达权"异化问题的表现形式包括了传播涉疫网络谣言行为,部分用户在网络社交平台大范围转发、传播虚假性、误导性涉疫谣言信息,严重干扰了公共部门的防疫抗疫工作,消解了社会抗疫合作努力,损害了行政机构公信力。例如,有网民在朋友圈、微博上转发传播"政府隐瞒疫情与感染数据""多地封城封路""城管队员拦截抗疫捐赠物资"等网络谣言信息。传播上述信息的主观意图通常为善意,但也存在明知是虚假、误导消息,基于特定目的而传播的情况。

（二）"网络表达权"异化的成因

"网络表达权"异化及网络谣言的生成在表达相对自由化、信息传输便捷化与效率化,以及信息不对称与流动封闭性等现实情境下,能够产生极大社会破坏力,并引发受众非理性决策。疫情防控期间,"网络表达权"异化问题的成因是由多种因素共同作用而导致的。

1. 网络谣言制造者视角下"网络表达权"异化的成因

基于谣言制造者的主观动机不同,桑斯坦将其归结为四种类型,包括

"谋求一己之利者""哗众取宠者""追求政治利益者""恶意中伤者"。① 在疫情防控期间,网络谣言制造者少部分属于"哗众取宠者"类型。他们制造网络谣言是为了炒作制造话题、吸引注意力并赚取流量。而绝大部分造谣者则属于"恶意中伤者""谋求一己之私者"的类型。他们大多工作不顺、生活艰辛、步履维艰、对生活感到沮丧,而他们将自己面临的种种困境都归责于政府的不作为与社会的不公正,这造成了其内心扭曲失衡与报复性病态心理。特别是在经济发达、生存压力较大的城市,人们之间收入悬殊、贫富差距大、心理上的感知落差也大,这增加了他们对社会不公平感的感知。② 竞争压力与物质、精神上的差异使上述群体容易产生相对被剥夺感。"相对剥夺"是指,剥夺是相对的,人们对其处境感到怨恨或不满,未必在绝对意义上被剥夺,而是与某些标准相比感到被剥夺了。③ 美国学者莫顿指出,个人的日常处境与参照群体中的人相比较并发现自己处于劣势时,就会觉得自己受到了剥夺。这种剥夺是相对的,人们不是与某一绝对的或永恒的标准相比,而是与他人、群体或者自己的过去等某一变量相比。④ 而这种相对剥夺感心理的产生与社会分层、收入分配(贫富)差距、社会比较所产生的不良社会心态相关,并可能形成社会不安定因素。⑤

不稳定情绪与不健康心态是异化行动的驱动力,疫情防控期间为生活"失落"者提供了一个恶意发泄对社会与政府不满情绪的机会。他们将其对当前生活以及政府工作的消极态度"借题发挥"式的同疫情进行强行联结,并将之嫁接移植到其所构想的具体疫情场景中,带有强烈主观目的

---

① [美]卡斯·R.桑斯坦:《谣言》,张楠迪扬译,中信出版社2010年版,第17~20页。

② 参见吴开松等:《群体性事件的社会心理因素研究》,华中科技大学出版社2014年版,第113页。

③ 参见[英]亚当·库珀、杰西卡·库珀:《社会科学百科全书》,上海译文出版社1989年版,第642页。

④ 参见[美]罗伯特·K.默顿:《社会理论和社会结构》,唐少杰等译,译林出版社2006年版,第388页。

⑤ 参见吴开松等:《群体性事件的社会心理因素研究》,华中科技大学出版社2014年版,第50页。

性的利用民众认知上的缺陷和信息不对称,以及对新冠及疫情的恐惧心理,在网络平台大肆捏造发布虚假性、误导性网络谣言,抹黑政府与相关公职人员的公共形象、加剧社会混乱与紧张,以达到自我满足、报复社会甚至获取经济、政治等私人利益的目的。例如,部分网络谣言制造者传递不实消息,意图引发民众对于政府等公立机构的不信任感,激化对立情绪并破坏社会团结。这阻碍了防疫工作开展的有序性。而且,网络谣言制造者充分利用社会公众的认知偏见与思维惯性,刻意制造了满足人们的兴趣、解答人们潜在的担忧、证实人们内心情感的信息。"假如一个信息不能满足我们的任何欲望,不能解答我们潜在的担忧,不能为任何心理冲突提供一种发泄的方法,那么不管我们怎样竭尽全力去传播,也不管这个信息的来源多么具有魅力,谣言也无法存在。"①

物理空间的封闭与隔离,使人们生活在对疫情蔓延的恐惧之中,精神与生活上的压力会影响人的情绪逐步变得消极负面,这导致人们难以中立理性的处理信息,并产生"偏颇吸收"效应。"偏颇吸收"是指人们以一种偏见的方式来处理和消化信息②,人们头脑中固有的负面想法与偏见会在一个压力性环境中被持续巩固和放大。例如,历经"郭美美事件"等一系列负面报道③影响,人们会形成一种较为顽固的印象,认为红十字会等公益团体组织是"靠不住"的,而在听到谣言后,人们愿意相信消息的真实性并谴责红十字会的"谋私"行为,网络谣言恰好符合了人们的某些印象与内心感受。这使得网络谣言制造者能够轻易地俘获网民的注意力与认同感。此外,网络具有的匿名性强化了行为人的机会主义心态,社会身份、地位被网络符号所遮蔽和掩盖,这增加了"网络表达权"异化问题的隐蔽性与被发现的难度,使网络谣言愈演愈烈且难以治理。

---

① ［法］让-诺埃尔·卡普费雷:《谣言:世界最古老的传媒》,郑若麟译,上海人民出版社 2008 年版,第 92 页。

② 参见［美］卡斯·R. 桑斯坦:《谣言》,张楠迪扬译,中信出版社 2010 年版,第 9 页。

③ 澎湃新闻:《凌晨,武汉红十字会辟谣!》,https://www.thepaper.cn/newsDetail_forward_5657719,下载日期:2020 年 9 月 9 日。

2. 网络谣言传播者视角下"网络表达权"异化的成因

从网络谣言传播者角度考虑,"网络表达权"异化问题之所以能够产生严重后果与影响,一定程度上归因于传播者对网络谣言的大范围转发、分享、评论以及持续性扩散行为。网络谣言的传播行为包括转发、分享、评论、扩散等能够使谣言持续在自媒体平台传播,影响逐步加深的行为及活动。可以尝试从网络谣言传播者视角及其行动逻辑来解释"网络表达权"异化问题的成因。

其一,重要的事件。事件的突发性与重要性叠加将引起公众的聚焦,而网络谣言的传播均围绕重要事件展开,事件重要性越高,网络谣言扩散可能性就越高。事件重要性又取决于事件与公众的关联程度以及事件对公众注意力兴趣的唤起程度。[1] 新冠疫情唤醒了人们对于非典疫情的集体记忆,新冠的高感染性、高传播性等特征以及较高致死率数据唤起了人们对于自己及家人朋友的生命健康安全等基本生理需求的焦虑和恐慌心态,在"陌生人社会"情境中,人们的情感更为脆弱敏感,更容易丧失安全感和理性,也更容易相信网络谣言并受其误导。网民之所以会传播网络谣言,除了恶意扰乱社会秩序之外,很多情况是因为他们确信谣言是"真实"的或者谣言传递的信息结果是他们所希望的,这些网络谣言的来源被认为是可靠的,包括值得信赖的家人、朋友、邻居,或者具有权威性的消息灵通人士所带来的信息,而且信息本身具有重要性。人们只关心谣言来自哪里以及谣言与自身的联系,而忽略了信息内容的真实性。此外,他们基于利他主义的善意也希望并急于让更多人掌握这些消息,进而通过转发分享的方式成为网络谣言的传播者。

其二,信息不对称性。信息不对称一直都是网络谣言传播的关键原因。如果社会公众与信息优势者一样拥有充分的信息,则制定出激励当事人按改善每个人状况的方式行为的法律就是简单的事情。网络技术的迅猛发展使得人们可以便利自由地传递获取信息,但这同时也引发了信

---

① 参见曹海军:《新冠肺炎疫情中网络谣言的成因、二重性及其平衡理路》,《社会科学辑刊》2020 年第 1 期。

息不确定问题。网络技术形塑了"缺场交往"的人际沟通模式,"缺场交往"是一种隐匿身体与身份存在,借助符号进行沟通的非面对面的交往形式①,"在缺场空间内,人们是在身体缺场的情况下,利用电脑、手机等终端,借助网络通信等技术,通过视频、文字、图片等象征性符号的横向连接实现互动沟通。"②网络社会中的信息呈现出变动不居的流动性特点与现实社会信息及人员相对固定的特征存在差异,互联网通过将身份与角色信息加以技术隐藏,同时伴随着时空的流动,信息的不对称性风险加大。在疫情防控期间,由于人员流动管控、居家隔离以及知识短板,人们所掌握的疫情信息存在有限性与局限性,信息的不充分、不完全往往使真实消息被遮蔽,导致公众易受网络谣言的误导与操控,并实施传播行为。

其三,事件的模糊性。新冠与 SARS 的病毒结构呈现一定的相似性,同属于相关冠状病毒序列,二者虽是同一类病毒,但不是同一种。"新冠表现出跟以往的包括 SARS 病毒在内的很多冠状病毒不一样的特点"。③由于新冠属于新的病毒种类,医学专家对病毒的相关知识,包括病毒起源、抑制手段、传播途径、感染风险等信息知之甚少。同时,地方决策部门所提供的防疫建议与治疫举措也较为模糊且变动频繁,缺乏稳定性与明确性。事件的模糊性造成各种针对疫情的信息反馈不仅内容复杂,且难以形成统一的解释与说法。事件信息的模糊与官方信息的缺乏导致公众急需依靠自身判断来甄别网络上的各类信息,自己来决定选择相信什么不相信什么。这就为网络谣言的传播提供了条件。在主流媒体日益边缘化与自媒体勃兴的时代,网络社会成员对于其所崇尚、追捧与支持的知名(专业)人士表达内容的情感认同程度更高,也更容易相信他们所传递出的信息,即使是谣言。例如疫情防控期间,部分"别有用心"的"大 V"、公共知识分子滥用"网络表达权",在微博平台传播散布虚假不实消息,试图撕裂社会,制造民众与政府的对立情绪。受到蒙蔽的网民信以为真基于

---

①　参见刘少杰:《网络化时代的社会结构变迁》,《学术月刊》2012 年第 10 期。

②　卢春天等:《缺场交往中青年的形象自我管理》,《中国青年研究》2016 年第 3 期。

③　李鹏:《新冠病毒和 SARS 病毒是什么关系》,载《北京科技报》2020 年 2 月 17 日第 05 版。

善意纷纷转发分享,对社会大众错误引导。

其四,信息流瀑与群体极化。所谓信息流瀑,是指我们倾向于相信别人的所信所为。如果我们认为大多数人都相信一则信息时,即便它事实上是谣言,我们也会倾向于相信它,这涉及"从众"的心理。"从众"虽然可以反映规避决策风险、减少决策成本的行为理性,但也容易被诱导而产生非理性的行为。群体极化指的是,当想法相似甚至一致的人聚在一起,他们得出的结论会比交谈前的想法更极端,例如之前对谣言的半信半疑转变为对谣言的坚信不疑。① 在新冠面前,人们普遍表现出恐慌情绪,并逐步形成非理性行为与负面情绪相互交叠。社会学家菲利普·斯特朗将公众面对重大突发性公共卫生事件的心态反应称为"流行病心理",这种心理自身也体现出流行病的特点,即表现出快速的传染性,会对个人和集体都产生重大影响。② "在群体恐慌中,个体寻求归属感,消除个体危机感,他们自觉的个性消失了,形成了一种集体心理"。③ 这种集体心理类似于勒庞在《乌合之众》中所描绘的"群体心理",具有从众、轻信、极端和情绪化等特征。④ 网络社会的强交互性增加了网络成员之间情绪与心态相互影响的可能,进而形成了一个网络社会的"心理群体"。在这一"心理群体"中,人们之间在社交平台呈现相互影响、作用、强化的关系。疫情催生出的恐慌情境削弱了公众建立在理性基础上的辨识能力,人们的选择更加保守从众,并随着互动的深入与信息量的增多而不断巩固对网络谣言以及情绪化言论的确信,并引发网络谣言的传播行为以及相应的连带效应。

另外,不能忽略技术层面因素对网络谣言传播的影响。算法推荐等技术的成熟发展与熟练运用对网络谣言的产生具有重要影响。算法推荐

① 参见[美]卡斯·R.桑斯坦:《谣言》,张楠迪扬译,中信出版社2010年版,第8页。
② 参见彭善明、张起帆:《疫后社会心态治理:参与、疏导与引领》,《学习与实践》2020年第4期。
③ 彭善明、张起帆:《疫后社会心态治理:参与、疏导与引领》,《学习与实践》2020年第4期。
④ 参见[法]古斯塔夫·勒庞:《乌合之众:大众心理研究》,冯克利译,中央编译出版社2004年版,第11~41页。

通过"用户画像"的方式将海量的涉及疫情谣言信息,按照网络社会成员的关注程度、点击率、信息阅读的次数与时间长短、网络信息浏览痕迹等指标"投其所好"式地向网络用户进行传送,向其推荐相关的负面、谣言信息。例如,疫情暴发后,网络上攻击、抹黑政府的网络舆论甚嚣尘上[1],网络空间充斥着大量负面消息与推送,这是算法推荐对网络用户的关注兴趣与点击率等数据进行采集分析的结果。数字技术为网络用户构筑了一个"信息茧房"的信息空间,在这个空间里的用户所获取的信息都是他们感兴趣或符合偏好的内容,[2]久居茧内的人对事实的判断会出现不同程度的偏差,公共对话与共识难以形成,封闭狭隘的信息环境使人们的思维及立场持续固化。[3]

第三节　疫情防控下"网络表达权"异化的治理原则

形塑"网络表达权"体现了对个人公共表达意愿的尊重,以及对公权力及相关利益的制约与平衡。同许多宪法权利一样,基于保障基本权利与公共利益需要,"网络表达权"也受到一定程度的限制。在疫情防控期间,稳定的社会秩序有助于提升疫情治理的效率与有效性,"网络表达权"异化及网络谣言泛滥势必会破坏政府与公众在治疫上所付出的努力,增加社会风险与防疫成本,损害公共利益。需为解决疫情防控下"网络表达权"的异化问题寻求有效的治理方案。为了实现不同利益间的平衡,治理"网络表达权"异化应着眼于两方面的努力:一方面是明确疫情防控下"网络表达权"行使的合理边界与限度,提高权利主体网络表达的正确性与合

① 参见曹海军:《新冠肺炎疫情中网络谣言的成因、二重性及其平衡理路》,《社会科学辑刊》2020年第1期。
② 参见[美]凯斯·R.桑斯坦:《信息乌托邦》,毕竟悦译,法律出版社2008年版,第7~8页。
③ 参见肖冬梅:《"后真相"背后的算法权力及其公法规制路径》,《行政法学研究》2020年第4期。

法合规性,以降低权利异化的风险。另一方面是针对"网络表达权"的限制也应当满足限度要求,并符合比例性(适当性)与效益性的条件。这就需要遵循以下三个治理原则:

(一)区分原则

区分性原则是指对自媒体"网络表达权"的权利主体,根据其身份、角色的不同而设置有区分度的限制性标准。当然,这里的区分性原则的适用条件仅限于善意状态下的"网络表达权"异化权利主体,任何刻意编造与传播网络谣言的行为主体,无论依据主观恶意与故意,还是依据社会危害性而言,均应予以禁止。部分"网络表达权"异化问题是由权利主体的主观善意、理性有限性与信息不充分等因素共同导致的,特别是在疫情背景所制造的"无知之幕"情境中,人们普遍生活在对病毒的无知、恐慌与缺少安全感的环境中,情绪更加敏感、脆弱、极端和不稳定,很难依理性行事。因此,需要从理性意义的制度设计层面精确划定疫情防控期间"网络表达权"的行使边界,降低权利异化的可能性。

区分原则将"网络表达权"的权利主体依据身份的不同,具体划分为党员、直接行使国家权力人员(包括国家公职人员、人大代表、政协委员等)与普通群众等类型,不同类型主体在国家治理中所扮演的角色不同,对于其"网络表达权"行使边界的设定标准也不同。党员是具有特殊政治身份的公民,在党内既承担政治义务,也享有相应政治权利。党章以及《中国共产党党员权利保障条例》赋予党员针对党和国家各项工作事务表达意见和建议,发表看法和主张的权利,这是党内民主的集中体现。然而,马克思主义政党的高度纪律性与严密组织性必然要求党员的表达行为建立在有序规范与实事求是的基础上。邓小平曾指出:"一个党如果允许它的党员完全按个人的意愿自由发表言论,自由行动,这个党当然就不可能有统一的意志,不可能有战斗力,党的任务就不可能顺利实现"[①]。因而,党员在行使"网络表达权"的过程中必须符合党和国家利益,满足公

---

① 《邓小平文选》(第2卷),人民出版社1994年版,第271页。

共利益实现的需要。疫情防控期间,党员"网络表达权"边界需要从以下方面来确认:

其一,宪法法律边界。《宪法》第51条规定"中华人民共和国公民在行使自由和权利的时候不得损害国家的、社会的、集体的利益和其他公民的合法的自由和权利"。刑法规范设置了对网络谣言全面完备的治理规则,《刑法》规定,明知是虚假消息,故意在信息网络上传播并严重扰乱社会秩序的,将承担相应刑事责任。《网络诽谤解释》《关于审理编造、故意传播恐怖信息刑事案件适用法律若干问题的解释》两部司法解释逐步成为网络谣言治理的重要规范依据。公共性谣言的刑法规范供给已经接近"饱和状态"。① 党员应当在宪法、法律的范围内活动并带头守法,遵守国家法律是党员最低限度的要求,对于明知是虚假信息或无事实根据的网络谣言,不得在网络上进行传播转发和评论,更不得编造谣言信息、混淆视听、制造恐慌②。其二,党内法规边界。党员必须遵守党内法规的纪律性要求,在制造和转发与疫情相关的信息时不能损害党的声誉和利益,对于非官方渠道来源的信息应谨慎处理,不能制造、传播同党的治疫防控政策要求相背离的信息。③ 其三,道德边界。在中国的传统文化中,非常强调道德榜样对国民行为的引导与示范作用④,道德榜样意味着被国民所认同与信服。在当前时代背景下,成为道德榜样的义务无疑落在了共产党员身上。只有党员身体力行与言传身教,才能教育和引导公众遵守规则、自觉维护秩序。⑤ 在疫情防控等特殊突发公共事件时期,党员在线发

---

① 卢建平、姜瀛:《疫情防控下网络谣言的刑法治理》,《吉林大学社会科学学报》2020年第5期。

② 除宪法法律以及司法解释外,还包括国家为净化网络环境所制定的一些行政法规与行政规范性文件,诸如《互联网信息服务管理办法》(2000)、《即时通信工具公众信息服务发展管理暂行规定》(2014)、《网络信息内容生态治理规定》(2019)等。

③ 参见崔建周:《论党员表达权的保障与规制》,《中共中央党校学报》2013年第2期。

④ 参见慈继伟:《社会公正的落实危机及其原因》,载梁治平主编:《转型期的社会公正》,上海三联书店2010年版。

⑤ 参见郭春镇:《从"神话"到"鸡汤"——论转型期中国法律信任的建构》,《法律科学》2014年第3期。

布与转发同疫情相关信息时应当尽可能做到客观、文明、理性,正面引导并推动社会共识与合作的建立,避免情绪化、极端化表达,防止形成煽动效应影响疫情防控大局。

直接行使国家权力人员包括国家公职人员,以及人大代表、政协委员等。国家公职人员是国家干部,机构改革使公务员局并入中共组织部,由党统一领导和管理,因此国家公职人员在遵守法律边界外,还受到党内法规(党的纪律)的约束。除了设定法律、党规的边界外,国家公职人员还须遵守道德要求以及特殊时期工作规矩边界。我们党历来重视对干部队伍的道德建设,十九届四中全会提出要坚持"德才兼备、以德为先"打造干部队伍,道德边界要求是国家公职人员必须恪守的行为规范。在疫情防控期间,公职人员应当有大局意识,其网络表达行为应当受到特殊时期职务工作纪律与规矩的限制,自觉服从于疫情时期的组织工作大局。人大代表履行法律监督的政治功能,政协委员由民主党派和无党派人士组成,具有参政议政,履行民主监督的政治功能。虽然在履职过程中,人大代表与政协委员的政治表达不受追究,但也受到场所和方式的限制。《宪法》第75条规定全国人大代表在人大会议上的发言不受追究,"这意味着,即便是人大代表也不能任意使用各种媒介平台,其不受法律追究的政治言论仅限于发表在人大的会议上"①。政协委员履责的途径一般限于政协会议或直接向职权机关反馈建议或意见。无论是人大代表还是政协委员,都应将网络政治表达建立在客观文明合法的基础上,遵守法律与道德②要求,有序规范履责、理性和温和表达。普通民众由于缺乏对信息的辨识能力,对其网络表达行为要求标准相对较低,只需其行为符合宪法、法律的规定,即主观上具有明知与故意,客观上在网络空间编造、传播谣言并造成广泛恶劣社会影响结果的行为方受禁止,如果是基于善意且客观上导致较小的社会危害则属于合理范围。

---

① 屠凯:《论文化权利与表达自由的界分》,《法商研究》2020 年第 5 期。

② 包括《中华人民共和国全国人民代表大会和地方各级人民代表大会代表法》《中国人民政治协商会议章程》《政协全国委员关于政治协商、民主监督、参政议政的规定》等法律法规对人大代表、政协委员工作履责所提出的义务、道德要求。

（二）比例原则

"网络表达权"的价值信条建立在对公共利益的尊重基础上,而公共利益一般指社会利益或者一般社会大多数人利益。麦哈格将其对公共利益的理解总结为三个主要理论,即共同利益理论、优势理论、统一理论。其中共同利益理论指出公共利益就是共同利益,一个制度设计服务于公众的整体利益而非某个公众政府权威的利益,才符合公共利益要求;优势理论建立在"功利主义"的基础上,主张满足公共利益的事情即为符合大多数人利益的事情;统一理论将公共利益摆在超越其他一切利益的位置上,主张平衡与调和个人、群体及部门利益。① 虽然"网络表达权"关注公共利益及其实现,但这并不能说明个体的自由表达利益就可以被忽视,就连公共利益本身也蕴含着个体价值的内容,"公共利益必须以个体利益为基础,并最终落实在个体利益之上,二者是从具体到抽象,从特殊到一般的过程。"②疫情防控下"网络表达权"的边界设定也需要考虑在符合公共利益条件下,如何能够更好地保障个体政治参与和表达权利,以实现两者间的协调。

针对"网络表达权"采取规制手段是必要的,特别是在疫情防控期间,公众人物借助其影响力与角色效应制造、传播网络谣言并压制着真实疫情信息资源与空间,而"网络表达权"规制的目的就是通过压制一些人的声音,而让更多的人获得准确可靠的疫情信息。即便规制会产生"寒蝉效应",并削弱政治自由与活力,但"在某些特殊紧急的场合与情况下'寒蝉效应'是很好的一件事,有助于减少破坏性和伤害性谬误。我们社会需要的不是'寒蝉'的缺席,而是将'寒蝉效应'维持在一个最佳的程度"③。因

---

① See McHarg Aileen, Reconciling Human Rights and the Public Interest: Conceptual Problems and Doctrinal Uncertainty in the Jurisprudence of the European Court of Human Rights, *Modern Law Review*, 1999, Vol.62, No.5, pp.671-672.

② 王敬波:《政府信息公开中的公共利益衡量》,《中国社会科学》2014年第9期。

③ ［美］卡斯·R.桑斯坦:《谣言》,张楠迪扬译、李连江校译,中信出版社2010年版,第123～124页。

此,针对"网络表达权"的边界设置与权利规制要符合比例原则的要求和标准。比例原则是德国学者奥托·麦耶所提出来的一个法律概念,是指"行政权力对人民的侵权必须符合目的性,采行最小侵害以及追求公益应有凌越私益的优越性"。① 比例原则建立在利益均衡基础上,本质是从制度利益与公共利益的互动中对法律制度进行衡量。② 传统"三阶说"认为比例原则包含妥当性、必要性和比例性(狭义比例或均衡性)等三个子原则。③ 也有学者提出了比例原则的"四阶说",即目的正当性原则、适当性原则、最小损害性原则和狭义比例原则。④ 笔者拟采用比例原则"四阶说"对"网络表达权"的边界及其限制进行理论设计。

第一,目的正当性原则。所谓目的正当性原则,是指要求立法者、行政者的公权力行为必须基于正当的目的,只有当规制行动具有目的正当性时⑤,对"网络表达权"的边界设置才是合理有效、符合比例原则的。其中,合目的性的检验标准又分为两部分内容,其一是宪法性标准,只要规制行为符合宪法目的就具有正当性;其二是重要性标准,即对权利规限的目的必须足够重要,具有紧迫性与实质性,这类似于美国判例中的"明显且即刻的危险"标准。⑥ 在疫情防控期间,针对"网络表达权"规制的合理性与正当性也需通过这两条标准来检验。一方面,"网络表达权"的行使侵害到了宪法所维护的秩序、人权、安全等核心价值与利益。其中,"秩序"涉及疫情特殊时期的管制秩序、社会秩序、公共秩序、网络秩序等。"人权"包括疫情期间的一般公众的基本政治权利、生命健康权、受教育劳动权等。"安全"涵盖政治安全、国家(网络)安全、社会安全等。另一方

---

① 陈新民:《德国行政法学的先驱者——谈德国 19 世纪行政法学的发展》,《行政法学研究》1998 年第 1 期。

② 梁上上:《制度利益衡量的逻辑》,《中国法学》2012 年第 4 期。

③ 梁上上:《制度利益衡量的逻辑》,《中国法学》2012 年第 4 期;郑晓剑:《比例原则在民法上的适用及展开》,《中国法学》2016 年第 2 期;陈莹:《行政法基本原则的丰富和发展》,《政治与法律》2004 年第 4 期,等等。

④ 参见刘权:《目的正当性与比例原则的重构》,《中国法学》2014 年第 4 期。

⑤ 刘权:《目的正当性与比例原则的重构》,《中国法学》2014 年第 4 期。

⑥ 参见甄树青:《论表达自由》,社会科学文献出版社 2000 年版,第 262 页。

面,这种侵害达到了实质性程度或者对上述价值利益带来被侵犯的紧迫风险。如果满足目的正当性原则,则表明针对"网络表达权"的规制是合理的。因而可以得出,"网络表达权"的行使应当符合宪法目的、维护宪法价值,任何对宪法基本价值带来实质性损害以及紧迫危险的表达行为都将受到限制。第二,适当性原则。适当性原则要求规制手段必须有助于法律目的的实现①,即限制手段与所要实现的目的具有因果联系,使得这种措施合理地导致法律目的的实现。② 在疫情防控期间,运用适当性原则对"网络表达权"进行限制应当保证规制手段是公正、理性与非专断的,是指向恶意性、虚假性、误导性,并具有较高危害性的网络表达与谣言,而不是针对建立在尊重事实与善意基础上的政治表达的压制、打击和报复。适当性原则要求我们抵御"网络表达权"异化对真实信息的遮蔽,理性客观意义上的"网络表达权"行使是自由合理的。

第三,最小损害原则。最小损害原则主张,在数种可能达到权利规制目的的措施中选择产生损害最小、最低限度的限制措施。③ 美国司法实践中所采用的"最低限制性手段"标准就直接体现了最小损害原则的内核,该标准要求法律对某种表达自由的限制手段在达到其立法目的上必须具备最低限度的特性,一旦存在其他限制性程度更低,却也能实现其立法目的的限制手段,那么该法律就可能构成违宪。④ 在疫情防控期间,应当确保"网络表达权"的边界设定及其限制措施对该权利所产生的影响被降至最低,既有助于实现促进社会秩序的良性运转、提高网络表达的质量、理性与客观性、减少网络谣言的发生概率、保障一般社会公众特别是弱势群体的基本权益等目的,同时又能够保证在疫情防控期间公众的声音能够被听见,并且被认真对待,不会削弱"网络表达权"的权利功能以及

---

① 蒋红珍:《论适当性原则——引入立法事实的类型化审查强度理论》,《中国法学》2010 年第 3 期。

② 参见范进学:《论宪法比例原则》,《比较法研究》2018 年第 5 期。

③ 江海洋:《论疫情背景下个人信息保护——以比例原则为视角》,《中国政法大学学报》2020 年第 4 期。

④ 参见甄树青:《论表达自由》,社会科学文献出版社 2000 年版,第 261~270 页。林来梵:《从宪法规范到规范宪法》,商务印书馆 2017 年版,第 149 页。

公众网络政治表达意愿与政治参与积极性。第四,狭义比例原则。又称均衡性原则,是指对权利采取限制性手段前,需要衡量手段与目的的利弊,只有当达成目的所取得的利益超过对公民权利所产生的损害时,该手段才具有正当合理性。[①] 在疫情防控过程中,针对"网络表达权"的边界设定需要考虑两方面的利益,一方面是自由表达的价值,另一方面是国家为支持权利限制所致力于实现的利益,而法律的任务就是努力在尊重个人表达权利与维护社会根本制度及利益之间寻求均衡。为了满足狭义比例原则,要求对"网络表达权"的内容及范围的限制足够小,而限制措施所要保护的利益应当足够大。因此,限制的对象应当被限定为极少数能够产生严重社会危害性,破坏防疫秩序与合作的网络表达。由此,不危及国家与社会安宁,不危及统治者的治理权威应成为"网络表达权"的合理限度。[②]

(三)效益原则

效益原则建立在"成本—收益"分析与法律经济学的理论框架下,其建构逻辑在于寻找到更有效率、更低成本,为社会创造更多收益的制度方案。包括科斯、波斯纳等学者都为如何实现社会效益(效率)的最大化提出了自己的理论方案。例如,科斯定理指出,由于交易成本始终存在(TC>0),法律制度对权利的初始配置会对效率产生影响。[③] 正如科斯所言:"一旦考虑到市场运行的成本……合法权利的初始界定就会对经济制度的运行效率产生影响。"[④]基于这一理论,只有当权利调整的社会收益超过调整本身所支付的成本时,才符合效益原则标准。波斯纳定理揭示了实现社会财富最大化配置的理论路径,即在社会成本高启处,法律应将

---

① 江海洋:《论疫情背景下个人信息保护——以比例原则为视角》,《中国政法大学学报》2020 年第 4 期。

② 熊文瑾、易有禄:《论网络表达权的边界——以实现网络信息内容生态治理为目的》,《江西社会科学》2020 年第 8 期。

③ 冯玉军:《新编法经济学:原理·图解·案例》,法律出版社 2018 年版,第 80 页。

④ 〔美〕R.科斯:《社会成本问题》,载 R.科斯等《财产权利与制度变迁:产权学派与新制度学派译文集》,刘守英译,上海三联书店 1994 年版,第 20 页。

权利赋予最珍视它的人以达至权利配置效率的最大化。[①] 上述理论为"网络表达权"边界的设置提供了有益方案。效益原则标准将网络谣言规制的成本、收益以及利益比较与平衡等要素纳入考量的范围。有学者将波斯纳定理运用到对言论自由规制的研究中,指出"某一言论当其收益大于或等于其成本(危害、不快)与限制成本之差时,就应当自由;某一限制措施当其带来的收益(由于施加了限制而被避免了的言论危害和不快)大于或等于其造成的成本(限制措施本身的成本与由于施加了限制而没有实现的言论收益之和)时,就可以施加,这种言论就没有自由"[②]。效益原则意味着,对"网络表达权"的边界设定要考虑成本与收益的问题,只有在限制所获得的总收益高于或等于限制所带来的总成本时才是合理的。

因此,在疫情防控期间,"网络表达权"在何种意义上行使是可以被接受或者合理的? 即便其发生了异化并导致了网络谣言,这取决于对"网络表达权"的行使过程进行"成本—收益"分析,以检验其是否符合效益原则。其中,"网络表达权"行使的外部成本(C_1)包括:降低国家机关权威与公信力、扰乱社会秩序、阻碍疫情防治工作、消解社会合作与凝聚力、损害一般社会公众合法利益、扰乱思绪以及混淆视听等内容。"网络表达权"行使的社会(包括个人)收益(B_1)包括:增进疫情信息的公开与透明化、提升疫情治理效率、提高政府决策科学性、促进自由表达价值、健全社会民主、鼓励公众政治参与、强化公权力监督等内容。同时,"网络表达权"行使的社会总成本(C)还需将被限制措施所克减的表达收益(C_2),包括个人自由表达利益、相关表达对表达者自身所带来的好处等利益内容,以及对其进行规制所需花费的成本(C_3),其中包括信息搜集与识别、采取限制措施的决策、限制措施合法性的论证、技术措施、行政资源调动、对限制措施本身进行限制等成本内容考虑进去。互联网的管制不仅仅依靠

---

① 艾佳慧:《科斯定理还是波斯纳定理:法律经济学基础理论的混乱与澄清》,《法制与社会发展》2019 年第 1 期。

② 侯健:《表达自由的法理》,上海三联书店 2008 年版,第 149 页。

法律和规范来实现,同时也借助那些构造起互联网基础设计选项来实现。[①] 这里的技术措施主要指,通过软件代码对网络用户可以做什么和不可以做什么的规则进行技术设计,而不同的代码决定了规制效果的差别。[②] 另外,"网络表达权"行使的社会总收益(B)还需要考虑限制措施所保护的各种利益(B_2),包括一般社会公众、国家和社会整体利益等内容,以及被限制措施所保护的表达收益(B_3),具体涉及网络真实信息及其表达对于新冠疫情有效治理,社会秩序恢复与维护,病毒知识获取,公众理性决策等所带来的增益。由此,就存在总成本 $C=(C_1+C_2+C_3)$ 以及总收益 $B=(B_1+B_2+B_3)$。将两者相比较,如果在疫情防控期间存在 $B \geqslant C$ 的情形,则意味着该网络表达是自由的,符合效益原则与标准。

本章小结

中国特色社会主义宪制结构及权利体系中,表达权是一种具有整合性、准权力性、政治性特征的特殊权利类型,是官方话语对于宪法权利概念的政法化、整合化改造与活用。其在规范层面虽直接来源于政治规定的塑造,但仍然处于宪法的结构框架中,展现出宪法的基本价值和精神。而"网络表达权"是表达权跨越无媒介时代、传统媒体时代到网络自媒体时代所衍生出的新型政治权利形态,是表达权的网络化、数字化形态,属于表达权结合特定场景与领域所衍生出的权利形式。"网络表达权"除了内涵表达权的基本属性外,还具有自媒体技术所蕴含的平等性、匿名性、言论传播的不可控性等特征。2020 年新冠疫情蔓延引发了全球重大突发性公共卫生危机,民众"网络表达权"在疫情防控过程中逐步发生异化,并导致了网络谣言的制造与传播。网络谣言制造者与传播者视角有效揭示了"网络表达权"异化的发生逻辑。一方面,话题制造、相对剥夺感以及

---

① [美]马修·辛德曼:《数字民主的迷思》,唐杰译,中国政法大学出版社 2016 年版,第 19 页。

② 参见[美]劳伦斯·莱斯格:《代码 2.0:网络空间中的法律》,李旭、沈伟伟译,清华大学出版社 2009 年版,第 28 页。

偏颇吸收共同导致了网络谣言的制造行为。另一方面,事件重要性与模糊性、信息不对称、信息流瀑与群体极化、算法推荐等因素叠加,导致了网络谣言的传播行为。要妥善治理疫情防控背景下"网络表达权"异化问题,需要从"权利"与"权力"两个层面着手,一是通过区分原则为"网络表达权"的行使设定边界,从制度规范层面降低权利异化风险与可能性。二是借助比例原则与效益原则提升"网络表达权"限制及其异化问题治理手段的适当性,并符合比例性与效益性的要求。

第六章

Chapter 6

互联网平台对公众表达的
规制及限度

　　"表达"这一自智人出现以来就已在进行的动作,随着社会环境的发展和技术条件的更新而呈现不同的面貌。在"街角发言者(the Street Corner Speaker)"①时代,人的表达场所是"街角"这一无媒介化的设定,发言者的表达内容直接、同步传递至听众。进入互联网时代,表达的"基础(ground)"②或"基础设施(infrastructure)"③由街角这一物理空间扩伸至互联网这一虚拟平台,互联网成为公众表达的新"场域(field)"④,表达范式相应发生改变。互联网时代,表达已不再是"表达内容发出者—表达内容接收者"的"两点直射"模式,而是"表达内容发出者—互联网平台—表达内容接收者"的"两点一线折射"模式。从表达内容发出到接收的两点之间,互联网平台⑤的作用和影响不容忽视,这种作用和影响的正当性来源也颇为值得探讨。由表及里地观察并思考:互联网平台通过哪些具

---

　　①　See Owen Fiss, *Liberalism Divided*：*Freedom of Speech and the Many Uses of State Power*, Westview Press, 1996, pp.8-30.

　　②　Owen Fiss, In Search of a New Paradigm, *The Yale Law Journal*, 1995, Vol. 104, No.7, p.1614.

　　③　Jack Balkin, Digital Speech and Democratic Culture：A Theory of Freedom of Expression for the Information Society, *New York University Law Review*, 2004, Vol. 79, No.1, p.5.

　　④　Pierre Bourdie & J. D. Salinger, *An Invitation to Reflexive Sociology*, University of Chicago Press, 1922, p.17.

　　⑤　根据功能与经营范围,互联网平台大致可以分为电子商务平台、社交平台、内容提供平台、搜索引擎平台、数据存储平台等类型。这里主要讨论与公众表达具有密切相关性的社交平台、内容提供平台。

体方式对公众表达产生影响？其在公众表达权实现过程中充当了什么角色？这种角色被赋予了什么样的权力？这种权力的正当性来源是什么，其边界又在何处？这些问题在学理层面和实践层面都极具探讨意义，有待系统地整理和阐明。

第一节 互联网平台所构筑的 公众表达新场域及其特性

从本体层面看，互联网平台是一个由代码、数据和算法支撑的供人们上传和阅读文字、图片、视频等信息的技术集成体，以电子页面的形式呈现；从作用层面看，互联网平台作为网络服务提供者，是一个在传播链条上替代或淘汰传统媒介的传播工具。但无论是技术集成体还是传播工具，都无法概括互联网平台影响和改变时代进程的核心性质。互联网以其颠覆性的技术更迭和传播效能，引导了人们表达方式乃至生活方式和社会结构的转变，建构了一个与现实世界相对隔绝、相对独立而又密不可分、互相交织的社会活动空间——因此人们常使用"互联网空间"一词。这一空间并非单指物理环境，社会结构、关系、权力、符号、资本等种种因素交互影响，形成具有特殊逻辑路径的网络和形构。布迪厄的"场域"理论恰为理解互联网平台所构筑的这一社会活动空间提供了极为契合的观察视角。互联网平台勾连起具有广泛差异性的说者和听者，聚合成一个公众表达的新场域，并隐身其中，成为这个场域的一部分。

（一）表达权力格局的去中心化

在互联网出现以前，无论是无媒介化的人际传播，还是以报纸、广播、电视等为媒介的大众传播，表达者的身份等级总会映射到表达场景的权力格局之中，同样的表达内容往往因表达主体身份的不同而在表达效果上有强弱之别。但互联网的极易接近性和普遍匿名性极大弱化了表达者的身份特征，表达者成为无身份的符号，官员、学者及公共人物等以往金字塔尖群体的话语权威被消解，表达的权力格局由以少数"意见领袖"为主的中心式格局转向"人人皆有麦克风"的平级式格局。以中国互联网环境为例,职业结构中占比最高的是学生群体,学历结构中占比最高的是初中学历群体①,互联网"把出版自由的全部权利交到了每个人手中"②,"不存在因种族、经济实力、武力或出生地点产生的特权或偏见"③,使得"每个人在网络中都有平等的发言权,最聪明人说的话不会比笨人说的话更重要"。④ 政治和经济上处于弱势阶层的群体,在言论表达上不再相应居于边缘地位,在拥有平等表达机会的基础上,甚至能够在一些情况下自主设置表达议程,成为表达场的中心,主导言论表达的方向,转而成为互联网平台上的表达强势方,实现表达权力阶层的扭转和跃升。

在传统大众媒介时代,说者和听者不仅有非常明确的分界,在表达场中的地位也甚为分明,说者"处于信息传播链条的第一个环节,是传播活动的发起人,是传播内容的发出者"⑤,因此"不仅决定着传播过程的存在与发展,而且决定着信息内容的质量与数量、流量与流向"⑥。而听者往往只能被动接收表达信息而难有反馈渠道。但在互联网平台打造的表达场域中,单向线性的传播模式转变为"辐合传播模式"⑦,听者可以对说者

---

① 根据中国互联网络信息中心(CNNIC)2021年2月3日发布的第47次《中国互联网络发展状况统计报告》,截至2020年3月,中国网民规模为9.04亿,互联网普及率达64.5%;其中,从学历结构看,初中学历的网民群体占比41.1%;从职业结构看,学生群体占比26.9%,个体户/自由职业者群体占比22.4%,而党政机关事业单位领导干部、企业/公司高层管理人员仅分别占比0.4%、0.5%。参见中国互联网络信息中心:《第47次中国互联网络发展状况统计报告》,http://www.cac.gov.cn/2021-02/03/c_1613923423079314.htm,下载日期:2021年3月7日。

② [美]理查德·斯皮内洛:《铁笼,还是乌托邦》,李伦等译,北京大学出版社2007年版,第53页。

③ [美]约翰·P.巴洛:《网络独立宣言》,李旭、李小武译,载高鸿钧主编:《清华法治论衡》(第4辑),清华大学出版社2004年版,第510页。

④ [美]安德鲁·基恩:《网民的狂欢》,丁德良译,南海出版公司2010年版,第28页。

⑤ 邵培仁:《新闻传播者的特点、权利和责任》,《新闻知识》1996年第8期。

⑥ 邵培仁:《新闻传播者的特点、权利和责任》,《新闻知识》1996年第8期。

⑦ 由美国传播学家罗杰德和金凯德提出的传播模式理论。该理论认为互动传播是一种循环过程,双方共同创造和分享信息,并赋予信息意义。参见戴元光、金冠军:《传播学通论》,上海交通大学出版社2000年版,第166页。

的表达内容进行多回合多层次的反馈,在反馈的过程中又成为新的说者。每个平台用户都同时担任着说者和听者的角色,且两种角色可以随时转换。

(二)表达媒介资源的共享性

自 15 世纪报纸诞生以后,表达不再仅限于人际传播,而是借由媒介开启了大众传播时代。受限于经济和文化水平,阅读报纸并未普及至每家每户,通过报纸进行表达更是小部分团体或个人的特权。20 世纪 20 年代,无线电广播开始兴起和发展,从原先仅运用于军事中的通信工具和无线电小众爱好,转变成一种新兴的大众媒体。① 经由广播发出的表达内容虽以声音的形式被大部分公众接收和听取,但广播的频谱资源具有稀缺性,其所能传播的内容也有限。20 世纪 40 年代,电视的出现将表达形式从单纯的文字或声音扩大到了声、画、字一体,但和广播一样,作为一种稀缺性资源,多由政治团体和少数经济体所掌握和支配,普通公民只能成为被表达的对象而极难成为表达者。作为现代政治和资本市场的一部分,媒体被视为与立法、行政、司法相提并论的"第四种权力"②,掌握媒介资源即意味着掌握了表达权,脱离对媒介资源的公平分配或普遍开放而谈论公民个体的表达权是毫无意义的。经济和政治上的强权者的表达权理当被严格限制,并部分地转移和分配给那些无法拥有和使用表达资源的人。③ 20 世纪 50 年代,NBC、CBS、ABS 分别控制了美国本土 64 家、31 家和 15 家附属台,形成三大广播电视网的垄断局面。④ 当表达通过大众媒介能够实现几何式放大的表达效果,而这种媒介资源又不能由所有表达个体共享时,表达权自然也无法均等地赋予每一个公民。

---

① 参见[美]罗纳德·哈里·科斯:《论生产的制度结构》,盛洪、陈郁译,生活·读书·新知三联书店上海分店出版社 1994 年版,第 45~62 页。

② 程蔓丽:《新文科背景下的新闻传播教育》,《中国编辑》2021 年第 2 期。

③ Owen Fiss, *Liberalism Divided: Freedom of Speech and the Many Uses of State Power*, Westview Press, 1996, p.19.

④ 参见[美]迈克尔·埃默里、埃德温·埃默里:《美国新闻史》,展江等译,新华出版社 2001 年版,第 424 页。

互联网的开放运作模式和多元主体需求决定了其与报纸、广播和电视等传统媒介截然不同的非稀缺性和共享性。互联网媒介作为继报纸、广播和电视之后的第四种大众传播媒介,既不存在对前三种媒介的对抗和排他,也并非对前三种媒介中的某一种的简单继承和升级,其特别之处在于将三种媒介融合而成的一种广泛性、平台性。① 相比传统媒介,互联网的准入门槛大大降低,任何人只需要有一台电脑或者手机连接互联网,就可以在互联网平台上随时进行表达。互联网将媒介资源从少数群体让渡给了大量的互联网平台用户,实现了媒介资源的共享,表达权也随之向每个可以轻易使用媒介资源的社会主体扩散,而不再是自上而下的信息"浇灌"。可以说,互联网以其共享性打破了以往少数群众对媒介资源的垄断格局,从而终结了表达权的垄断时代。

(三)表达内容的裂变性

在经典的传播学"5W 模式"②中,传播活动由传播者、信息、媒介、接受者和传播效果五个要素环环相扣而成。不同于传统媒介完全作为"中介"性质的信息传播渠道,互联网平台是一个开放的表达系统,人际传播、群体传播、组织传播、大众传播四种传播形态共同存在、叠加和转化,"通过关系桥(bridge)、节点(node)、线(line)、结构洞(structural hole)形成了以中心性(centrality)为主的传播网络"③。作为海量传播者和接收者的聚集枢纽,互联网平台实际上"深度参与了互联网内容的生产与分发,在一定程度上形成了干预社会信息流动的能力"④。信息在生产与再生产过程中指数式扩张,呈现"核裂变式的几何级数效应"⑤。在从表达信息发出到表达效果达成的传播路径中,互联网平台的用户通过超文本形式

---

① 参见陆地、敖鹏:《四种媒介的未来肖像》,《浙江传媒学院学报》2016 年第 3 期。

② 由美国传播学家拉斯韦尔提出的经典传播理论,参见[美]哈罗德·拉斯韦尔:《社会传播的结构与功能》,何道宽译,中国传媒大学出版社 2013 年版,第 35~36 页。

③ 王君超、郑恩:《"微传播"与表达权——试论微博时代的表达自由》,《现代传播(中国传媒大学学报)》2011 年第 4 期。

④ 陈璐颖:《互联网内容治理中的平台责任研究》,《出版发行研究》2020 年第 6 期。

⑤ 张跣:《微博与公共领域》,《文艺研究》2010 第 12 期。

摆脱了线性束缚,每个表达者都将信息分别传向其各自的社交圈层,根据"六度空间理论"①,相互交叉的社会圈层通过裂变式传播几乎能将表达的信息内容传递、覆盖至全网。

随着传播层面的裂变,信息内容本身也在发生裂变。"网络中的信息文本每时每刻都暴露在开放性的解读、解构与重构中,上演着后现代语境中罗兰·巴特断言的'作者已死'场景。"②互联网的连结作用使得每一个表达者都成为一个信息节点,他们接收信息,并有可能对信息进行缩减、扩充、改写、重组等二次加工,成为新的表达者,在各自的信息节点上发出不完全等同于第一位表达者的表达信息。

(四)表达时空的延展性

在表达媒介的演变史上,人类一直在试图突破表达的时空限制。报纸突破了表达的时间限制,一经表达,白纸黑字可长久保存,因此我们至今仍然能够阅读公元 887 年的《敦煌邸报》③,了解唐僖宗光启三年发出的表达信息。电视又突破了表达的空间限制,表达者在地球一角进行表达,即可通过声、光波频道传递至全球,在表达信息传递的过程中移除空间元素。互联网的出现则重新定义了表达的时间和空间,"时空的分离、'缺场'取代'在场',成为其明显的标志"④,塑造了一种没有边界的空间(space of flows)和没有尽头的时间(timeless time)⑤。"通过'超文本'(hypertext)和'后设语言'(meta-language)的形构,历史上首度将人类沟

---

①　由美国社会心理学家米尔格伦(Stanley Milgram)提出的人际交往理论。该理论认为任意两个陌生人都可以通过"亲友的亲友"建立联系,这中间最多只要通过五个朋友就能达到目的。See Travers J. & Milgram S, An Experimental Study of the Small World Problem,*Sociometry*,1969,Vol.32,No.4,pp.425-443.

②　隋岩:《群体传播时代:信息生产方式的变革与影响》,《中国社会科学》2018 年第 11 期。

③　为现存世界上最早的报纸,藏于英国伦敦不列颠图书馆。

④　冯鹏志:《伸延的世界——网络化及其限制》,北京出版社 1999 版,第 89 页。

⑤　参见[美]曼纽尔·卡斯特:《网络社会的崛起》,夏铸九等译,社会科学文献出版社 2001 年版,第 465 页。

通的书写、口语和视听模态整合到一个系统里。"①在这个系统中，表达者当下的时间和空间被解体，没有边界的虚拟空间取代了有边界的地域空间，无尽延伸的时间横轴取代了现实的时间定点。互联网的海量信息承载能力支撑了这一时空跨越，除非由表达者本人或者互联网平台主动删除，表达信息将以数据形态被近乎永久地留存和反复读取，过去、现在和未来得以突破时空限制，在同一则表达信息里相逢。

互联网表达时空的延展性不仅体现在其虚拟维度上，也体现在其象征维度上。人所关切的问题，如对自我阶层的认知，对公共议题的思索，对社会权力的攫取，以及对抗衡边界的调整，都以信息之表达与被表达的方式镶嵌在互联网的时空经纬之中。人们通过互联网平台表达与接受表达的过程，正是在互联网的象征时空中定位自我、他人与世界的过程。麦克卢汉之所以提出"媒介是人体的延伸"②，正是基于媒介在时间和空间上的延展性。报纸让人看得更远，成为眼睛的延伸；广播让人听得更远，成为耳朵的延伸；而互联网平台将时空延伸至最大化，人类在这个延伸的时空中得以实现对自我、他人和世界的判断、建构、调整和确认。

第二节　互联网平台
规制公众表达的行动逻辑

根据伊莱休·卡茨的"使用与满足理论"③，用户选择并使用某个互联网平台，往往基于其自身的某种需求。而对互联网平台的使用需求，或

---

① 参见[美]曼纽尔·卡斯特：《网络社会的崛起》，夏铸九等译，社会科学文献出版社 2001 年版，第 406 页。

② [加]麦克卢汉：《理解媒介：人体的延伸》，何道宽译，商务印书馆 2000 年版，第 33～50 页。

③ 美国传播学家伊莱休·卡茨提出的大众传播"使用与满足理论"，将受众的媒介接触行为概括为"社会因素＋心理因素—媒介期待—媒介接触—需求满足"模式。参见[美]伊莱休·卡茨：《人际影响——个人在大众传播中的作用》，张宁、刘海龙译，中国人民大学出版社 2016 年版，第 134～135 页。

者说互联网平台用户的被满足需求,主要可以对应至马斯洛的"需求层次理论"①中除生理需求以外的其他四个需求。四个需求由低至高分别是:安全需求,在互联网平台上表现为认知需求,即通过互联网平台获取信息,了解公共议题和最新事件,确认自己所处的环境及动态,缓解或消除因信息不对称造成的焦虑和不安,从而感到稳定和安全;社交需求,即通过互联网平台与亲人、朋友进行交流和互动,融入某一群体并维系感情;尊重需求,即通过互联网平台展示自我的生活、成就或观点,以期获得社会成员的认可和尊重;自我需求,即在互联网平台上记录或创作,从而构建一种实现自我价值的自我认同。这种种需求的被满足途径都指向一个形态,即表达。互联网平台得以实现对公众生活的密集型渗透,正是因为其允许公众通过方便、迅捷、自由的表达从而实现各种层次的需求。

公众基于表达需求的满足而使用互联网平台,但公众表达需求的满足并不是互联网平台的终极目标,而只是它实现自身目标的方式之一。在公众表达需求实现的背后,不容忽视也不可避免的是互联网平台对公众表达权的规制。尽管"禁止基于内容的规制是表达自由保护的基石"②,但在对表达内容原封不动予以呈现的前提下,互联网平台仍然有许多方式对公众的表达进行规制。这些规制方式往往有"助推"(nudge)③的痕迹,即平台用户在非强制性的、可接受性的各种"指令"引导或暗示下,"自由"地按照平台的设定逻辑进行表达和被表达。"'助推'是运用社会科学知识来协调权利内在张力的一种方式"④,互联网平台作为非公权力主体,正是运用这种软性方式协调并规制平台用户的个体表达权利。

---

①　马斯洛需要层次理论(Hierarchical Theory of Needs)认为人的需要由生理的需要、安全的需要、归属与爱的需要、尊重的需要、自我实现的需要五个由地至高的等级构成。参见叶浩生:《西方心理学的历史与体系》,人民教育出版社 1998 年版,第 564~565 页。

②　[美]罗伯特·波斯特:《民主、专业知识与学术自由:现代国家的第一修正案理论》,左亦鲁译,中国政法大学出版社 2014 年版,第 14 页。

③　美国经济学家理查德·塞勒和法学家卡斯·桑斯坦提出用"自由主义的温和专制主义方法"改善人们的最终决策,并用"助推"一词予以形象表述。参见[美]理查德·泰勒、卡斯·桑斯坦:《助推》,刘宁译,中信出版社 2015 年版,第 59 页。

④　郭春镇:《权力的"助推"与权利的实现》,《法学研究》2014 年第 1 期。

（一）用户协议：设定表达规范

通常情况下，用户只要通过电脑或手机连接互联网，输入互联网平台的网址，就可以随意浏览平台上的页面内容。但若需进一步表达、查看更多内容，或使用更多功能，则需要进行注册，产生一个具有平台用户身份性质的专属账号。在所有互联网平台上注册账号时，都会弹跳出一项用户协议（或称用户须知、服务协议、平台规则、社区守则、法律声明、免责声明等），可视为平台向用户发出的要约。用户协议最下方有"同意"和"不同意"的选择框（或"同意本协议""已阅读并同意本协议内容"等），选择"同意"则视为接受要约，正式成为平台用户，选择"不同意"则视为拒绝要约，仅以"访客"身份浏览网页。通过用户协议，互联网平台完成了由法律这种公共性质的、抽象的"社会契约"转化为私人性质的、具体的"私人契约"，公众在互联网平台上的表达权的实现正是由此而产生几近完全的依赖性。①

以"点击授权"形式完成的"私人契约"性质的用户协议，缔约过程实际上有许多显失公平之处。"用户注册协议的准入性质和订立方式的特殊性使得协议提供者往往借助其优势地位滥用契约自由原则。"②首先，在内容方面，用户协议多为由平台制定的格式合同，用户并不深度参与条款制定，对其具体内容并无太多关注和了解，仅在产生重大侵权事实的情况下，才可能引起小部分用户的警觉从而扩大至公众抗议，且抗议的结果往往不了了之。换言之，平台用户对这一合同并没有谈判空间。其次，在语言方面，作为一个法律文本，用户协议"包含大量专业化术语，使用大量长单句和同位结构，运用精密严谨的语言风格，程式化的语篇结构"③。

---

① 参见张小强：《互联网的网络化治理：用户权利的契约化与网络中介私权力依赖》，《新闻与传播研究》2018年第7期。

② 王红霞、杨玉杰：《互联网平台滥用格式条款的法律规制——以20份互联网用户注册协议为样本》，《法学论坛》2016年第1期。

③ 王安琪：《大数据战略下网络用户协议语言问题与监管建议》，《辽东学院学报（社会科学版）》2019年第3期。

用户在互联网终端上阅读用户协议时,往往迅速下滑一扫而过,极少能够逐字逐句审阅确认。再次,在程序方面,用户协议是"由商品或服务的提供人通过计算机程序预先设定合同条款的一部分或全部,以规定其与对方当事人之间的权利义务关系"[①]。用户一旦点击同意,其在平台上的所有表达行为都要接受该协议的约束,违反协议则需承担违约责任并接受平台的惩罚。在互联网对公众生活的全方位覆盖与垄断性渗透之下,对这一具有强制性法律效力的协议仅作"同意"或"不同意"二选其一的设置,实为"霸王条款"。此外,"契约"一旦缔结不得更改,但用户在首次同意用户协议以后,仍然要面临平台更新、更改用户协议的情形,此时用户已在平台培养了较为深度的使用习惯和社交关联,"N+1"次"同意"用户协议更新条款的非自主性更甚从前。一些互联网平台如新浪微博甚至直接略过用户的"N+1"次"同意"的具体程序,仅在用户协议中列明"如果用户继续使用微博服务,则视为用户接受微博运营方对本协议相关条款所做的修改"[②]。

用户协议内容涉及公众表达的方方面面,且义务条款远多于权利条款。以新浪微博《微博服务使用协议》为例,协议全文共 7463 个字,其中仅在 1.2.4 中规定了"用户可以通过设置功能,自行确认和控制自己在使用微博服务过程中提交、发布或显示的信息的公开方式和可见范围",以及在 4.1 中规定了"用户可自行编辑注册信息中的账号名称、昵称、头像、简介等"。[③] 这两个条款分别明确了用户对自己表达信息的处置权和表达身份的决定权。除此之外,多为对平台用户表达行为的禁止性规定,或对平台使用用户表达信息的授权性规定。值得注意的是,这些禁止性规定和授权性规定的表述内容均十分宽泛而不明确,具有极大的自由裁量尺度和具体操作空间。

[①]　张楚:《网络法学》,高等教育出版社 2003 版,第 204 页。

[②]　参见《微博服务使用协议》,http://weibo.com/signup/v5/protocol,下载日期:2022 年 2 月 26 日。

[③]　参见《微博服务使用协议》,http://weibo.com/signup/v5/protocol,下载日期:2022 年 2 月 26 日。

（二）算法规则：引导或干预表达效果

"互联网用'连接一切'的方式重构了社会，重构了市场，重构了传播形态。"[1]互联网的使用主体、终端设备、内容服务等互联网要素，以不同的连接点、连接规模和连接方式组合成了不同的连接模式，形成了不同的连接效应。[2] 互联网的连接功能是互联网之所以成为公众表达平台的重要支撑，而其连接功能的实现得益于算法技术。因此可以说，正是算法技术为公众表达这一传统命题带来了深刻变化。互联网通过算法将表达活动的主体——表达者与被表达者连接在一起；将表达活动的内容——相近或相悖的表达观点连接在一起；将表达活动的结果——反馈与二次反馈信息连接在一起。算法技术通过代码根植于计算机的软件和硬件中，成为互联网的一个崭新且重要的规制力量。[3] "代码的写手日益成为法规的制定者。他们决定什么是互联网的违约，什么样的隐私应该保护，什么程度的匿名应该得到允许，什么程度的信息存取应该得到保证。"[4]可以说，算法建构并支撑了互联网平台上表达活动的组织逻辑。

算法引导和干预公众表达活动的主要路径是：第一，采集。算法能够采集互联网平台用户在表达全过程的基础数据和动态数据，包括表达者个人信息、表达内容和阅读内容、点击热度、被指向性推送后的刺激和反馈行为等，以及与表达行为没有直接关联但可能产生间接关联的用户进行表达行为时的地理位置、使用设备、IP 地址，甚至活动轨迹等。第二，预测。以阅读量、点击量、转发量等为指标横轴，找寻并建立某一类型表达内容"裂变"和汇聚的演变轨迹，预测某一类平台用户的使用偏好和行

---

① 喻国明、曾佩佩、张雅丽等：《趣缘：互联网连接的新兴范式——试论算法逻辑下的隐性连接与隐性社群》，《新闻与传播研究》2020 年第 1 期。

② 参见彭兰：《"连接"的演进：互联网进化的基本逻辑》，《国际新闻界》2013 年第 12 期。

③ 参见［美］劳伦斯·莱斯格：《代码 2.0：网络空间中的法律》，李旭、沈伟伟译，清华大学出版社 2009 版，第 136 页。

④ ［英］詹姆斯·柯兰、娜塔莉·芬顿、德斯·弗里德曼：《互联网的误读》，何道宽译，中国人民大学出版社 2014 版，第 121 页。

为,并根据不断更新的反馈数据进行动态分析和调整。第三,干预。通过关键搜索词关联、过滤、屏蔽以及流量限制等方式,对平台用户的阅读行为进行选择性推送和针对性引导,从而调整表达信息的流向,扩大或减小表达信息的覆盖面。第四,控制。前三个干预环节是动态变化和循环调整的。在算法对用户信息获取、言论表达以及言论传播全过程全覆盖的干预后,用户不得不自觉或不自觉调整自己的表达行为,使自己的后续表达活动尽可能符合算法世界里的规则,以期不被"剥夺"表达权利。在算法的引导下,人所选择的并非其自主选择。最终,"用户拥有的选择自由只限于退出的自由"①。

互联网平台原本是一个开放的表达空间,但在大数据算法的逻辑预设和过程干预下,这一开放的表达空间被分化和割裂。算法赋予了互联网平台一种隐形的"控制权",影响甚至决定着平台用户能否表达、如何表达以及最终的表达效果。它将互联网平台希望公众更加关注的表达内容轻轻"推送"给平台用户,大声者愈加大声,沉默者愈加沉默,最终形成了表达的"信息茧房"②和"回声室"③。以抖音这一以视频为表达形式的新兴互联网平台为例,其"算法"干预痕迹尤为明显。抖音"依赖算法分发模式,试图实现'一击即中',让用户不断接触到喜爱的视频内容"④。具体的算法机制是"基本信息的协同过滤、'去中心化'的智能分发、叠加推荐和热度加权"⑤。算法深度参与的结果是,用户在抖音平台上的视频表达效果呈现"无人问津"和"爆炸流量"两极化。

---

① ［美］劳伦斯·莱斯格:《代码2.0:网络空间中的法律》,李旭、沈伟伟译,清华大学出版社2009版,第128页。

② 参见［美］凯斯·桑斯坦:《信息乌托邦:众人如何生产知识》,毕竞悦译,法律出版社2008年版,第7页。

③ 参见［美］凯斯·桑斯坦:《网络共和国》,黄维明译,上海人民出版社2003年版,第47页。

④ 李墨涵:《抖音算法推荐机制的局限与对策分析》,《新媒体研究》2019年第2期。

⑤ 李墨涵:《抖音算法推荐机制的局限与对策分析》,《新媒体研究》2019年第2期。

（三）惩罚机制：限制或剥夺表达权利

前文所述，互联网平台塑造了一个公众表达的新场域。在这个场域之中，互联网平台既是创建者，又是管理者。互联网平台通过用户协议和算法规则，制定了具有其自身意志的表达"法规"。为了确保这些"法规"具有权威性和强制性从而可实行，多数互联网平台都配套了惩罚机制。当平台用户的表达行为违背"法规"时，互联网平台将担任类司法角色，对表达主体实行惩罚。惩罚的方式主要可归结为三大类。第一类，对表达主体身份的限制，如不予注册、降低用户信用分值、禁止被关注、禁止修改账号信息、冻结账号、注销账号等。此类限制不但影响用户表达行为的进一步开展，也使其后续表达内容在平台上的可信度降低，影响表达效果；第二类，对表达行为的限制，如短期禁止发言、禁止评论、禁止转发、禁止点赞等；第三类，对表达内容直接采取强制措施，如从后台删除表达内容、不予显示、可显示但屏蔽关键词致其无法搜索、禁止被评论、禁止被转发、禁止被点赞、限制展示、标注等。这些惩罚措施都在一定程度上部分剥夺用户（在该互联网平台上）的表达权，注销账号则相当于完全剥夺用户（在该互联网平台上）的表达权。

管制和惩罚的程序往往非常简单甚至粗暴。对违规性较为明显的表达信息，一般通过平台关键词库和自动检索及拦截技术，由后台算法实行审核、过滤后，直接实施屏蔽、删除等惩罚措施。平台内部管理人员也会通过网上人工"巡逻"机制，行使屏蔽、删除等管理员权限。无论哪种方式，几乎没有平台会事前通知用户或与用户进行协商、提供说明机会，而是直接采取强制措施，用户将在被动接受惩罚后收到一封"告知"性质的邮件或站内信。2016 年 11 月，因旗下的微信公众号"新闻早餐"被腾讯微信平台封号，东方网总编徐世平接连发公开信质疑。徐世平声称，该微信公众号"突然收到一则腾讯的处罚决定，这个决定是以告知的方式通知的"①。微信团

---

① 东方网搜狐号：《东方网徐世平致腾讯马化腾的两封公开信》，https://m.sohu.com/a/118135315_391463，下载日期：2020 年 9 月 2 日。

队随后对封号原因进行了回应。^① 估且不对此事件中处罚理由的成立与否进行讨论，可以显见的是，微信平台在惩罚程序上并不进行事前确认，在事后告知中也并未对惩罚理由进行详细说明，令被动接受惩罚的用户难以信服。^②

在一些情况下，甚至连"高高在上"的事后告知也被省略。用户既没有被告知明确违规事项，也没有机会提前备份账号信息等，其账号毫无预警地"被注销"，头像变成灰白原始头像，昵称变成一段用户编码，原有表达信息（含公开发表、私密发表等）、表达反馈（点赞、收藏等）以及表达主体社交关联（关注、粉丝等）均被移除，用户本人无法登录，其他用户访问时也只能看到主页显示的一行小字"该账号因被投诉违反法律法规和相关规定，现已无法查看"。此种现象被网友戏称为"炸号"。2020 年 4 月，天猫总裁蒋凡和网红电商张大奕被控存在婚外情关系及利益输送。^③ 在新浪微博平台、豆瓣平台等对此事讨论度较高的互联网平台，有不少用户在发表对此事的否定性看法后被"炸号"，甚至连控诉或讨论被"炸号"这一现象的账号也很快被"炸号"，引发网友对平台过度管制和无理干预正常表达行为的不满。^④ 在该事件发生约两个月后，国家网信办指导北京网信办约谈新浪微博负责人，强调"网站平台……不得随意干预信息正常呈现、干扰网上传播秩序"^⑤。

---

① 微信安全团队指出，"该篇文章经用户举报，被认定为谣言。根据规则和账号的违规记录，平台给出了封号 7 天的处罚"。参见《微信发布关于〈新闻早餐〉微信公众号违规文章处理的说明》，https://www.cnbeta.com/articles/tech/555057.htm，下载日期：2020 年 9 月 2 日。

② 参见东方网搜狐号：《东方网徐世平致腾讯马化腾的两封公开信》，https://m.sohu.com/a/118135315_391463，下载日期：2020 年 9 月 2 日。

③ 参见新浪财经：《蒋凡张大奕事件全回顾：一条微博就能毁掉一个阿里合伙人？》，http://finance.sina.com.cn/stock/relnews/hk/2020-04-27/doc-iircuyvi0130398.shtml，下载日期：2020 年 9 月 2 日。

④ 在新浪微博平台搜索关键词："张大奕炸号"，仍能看到不少平台用户对该小规模"炸号"事件含蓄讨论。

⑤ 网信中国：《国家网信办指导北京市网信办依法约谈处罚新浪微博》，https://mp.weixin.qq.com/s/p7ozwLCviSUolYl4mIbxOg，下载日期：2020 年 9 月 2 日。

(四)争议处置:救济或质疑表达权利

制定规则和执行规则并不足以维系运转良好的表达秩序。作为一个拥有多重主体和交互行为的公共空间,互联网平台必然需要面对纠纷、解决争议。几乎所有的互联网平台都制定了投诉举报规则,提供投诉举报通道。根据对象,争议主要分为两大类,并分别指向关于表达权利的两种诉求。第一类是平台用户针对平台的申诉,其诉求性质实则是用户对自身表达权利的救济。具体表现为用户不认可平台对自己表达言论违规的认定和处罚,向平台提出反对意见并要求撤销处罚及恢复原有状态。第二类是平台用户针对其他用户的举报,其诉求性质实则是用户对其他用户是否合理行使表达权利的质疑。被举报用户或被认为在表达内容上违规,如发布民族仇恨、邪教迷信、谣言、赌博、暴力、色情、恐怖、煽动等言论;或被认为扰乱表达秩序,如雇佣水军、冒充他人、泄露隐私等。

互联网平台对表达标准的制定、对表达内容的判断以及惩罚措施的执行都带有较为明显的单方强制性,且程序大多缺乏公开性和透明性,因而极易引发上述第一类平台用户对平台本身的争议。然而,面对用户对于平台是否恰当行使其强制权力的质疑,此时的互联网平台既是被申诉对象,又担任着争议的判断者和处置者角色,其作出的争议处置结果显然难以令人信服,用户表达权利的救济极难得到有效保障。而在上述第二类平台用户与平台用户之间的争议中,互联网平台作为仲裁者,聆听举报者与被举报者双方的主张、解释、举证和申辩,根据平台规则作出裁判,实际上相当于由平台单方处理的诉前内部纠纷解决。

此外,为了节约互联网平台的争议处置成本,以及增进与平台用户的黏性关联,不少互联网平台也将这种争议处置权力部分让渡给少数平台用户代表。如百度贴吧吧主被授权对所管辖贴吧内存在的不良信息进行处理[①];新

---

① 《百度贴吧吧主制度》第 30 条规定:"吧主有权对所管辖贴吧内存在的不良信息(如广告、辱骂、猥亵、色情等违反国家法律法规,或违反百度贴吧协议的内容)进行处理。"参见《百度贴吧吧主制度》,https://baike.baidu.com/item/百度贴吧吧主制度,下载日期:2020 年 9 月 20 日。

浪微博推出了"评论由博主筛选后才能显示"的功能，将博主与其他用户之间的争议处置权力直接赋予了博主本人。

第三节　互联网平台
规制公众表达的权力正当性论证

　　需要承认的是，互联网平台通过设定标准、控制算法、执行规则以及裁决争议，在客观上已拥有了一种对公众表达的现实影响力。这种现实影响力随着互联网技术的更迭和互联网用户覆盖面的伸延而不断放大，其"权力"的内在痕迹与外在形式也愈发明显。从传统权力观视角考量，互联网平台具备权力的强制性特征。权力普遍具有强制性，但并非所有强制性都外化为军队、警察、监狱等暴力机构形式，有时也体现为让人无从反抗或别无选择的隐形强制形式。互联网空间"cyberspace"一词的词源是"控制"而非自由，互联网平台所提供的"形式上是一种自主选择、自由表达的个人权利，而实质上却是无法摆脱甚至已经内化于心的某种强制力"[①]。从近现代权力观视角考量，互联网平台构建了一种具体的客观的社会关系。权力作为人类社会最复杂的现象与形态之一，也被解读为一种客观存在的社会关系，当特定主体拥有足以支配或影响他人的资源即可视为权力。[②] 在以互联网平台所拥有的数据、网络和架构资源为基础的社会关系中，平台用户有意识或无意识地按照平台预先设定的意志进行表达和被表达。因此，互联网平台被认为是一种新兴的权力主体，客观上拥有并行使着规制公共表达的权力。

　　当被认为是"一切自由中最神圣的""一切的基础"[③]的表达自由被一

---

　　① 叶娟丽、徐琴：《移动互联网·大数据·智能化：人工智能时代权力的规训路径》，《兰州大学学报》2020 年第 1 期。

　　② 参见[德]尤尔根·哈贝马斯：《作为"意识形态"的技术和科学》，李黎、郭官译，学林出版社 1999 年版，第 55～56 页。

　　③ [德]马克思、恩格斯：《马克思恩格斯全集》（第一卷），中共中央马克思恩格斯列宁斯大林著作编译局编，人民出版社 1995 年版，第 573 页。

种新兴的权力干预,且这种权力在公众表达的新场域内持续性地产生、行使、转化和膨胀,表现出越来越不容置疑、无从反抗的强制性时,人们不得不开始思考,这种权力是否具有正当性,以及这种正当性从何而来。考量一种权力形态的正当性有两个维度。首先,从经验主义的维度,根据历史上已存在、运行并被认可的权力来反推何为正当性标准。如马克斯·韦伯将正当性概括为三种主要模式:传统型,对由来已久、代代相传的习惯或权威的认可;魅力型,对领袖个人及倡导秩序的魅力和精神的认可;合法型,对依据统治者的意志所制定的法律规则或行政命令的认可。① 即被认为是对"实然"正当性的归纳。② 其次,从理性主义的维度,探究一个权力主体所构建的权利秩序是否合乎或者助益于实现某种理性的价值。正当性作为人文社会科学的核心概念,其本身就饱含价值判断的命题。当我们叩问一种权力的正当性,并不仅仅是为了追证这种权力如何获得、持有及运行,更重要的是从理性主义的维度,探究这种已然存在的权力在形式上和道德上是否"应当如此"。

经验和理性两个面向、两个尺度、两个标准的解读,为我们提供了一个可以更全面理解正当性概念的互补的二元结构——在经验层面,正当性强调主观要素,即社会成员的普遍"同意"这一意志表达;在理性层面,正当性强调客观要素,即符合某种客观的"理性"价值标准。③ 纵观人类历史上种种权力形态的发展,若仅获得"同意"而无"理性"支撑,权力难以为继;若满足"理性"标准而未经"同意"即建立,权力的正当性也将大打折扣。因此,功利地考虑,同时论证互联网平台权力在经验层面和理性层面的正当性标准要素之达成,能够实现对其权力正当性追求之现实相对性与理想绝对性的统一,从而最大限度地减少其正当性质疑。

---

① 参见[德]马克斯·韦伯:《经济与社会》,阎克文译,上海人民出版社 2019 年版,第 63 页。

② 参见赵森:《在合法性与正当性之间——马克斯·韦伯正当性理论的当代解读》,《贵州师范大学学报(社会科学版)》2009 年第 5 期。

③ 参见刘杨:《正当性与合法性概念辨析》,《法制与社会发展》2008 年第 3 期。

（一）经验视角的平台权力正当性论证——因何"同意"？

经验主义将社会成员的"同意"作为衡量权力正当性的支点。此处的"同意"更倾向于"接受"这一意思表示（含明示和默示）而非"喜好"这一意愿程度。互联网平台的权力并非在用户"同意"用户协议的那一刻才产生，而是随着公众表达新场域的构建，逐步获得社会成员的普遍同意、群体同意和个体同意。

首先，基于技术架构的普遍同意，平台权力得以支撑。技术作为一种自身并无价值取向的改造自然的生产力，体现的是人对物而非人对人的支配力，并不具备权力的属性。但当其脱离纯粹工具角色，与资本力量、意识形态和数据资源相结合，成为人与人之间支配关系的重要链接时，就体现出强烈的权力属性。不同于传统政治权力自上而下的强制性支配，技术权力强调的是结构性支配。在互联网平台上，技术改变了表达资源的配置方式和权力结构，公众表达权利的具体行使以及平台对公众表达的规制权力都紧紧依赖于由电缆、计算机等硬件设备以及算法运行、代码管控等网络技术。公众在互联网构建的表达新场域中看似自由地表达，然而如卢梭所言"人是生而自由的，但却无往不在枷锁之中"[①]。公众借助技术实现形式上的表达自由，成为技术的间接使用者，但在享受技术对表达方式的革命性颠覆所带来的便利的同时，也默许了技术的直接使用者——平台对其实施约束与支配。这种默许可以说是一种必然。一方面，互联网技术的权利属性与权力属性天然地合二为一，公众在互联网上的表达必然通过技术，而平台作为技术"管理"者，对技术的操作又会直接体现对用户表达利益的支配。换言之，对互联网平台通过技术承担表达功能、构建表达场所的公共设计，已包含了对平台使用技术管理表达活动、规范表达秩序的"同意"，平台权力作为公众表达权利的技术性附着条件被自然而然地默许。另一方面，互联网平台是以互联网技术为核心的

---

① ［法］卢梭：《社会契约论》，何兆武译，商务印书馆 2016 年版，第 4 页。

大数据战略发展的必然落脚点①,是庞大的技术架构上最终呈现的形态之一。早在公众使用互联网平台进行表达之前,"以'砖和水泥'为代表的物理基础设施逐渐向以'光和芯片'为代表的数字基础设施转变"②,电缆、光纤等公共基础设施基于政府规划和社会共识而得以大规模、高效率地建设和发展,计算机、手机等网络技术的物理载体以及算法、代码等"看不见"的技术也作为人类发展的重要内容而飞速更迭。技术不是自然存在的,不是被发现的,而是由人类发挥主观能动性设计和创造出来的,它在产生之初,甚至在产生之前,就已经具备了社会公众对其到来并发挥效力的普遍同意。

其次,基于"公共论坛"性质的群体同意,平台权力得以发生。在表达权的叙事框架中,"公共论坛"③占据着重要地位。"公共论坛"体现了对公共事务、公共政策讨论所持的开放性态度,是评判表达权实现的重要指标。"公共论坛"在传统时代以财产的共有性质作为判断维度,如街道、公园、广场等等。事实上,现代意义上的表达权演变自表达自由思想,而表达自由思想恰恰起源于古希腊、古罗马在城邦等公共领域的自由辩论传统。古希腊时期,雅典人通过在城邦聚集召开公民大会的方式,实现对公共事务的表达自由,表达的主体是年满二十岁的男性公民。④ 公共领域和私人领域的对立也被认为最早出现在古希腊的城邦生活中。⑤ "公共论坛"理论的出发点是保障公共表达自由,当一个场所具有公共性质,那

① 参见陈青鹤、王志鹏、涂景一:《平台组织的权力生成与权力结构分析》,《中国社会科学院研究生院学报》2016年第2期。

② 马化腾等:《数字经济:中国创新增长新动能》,中信出版社2017年版,第7页。

③ "公共论坛"概念最早可见于哈里·卡尔文1965年发表的经典论文《公共论坛的概念:考克斯诉路易斯安那州案》。卡尔文认为在一个开放的民主社会中,街道、公园或其他公共场所是公众进行公共讨论和参与政治过程的重要渠道,是公民可以使用的公共论坛。See Harry Kalven, The Concept of Public Forum:Cox v. Louisiana, *The Supereme Court Review*, The University of Chicago Press, 1965, pp.10-12.

④ 参见施治生、沈永兴:《民主的历史演变》,北京出版社1982年版,第15~16页。

⑤ 参见[美]汉娜·阿伦特:《人的条件》,竺乾威等译,上海人民出版社1999年版,第22~23页。

么政府作为这一公共场所的所有者或管理者,对公众表达活动的规制就需要受到严格限制。这一限制性原则中隐含着一个基本预设,即公共论坛的产权拥有者(在当时多为政府或公共管理机构)有权对发生在公共论坛上的言论表达进行管理和规制,只不过这种权力被严格而审慎地注视、论证和限制,如必须是立场中立性的,或为了公共利益的目的,又或是满足一定的程序要求,等等。在著名的"戴维斯案"(Davis v. Commonwealth of Massachusetts)中,霍姆斯(Oliver Wendell Holmes)法官甚至在审判意见中写道,"立法机构禁止公众在高速公路或者公园说话并非是对公众权利的侵犯,因为这就和私人住宅的主人禁止别人在他家说话一样理所当然"[①]。随着时代和社会的发展,公共论坛的范围从具体的有形的扩展至抽象的无形的,如公共电视台、广播电台等等。网络时代,互联网平台成为公众讨论公共事务的新场所,并因其低门槛、超容量、匿名性等特质,相比"城邦""公园"等更接近人们理想中的"公共论坛"。在这个崭新的"公共论坛"上,不仅参与讨论的公众人数远超从前,所讨论话题的公共性和覆盖面也极大提升,它"就像人们经常路过的一条街道或经常逛的某个公园,人们早已习惯在那儿获取信息,并与他人交流"[②]。有别于传统公共论坛,互联网平台的产权属性复杂而难以归类,在高度发达的市场经济中,其名义持有者清晰了然,实际控制者却常常难辨踪迹。即便如此,互联网平台的"公共论坛"属性已毋庸置疑,无论其实际产权归属何方,互联网平台作为一个符号化的"代表方",对借助平台进行表达的公众拥有适当的规制权力是正当的,这种正当在互联网使用群体登录网站时获得了默许——如同人们走进公园或广场的那一刻自觉接受了标识牌的引导以及管理人员的存在一样。

最后,基于"用户协议"的个体同意,平台权力得以确认。互联网平台上的用户协议是以电子点击方式完成的由平台事先拟定的格式合同。签

---

① Davis v. Commonwealth of Massachusetts,167 US 43(1897).

② See Dan Hunter, Cyberspace as Place and the Tragedy of the Digital Anticommons,*California Law Review*,2003,Vol.91,p.439.转引自谢小瑶、王育红:《作为公共论坛的网络空间:从公共网站展开》,《江南大学学报》2017年第5期。

订用户协议是个体用户使用互联网平台开展表达活动的前置条件，也是互联网平台取得个体用户授权的具体意思表示。用户协议的签订过程前文多有讨论，不再赘述，此处着重强调的是其签订结果的效用及意义——直接确认了用户对平台权力的"同意"——构成了互联网平台权力正当性的直接来源。如果说公众对互联网平台权力基于技术架构的普遍同意和基于"公共论坛"性质的群体同意，只是某种程度上的思维想象或思维推导，那么基于用户协议的个体"同意"则是一种真实的意思表示。此时的"同意"不再是笼统的、整体的、象征性的，而是明确的、具体的、现实性的。首先，权力的授予方和被授予方是具体的。即某个使用互联网平台进行表达的具体用户，将原本完全属于自己的表达自由和表达权利部分让渡给该平台，使得该平台拥有了实质上和形式上管理其表达活动的权力。其次，权力的使用范围是明确的。用户协议的性质是内部规则，仅针对平台内部的表达生态，用户在该平台以外的表达活动不受其限制，且在实践中一个平台也无法对发生在另一个平台上的表达活动进行管理，平台的权力效应无法超出自身。再次，权力的内容是具体的。用户所"同意"的针对其表达行为及表达内容的审核、管理、惩罚等种种权力以条文的形式明文罗列，既包括法律法规中的禁止性规定，也包括平台基于自身运营模式和利益诉求而设定的超出法律范围的管理规定，列明的条款均受到法律强制力保障，未列明的则将被视为越权或侵权行为。通过用户协议，互联网平台和个体用户形成契约关系，互联网平台在法律层面上获得了契约"权利"，但实质上被直接赋予了管理用户的"权力"。[①] 从这个角度看，对"用户协议"所带来的平台权力正当性的论证恰恰符合马克思·韦伯所提的通过合法性的正当性的逻辑进路。[②]

---

① 参见张小强：《互联网的网络化治理：用户权利的契约化与网络中介私权力依赖》，《新闻与传播研究》2018 年第 7 期。

② 参见［德］马克斯·韦伯：《经济与社会》，阎克文译，上海人民出版社 2019 年版，第 63 页。

(二)理性视角的权力正当性论证——有何"价值"?

理性主义的正当性概念追问的是权力在道德层面的价值取向。这种价值的判断标准显然是思辨的,其标准可能是合法性[1]、合道德性、合规律性等等,但仍可从种种标准中整理出一些易于辨析的共性——是否符合社会成员的公共利益,是否有利于社会整体的良性发展。

其一,完成平台权力和公众权利的交换。权力与权利、自由被视为相互依存又相互制约的三个基本元素,权力是实现权利与自由的后盾、支柱与保障。[2] "即使是最强者也决不会强得足以永远做主人,除非他把自己的强力转化为权利,把服从转化为义务。"[3]农业社会等级制度下的权力主要表现为支配性,拥有高等级身份的人因其"生而不同"而天然享有权力,对低等级身份的人进行支配和控制,一方权力的实现往往造成另一方权利和自由的压缩和扼制。近代以来,社会在意识观念上把人们置于平等地位,基于等级条件的权力失去社会基础。在现代社会庞大的分工与协作系统中,权力不再是一种纯粹的强者对弱者的支配关系,而是具有了强烈的交换属性,一方权力的实现往往基于对另一方权利和自由的满足和提升。"为了能够在面对他人时拥有权力的来源,人们不得不部分地满足他人对自己的期望……让一定数量的规则得以制定用来保证维持他们的关系,并因此确保每一个游戏者能继续游戏。"[4]互联网平台权力作为现代权力的新兴形态,其交换属性尤为明显。从行为目的上看,互联网平台把公众作为服务对象和争取对象,为保有及扩张权力而致力于保障公众在其平台上的表达活动,公众接受平台权力的规制也是为了促成表达这一对自身更有价值的权利的实现。从时间轴上看,公众表达权利

---

[1]　这里的"法"既包括自然法,也包括实定法。

[2]　参见郭道晖:《权力的特性及其要义》,《山东科技大学学报(社会科学版)》2006第8期。

[3]　[法]卢梭:《社会契约论》,何兆武译,商务印书馆2016年版,第9页。

[4]　[法]克罗齐耶、费埃德伯格:《行动者与系统——集体行动的政治学》,张月等译,上海人民出版社2007年版,第89页,转引自张康之:《现代权力关系的交换属性及其超越方案》,《南京师大学报》2014年第1期。

的出现和产生先于平台权力,公众表达权利为平台权力提供了逻辑起点和价值框架,平台权力的初级形态来源于公众对自身表达权利的部分让渡,平台权力发展至高级形态后又反过来促进了公众表达权利的实现。可以说,互联网平台是以权利换权力,其规制权力本身就内在地包含了公众表达权利的价值取向与功能。这种强烈的"权利"痕迹为互联网平台规制公众表达的权力的正当性提供了极具说服力的注脚,因为"社会的权利就其本质说是永恒的和不可剥夺的……权力的真正基础是公道,权力的使命是把人们的利益统一起来,它的威力也就恰好包含在其中了"。①

其二,实现国家权力到社会权力的回归。依托互联网平台对公众表达进行规制已成为世界范围内的普遍选择,在世界各国的法律中几乎都能找到要求或鼓励互联网平台管理用户表达的条款。政府以法律的形式明确互联网平台对其平台内容的主体责任,平台运营主体需在政府的指导和法律的强制性规定下对平台用户的表达活动进行主动管理,未尽管理责任与义务的互联网平台将受到行政处罚。如我国就以《网络安全法》《互联网信息服务管理办法》以及一系列规章和规范性文件,构建起一个以平台为中心的公众表达法规体系。互联网时代,信息呈现量级急速递增,使政府无法延续传统的事先许可和事后审查的方式对公众表达进行直接规制。与传统的政府规制相比,互联网平台在信息、技术、效率、资源整合与集聚方面更具优势。由平台去完成某些原本由政府完成的任务,被认为是弥补数字时代政府规制能力缺陷的有效且必要手段。值得注意的是,互联网平台并未得到明确行政授权或委托,所行使的并非代表国家或政府的"公权力",而是基于法定义务而展开的对平台用户的"私权力"。从"公权力"到"私权力"的让渡,实际上是政府还权于社会的过程,即国家将其原本的治理权力部分地归还于社会主体。作为公共权威为实现公共利益而进行的管理活动和管理过程,"国家治理"一词刻画了国家与民众、

---

① [法]霍尔巴赫:《自然政治论》,陈太先、眭茂译,商务印书馆1994年版,第41页。

上级与下级的权力关系。[①] 但国家作为拥有绝对地位的权力主体,迄今仅有几千年历史,是人类漫长发展历程中的一个特殊阶段和暂时形态,国家终将成为历史,并将原本属于社会的管理职能和管理权力归还给社会本身。[②]

随着时代发展,公域和私域在客观上相互交错,现代国家与社会一体化的局面逐渐被打破,人类社会开始出现权力多元化和社会化的趋向,国家权力不再是统治社会的唯一权力。[③] 数字时代,互联网平台依托其技术和资源优势,成为一个不容忽视的社会权力主体,其权力所指向的公众表达,又具有天然的社会属性和价值秩序。作为被普遍认可和尊重的基本人权,表达本身就饱含着"自治"的理念,公众本应自己决定是否表达和如何表达。换言之,规制公众表达的权力原本就属于公众自身,只是随着表达活动的复杂化以及表达活动与人类其它活动的广泛、深度交叉,基于维持表达秩序和维护公共利益的目的,逐步将这种权力委托给国家和政府——在民主国家,国家权力的正当性来源也正是人民的授权。互联网时代,尽管公众表达活动的复杂化与影响力更甚从前,但由于互联网技术带来了权力结构及运行环境的深刻变革,同样是基于维持表达秩序和维护公共利益的目的,规制公众表达的权力通过互联网平台实现了回归。

第四节　对互联网平台
规制公众表达的权力的规制

当前,互联网平台在公众表达领域已基本形成了自己立法(制定用户协议)、自己管理(算法与技术支撑)、自己处罚(删帖、封号等)、自己裁决(举报投诉通道)的"四权合一"的微型极权体制,"比全世界任何高等法

---

① 参见周雪光:《中国国家治理及其模式:一个整体性视角》,《学术月刊》2014 年第 10 期。

② 参见[德]马克思、恩格斯:《马克思恩格斯选集》第二卷,中共中央马克思恩格斯列宁斯大林著作编译局编,人民出版社 1995 年版,第 409 页。

③ 参见郭道晖:《权力的多元化与社会化》,《法学研究》2001 年第 1 期。

院、国王和总统都更有权力决定谁可以说话、谁会被倾听"。① 这种权力体制所带来的对公众表达权利的正向价值毋庸置疑,因为保护与限制本就是基本权利的一体两面,适度的规制有助于对公众整体表达权的保护。通过规制,互联网平台为公众提供了便利的网络表达场所,帮助构建有序的网络表达秩序,实现放大效应的表达效果,弥补政府对公众表达规制的不足等等。但规制毕竟具有剥夺、阻碍的性质,规制过度或规制失当可能造成对个体表达权的侵害,随之也必然对公众整体表达权造成威胁。我们应当注意到,作为保障公众表达权利和表达自由的必要且有效手段,平台权力极有可能在失序中演变为对公众表达权利和表达自由的最大威胁,历史上的种种权力实践已证实了这种可能性,Facebook、Twitter、百度、新浪、腾讯等当前互联网"利维坦"②的日益壮大也充分显现了这种现实性。因此,防止互联网平台规制公众表达权力的无序扩张,成为平台与用户权力关系和权利关系的关键。正如福柯所言,"权力关系本身并不是什么坏的、人们应该从中解放自我的东西"。③ 我们所要做的并不在于完全消解权力,而应当"使这些权力游戏得以在最低限度的统治下进行"。④如何最大化利用互联网平台的规制权力以促进公众表达利益,同时又对其可能导致的不利因素进行有效规避,是网络时代的人类必须面对和解决的共同难题,也是对互联网平台规制公众表达的权力进行规制的基本思路。

(一)基于现有格局的主体制约思路:提升政府权力和公众权利配置

在当前的表达场域中,实际上已形成了(政府)公权力—(互联网平

---

① 梅夏英、杨晓娜:《自媒体平台网络权力的形成及规范路径——基于对网络言论自由影响的分析》,《河北法学》2017年第1期。
② 参见陈剩勇、卢志朋:《网络平台企业的网络垄断与公民隐私权保护——兼论互联网时代公民隐私权的新发展与维权困境》,《学术界》2018年第7期。
③ [美]詹姆斯·米勒:《福柯的生死爱欲》,高毅译,上海人民出版社2005年版,第487页。
④ [美]詹姆斯·米勒:《福柯的生死爱欲》,高毅译,上海人民出版社2005年版,第487页。

台)私权力—(公众)私权利的博弈格局。这种三角结构一方面有利于降低政府对公众表达的审查和规制成本,另一方面也使得互联网平台权力处于政府权力和公众权利的中心。而通过强调处于中心的平台自身恪守原则和审慎用权,并不能获得理想效果,因为"一切有权力的人都容易滥用权力"①。首先,互联网平台作为网络服务提供者,是互联网市场经济的参与主体。"在以市场逻辑为驱动力的模式中,互联网的发展成为以营利为目的私人资本领域。"②除了少数由政府出资设立的政府门户网站、公共信息服务网站等,多数互联网平台都为私人或集团所有,具有强烈的私有化特征和营利性目的。这些互联网平台通过满足用户表达诉求提升自身流量,从而实现盈利。但用户表达诉求的实现只是平台盈利的附带作用和连锁反应,而非其经营目的和主观意愿,且和平台盈利也并非完全正向关联。当对用户表达诉求的满足达到一个阈值,平台为追求其盈利最大化而滥用对用户表达的规制权力几乎是必然的。其次,即便平台并非完全营利性质,如具有公益或半公益性质,或具有政府资本和官方背景,也必然携带其自身的意识形态和利益诉求。总体而言,用户的表达活动只是互联网平台实现其自身目的的载体而非最终指向,要求平台在规制用户表达活动时保持绝对意义的客观公正,甚至指望其致力于公众表达权的完整实现而无条件、无限制地满足公众的表达需求,以公众表达利益的实现为价值取向而机动调整其权力口径和运行方式,不仅在现实层面不具可期待性,也有违互联网市场经济的基本规律。从权力制约理念出发,分别提升三角结构中政府权力和公众权利的配置,防止处于中心地位的平台权力"异军突起",是使其权力得以节制以及良性运行的一个现实办法。

一方面,以权力制约权力。自由主义流派把权力制约的必要性提升到与权力本身必要性几乎同步的高度,主要是基于人性本恶的假设,这一

①　[法]孟德斯鸠:《论法的精神》,张雁深译,商务印书馆1982年版,第154页。

②　[加]罗伯特·哈克特、赵月枝:《维系民主? 西方政治与新闻客观性》,沈荟、周雨译,清华大学出版社2005年版,第159页。

假设前提与互联网平台追逐私利的本性正相契合。实行权力制约的首要在于确立权力制约的主体,即"谁来制约"。尽管政府公权力在公民表达自由领域的法理基础一直受到质疑,但在现实规范中,互联网平台的权力是在政府权力授予和监管之下的权力。我国自 20 世纪 90 年代正式接入国际互联网以来,一直把互联网活动纳入重要的监管范围,从早期基于产业发展考量实行产业部门监管模式,到中后期至今基于意识形态管控考量逐步形成了由工信部、国家互联网信息办公室、公安部三大机构为核心的行政治理格局。[①] 并通过发布《网络安全法》《互联网信息服务管理办法》等一系列渐成体系的法律法规和行政文件,"赋予网络提供商协助管理网络言论的权利,使后者承担起网络言论的日常治理责任"[②]。互联网平台这种被授予、被监管的权力的不断积聚和壮大,实际上已经造成了对政府公权力的挑战。因此,加大政府公权力的衡重,不仅是制约平台权力的有效办法,也是维持现有表达规制权力架构稳定性的现实需要。具体操作方法是通过制度设计将平台的规制性权力从授予到运行的全过程纳入政府监管范围,预设其边界,压缩其自由裁量空间,从而确保这一权力的有限性。如,从授权源头方面,建立科学的互联网平台授权机制,列明互联网平台的权力清单和责任清单,确保权责一致;从市场准入方面,建立互联网平台权力主体资质备案机制,适当提升互联网平台的准入门槛,避免互联网市场的混乱失序;从规制过程方面,建立互联网平台言论规制留痕机制,同时畅通用户申诉渠道,提升公开度、透明度;从从业人员方面,建立互联网平台内容审核人员实名负责机制,避免"网络警察"隐身和滥用权限;此外,还应当进一步完善网信办的互联网平台约谈公开机制等等。值得注意的是,尽管将互联网平台权力纳入政府监管范围已成为社会共识,但在互联网平台权力所涉的公民言论表达视野下,公权力的介入仍然应当保持审慎,以在防范互联网平台权力损害公众表达权益的同时,

---

[①] 参见李良荣、袁鸣徽:《安全而开放:互联网舆论治理的基本原则》,《未来传播》2021 年第 6 期。

[②] 李良荣、袁鸣徽:《安全而开放:互联网舆论治理的基本原则》,《未来传播》2021 年第 6 期。

不至于引发公权力过度钳制平台发展甚至破坏公众表达的质疑。

另一方面,以权利对抗权力。三角结构之中,显然公众表达私权利的价值位阶顺序是第一位的,但在现实中却处于技术和资源的被动弱势地位。而公众作为表达场域最重要主体的长期弱势,将破坏这一三角结构的均衡状态,反过来也将影响到平台表达生态。"以权利对抗权力"的思路实际上直指权利和权力的共同本源问题。互联网表达场域中的权利和权力的特别之处在于,用户既是平台权力的授予方,又是平台权力的作用对象,即互联网平台运用其来自用户授予和让渡的权力来管理用户。在此本源之下,制约权力和保障权利成为一体两面,制约平台权力的终极意义正是为了保障用户权利,如同用户授予平台权力也是为了更好保障用户权利一样。为增加公众权利在表达场域中的博弈资本,提升其对平台权力的对抗性,应当将公民网络表达权利纳入公民基本权利结构。其权利具体内容中的公民网络访问权、网络账号财产权、网络数据权、网络隐私权、网络"被遗忘权"等细分权利,应当视互联网表达的发展成熟度有计划、分节点、成系统地以立法形式予以确认和保障。

（二）权力运行环节把关视角:预控规制过程的关键风险点

仔细分析平台权力在规制公众表达过程中的失范风险,主要存在于三个时间节点。一是规制前,用户协议中可能隐藏"已知情"的不公平格式条款,造成平台取得"合法"授权的不合理权限。平台用户协议的合法性路径是知情同意原则,但知情同意不能成为平台规制用户言论的万能抗辩理由。一方面,知情同意原则应当受到正当目的性和必要原则的制约,即非出于公众利益和平台正常运营的需要,不对用户言论进行限制;可以对用户言论进行限制也可以不对用户言论进行限制的情境下,不得限制用户言论。另一方面,知情容易原则应当确保充分"知情",即在履行告知义务时,使用的语言足够明确、设定的细节足够清晰,使用户对平台可能行使的权力及自己可能承担的损失产生与用户协议法律效力相一致的认知。这两个方面的落实口径都指向用户协议的文本内容。为此,可以建立用户协议事前审批和事后审查机制。互联网平台在正式使用以及修改、补充用户协议前,必须首先将协议文本以及具体的呈现形式(包括页面颜色、字体大小等可能影响用户阅读和理解协议内容的因素)报行业行政主管部门审批,由政府为平台用户提前"把关"。同时,行业行政主管部门对平台用户协议的内容及执行开展行政监管,如采取随机抽查等方式,一旦发现平台与用户签订的用户协议明显违反知情同意原则或明显损害用户权益,责令停止并更正。

二是规制时,平台权力可能因隐身于算法"黑箱"之后而无限扩张。作为互联网时代的崛起性技术力量,算法已逐渐脱离了纯粹的工具性角色,而在实质上主宰和承担了互联网平台的日常运营和治理,并在海量数据资源和学习模拟能力的基础上部分实现了自主决策、自主演化、自主处理。在此超速演化之下,算法技术依然呈现出不公开、不解释的姿态,其对用户言论的决策、启动、推理和处置都处于"黑箱"之中,堪称"算法暴力"。算法的不合理应用已引起行政监管部门的重视,国家网信办、中宣部、教育部、公安部等九部委于 2021 年 9 月联合出台文件强化算法安全治理,强调了"企业应强化责任意识,对算法应用产生的结果负主体责任"。① 在该指导意见的基础上,应当进一步明确界定互联网平台的算法主体责任,将算法的设计、部署和应用均纳入其责任范围。同时,针对算法发生作用的各个阶段分别设置具体标准,如针对设计阶段设置算法道德伦理性审查标准,针对运营阶段设置算法运行正当程序标准,针对自动决策阶段设置算法后果评价标准,等等。此外,算法成为数字时代的重要生产力和市场经济主体的竞争性资本,要求对其本身实现全程透明化既不符合市场竞争原则,也没有具体落实的现实可行性。转变思路,可以在尊重算法技术性和商业机密性的基础上,提升算法运用和决策的可见性,要求平台在内容排序、浏览推荐等基于算法的结果页面予以标注,使平台用户作为利害关系人虽无法得知算法的具体过程,但能够知晓算法的存在以及算法影响自身表达与被表达的方式与程度。

---

① 参见国家互联网信息办公室 2021 年 9 月 17 日发布的《关于加强互联网信息服务算法综合治理的指导意见》。

三是规制后,公众表达权利救济渠道的缺失或失灵可能导致平台权力"无所忌惮"。无救济则无权利,权利的实现极大程度上依赖于救济制度的完善。仅对公民的表达权利内容予以强调,并不能有效防止这一权利被侵犯。当前,平台用户的救济渠道集中于平台内部争议处置机制,这种由平台行使终局性纠纷裁决的机制在面对涉及平台自身和用户的纠纷时其合理性饱受质疑。一方面,应当增加非平台性的表达权利救济渠道。如由公权力设立互联网言论纠纷受理与处置机构,使用户在对平台的处罚或投诉处理结果不满时仍有事后救济的机会。另一方面,应当加强对平台自身所设的救济渠道的监管。如参照德国做法,要求互联网平台公布包括用户违规评判标准、用户投诉、删除或屏蔽言论等内容的透明度报告。[①]

(三)一种可能性的重构选择:设立专门性言论"判断"机构

从公共角度考虑,我们需要保留的是互联网平台对公众表达的正面价值,需要降低(如有可能予以消除)的是平台权力过度扩张对公众表达的负面影响。从平台角度考虑,需要维持的是发生在其平台之上的公众表达活动所带来的流量利益,需要降低的是"权责一致"理念下附着在平台权力之上的责任成本。换言之,如果能够探索建立一套机制,使得平台既可以主要地保留现有利益,而公众又不必过多地受限于平台权力,将达成多方共赢局面。

笔者认为,设立专门性言论"判断"机构从而分解平台权力的做法值得探索。目前,互联网平台对平台用户表达内容的直接权力呈现形式集中于两个主要动作:判断和处理,即首先对平台内容是否违规作出判断,而后根据判断结果对平台内容实行正向或反向的处理。其中,判断动作是处理动作的基础和前提,决定了处理结果的正当与否,与互联网平台权

[①]　德国于 2017 年发布《网络执行法》,要求每年收到 100 份以上投诉的社交网络平台每半年制作一次报告,在联邦公报以及自己网站主页上进行公布。参见查云飞:《德国对网络平台的行政法规制——迈向合规审查之路径》,《德国研究》2018 年第 3 期。

力相关的争议也大多针对判断动作。一方面,由平台进行"判断"面临主体适格质疑。互联网平台作为"平台信息内容管理第一责任人"[①],在性质上可视为以私权力主体协助行政机关执行"行政法上的第三方义务"[②],不具备公权力架构及资源,难以精准高效地执行原本在公权力职权范围内的管理工作,其"兼具技术与策略的治理手段"[③]也增加了逃避行政机关有效监督的操作空间。另一方面,平台进行"判断"的标准不够明晰。如我国在关于互联网言论的具体禁止性规定中,"破坏国家统一""损害国家荣誉和利益""破坏社会稳定"等内容涵纳范围过大,"煽动""危害""损害"等用词表述过于宽泛、抽象,缺乏可对照性、可操作性。[④]各互联网平台或基于严格的内容管理责任要求,或基于自身意识形态和经济利益偏向,擅自扩大或缩小言论审查口径,相同的表达内容发表在不同的互联网平台上可能得到不尽相同的判断结果和处理结果。为此提出的言论"判断"路径优化方案是:将互联网平台"判断和处理"用户表达内容中的"判断"权力转移至独立的或由政府直接监管的专门性机构,由专门性机构在关于言论的法律法规框架内明确具体标准,判断某条内容是否违规,平台仅承担"处理"的工作。在具体操作办法上,可以由政府部门牵头搭建一个统一的言论"判断"系统,建立清晰透明的关键字、图片、视频等违规内容识别数据库,各互联网平台由服务器后端接入该系统,根据该系统的"判断"意见开展言论处理工作。

通过权力分解,由专门性机构实行言论"判断",还有可能促成互联网平台、公众、政府三方实现"成本—收益"的最优化。对平台而言,降低了

---

① 参见国家互联网信息办公室 2021 年 9 月 15 日发布的《关于进一步压实网站平台信息内容管理主体责任的意见》。

② 高秦伟:《论行政法上的第三方义务》,《华东政法大学学报》2014 年第 1 期。

③ 孔祥稳:《网络平台信息内容规制结构的公法反思》,《环球法律评论》2020 年第 2 期。

④ 我国互联网言论的规定最早可见于 1997 年的《计算机信息网络国际联网安全保护管理办法》,并在 2000 年的《互联网信息服务管理办法》中得以进一步完善,形成了互联网信息服务提供者不得制作、复制、发布、传播的"九不准",几乎被至今以来二十余部涉及互联网平台内容监管的法律、行政法规、司法解释以及部门规章直接继承。

其"权责一致"理念下附着在平台权力之上的经济成本和责任成本,避免了和平台用户在言论"判断"方面的直接冲突,能够维持甚至提升公众表达活动为互联网平台所带来的流量利益。对公众而言,其作为用户在互联网平台上的表达活动不受影响,并可能因专门性机构的独立"判断"而提升平台"使用感",在进行言论表达活动时有了更为统一、公开、透明的标准,表达权利得以进一步保障。对政府而言,虽增加了对专门性机构以及统一"判断"系统日常运转的维护和管理成本,但从现实层面直接降低了互联网平台权力比重,能够有效防范互联网平台权力过度膨胀而导致的失序风险,进而保障互联网平台所构建的公众表达场域得以稳定运行并发挥作用。

本章小结

互联网时代,网络、算法、技术、数据和流量等种种资源流动使得社会框架由自上而下的金字塔结构转向多元共享的扁平结构,从根本上改变了权力的认受基础和运行环境。在此框架铺展之下,互联网平台一跃成为重要的新兴的权力主体,将表达资源、表达主体和表达活动集聚在一起,突破了表达时空限制,打破了旧有表达格局,重塑了新型表达关系,建构起一个完全有别于传统的表达场域。公众以平台用户的身份进入这一表达场域,让渡部分表达权利,接受平台的权力管辖,在平台预设的种种规则下开展表达和被表达活动,以换取相较从前更丰富的表达资源、更有序的表达秩序、更明显的表达效果,与此同时,也受到平台权力的隐性控制、威胁乃至掠夺。

表达权利在多大程度上被尊重和保障,反映了一个国家和民族对言论自由和公民权利的价值观;而互联网平台权力与公众表达权利的互动关系以何种形式被鼓励、遏制、引导和调整,也体现了政府面对互联网时代的法治理念和思路。承认互联网平台对公众表达具有不可替代性的正向价值,正视其失序风险,并从整体环境角度予以防范和规制,使得互联网平台权力运行和公众表达权利实现均保持在合理限度并良性契合,是数字时代法治建设的应有之义和追求目标。应当认识到,这一目标的实现路径不是静态的、理论性的,而是动态的、实践性的。一方面,要追本溯源平台规制公众表达的权力从何而来,观察并论证这一权力的历史脉络和正当性支撑。另一方面,要关注这种权力去往何处,充分预估互联网技术的飞速更迭和异化可能,以及公众表达心理、表达方式、表达习惯的不断发展和演变。

在当前的(政府)公权力—(互联网平台)私权力—(公众)私权利的三元博弈格局中,尊重互联网平台追逐自身利益的客观需求,不对其寄望过多的社会公德自治,而是从权力制约理念出发,从制度设计和标准制定着手,分别提升政府公权力比重和公众私权利配置,使其既处于政府公权力的周密监管之下,又受到公众私权利的合理对抗之中,是防范其权力过度扩张进而保障公众表达和互联网市场良性运转发展的现实办法。在基于现有结构的权力制约之外,通过对平台权力的属性分析和内容拆分,以分解和重构的思路,设立专门性言论"判断"机构,转移平台的非核心性权力,是一条具有现实性和可操作性的探索路径,其具体方案还需结合当前互联网平台的技术模式进一步讨论和设计。

第七章

Chapter 7

表达权视角下互联网仇恨言论的规制

2006 年 10 月,中国共产党第十六届六中全会提出了"表达权"这一全新概念,并与知情权、参与权以及监督权一道作为社会主义民主政治制度建设的一部分写入了党代会报告[1],作为一项由党的文件提出而非由宪法、国家法律确定的一项权利。表达权在中国语境下具有鲜明的政治性特征,可以被理解为是一种在民主政治建设过程中,公民享有的对国家社会事务自由发表意见的权利,同样也是执政者汇聚民意,实现科学决策的重要制度工具。然而现实世界的许多重大事件却对我们实现自身表达权提出了挑战:从 1994 年的卢旺达种族大屠杀事件到 2015 年"《查理周刊》穆罕默德漫画风波"[2],再到最近 2020 年的 BLM 运动[3],和 2021 年的"美国国会山暴力事件"[4],以及因"新冠肺炎"的全球蔓延而在境外遭受种族歧视言论的亚洲面孔。这一系列事件的背后共性是因针对某一种族、宗教信仰、社会群体的极端性表达使公民无法或者不能发声,公民的表达权利被"缴械",权利的行使空间也被无限压缩,但极端表达本身却依

---

① 参见 2006 年 10 月 11 日中国共产党第十六届中央委员会第六次全体会议通过的《中共中央关于构建社会主义和谐社会若干重大问题的决定》。

② 发生于 1994 年 4 月 7 日至 1994 年 6 月中旬,在媒体煽动下,胡图族对图西族及胡图族温和派有组织的种族灭绝大屠杀,共造成 80 万~100 万人死亡,死亡人数占当时世界总人口 1/5000 以上。

③ 2020 年,非裔男子乔治·弗洛伊德因白人警察暴力执法惨死而引发的抗议和骚乱蔓延到全美上百个城市,"Black Lives Matter"成为凝聚民众的口号之一,引发了全美一场声势浩大的"Black Lives Matter"运动。

④ 2021 年 1 月 6 日因美国前总统特朗普的支持者拒绝承认 2020 年美国总统大选各州选举人票投票结果而导致的暴力事件,造成 5 人死亡、约 140 名执法人员受伤。

托于言论自由的"神圣价值"获得了坚实的保护。实际上,这些极端性表达都有一个明确的指向——仇恨言论(Hate Speech)。

仇恨言论可以被认为是无条件捍卫个体表达权的一件"副产品",它并非只是特定个体或社群一时兴起发表的主观臆断,其背后连接着社会上即存的矛盾事实,个体会由于民族、种族、宗教信仰、性取向等因素产生对现实的不同认知,这些相异认知的极端化表现便是仇恨言论以及由仇恨言论引发的上述事件。在中国,仇恨言论亦有本土化的产生条件,典型案例比如因带民族矛盾性质的仇恨言论而导致的"河南中牟事件"、发生在 2018 年的聚焦个体权利的"眼癌女童"王凤雅事件[①],以及因网络暴力导致的"德阳女医生自杀事件"[②]。

于是,在选择无条件捍卫个体所享有表达权利的同时,仇恨言论似乎成为保障公民表达权利的沉没成本,而互联网的迅速发展,其所具有的即时性、匿名性、地理无界性等特征在为表达权行使创造更为便利条件的同时,也帮助了仇恨言论的迅速传播。如何理解表达权和仇恨言论,在互联网背景下表达权呈现出了哪些特点以及仇恨言论对表达权产生了何种影响,对于这种影响规制的困难为何以及应当如何去规制,是本章将重点探讨的问题。

---

① 作家陈岚在微博上质疑为眼癌女童王凤雅的捐助的善款并未用于救治王凤雅。某自媒体发布的文章《王凤雅小朋友之死》还声称,王凤雅父母用募得的 15 万善款带着儿子去北京治疗兔唇,却放任女儿的眼病不断恶化,以上说法均为谣言。

② 四川德阳安医生因不堪忍受此前争执方以及网络人肉暴力所带来的精神压力选择自杀。2021 年 8 月 6 日,德阳市人民法院对德阳女医生遭网暴后自杀案宣判,案件当事人常某一、常某二、孙某某在网上煽动网络暴力,公然侮辱他人,致被害人安女士自杀身亡,其行为均已构成侮辱罪。三人分别获刑一年半、一年缓刑两年、半年缓刑一年。

第一节　表达权的内涵及特点

（一）表达权的内涵

表达权可以被认为是一种新型的权利术语。中国共产党第十六届中央委员会第六次全体会议通过的《中共中央关于构建社会主义和谐社会若干重大问题的决定》中明确提出"依法保障公民的知情权、参与权、表达权、监督权";2007 年 10 月 15 日,这一表述又被写入党的十七大报告。在此之后由国务院新闻办公室发布的《国家人权行动计划》中也对表达权有所阐述,但是上述文件均未对表达权的内涵作出正面定义,而在之后的官方文件以及学界成果中对该概念也多秉承一种拿来主义,并无一对此作出明确阐述。一种解释的捷径是将表达权认定为是保证前述文件内容前后概念一致性而作出的形式上的修改,其并非一种新型权利,因此仍应将其作为被广大公众熟知的言论自由或称表达自由对待。但是,由于表达权的权利属性和鲜明的政治特征,其和言论自由(表达自由)是具有显著差异的两个概念,对表达权的内涵进行明示是有必要的。

1. 表达权是一项基本人权

根据《现代汉语词典》中对表达一词的解释,表达是指用口说或者用文字将内心的思想感情表示出来。人作为一种社会关系的总和①,只有在与他人互动的过程中才能够逐渐完善自我认知,最终成为一个完整意义上的人,而作为人的一种自然需求,表达可谓是最为常见的互动方式,它体现着人作为自然生命物种的本质属性与发展轨迹②,人可谓是因表达而成其所是。此外,我们在通过表达进行互动的过程中,接触到了以往被传统媒介垂直传播系统所屏蔽的事实和价值,拓展了我们认知的边界。

---

① 参见《马克思恩格斯选集》(第一卷),人民出版社 1995 年第 2 版,第 56 页。

② 参见王全宇:《人的需要即人的本性——从马克思的需要理论说起》,《中国人民大学学报》2003 年第 5 期。

而多元事实的出现和被讨论也使社会的包容度和价值边界在此过程中完成了重塑。因此,在帮助人类个体完善自我拓展认知并推动人类社会价值重塑的意义上,表达权应被认为是一项基本人权。

2. 表达权因其权利属性区分于言论自由

在讨论表达权的过程中,一个必然要面对的问题便是表达权和言论自由的关系问题。后者通常被认为是宪法层面最基本的自由之一,在民主制度的形成和维护以及权力制衡等方面具有重大价值[1],从社会政治制度的变革到经济组织的演进以及科学技术的提高都与言论自由密不可分[2],该项权利已经规定在相关国际公约以及各国立法文件中[3]。

在表达权这一概念确立之前,国外并没有对这两个概念作严格区分,均是以言论自由(freedom of speech)来表示相同内涵,国内学者大都也对这两个概念不加区分地使用[4],认为表达权是一种表达内容和方式的结合形式,其本质上就是人们将内心的想法显示出来,为他人所知的一种权利[5],意即言论自由。这种表达权和言论自由概念上的混用导致的直接后果掩盖了表达权最本质的属性,表达权是一项公民基本权利而非一种自由。

一般认为,自由是一种既定的存在状态[6],指的是个体可以按照自己

---

① 参见罗楚湘:《网络空间的表达自由及其限制——兼论政府对互联网内容的管理》,《法学评论》2012年第4期。

② 参见李忠:《论言论自由的保护》,《法学论坛》2000年第2期。

③ 如根据《世界人权宣言》第19条规定,自然人均享有发表自己观点和意见而不受他者干涉的自由。《美国联邦宪法》第一修正案规定,国会不得制定限制言论或出版自由的法律。德国在其《宪法》第5条中规定,任何人均享有通过言语、文字以及图画表达和传播内心意愿的权利。我国在《宪法》第35条中亦规定,中华人民共和国公民有言论、出版、集会、结社、游行、示威的自由。

④ 参见郭道晖:《论作为人权和公民权的表达权》,《河北法学》2009年第1期;杨久华:《试论我国网络表达自由发展的障碍因素及其对策》,《兰州学刊》2008年第5期;章舜钦:《和谐社会公民表达权的法治保障》,《法治论丛》2007年第4期;史献芝、李强彬:《表达权的多维视域考量》,《中共四川省委党校学报》2009年第2期。

⑤ 参见史献芝、李强彬.:《表达权的多维视域考量》,《中共四川省委党校学报》2009年第2期;章舜钦:《和谐社会公民表达权的法治保障》,《法治论丛》2007年第4期。

⑥ 参见赵汀阳:《关于自由的一种存在论观点》,《世界哲学》2004年第6期。

的意志进行思考和行动,免去他人干涉。而权利则具有一种资格属性,指从事某种行为的合法资格。① 自由所承诺的大于权利所承诺的,就像拥有了财产权利不等于拥有了财产,拥有了自由权利也不等于拥有自由。举例而言,每个人都可以有接受大学教育的权利,但这个权利并无法保证每个人都可以真的进入大学校园接受教育,在这之前需要经历考试选拔并且支付相应的金钱费用,但如果说一个人有进入大学学习的自由时,那么显然是在说只要他愿意,随时都可以入学。权利作为一种资格承诺,实际上是对自由划定限界,将自由具体化的结果。② 在此意义上再次审视表达权和言论自由的关系,表达权可以被看作是一种公民所享有的通过合法途径进行表达行为的资格,底层逻辑是以表达权的资格属性来证成随后的表达行为。而言论自由则是一种结果导向的表达形式,其强调的是不被打扰的表达。

通常以个体为出发点所定义的自由不存在边界,可是当这个领域内出现他者的时候,自由的边界就要以他者的自由存在为约束,在相互制约的过程中形成不同个体间自由的边界,这种边界经由法律体系确认后就形成了法律上的权利体系框架,换言之,法律上所定义的言论自由,实际上也是在权利体系担保下的自由,从来都是一种有界限的"自由",或者说是一种"言论自由的权利",也因此这里所讨论的表达权并非站在法律规定的对立面,而是在法律所确认的公民权利体系框架下进行的讨论。

3. 表达权的政治性特征

表达权因其政治性特征而区别于言论自由。首先,虽然有学者会认为表达权是作为一种法定权利,是经由法律确认且受到法律的保障和限制存在的③,但是表达权在中国语境下作为一种权利并没有被直接规定

---

① 参见夏勇:《权利哲学的基本问题》,《法学研究》2004 年第 3 期。

② 参见赵汀阳:《被自由误导的自由》,《世界哲学》2008 年第 6 期。

③ 参见章舜钦:《和谐社会公民表达权的法治保障》,《法治论丛》2007 年第 4 期;汤啸天:《政府应当如何保障人民的表达权》,《法学》2008 年第 5 期;陆艳超、高凛:《论宪政视野下的公民表达权》,《河南广播电视大学学报》2008 年第 3 期。

在法律之中,而是在我国执政党的官方文件中被确定。① 这就使表达权天然地具有了相较于言论自由而言更强的政治性特征。表达权实际上可以被认为是一种衍生于宪法的政策性权利。

其次,与传统的言论自由相比,表达权在表达内容上更加侧重于与政治生活相关的部分,具有强烈的政法属性。不同于言论自由所具有的外在精神自由属性②,表达权更加倾向于强调以宪法中列明的表达方式,如发表言论、新闻以及集会、游行示威等,积极参与到包括民主选举、决策以及管理在内的民主政治体制的运行过程中来,通过对关于国计民生问题意愿的表达管理国家社会事务、经济和文化事业,并且对国家工作人员的行为行使法律所规定的批评,建议,控告等民主监督权利。

最后,在中国语境下,相较于言论自由所内含的对政治自由、精神独立等多元价值的追求,表达权在目的上更加侧重于保障我国民主政治体制的良性运作表达权,更加强调对民主政治的实现与保障。表达权是作为健全完善我国民主政治制度的措施,与知情权、参与权和监督权此三种权利一道被提出,进而共同构成了我国社会主义民主政治的基石,其提出本身就与参与、管理国家事务以及社会公共事务的目的紧密地联系在一起,通过表达权的行使,可以在公民和政治代表之间建构了连接的通道,最终实现对公共政治生活的有效参与和监督,进而更好地进行科学民主决策最终实现依法治国的民主政治建设目标。③ 这也就决定了表达权作

---

① 如《中共中央关于构建社会主义和谐社会若干重大问题的决定》《关于深化行政管理体制改革的意见》《中国共产党第十七次全国人民代表大会报告》《中共中央关于全面推荐依法治国若干重大问题的决定》《决胜全面建设小康社会夺取新时代中国特色社会主义伟大胜利》以及中央党内法规《中国共产党党员权利保障条例》《中国共产党国有企业基层党组织工作条例(试行)》等文件。

② 如日本宪法学者芦布信喜就认为表达自由是以内部精神自由为基础而表现出的一种外在精神活动自由,国内学者如陆艳超、高凛:《论宪政视野下的公民表达权》,《河南广播电视大学学报》2008 年第 3 期;杜承铭:《论表达自由》,《中国法学》2001 年第 3 期。

③ 参见郭道晖:《论表达权与言论自由》,《炎黄春秋》2011 年第 1 期;易顶强:《略论表达权的宪政意义》,《江苏广播电视大学学报》2008 第 4 期。

为一种具有政治属性的权利,同时具有积极和消极两个权利面向,既要求公民行使表达权不得遭遇不公正妨害,也要求公权力提供合理的制度建设以保证公民实现政治参与中的表达权。①

综上所述,可以将表达权定义为一种在民主政治制度规定的框架下通过言说、文字等方式参与社会公共生活、政治生活,向外发表、传递自身关于政治生活的价值主张或观点,并在公民这一维度上保障现代民主政治体制良好运行基石的一种权利。对于公民表达权的保障本身就是对言论自由的维护。

(二)赛博空间中表达行为的特点

互联网技术的发展,对公共空间和私人生活都产生了巨大影响,对于表达而言亦是如此,互联网在地理上的无界性、技术上的匿名性、社群化的沟通机制以及发布的即时性都为个体行使表达权提供了更加便捷和多样的表达渠道②,个体已经可以轻松的逾越"街角发言者"③的局限在赛博空间中发表自己对世界的观点。

首先,互联网的无界性特征促成新型公共空间的建立。不管是通过社交媒体中对于社会问题的讨论还是通过各级政府部门网站开设的留言渠道对日常政治生活的参与④,无论身处何地,都可以通过互联网及时的

---

① 参见虞崇胜、李海新:《公民表达权研究述评》,《云南行政学院学报》2010 年第 5 期。

② 参见张燕、徐继强:《论网络表达自由的规制——以国家与社会治理为视角》,《法学论坛》2015 年第 6 期;何志鹏、姜晨曦:《网络仇恨言论规制与表达自由的边界》,《甘肃政法学院学报》2018 年第 3 期。

③ 关于"街角发言者"的解释可参见左亦鲁:《告别"街头发言者"美国网络言论自由二十年》,《中外法学》2015 年第 2 期。

④ 根据《2020 年人民日报·政务指数微博影响力报告》显示,截至 2020 年 12 月,经过微博平台认证的政务微博已达到 177437 个,其中政务机构官方微博 140837 个,公务人员微博 36600 个;根据《2020 微博用户发展报告》,截至 2020 年 9 月,微博月活用户达 5.11 亿,日活用户 2.24 亿。从居家隔离生活到武汉解封,从两会到高考,从七夕到跨年,不断涌现的热门话题引发了微博用户广泛关注、追踪、讨论,凸显出微博强大的公共讨论属性。特别是疫情防控期间,微博用户日均查看疫情相关信息 161 亿次,3.7 万个政务微博以及 3000 多家媒体微博发布权威信息 607.6 万条,发起 3 万场疫情直播,观看人次超 30 亿。此外,社会各界发布了 61 万条求助微博,其中 251 座城市的 557 家医院通过微博求助。

参与到对某一社会事件的公共讨论中去,哈贝马斯所言的公共领域似乎出现了数字版本。而互联网技术在突破传统地理边界的同时,也创造出了一种垂直的、极易形成社群的沟通机制,无论现实中社会地位如何,在互联网中均共享相同的发言机制,而人们内心对追随志同道合者的渴望就借助着互联网得以实现,此前由于地理原因无法进行沟通的个体在互联网上形成了若干个分享同样价值观的社群,信息就在这些社群中交互流转。① 可以说,互联网技术在接触信息、表达信息和传播信息这三个方面促成了公民表达权利的行使。②

其次,互联网的即时性特征使公民表达权行使更加高效。互联网已经成为我国公民日常生活不可或缺的一部分,与传统的报刊、广告以及书籍出版等表达方式相比,互联网为使用者提供了在第一时间反馈自己对某一社会实践看法的即时表达机制,从表达意图的产生到表达动作的完成可能只有几秒钟的间隔,这种表达机制同时意味着个体的表达会得到及时的反馈,而使用者所需要做的,仅仅是点击几下手机或电脑屏幕而已,这种即时性一方面降低了公民表达权行使的成本,另一方面也增加了互联网使用者对社会事件作出即时表达的动力,最终推动了公民表达权更加高效地行使。

最后,互联网的匿名属性,对于民主政治体制的运行具有良好的促进作用。社会的稳定运行依赖于社会绝大多数成员针对共同利益所达成的有效共识③,基于这种共识,由持有不同价值观念的人群组成的社会整体得以凝聚并稳定运行,执政者也因此获得了执政合法性来源。一方面,互联网本身的匿名属性使个体可以在免除身份困扰的同时自由地表露自己的思想;另一方面,匿名的属性又可以去除身份对话语的影响力,使人们

---

① Posner R,The Speech Market and the Legacy of Schenck. In: *Eternally Vigilant: Free Speech in the Modern Era*, Eds. Bollinger L, Stone G, University of Chicago Press, 2018.

② 参见宋海彬、郑志泽:《自媒体语境下网络民族仇恨言论法律规制问题探析》,《广西民族研究》2018 年第 4 期。

③ 参见[美]乔万尼·萨托利:《民主新论》,冯克利、阎克文译,上海人民出版社 2009 年版,第 106 页。

更加关注话语表达的内容。这样一来,社会各阶层群体均可以对同一事件通过互联网自由表达自己的想法,异质的思想在公开的舆论场中得到最广泛的讨论,最终会形成符合社会多数群体的共识性政策。[①]

第二节　寄生自由的仇恨言论

表达的方式不局限于以言论进行,还可以通过出版、集会等方式进行[②],只是由于以言论进行表达本身是最常见且最为便捷的表达方式,因此表达权中的有关言论表达的部分受到格外关注。实际上,我们也在无时无刻地对自身遭遇生活事实投以关注并以言语表达内心所想。在绝大多数自由主义者眼中,言论表达和思想的自由可谓是民主的基石,是其他权利得以存在基础,这甚至成了一种"自由宗教"的宗教箴言,在数字信息技术高速发展的今天,以言论形式进行的表达早已挣脱了生理器官的限制得以通过互联网完成,其具有传统表达方式所不具备或很难实现的诸如匿名性、无界性、即时性等特性,但正是这些特性的存在,使公民表达权的行使面临巨大矛盾:一方面这些特性拓展了公民自身表达权利渠道,促成公民表达权的实现;但另一方面,一些鼓吹暴力、煽动仇恨的偏执思想同样也利用自身的言论外观获得了前述特性,压缩了公民表达权的行使空间,进而对公民表达权的行使产生巨大威胁。但由于仇恨言论寄生在已被神圣化的言论自由价值之上,对于自由权利的过分尊崇早已使我们模糊了敌对行为和自由表达之间的界限,这就使得立法者对这些偏执言论引发的危害后果陷入了理论桎梏。因此本章接下来将以仇恨言论为视角,对如何在互联网背景下把握公民表达界限的问题作进一步的分析,并借助对此事项的探讨,寻找可能的解决方案。

---

① 从早年的厦门"PX项目抗议事件"到近年来的"李心草案"以及新晃"操场埋尸案",均是经过网络环境的发酵获得了传统媒介无法比拟的影响力。

② 《宪法》第35条规定:"中华人民共和国公民有言论、出版、集会、结社、游行、示威的自由。"

(一)仇恨言论的内涵

关于仇恨言论的问题由来已久,但是至今并未有统一定义。"即使有一些国家立法禁止仇恨言论,但是其构成要件恐怕亦有不一致之处",①这些不一致多与特定国家的文化历史背景相关,典型如德国,基于对二战期间大屠杀历史的反思,德国法律禁止公开发布否认大屠杀历史以及针对少数族裔的仇恨言论,而在美国,这一类型的言论却基于对公民对言论自由的推崇而近乎不受限制,Laura Leets 指出,在整个 20 世纪,美国的法学界一直推崇言论自由而非将其进行限定,美国最高法院不允许通过承认一种观点凌驾于另一种观点之上的形式来规制表达权利。② 可见对于仇恨言论,很难得出一个通用的概念,需要结合特定国家或者地区的特定历史文化事由进行本土化分析,但是,仍然可以从相关的国际条约表述以及学界学者观点中提取出关于仇恨言论的主要特征从而限定仇恨言论的范围。

《公民权利和政治权利国际公约》第 20 条规定,"任何鼓吹战争的宣传,应以法律加以禁止;任何鼓吹民族、种族或宗教仇恨的主张,构成煽动歧视、敌视或强暴者,应以法律加以禁止";《消除一切形式种族歧视国际公约》规定,对于涉及种族优越性的宣传和组织活动或者提倡种族歧视以及仇恨的行为应当予以谴责,缔约国也应该采取措施清除这类行为。③在欧盟层面,其认为的仇恨言论是"基于种族、肤色、宗教、血统、国籍以及人种的缘由公开表达偏见并煽动仇恨或者暴力行为的言论"。④

在学界,亦有对仇恨言论内涵的不同表达。有观点认为,仇恨言论是

---

① 廖福特:《什么是仇恨言论、应否及如何管制:欧洲人权法院相关判决分析》,《欧美研究》2015 第 45 期。

② See Leets,Laura,Responses to Internet Hate Sites:Is Speech Too Free in Cyberspace?,*Communication Law & Policy*,2001,Vol.6,No.2,p.296.

③ 参见联合国大会《消除一切形式种族歧视国际公约》第 4 条。

④ The Council of the European Union:Council Framework Decision 2008/913/JHA of 28 November 2008,Art. 1,https://eur-lex.europa.eu/legal-content/EN/TXT/?uri=celex%3A32008F0913,下载日期:2020 年 10 月 20 日。

那些旨在煽动以人种、种族、宗教或者国籍为基底的仇恨的言论内容。[①]
同样，Helen Darbishire 认为，仇恨言论是一种煽动仇恨的表达，尤其是关
于种族、民族或者宗教性质的表达。[②] 国内学者关于仇恨言论的研究处
于起步阶段，龚艳认为，"仇恨言论一般是指在仇恨意图的指引下，基于民
族、种族、国籍、性别和宗教等身份特征所引发的群体间歧视和仇恨的一
种言论类型"[③]。另有学者主张以鉴别构成要件的方式限定仇恨言论的
范围，其认为仇恨言论"总体来说其具有仇恨的外观，在内容上采取了侮
辱、诽谤或营造敌意环境等表达方式；在目的上也是宣示或煽动仇恨；对
象是个人或基于种族、民族、宗教、性别等共同特征而具有识别性的特定
群体"[④]。

　　尽管没有出现普遍得到认可的仇恨言论定义，但从上述国际公约以
及学者观点中，仍可以辨别出一些仇恨言论的共通性。即仇恨言论在表
达内容上是指辱骂、侮辱、恐吓、仇恨或歧视的言论；在表达方式上可能采
取骚扰或煽动暴力等方式进行；在表达对象上是针对种族、宗教、性别、年
龄、身体状况、残疾、性取向等因素而对特定人群进行的言语活动。其具
有两个显著特征，即表述言论的方式与该言论所针对的目标。

　　基于此，笔者将仇恨言论定义为，以某些群体或者个体的自身的社会
识别特征为内容，通过骚扰、煽动暴力等方式作出的带有迫害、仇恨、侮辱
性质的言论内容，其中，尤以针对种族、宗教、性别、性取向、政治观点等特
征的内容为甚。

---

　　① Rosenfeld，Michel，Hate Speech in Constitutional Jurisprudence：A Comparative
Analysis，*Cardozo Law Review*，2002，Vol.24，No.4，p.1523.

　　② Helen Darbishire：Hate Speech：New European Perspectives，http://www.errc.
org/roma-rights-journal/hate-speech-new-european-perspective，下载日期：2020 年 10 月
20 日。

　　③ 龚艳：《仇恨言论的法律规制研究》，山东大学 2011 年博士学位论文，第 6 页。

　　④ 何志鹏、姜晨曦：《网络仇恨言论规制与表达自由的边界》，《甘肃政法学院学报》
2018 年第 3 期。

（二）仇恨言论对表达权行使的影响

如前所述,公民的表达权具有积极和消极两个面向,从消极面向出发,表达主体在行使表达权的过程中不应受其他主体的非法干涉[①];而从积极面向出发,表达权的行使要求存在容纳多元表达的社会公共空间以及健全的利益诉求机制,即要求其他社会主体以及政府能够给予必要的资源支持来帮助权利主体实现表达权。[②] 因此,表达权得以有效行使的关键在于享有表达资格的社会主体,在"成熟的"社会表达空间中,不受他人非法干涉的完成自我表达。[③] 但是仇恨言论的存在让表达权遭遇了行使不能的威胁。

1. 仇恨言论降低了少数群体的表达意愿和可能性

一个现代民主社会对待这些少数群体的态度应是包容且开放的,个体本身并无优劣之分,社会应对不同的身份平等对待,社会上理应存在一种包容性质的公共利益,而仇恨言论则以一种"环境毒素"的形式将这种包容性破坏。[④] 其背后的作用机制是,仇恨言论会通过破坏社会的包容性利益,导致特定群体的尊严受损,这些群体也因此接受自己表达的局限性,最终使个体丧失了表达意愿。也因此公开表达的仇恨言论通常会被视为一种对个体尊严和价值观的攻击。[⑤] 我们可以从兰顿(Rae Langton)

---

① 参见李树忠:《表达渠道权与民主政治》,《中国法学》2003 年第 5 期。

② 参见淦家辉、谢向阳:《公民表达权浅论》,《燕山大学学报(哲学社会科学版)》2008 年第 4 期。

③ 参见齐小力:《论表达自由的保障与限制》,《中国人民公安大学学报(社会科学版)》2010 年第 2 期。

④ See Waldron, Jeremy, *The Harm in hate Speech*, Harvard University Press, 2012, pp.4-5.

⑤ 一项通过澳大利亚原住民文化研究中心(CIRCA)对澳大利亚 101 名原住民及少数族裔进行的半结构化调查采访显示,以种族主义为主题的仇恨言论提供了仇恨言论对经历者造成伤害的证据,即仇恨言论会导致对个体的负面的刻板印象,引发仇恨言论针对目标的恐惧感,剥夺其表达的权利,否认其对自身种族、民族的认同并传播对他人的种族主义或偏见观点。See Gelber, K., McNamara, L, *Evidencing the Harms of Hate Speech*, Social Identities, 2016, Vol.22, No.3, pp.328-336.

对色情作品是如何使女性处于从属的受压迫地位的论述，来理解仇恨言论是如何破坏此种包容性的公共利益的。

兰顿认为色情作品的制作者通过建构出一种女性在社会上顺从、满足于性欲望的形象，这种形象在制作者和观看者之间形成一种特殊的"交涉氛围"（communicative climate）进而形成"权威性言论"（authoritative speech），使得本应局限于创作者私域的表达在这种交涉氛围中逐渐成为一种社会共享的认知。① 这些表达将对女性的歧视合法化，使女性对于拒绝、抗争性侵的态度变得不可言说，最终剥夺了女性的表达权利。在兰顿的理论中，权威的在场关系到言语能否最终对其目标造成伤害，如果此类歧视言论的表达者在相关领域缺乏必要的权威，这些表达很可能会"哑火"②，而权威的来源既可以通过社会权威机构正式指定（如立法）或者通过获得群体的认可而被授予权威性（例如朋友一致推选出同学聚会的联络人），听众的沉默态度也被认为是一种消极权威的来源，也就是说面对这些歧视、仇恨言论时的不作为同样授予了发布者以权威性。③

McGowan 进一步拓展了关于权威性的理论，她认为这些歧视、仇恨言论发布时所处的社会环境是其权威性、伤害性的来源。McGowan 指出，对于特定群体的压迫本质上是一种社会安排，对于有色人种、LGBT、女性等群体而言，他们在社会中本身就处于一种系统性的不利地位并遭遇一种系统性的歧视④，而对于不同历史时期、地理区域的国家，这种歧视所针对的对象会有所不同，对于存在此类系统性歧视的社会，人们可以轻而易举地发表歧视性、仇恨性言论，且无需获得权威性授权即可产生伤

---

① 参见谢小瑶：《表达权的语义学阐释：一个批判的视角》，《法制与社会发展》2019年第1期。

② See Hornsby, J., Langton, R., Free Speech and Illocution, *Legal Theory*, 1998，Vol.4. No.1, p.27.

③ See Maitra, I., *Subordinating Speech*, In: *Speech and Harm: Controversies over Free Speech*, Ed. I. Maitra, M. K. McGowan, Oxford University Press, 2012, pp. 94-120.

④ See McGowan, M. K., Oppressive Speech, *Australasian Journal of Philosophy*, 2009，Vol.87，No.3, p.390.

害后果,因为此类言论从本质上来说是由根植在社会内部的对某一群体的刻板印象而产生的,此种被建构的社会歧视性事实一旦形成,就会使被歧视个体丧失了其所期望通过自身表达可以达到的效果,甚至会产生听者的理解和个体表达相去甚远的效果。

我们由此反观仇恨言论,仇恨言论往往是依托于社会意识中存在的对于某一群体的既定负面印象,将特定群体抽象化为某个或者某几个身份标签,消解掉该类群体的真实性特征进而消解掉该类群体在公众辩论中出现的可能性。支撑这一理论的典型示例如充斥在国外互联网世界的以及国内互联网环境中的歧视标签,实际上根植于在社会发展中所产生的矛盾事实之中[①],由这些社会矛盾事实引发的仇恨言论通过互联网这样一种成本极低且不受阻碍的方式触达数百万人,在接受者之间形成交互氛围,从而产生对仇恨言论所代表负面价值的集体认同感和社群意识[②],引发少数群体的恐惧[③],进而迫使他们退出了公共议题的讨论,限制了少数群体的表达意图和能力,最终使个体表达权陷入实现不能的困境并对个人尊严产生了持久性的负面影响。[④]

2. 仇恨言论对表达空间的限缩

仇恨言论对表达空间的限缩体现在两方面,即物理客观层面和精神主观层面。

首先在客观物理层面,仇恨言论以其和暴力行为的强关联性压缩了主体表达的物理空间。根据约翰·奥斯汀(John Austin)的"言语行为

---

① 诸如因由 15 世纪开始的奴隶贸易导致白人社会对黑色人种的歧视、形成于 19 世纪的黄祸论导致的西方社会对黄色人种的歧视、极端宗教信仰导致的对穆斯林的歧视以及国内因历史上城乡发展不平衡和户籍制度导致的对"乡下人""外地人"的歧视。

② See Banks, James, Regulating Hate Speech Online, *International Review of Law, Computers & Technology*, 2010, Vol.24, No.3, p.234.

③ See Hinduja, Sameer, and Justin W. Patchin, Offline Consequences of Online Victimization: School Violence and Delinquency, *Journal of School Violence*, 2007, Vol. 6, No.3, pp.89-112.

④ See Gelber K., McNamara L., Evidencing the Harms of Hate Speech, *Social Identities*, 2016, Vol.22, No.3, pp.328-336.

理论"（speech-act theory）将言语行为三分为"以言表意（locutionary act）、在言行事与由言施效（perlocutionary act）"①，其核心表达可以被理解为言语本身往往并非服务于纯粹的"描述"或者"陈述"功能，而是作为引起现实行动的一部分而存在的。这种话语施效行为会对听众的感情、思想和行为产生某种影响，进而产生行为上的物理效果。即言语和行动是具有紧密联系可能性的，正是由于这种可能性的存在才导致前述所列举的恶性事件产生。这些由仇恨言论引发的暴力行径，使少数群体的表达权行使会面临暴力反馈，最终的结果便是少数群体放弃行使表达权，表达权丧失了其在物理意义上的行动空间。

其次在主观精神层面，仇恨言论以其对异样观点的侵占性限缩了公民可表达的空间范围。哈贝马斯曾指出，19世纪中后期以来的大众报刊不惜以牺牲其政治与公共事务内容为代价，以迎合消费集体的娱乐和休闲需要，文化消费的伪公共领域取代了可以生产有价值公共意见的公共领域。② 这种"伪"公共领域的现代版本就是现代互联网基于其商业运作逻辑，建立的对网络空间的信息筛选机制，在此种机制下，看似公共的舆论场域由于仇恨言论的存在极易沦为特定多数人观点针对特定少数人权益的片面性极端攻击的狂欢式场所。各类网络平台通过人工智能技术为个体进行信息定制，营造出一个完全符合其偏好信息的应用场景；在人们能够进入的社交群组中，多是与其持相同或类似意见者，即使有少数异见者，若发现自身的观点无人认同，也会保持沉默，最终形成"沉默的螺旋"。

仇恨言论由于根植于社会整体对某一群体的负面印象，极易成为特定社会中一定范围内的群体性共识，在这种情况下，异样的观点意见如泥牛入海，看似多元的声音却都依附于相同的价值内核；看似理性的公众舆论，实则沦为一场被操纵的展示性质的表演；看似是表达空间的拓展，实则是在商业逻辑的规训下，对思想市场的各自垄断；看似热切的公众讨

---

① 参见谢小瑶：《表达权的语义学阐释：一个批判的视角》，《法制与社会发展》2019年第1期。

② 参见展江：《哈贝马斯的"公共领域"理论与传媒》，《中国青年政治学院学报》2002年第2期。

论,到最终都会成为不同价值符号的展演。① 而这种同质化的表达,由于互联网的另一特性,即无门槛的发言机制,使得长期处于一种信息被剥夺状态的平民社会突然获得了建构事实的能力②,对于他者的仇恨言论成了"扔在大街上上了膛的武器,每个人都可以取而用之"③。

综上所述,由于仇恨言论对个体表达意愿以及表达空间的影响,使表达权的实现本身成为一种悖论的存在。每个人都被告知表达权是自己的基本权利,但由于诸如仇恨言论的存在以及互联网环境中表达的特性,表达权的行使成了独角兽,你有自由去寻找独角兽,但是独角兽在你所处的世界中并不存在。④ 因此在保障表达权行使的视角下对仇恨言论理应进行限制,但事实上,对于规制仇恨言论的倡导者而言,经常会面临来自理论和现实两方面的困境,接下来将对这两方面的困境作进一步的分析论证,以得出对仇恨言论进行规制的有效路径。

第三节　天生正义还是寄生自由:
规制互联网仇恨言论的理论和现实困境

由前述可知,互联网中充斥的仇恨言论会压缩公民行使表达权的空间、压制公民行使表达权的意愿,最终使公民表达权陷入行使不能的境地。在此视角下,如何规制互联网中的仇恨言论就成为迫切需要解决的问题。但对这一问题,仍面临着理论和现实的双重困境有待解决。

---

① 例如,在王凤雅事件中,网络上对于王凤雅家人的仇恨言论,实际上是制造了一个批次的身份标签,如贫富差距、农村陋习、重男轻女、城乡割裂等,这些标签组成了社会上的话语景观,人们不再关注事件的本身而是专注于对此类身份标签的辩驳,没有人愿意去探究事件的全貌,只是表达他们对某些身份标签的刻板印象,每个人都在各自的社交群体里践行着平庸之恶,但所有结果都需要由王凤雅的家人承担。
② 参见李春雷、钟珊珊:《风险社会视域下底层群体信息剥夺心理的传媒疏解研究——基于"什邡事件"的实地调研》,《新闻大学》2014年第1期。
③ [美]孔飞力:《叫魂》,陈兼、刘昶译,上海三联书店1999年版,第303页。
④ 参见赵汀阳:《被自由误导的自由》,《世界哲学》2008年第6期。

（一）规制互联网仇恨言论的理论困境

1. 密尔：真理的自我矫正性

约翰·斯图尔特·密尔（John Stuart Mill）的《论自由》为公民的表达自由权利及其不应受政府干预提供了强有力的辩护，其认为表达自由和意见的多样性是发觉真理的基础，真理在该环境下也具有自我矫正能力，而以权威力量干涉则会阻拦真理显现。[①] 遵循密尔的逻辑进路，如果立法禁止某些仇恨性质的言论内容，就意味着有一部分言论是不可接受且不合法的，这可能会导致所谓的寒蝉效应进而限制了公众对自身表达权的行使。此外，如哈耶克所言，"人对于诸多有助于实现其目标的力量往往处于必然的无知状态中"[②]，那么基于个体这种在认知上的局限性，似乎也没有一方有权去断定一项意见的优劣好坏。也正是出于此种缘由，反对言论监管者通常认为，公开辩论本身所具备的清洗功能可以来对不符合社会常识系统的价值观念进行有效的筛选，进而成为对抗仇恨性质言论的有效工具。此种观点似乎印证了一个事实，即言论自由的重要性在于这种规定的制度效益[③]，或者说，我们推崇表达自由作为基本人权的根本目的在于该项权利的活跃给现代社会发展带来了实际的制度红利，而并非仅仅是出于一种崇高的价值判断。这一从效用论角度出发的阐释表达自由的观点与思想的自由市场理念（the marketplace of ideas argument）不谋而合。

2. 霍姆斯：优胜劣汰的思想市场

思想的自由市场出现在 1919 年美国联邦最高法院大法官霍姆斯对"艾布拉姆斯诉合众国"案的判决反对意见中，霍姆斯认为，"对真理最好的检验，是一种思想在市场竞争中所表现出来的使自己得到承认的力量"。[④] 在思想市场中，不同的思想可以看作是被大量生产的不同效用的商品，而

---

① 参见侯健：《言论自由及其限度》，《北大法律评论》2000 年第 2 期。

② ［英］哈耶克：《自由秩序原理》，邓正来译，三联书店 1998 年版，第 19 页。

③ 参见苏力：《〈秋菊打官司〉案、邱氏鼠药案和言论自由》，《法学研究》1996 年第 3 期。

④ 龚艳：《仇恨言论的法律规制研究》，山东大学 2011 博士学位论文，第 42 页。

决定该思想"有用性"或者说"真理性"的,是源自思想市场的竞争行为。①
毫无疑问,思想自由市场观念的推崇者会认为,政府对言论的过多干预会
导致对思想市场的垄断行径并给予部分思想不平等的竞争地位,破坏了市
场功能,处于不同价值位阶的表达内容也只有在一个自由竞争的思想市场
中才能够筛选出最具价值的部分。由此看出,从密尔到霍姆斯,其对于言
论自由这一权利的态度是内在一致的,即真理最终会在与谬误的自由竞争
中取得胜利,在这一假设下,任何对于言论的管制策略均是无效率的。

3. 德沃金:政府职责的应有之义

反对规制仇恨言论的另一种进程则源自德沃金(Ronald Dworkin)。德
沃金从另一个角度来为表达自由的绝对性进行了辩护,即权利视角(right-
based view)。德沃金抛弃了直接从内容或者言论的效果上来为言论自由
进行辩护的路径,而是站在政府的角度,论证一个合格政府应该如何确保
每一个公民都享有平等的权利与机会。他认为,政府的职责应是平等地关
心并尊重人民,并且保证人民在机会或资源的分配上享有受到平等对待的
权利。② 而政府要做到这一点,就势必不能干涉公民发表仇恨言论的自由,因
为如果政府仅仅是以某些人的生活方式更加符合主流价值为理由而限制他
人自由,就违背了平等尊重的原则,进而丧失了政府自身的合法性。

不管是从发现真理的角度还是从权利保障的视角,都在认定个体表
达的天生正义性及其不可规制性,也因此对于仇恨言论规制的尝试往往
会陷入理论桎梏中无法推进。

(二)互联网仇恨言论所带来的现实困境

规制仇恨言论的问题,在现实层面上,同时存在着旧问题和新困境。
对于旧问题而言,主要指自仇恨言论产生伊始,而非在互联网应用之后,
就出现的若干问题。例如,如何识别仇恨言论内容?如何确定政府对仇

---

① [美]理查德·A.波斯纳:《法律的经济分析》(下),中国大百科全书出版社 1997
年版,第 871 页。

② 参见高鸿钧:《德沃金法律理论评析》,《清华法学》2015 第 2 期。

恨言论管控的合理程度？但诸如此类都属于规制仇恨言论的旧问题,旧问题不意味着问题已经被解决,而是说这些问题并非由于互联网的应用才产生或者加剧的问题,由于本章着重探讨因互联网的应用为仇恨言论规制所带来的新困境,所以对于这些"旧问题"将不作过多讨论。

对由于互联网的产生所导致的新的规制困境主要是来自互联网本身的特点,集中体现在以下方面。

1. 政策作用空间的限缩

互联网的出现及大规模应用减少了政策可作用的环节。一方面,根据此前论述,与印刷传单、发布广告、出版书籍、制作广播电视节目等方式相比,互联网中的表达省略了从设计、制作、印刷/录制到最终发布的环节。如果在传统媒介环境下的仇恨言论规制策略可以被应用到从想法产生到最终发布的每个步骤中,那么在互联网下,规制策略的应用空间就仅有编辑—发送两个步骤,这也就意味着政府对仇恨言论进行规制的政策实施空间被严重限缩,而往往在这时,由于大量未经深思熟虑的想法已经被互联网这种鼓励即时反应的机制发布在网络上供人查看,人们观察到其他人表达了仇恨的观点时,他们更有可能去追随这种行为,因为他们认为这种行为是被社会接受的。① 于是仇恨言论就基于互联网的无界性迅速在世界范围内传播,政府在此时实施的事后删除策略对已造成影响的仇恨言论似乎落入了束手无策的困境。②

而另一方面,互联网本身的匿名性机制使政府难以沿着"锁定主体—追究责任"这一传统治理脉络对网络空间中的仇恨言论进行有效治理。虽然历史上任何企图发表仇恨言论的主体,也可以通过戴面具、使用笔名等匿名方式发表其仇恨言论,但是互联网的匿名性机制显然更容易使发言者达成身体缺席、身份模糊的效果,这让企图发表仇恨言论的主体消除

---

① See Álvarez-Benjumea, Amalia, and Fabian Winter, Normative Change and Culture of Hate: An Experiment in Online Environments, *European Sociological Review*, 2018, Vol.34, No.3, p.224.

② 例如我国《反恐怖主义法》《信息网络传播权保护条例》等法律法规均有要求网络服务提供者(ISP)及时删除仇恨言论的要求。

对承担责任的恐惧,进而服从于自身的危险倾向。[①] 通过法律设置好的责任承担因为无法落实到特定主体而被虚置。

由上述可知,在互联网技术的背景下,对于仇恨言论规制政策在"颁行"和"追责"一前一后两个节点都面临缺少作用空间的困境。

2. 单一中心治理模式的失效

所谓单一中心治理模式是指在单一权威主导下的,以一种金字塔式的组织架构自上而下延伸行政命令的科层制治理模式。这种治理方式所遵循的治理逻辑在于以政府垄断行政权为支撑,在"政府能动、权力主导"的基础上,形成政府在言论治理上的统摄力。这种治理方式往往还会伴随着专家政治这一技术治理模式的引入,将来自社会层面的专家意见作为决策依据,以更有效的增加决策合法性基础,并向社会辐射政府治理意图。[②] 在这种治理模式下,对于线下发生的仇恨言论,政府作为单一中心权威,可以通过在有限的物理环境中进行地域的划分和责任的分配,以一种自上而下的压力传导模式对电台、电视台、出版社等传统媒介进行管控,运用事前审查方式在仇恨言论的源头将其扼杀,而治理的合法性就来自政府自身以及社会层面专家的权威性。但这种科层制的治理方式对于依托互联网发生的仇恨言论面临着失效的困境。

首先,互联网降低了表达权实现的门槛,同时使政府的集中治理难以覆盖全局。每个人都可以成为一个信息的中转站,这就意味着表达主体的多元化、分散化,网络信息的表达行为覆盖了网络服务提供商、网络"大V"、社会组织、普通网络用户等主体,这些多元主体背后对应着的则是庞大的用户基数[③],庞大的用户基数则意味着信息数量的急剧增加,"私人主体超过国

---

① See Brown, Alexander, What Is So Special About Online (As Compared to Offline) Hate Speech?, *Ethnicities*, 2018, Vol.18, No.3, p.299.

② 参见陈天祥、徐雅倩:《技术自主性与国家形塑》,《社会》2020 年第 5 期。

③ 中国互联网络信息中心(CNNIC)在京发布第 48 次《中国互联网络发展状况统计报告》(以下简称《报告》)。《报告》显示,截至 2021 年 6 月,我国网民规模达 10.11 亿,较 2020 年12 月增长 2175 万,互联网普及率达 71.6%。参见中国互联网络信息中心(CNNIC):《CNNIC发布第 48 次《中国互联网络发展状况统计报告》》,http://www.cnnic.cn/gywm/xwzx/rdxw/20172017_7084/202109/t20210923_71551.htm,下载日期:2022 年 5 月 25 日。

家机构媒体的机会大大增加,而且更加分散"①。在这种情况下,政府显然无法做到将其治理手段精准覆盖每一个表达主体②,但在传统科层制的治理结构下,政府惯用的自上而下层层加码的一刀切治理,显然又会成为对公民表达权的巨大威胁,同时造成了行政资源的浪费。

其次,表达权实现门槛的降低和信息数量的增加,对科层制下单一政府的权威形成巨大挑战。传统媒介背景下的仇恨言论规制,是自治理者到信息传播者之间的纵向、二元治理结构,但互联网的应用使这一问题变为了更为棘手的三方关系。一方面,信息技术与计算机技术带来的专业化和精细化使仇恨言论被数字化为以 1 和 0 组成的代码进行传播③,政府需要借助网络服务提供商的技术支持才有可能对网络仇恨言论进行规制,网络服务提供商成为在仇恨言论规制问题结构上的重要一环,即"政府—网络服务提供商—传播者"④;另一方面,在所谓"自媒体时代",个体可以同时作为信息的传播者和接受者,信息在基数庞大的网络用户之间不断地发生交互、流动,这种平等主体间的信息交互流动形成了强大的横向认同权利⑤,这种横向认同权利的直接体现便是网络社群的产生以及在不同领域中的意见领袖的出现,他们作为网络世界的新权威形成一种自下而上的纵向信息力量,不断地冲击传统的科层制的治理结构下,越来越重视治理指标而非社会现实问题的专家技术治理。⑥ 这也进一步消解

---

① 张燕、徐继强:《论网络表达自由的规制——以国家与社会治理为视角》,《法学论坛》2015 年第 6 期。

② 参见熊文瑾、易有禄:《论网络表达权的边界—以实现网络信息内容生态治理为目的》,《江西社会科学》2020 年 8 期。

③ 参见胡颖:《技术与法律的博弈——网络空间治理之道探究》,《福建师范大学学报》2013 年第 3 期。

④ 参见张晓曦:《三元结构下的网络言论治理模式研究》,《信息安全研究》2020 年第 3 期。

⑤ 参见刘少杰:《网络化时代的社会结构变迁》,《学术月刊》2012 年第 10 期。

⑥ 技术治理呈现一种将需治理的社会问题转化为一个个治理指标的趋势,为完成技术治理下的指标而进行类似前述一刀切式的治理或者运动式的治理,由此导致技术治理逐渐与社会现实割裂,例如我国在互联网治理问题上经常发起的"清网行动""净网行动"等。

了政府在网络治理领域的权威性。①

在上述两方面的共同作用下,政府不再能通过垄断媒介治理权而成为单一的权威角色,网络服务提供者、网络意见领袖和普通用户之间以一种横向认同的方式消解了传统的政府权威角色,并最终成为网络空间的"话事人",这种权利的分散化也让政府传统的科层制下的治理模式难以发生有效的政策纵向传导,因而对于仇恨言论的治理也无法有效进行。

第四节 突破桎梏:
对仇恨言论进行规制的路径分析

(一)对仇恨言论规制理论困境的纾解

1. 谨慎的让步:现实紧迫的危险

如果将言论自由认为是一种意识形态般不容侵犯的神圣物品,那么对仇恨言论的规制似乎成了要蒸沙成饭的荒谬悖论。但事实上,即使对于密尔而言,通过其提出的"伤害原则"确认,言论自由依然需要被划定限度。密尔认为当且仅当言论会伤害到其他人时,该言论才可以被限制。② 原因在于,这种言论会对特定人群造成直接、立即的伤害,因此需要被限制。其举例称,如果媒体仅仅是报道玉米商是饿死穷人的人,那么这种言论就不用受到限制,但是如果对已经将玉米商围困的难民们说,玉米商是饿死穷人的人,那么该言论就需要受到限制。③ 密尔似乎认为,基于伤害原则对言论自由限制是没有问题的。与此相反,家长式和道德式的自由

---

① 参见陈天祥、徐雅倩:《技术自主性与国家形塑》,《社会》2020 年第 5 期。

② Mill J S: *The Spirit of the Age*, https://oll.libertyfund.org/page/mill-s-spirit-of-the-age,下载日期:2020 年 2 月 25 日。

③ Mill J S: *The Spirit of the Age*, https://oll.libertyfund.org/page/mill-s-spirit-of-the-age,下载日期:2020 年 2 月 25 日。

限制从来都不是合理的。[①] 可以说,密尔的"伤害原则"建立了一个可以由法律合理限制表达的准则,他的贡献构成了一个半世纪的辩论的基础,这些辩论围绕的主题便是在哪里划定允许的言论界限。[②] 这一原则也同样被美国联邦最高法院所采纳,在 1919 年的谢内库诉合众国案(Schenck v. United States)中,霍姆斯提出了"明显且现实的危险(clear and present danger)"原则[③],该原则认为,只有在证明某一言论内容可能导致一种明显且现实存在的危险时,才能对发表该言论的主体定罪处罚。

从上述理论我们可以看到,不管是密尔的伤害原则还是霍姆斯所提出的"明显且现实的危险"原则,均是立足于行为这一要素来对言论自由规制的合法性进行证成。密尔式的自由主义实际上仍然是认为,充满歧视和偏见色彩的言论内容会对个体的情绪构成伤害,但对于这些言论我们必须容忍他们的充分表达,让思想市场对其进行充分筛选,借由辩论来凸显思想言论价值上的缺失,进而更加接近真理。

然而,无论是密尔提出的"伤害原则"还是"明显且现实的危险原则",都面临着无法解决的理论困境。最典型的问题便是,言论若仅仅是对受害者的情感造成伤害,那么为何会出现前述一系列看似没有产生现实且紧迫危险的惨案?密尔所言的伤害究竟是何种伤害?如果考虑是物理伤害,那么包括前述事件在内的因侮辱、诽谤、歧视性质言论所造成的伤害,就无法和相关言论进行直接连接,因为在这些事件中,情感上的损害在言论和物理损害之间制造了隔断,但无论从何种角度看,言论内容均是引起上述惨案的因果链条的重要一环,言论所引起的精神侵害经过时间发酵最终导致了上述惨案,但却因无法满足"现实紧迫"这一条件而无法追责。这实际上是基于一种错误的假设即对未来暴力的提倡不会造成破坏性影响,但是有时候,对于一项长期准备的煽动可能不仅仅停留在思想层面,

---

① 如果限制 A 的自由是为了 B 自身的利益,那么它就是家长式的。如果这样做是为了确保 B 的道德行为或不道德行为,这是道德的。

② Bleich Erik, The Rise of Hate Speech and Hate Crime Laws in Liberal Democracies, *Journal of Ethnic and Migration Studies*, 2011, Vol.37, No.6, p.918.

③ Schenck.v.United States, 249 U.S. 47(1919).

其对于未来会产生的影响拥有可见的现实性，诸如纳粹大屠杀和美国奴隶制等危害人类的犯罪行为背后是多年的种族主义教育。[①] 但如果就此将密尔所言的伤害定义为精神伤害，就会因为缺乏某种明确的客观判断标准而使言论自由受到过多限制。因此，对于密尔以及与之相似的理论而言，伤害及其范围的界定问题，成为困顿其于现实的关键。

2. 宏大叙事的缺陷：绝对平等的纰漏

同样，对于前述德沃金的观点，其实是预设了一个同密尔一脉相承的前提，即言论本身并不会造成严重伤害，最多只是带来精神上的困扰，但他似乎并未考虑当仇恨言论激活现实的危险行为时对其他公民应有权利的侵犯问题。德沃金故意避开了对言论内容本身的讨论，而转向对于政府促进"平等、自由"义务的推崇，与其说是解决了规制言论自由的难题，更像是一种讨巧的回避，其站在了一个更加宏观的视角下得到了言论不应因其内容受到管制的结论，换句话说，和德沃金从同样的起点出发的，可能会得到一个完全不同的结论，如兰顿（langton）就从与德沃金相同的论证架构出发，得出了政府应该管制特定言论内容才算是做到了平等对待每一个公民的结论，因为忽略特定言论内容对某些群体造成的伤害本身就违反了德沃金所主张的平等对待原则。[②] 于是，在面对一些极端暴力言论时，德沃金的理论就显得过于理想化。此外，在现实层面，一些行为自由已经被默认为具有低价值属性而无需被平等对待，如交通法规就限制了酒驾者的驾驶自由，而反贪法则限制了贪腐者的贪腐自由。因此，要求政府平等中立地对待每一项价值观念并无可行性。

3. 屏风之后：仇恨言论的本质

事实上，不管是密尔的"伤害原则"还是霍姆斯提出的"思想自由市场"以及德沃金所主张的"平等对待理论"，都是在同一预设的前提下作出的，即任何人都有权利且有能力在公共讨论中表达出自己的思想，这一能

---

① Tsesis，Alexander，Hate in Cyberspace：Regulating Hate Speech on the Internet，*San Diego Law Review*，2011，Vol.38，No.3，p.840.

② 参见张原斌：《德沃金与蓝腾论仇恨言论》，台湾政治大学 2015 年硕士论文，第 20 页。

力不会仅仅因某些言论的内容而被侵蚀。也正因如此，有价值的言论会被筛选，思想市场得以正常运转，对言论的限制也仅仅应以出现现实紧迫的危险为界限。但是这种观点预设了同一前提即仇恨言论本身在性质上同普通言论相同，均是通过言语进行的表意，只是仇恨言论造成了一定程度的现实伤害而已。这实际上建立起了一个巨大的屏风，将仇恨言论和言论自由之间最本质的区分屏蔽在其之后。

自由主义者对于规制仇恨言论的担忧实际上是对公权力侵害公民异见权，可披着异见权利外衣的仇恨言论实际上已经失去了其言论本质，不宜将其放置在言论的框架中讨论如何对其规制的问题。表达权本质上属于一种防御性权利，其目的是防止公权或者社会多数对个体权益的忽视乃至打压，但对于仇恨言论，其具有的煽动性、指向性以及与物理行动密切链接的性质，均显示其并非是一种和表达权具有相同性质的防御性权利而更接近一种攻击行为，而自由主义者总是倾向于以自由屏风屏蔽掉这一事实而选择对所有具有言论外衣的内容敞开怀抱。实际上，宣称允许仇恨言论存在可以起到矫正仇恨言论的作用似乎有点像将贫穷视为使慈善成为可能的条件一样①，我们不应该为了纠正仇恨言论这样一个结果而故意留存仇恨言论这样一个原因。

实际上，对于仇恨言论的规制只有形式上的理论困境，就其本质而言，并没有需要过多顾虑之处，尤其是考虑到仇恨言论所带来的侵蚀表达空间和主体的危害时更是如此。

（二）突破仇恨言论规制现实困境的路径

对于互联网仇恨言论的规制已经为世界各国所重视，例如，德国于1997 年便出台了《多媒体法》，该法可谓是世界上第一部以互联网为主要规制对象的法案，而德国也成为首个对传播违法网络言论的网络服务提

---

① Brink，David O.，Millian Principles，Freedom of Expression，and Hate Speech，*Legal Theory*，2001，Vol.7，No.2，p.142.

供商进行定罪的国家。① 法国在其 2015 年通过的一项法案中,就已经要求互联网服务提供商(Internet service provider,以下简称"ISP")和相关的社交媒体平台在收到政府指令后的 24 小时之内,删除与煽动恐怖主义或对其美化、辩护以及儿童色情制品有关的内容。② 但是,如前所述,由于互联网表达所具有的即时性、无边界无门槛性、匿名性等特征,造成了政府在试图对仇恨言论进行规制时所面临的种种困境,这些困境一方面凸显了对仇恨言论进行规制的紧迫性,另一方面也对规制仇恨言论的可能路径提示了方向。

基于此,笔者认为应以网络平台自律治理为主要抓手,辅之以网络技术作为仇恨言论治理的实施保障,并始终以本土化的视角对待仇恨言论的治理问题,构建一种由平台自律、技术保障以及本土意识构成的治理模型。

1.推动 ISP 自律治理

此种治理方式指 ISP 依据现行法律法规,结合自身技术优势,对其所提供的互联网服务中涉及仇恨言论的内容进行筛查并采取对应措施,而有效地自律管理亦可以在发生前述的暴力事件时,作为 ISP 的尽责证明。

之所以提倡这种自律式的治理模式,首先是由于网络互联网技术所具有的分权化架构,从最底层的技术层面决定了单纯依靠政府权威主义式的治理是低效的。③ 而如上文所述,在治理互联网仇恨言论的问题上,网络服务提供商以及众多的网络意见领袖,已经作为互联网世界的新权威存在,依靠此类主体的自律治理,既可以有效地增加对仇恨言论的治理节点,使顶层的治理政策可以通过网络服务提供商的自律条款和网络表

---

① 参见黄志雄、刘碧琦:《德国互联网监管:立法、机构设置及启示》,《德国研究》2015 年第 3 期。

② France:Décret n° 2015-125 du 5 février 2015 relatif au blocage des sites provoquant à des actes de terrorisme ou en faisant l'apologie et des sites diffusant des images et représentations de mineurs à caractère pornographique, https://www.legifrance.gouv.fr/codes/id/LEGIARTI000029755573/2014-11-15/,下载日期:2020 年 10 月 25 日。

③ 参见林华:《网络谣言治理的政府机制法律界限与权力约束》,《财经法学》2019 年第 3 期。

达主体所签署的用户协议发挥效用,也可以解决政府在面对网络空间治理问题时所面临的技术困境。

其次,采取 ISP 自律治理是由 ISP 本身的私主体属性决定的。由于仇恨言论寄生在表达权的神圣价值之下,一味地对其进行权威主义式的规制,很容易形成公权力作为"老大哥"对于私域过分侵蚀的印象,进而影响相关政策执行的效果,甚至会对政府的公信力造成不可挽回的损失。而互联网服务提供者和表达主体同属私主体范畴,表达主体在使用平台运营商提供的产品发表涉及仇恨的言论内容时,平台运营商有权对其言论进行审查过滤,这是基于与表达主体之间的商业服务协议而进行的规制行为,更进一步看,平台运营商作为私主体和表达权之间的关系不是规制与被规制的关系,而应是保护与被保护的关系,平台运营商对相关言论进行审查过滤的行为实质上是在行使自身的表达权。有效的自律管理可以避免涉及公权侵犯私域的价值讨论,进而在最大程度规避社会争议的前提下有效钳制仇恨言论。

最后,ISP 对于网络内容具有直接的管理权能,且具有对仇恨言论管控的内在义务。ISP 既是平台生态系统的创建者和运营者,也是仇恨言论发生环境和条件的制造者[①],因此对于大规模传播且有着巨大伤害的网络仇恨言论其应该负有监管责任,这种监管责任和传统的广播媒体行业的道德责任存在相似之处,如果 ISP 所提供的各类型的网络服务允许仇恨言论发生,那么他们便承担着道德上的监管责任。[②] 也因此,有观点认为,ISP 已经脱离了单纯市场经营者的角色,而成为了"一种重塑社会结构的新型规制者"[③],ISP 其理应承担起类似网络空间守门人的职责[④],控制并排出仇恨言论可能造成的危害。

---

① 参见单勇:《数字看门人与超大平台的犯罪治理》,《法律科学》2022 年第 2 期。

② Raphael Cohen-Almagor, Why Confronting the Internet's Dark Side?, *Philosophia*, 2017, Vol.45, No.3, p.921.

③ 单勇:《数字看门人与超大平台的犯罪治理》,《法律科学》2022 年第 2 期。

④ 欧盟委员会 2020 年 12 月公布的《数字市场法(草案)》将超大平台界定为"守门人"。我国的《个人信息保护法》《互联网平台分类分级指南(征求意见稿)》也有类似定义。

实际上,对于网络平台自律治理的实践已颇为常见,世界上主流的社交网络服务提供者均已采取了关于禁止仇恨性言论内容的评判标准和程序规定。例如,Meta(原 Facebook)的用户如果在平台上发现了类似仇恨性质言论内容的表达,那么他就可以直接将其报告给 Meta,然后,Meta将对其进行审查,判断其是否构成仇恨言论。Meta 仅在 2020 年前三季度就删除了违反仇恨言论政策的 1000 万条帖文内容,这些帖文的内容很大一部分与新冠疫情在全球范围内的蔓延有关。同样地,YouTube 和Twitter 也采取了类似的方式来管制存在于其平台中的仇恨言论内容。在国内,典型如新浪微博也曾发布的《微博社区公约》就规定用户不得发布"煽动民族仇恨、民族歧视,破坏民族团结,或者侵害民族风俗、习惯"的信息。[①]

对于此类 ISP 自律治理的现状,仍存在较大的不足之处。具体而言,提倡自律治理的目的在于充分发挥互联网多中心、分布式的技术特征优势,以 ISP 的自律治理为轴心,建立一种覆盖信息系统的物理层、代码层、应用层和内容层,链接表达主体、终端设备、网站、ISP 等多个端点的多维度、扁平化治理模式。[②] 但是目前,以我国为例,ISP 自律治理主要是呈现出一种上层法律法规等层级文件,以赋予责任的形式对 ISP 的自律管理作出规定,ISP 依据规定执行的单一路径[③],ISP 与政府之间的关系仍是一种行政上的等级控制关系,并非独立和平等的关系。而众多的行业自律协会也多带有浓厚的官方色彩[④],这就导致 ISP 仅仅被作为一种治理工具而非治理主体对待,ISP 自律治理更像是一种科层制治理模式的数

---

① 参见新浪微博:《微博社区公约》,https://service.account.weibo.com/roles/gongyue? from=10B5395010&wm=9006_2001&weiboauthoruid=7504817032,下载日期:2021 年 6 月 30 日。

② 张燕、徐继强:《论网络表达自由的规制——以国家与社会治理为视角》,《法学论坛》2015 年第 6 期。

③ 例如《中华人民共和国网络安全法》第 47 条;《互联网新闻信息服务管理规定》第 12 条、第 16 条;《网络音视频信息服务管理规定》第 4 条、第 5 条、第 7 条、第 12 条、第 13 条、第 14 条;《网络信息内容生态治理规定》第 3 章,都对 ISP 的自律管理作出规定。

④ 参见许玉镇、肖成俊:《网络言论失范及其多中心治理》,《当代法学》2016 年第 3 期。

字倒影。这样一种治理结构所带来的问题在于，ISP 为满足行政权力给予它的责任要求，会通过“自己立法(制定规则)，自己执行(通过各项具体措施要求用户遵守规则)，自己处罚(对违规行为由自己适用规则进行判断、处理，删帖、屏蔽内容直到封号)”这样一种“三权合一”的方式，[①]加大对用户表达内容的审查力度以至于造成了过度删除的后果，而这种后果又由于自律治理模式对外呈现出的，强烈的行政指导色彩，被民众归咎于政府。

因此笔者认为，一方面，在一个多层级系统内，需要将自治权授予每一级别以实现多中心体制的优点。[②] 应以权力责任清单的形式，在明确 ISP 对于网络仇恨言论治理责任的同时，明确其在治理环节中的自治地位，充分发挥 ISP 在治理过程中的自主性，形成一个由 ISP、表达主体等多元主体共同组成的平台型治理组织，在这样一个组织形态中通过平等对话和竞争达成关于言论治理的共识，进而规避科层制治理的弊端；另一方面，在规定 ISP 对仇恨言论治理责任的同时，以诸如行业自律规范、政府指导性意见、发展规划纲要等具有软法性质的文件及时地进行细节上的明晰和补充。尤其需要明确不应当被删除的言论内容，并对 ISP 所采取的过度审查模式下应承担的责任予以明确，在设定治理下限的同时设定治理上限，才能有效避免 ISP 作为治理主体为了最大程度上做到合规管理，采用一种“一刀切”的治理模式，加强自我审查，在敏感节点上将相关言论内容全部封禁[③]，加剧仇恨言论治理和表达权实现之间的紧张关系。

2. 以技术治理作为实施保障

所谓技术治理，大体有采取工具化的权力技术实现国家管理目标和

---

① 李丹林、曹然：《新媒体治理视域下的表达权规制研究》，《山东大学学报(哲学社会科学版)》2019 年第 4 期。

② 参见[美]埃莉诺·奥斯特诺姆等：《制度激励与可持续发展》，余逊达译，上海三联书店 2000 年版，第 234 页。

③ 参见方涧：《网络仇恨言论的法律识别》，《甘肃政法学院学报》2020 年第 3 期。

在国家治理中运用先进技术两条脉络①,本章主要强调后者,即运用先进技术对仇恨言论进行治理。之所以提倡对仇恨言论的技术治理,一方面是由于互联网本质上是一种技术,从技术角度出发,互联网仇恨言论所造成的后果,可以被解释为是由于技术不完善所导致的,那么对其治理自然也应当建立在技术的维度上。② 另一方面则是由于互联网的技术特征使网络信息的抽象化、复杂化程度远远超过传统媒体,单纯依靠制度层面的统一管理是难以跟上互联网技术发展的步伐的,也因此只能通过技术来控制技术。

具体而言,对互联网仇恨言论的技术治理可从互联网设计阶段、互联网运行阶段以及仇恨言论发生后阶段进行部署。

首先,在互联网的初始设计阶段,可以通过直接嵌入对仇恨言论的管制思路。由于互联网本质上是一种将现实生活转化为无数组二进制代码的结果③,代码建构了互联网社会生活的"预设环境",可以说,代码便是互联网世界的规制者。④ 那么在每一项互联网产品、服务设计阶段运用技术治理所要解决的问题便是在这些产品/服务的设计阶段通过调整代码,影响架构来嵌入对仇恨言论的警觉。以对色情信息的规制为例,美国曾先后颁布《传播风化法》(Communications Decency Act)和《未成年人网络保护法案》(Child Online Protection Act)两部法律以保护未成年人免受色情信息的侵害,但效果却不尽如人意。但是,这一问题可以通过用户权限管理以及标签过滤功能轻松地解决,即在某一特定计算机上设置多个"用户账号",其中由未成年人使用的账号可开启:"家长控制"模式由其监护人选择可以使用或访问的软件、网站,而针对浏览器功能,则可以在某些色情网站开发之初便将〈H2M〉(Harmful to Minors)的标签内嵌

---

① 参见陈天祥、徐雅倩:《技术自主性与国家形塑》,《社会》2020年第5期。

② 参见林华:《网络谣言治理市场机制的构造》,《行政法学研究》2020年第1期。

③ 参见郑智航:《网络社会法律治理与技术治理的二元共治》,《中国法学》2018年第2期。

④ 参见[美]劳伦斯·莱斯格:《代码2.0》,李旭、沈伟伟译,清华大学出版社2018年版,第133页。

于网页代码之中,这样一来,浏览器的开发者便可以设计自动屏蔽此类标签的"未成年人浏览模式",在监护人启用此模式后,这些色情信息便被自动地屏蔽掉,而这一标签体系的建立,则需要政府通过颁布法律来进行规定。①

以上是通过嵌入代码设计中的规范来进行网络信息治理实践之一,简单而言便是"政府颁布法令—上游内容供给者改变基础架构—终端服务提供商增加功能"的逻辑,政府治理在这一过程中的作用便是以法律价值来引导技术治理的进程,否则 ISP 出于成本和收益的考量,很难主动寻求这种改变。

其次,在互联网运行阶段,技术治理的重点则放在对仇恨言论的事前预防上。例如,采取诸如网络实名制技术对拟发布仇恨言论者达到震慑的目的,并采取诸如内容筛查、过滤技术对仇恨言论的传播进行控制,实现发布前筛选、发布后及时删除的效果。例如 Meta 在 2020 年 11 月宣布其 Ai 人工智能软件可以检测出 Meta 平台上 94.7% 的仇恨言论并予以删除,而百度推出的语音审核功能通过对语音文件或者音频流进行声纹分析,进而准确识别到音频所处情境,对其中涉黄、涉暴等内容进行审核,可以说极大地提高了以往通过人工审核方式进行语音核查的效率和准确性。②技术治理仇恨言论的另一著名实践是在 2019 年的克赖斯特彻奇事件中,Facebook、谷歌、Twitter 和微软四家企业作为全球互联网反恐论坛（GIFCT）的成员,根据其所建立的关于非法内容的"哈希数据库"（例如,Facebook 上传了大约 800 个不同版本的枪手视频的哈希值）对用户上传的视频和图像进行匹配筛查,下架了关于此次枪击事件大约 80%

---

① 参见[美]劳伦斯·莱斯格:《代码 2.0》,李旭、沈伟伟译,清华大学出版社 2018 年版,第 269～270 页。

② 根据欧洲委员会在 2016 年底对该守则执行情况的监控报告显示,在六个星期的时间内,来自九个不同成员国的总共十二个民间组织向网络服务提供者报告了总共六百起他们认为是仇恨言论的事件,在 660 份通知中,有 169 宗(28.2%)的内容被删除,而有大约 43% 的案例是在受到报道的次日才被审查,这显然不满足《行为准则》所要求的在 24 小时内处理的原则。

的视频(约 120 万次)。①

最后,在仇恨言论发生阶段,技术治理的重点在于对言论内容发布者的定位和追责。网络实名制度的有效落实将极大地提高该阶段的治理效能,此外,还可以运用诸如痕迹追踪技术、数据监听技术等方式来追踪仇恨言论发布者的 IP 地址和其他个人信息,以确保已经规定的法律责任得以落实。

上述三阶段的技术措施,共同构成了对仇恨言论实施技术治理的轮廓,但在治理过程中仍需注意,技术本身的中立性、客观性需要政府通过法律进行引导以赋予技术治理方案以"道德维度和价值理性"②,矫正可能产生的算法歧视、言论过度屏蔽等侵犯公民表达权行使的技术偏差,防止"技术霸权主义"的产生。

3. 以本土化意识作为底层逻辑

如前所述,仇恨言论产生的根源来自根植在特定社会、特定时期中的系统性歧视,因此,不能把仇恨言论仅仅看作是一场关于某一群体负面情绪爆发的展演。仇恨言论仅仅是一种问题表象,更要去深究其产生的原因,寻找仇恨言论产生的原型故事。

以我国互联网上充斥的关于民族问题的仇恨言论为例,其根源同样是源自更深层的社会历史问题。我国《宪法》在序言中规定,中华人民共和国是全国各族人民共同缔造的统一的多民族国家,这自然是深入人心且毋庸置疑的事实,但是由于中华民族这个概念本身属于一个比较晚近的概念③,这就造成了我国在近代形成了在一个以汉族为主体民族的统一中华民族概念下的多民族国家现状,如何将少数族群更好地融入中华

---

① See Gorwa,Robert,Reuben Binns and Christian Katzenbach,Algorithmic Content Moderation:Technical and Political Challenges in the Automation of Platform Governance,*Big Data & Society*,2020,Vol.7,No.1,pp. 1-2.

② 郑智航:《网络社会法律治理与技术治理的二元共治》,《中国法学》2018 年第 2 期。

③ 中华民族这一概念是由梁启超于 1901 年在其《中国史叙论》一文中首次提出,并于《论中国学术思想变迁之大势》一文中首次使用这一概念。

民族这一统一概念的下辖之下是一个基础性的政治问题。[①]

此外,由于在经济文化上区域发展的不均衡,我国仇恨言论的一个重要的类型分支便是性别歧视和地域歧视。如之前所述的"王凤雅事件"中,实际上就是基于城乡二元对立以及农村保守的重男轻女思想而产生了一系列攻击性质的仇恨言论;而近来的苟晶高考被替考事件,其背后映射出的更是包括了教育资源分配、乡土中国政治逻辑等一系列只在我国存在的问题,这或许可以看作是我国国情下的关于"血统"或者"种族"的歧视言论,但鉴于其产生的复杂背景,在对其进行规制时,不能一概地套用国外既有的规制方式,而是应详细分析此类仇恨言论产生进程和变奏方向,再去采取适当的方式予以限制。

网络空间作为一种新型的社会公共空间形态,充斥着由数据堆砌而成的数字个体,言论成为一种虚拟世界的行为模式。[②] 当我们在谈及仇恨言论问题的时候,是在讨论一种由社会历史问题所导致的行为失范问题,治理仇恨言论应避免将其中关系到政治、历史、正义的社会问题无差别地转化为一个又一个的技术解决方案或者法律禁止性规定,政府不应只关心如何避免因仇恨言论导致的暴力事件,ISP 也不应仅关心如何通过治理仇恨言论来消除存在于其平台上的用户互动障碍。这种浅层的治理方式仅仅是再造了一种数字歧视[③],治理仇恨言论真正需要的是,始终以本土化视角作为治理的底层逻辑,审视仇恨言论所反映的社会问题,将仇恨言论的解决作为实现社会正义的一环。在此基础上,推进 ISP 自律治理和辅之以技术保障,实现对仇恨言论的有效治理,最终保障公民表达权的有效行使。

[①]　典型如前述列举的发生在河南的"中牟事件"以及 2012 年 12 月 3 日,湖南省岳阳市公安局披露的关于"切糕"的纠纷。

[②]　秦前红、李少文:《网络公共空间治理的法治原理》,《现代法学》2014 年第 6 期。

[③]　Siapera, Eugenia, Paloma Viejo-Otero, Governing Hate: Facebook and Digital Racism, *Television & New Media*, 2021, Vol.22, No.2, p.127.

本章小结

对互联网仇恨言论进行规制进而保障公民的表达权是对一个现代法治国家的基本要求。近年来随着我国法治建设进程的不断加快,法治体系不断完善,我们似乎陷入了一种关于"权利话语"的深刻迷恋之中,似乎无论是作为法律从业者本身还是普通公民,只要是一个拥有现代法治精神的人,均应该为权利斗争、为权利发声。但在这背后,正如仇恨言论所反映出的问题一样,是一个庞大的被权利话语遮蔽的群体。"权利话语的看家本领是修辞而不是论证,它的主要技术就是展示情绪和激发共鸣,而不是提供数据和经验性的事实"。① 这些修辞可以让一个荒谬不已的事实寄生在一个终极性的价值之上,就如同仇恨言论寄生于言论自由之上获得依托于互联网影响了公民的表达意愿并侵蚀了公众讨论空间,但对仇恨言论的规制却始终面临着理论和现实的双重困境,这也就使表达权面临着成为一种无法兑现的,写在纸上权利的威胁。因此,对仇恨言论进行规制,在具体的规制措施层面应充分考虑仇恨言论因与言论自由产生纠缠而产生的价值上的敏感特性,拨开由权利话语制造的迷雾,克服规制仇恨言论的理论困境,进而通过本土视角下的网络服务提供者的自律治理以及技术治理消除仇恨言论治理的现实困境,实现保障公民正常行使表达权的目的。

---

① 戴昕:《理论法学的迷雾》,法律出版社 2008 年版,第 25 页。

第三编

表达权的实现

互联网
背景下的
表达权研究

第八章

Chapter 8

表达权行使如何可能

第一节 问题的提出

2007 年厦门 PX 事件的解决被视为是"公民参与的里程碑,标志着一个市民社会到来的新时代",具有"民本导向",体现了"政府和市民一起成长"。[①] 然而之后的一系列 PX 事件的发生[②]表明,由厦门 PX 事件中"总结"出的"行政决策中吸纳公众意见"理论逻辑并不能在类似的事件中应用。[③] 在现实中已产生了相关的困惑:为什么厦门 PX 事件明明"开了个好头",却成为各地反 PX 的"经典案例"?[④] 有学者指出,正是因为将厦门 PX 事件视为"范例"而掩盖了其复杂的博弈过程,阻碍了类似事件的合理解决。[⑤] 因而,本章基于此现实问题以及理论思考,重新反思厦门 PX 事件,并试图对厦门 PX 事件提出一种新的理论解释。在此之前,应先对厦门 PX 事件的发展过程进行梳理。

[①] 参见上官敫铭:《厦门人反 PX 之战:环保旗帜下的民意胜利》,载《南方都市报》2007 年 12 月 25 日第 5 版;刘向晖、周丽娜:《历史的鉴证——厦门 PX 事件始末》,《中国新闻周刊》2007 年第 48 期。

[②] 诸如 2011 年大连 PX 事件,2012 年宁波镇海 PX 事件,2013 年昆明 PX 事件以及 2014 年茂名 PX 事件。

[③] 陈海嵩:《邻避型环境群体性事件的治理困境及其消解——以"PX 事件"为中心》,《社会治理法治前沿年刊》2007 年。

[④] 黄玉浩:《"PX 项目"群体过敏症》,载《新京报》2012 年 12 月 24 日第 A16 版。

[⑤] 参见陈海嵩:《绿色发展中的环境法实施问题:基于 PX 事件的微观分析》,《中国法学》2016 年第 1 期。

表 8-1　厦门 PX 事件发展过程梳理

时间	事件进展
2004 年 2 月	厦门 PX 项目由国务院批准立项
2005 年 7 月	厦门 PX 项目的《环境影响评价报告》由国家环保总局审查通过。还经由国家发改委纳入"十一五"PX 产业规划 7 个大型 PX 项目
2006 年 7 月	厦门 PX 项目申请报告最终被核准通过,计划于一年后夏天开工
2006 年 11 月	厦门海沧 PX 项目举行动工典礼。 Z 某于厦门本地的媒体上看到 PX 项目的开工新闻。基于自身的化学知识背景,Z 某质疑这一项目的选址合理性。原因在于 PX 项目存在严重污染环境以及致病风险,因此选址应该远离人口密集居住区。至此 Z 某开始尝试通过各类正式渠道反映这一问题,但均未取得实质性进展
2007 年 3 月	在全国人大和政协会议上,Z 某等 105 名政协委员,基于对厦门的关切,提出了"关于厦门海沧 PX 项目迁址建议"的提案。提案经由媒体的披露,立刻成为厦门人的关注焦点。由于地方政府对有关 PX 项目的回应缓慢,民众对 PX 项目的反对最终演变为上万市民的环境群体性维权活动
2007 年 6 月 1 日至 2 日	部分市民聚集在市政府门前以温和的形式来和平反对 PX 项目的建设,并呼吁停建或迁址
2007 年 6 月	厦门市政府重新考量 PX 项目,并进行厦门市城市总体规划环境影响评价
2007 年 7 月	厦门市政府委托中国环境科学研究院对厦门市规划环评
2007 年 12 月 10 日	厦门市政府在《厦门日报》上公布了自愿报名参加座谈会的 624 名市民的名单,公开透明地抽选参会代表
2007 年 12 月 13 日至 14 日	厦门市政府召开座谈会,共有 106 名市民代表参加。在对 PX 项目是否建设进行表态时,85% 以上的代表提出了反对意见
2007 年 12 月 16 日	福建省政府召开专题会议讨论厦门 PX 项目的去留问题,最终形成了将厦门 PX 项目迁到漳州古雷半岛的决议。

资料来源:笔者自制

　　上述列表清晰地呈现了厦门 PX 事件的发展脉络,对于这一事件,学者从不同的视角提出了自己的理解。例如,有学者从利益冲突的角度解读厦门 PX 事件,指出这类事件发生本质上是政府及企业的经济利益与民众的环境利益之间的矛盾没有得到妥善处理,从而导致政府决策合法性危机的后果。① 有学者基于"资源动员理论"深入分析人们参与环保运动程度差异的原因,结论显示个人利益的算计是人们参与环保运动的动机。② 有学者阐述了公民非制度化参与受到国家制度、公民文化以及信息技术等方面的影响。③ 有学者指出该事件中非政府组织在应对公共危机中的缺位,没有发挥参与、中介、预警、监督和服务功能。④ 有学者指出该事件发生是由于法律原则性规定了"重大事项"的范围,导致地方人大未能行使重大事项决定权。⑤ 有学者揭示了环境维权中生活的政治与对话的政治存在二元形态差异,根本上是对于政治权利的认识的侧重不同,前者仅将其认为是维护自身利益的工具,后者则关注到政治权利本身的价值。⑥ 有学者从社会学的角度解释了厦门 PX 事件超越自身合法性困境的三个维度:环境政治格局中地方政府角色的转型、具有专业知识的人士发挥作用以及民众使用的策略。⑦ 有学者论述了环境公共决策的正当性取决于公众参与,而环境信息的及时公开是公众参与的前提。⑧ 有学者分析了厦门 PX 事件中的媒体接触、公众参与与政治效能,指出日常的媒体接触与事件中的媒体接触存在较大差异,政治参与和内部效能表现

---

① 参见沙勇忠、曾小芳:《基于扎根理论的环境维权类群体性事件演化过程分析——以厦门 PX 事件为例》,《兰州大学学报(社会科学版)》2013 年第 4 期。

② 参见周娟:《环保运动参与:资源动员论与后物质主义价值观》,《中国人口·资源与环境》2010 年第 10 期。

③ 参见宋迎法、王玉:《非制度化政治参与原因探究——以厦门 PX 事件为例》,《北京工业大学学报(社会科学版)》2012 年第 1 期。

④ 参见范履冰、俞祖成:《公共危机中的非政府组织功能分析——以"厦门 PX 事件"为例》,《理论探索》2008 年第 5 期。

⑤ 参见高志宏:《关于地方人大重大事项决定权之"重大事项"的判断——以"厦门 PX 事件"为例》,《理论月刊》2009 年第 3 期。

⑥ 参见沈承诚:《环境维权的二元形态差异:生活的政治与对话的政治——基于癌症村和厦门 PX 项目的案例》,《江苏社会科学》2017 年第 3 期。

⑦ 参见张虎彪:《环境维权的合法性困境及其超越——以厦门 PX 事件为例》,《兰州学刊》2010 年第 9 期。

⑧ 参见朱谦:《抗争中的环境信息应该及时公开——评厦门 PX 项目与城市总体规划环评》,《法学》2009 年第 1 期。

出相同的变动,却与外部效能和集体效能无关。① 有学者认为厦门 PX 事件的发生,恰好表明了政府和公民之间的互动不足,因此需要重塑政府回应力。② 有学者认为网络时代,预防和解决这类事件的思路是重视政府的积极应对,启动公众参与以及进行干群对话。③ 有学者从公共政策视角提出实现政府危机"管理"到公共危机"治理"转型,这一过程具有两层含义:一是在广泛包容性理念下构建政府与公众互动、彼此沟通的治理系统,二是形塑具有公众参与能力的公民和公共精神的公民社会。④ 有学者基于厦门 PX 事件思考公众参与的法律治理,并指出存在从形式、机械适用法定条款,到基于社会运动压力而实质性赋予民众参与机会,再到法律解释上实质性确定参与方式的阶梯性发展趋势。⑤

通过上述梳理可以看出,当前对厦门 PX 事件的研究主要集中在以下三个方面:一是 PX 事件爆发的原因,相关研究认为在于不同利益主体之间的冲突以及制度性化解冲突的渠道缺失。二是关注 PX 事件发展过程中的相关主体,相关研究分析民众、非政府组织行动造成的影响。三是从制度构建的角度出发,相关研究认为政府预警、解决类似冲突的思路是注重政府与公民的互动,故需要构建公众参与机制。由此不难得知,现有的厦门 PX 事件的研究虽然有不同的维度,但基本上遵循着如下思路:以制度为中心,在现有制度行使不能的前提下,提出应当构建、完善制度的思路与措施。换言之,现有研究注重思考在 PX 项目这类呈现"风险的社

---

① 参见周葆华:《突发公共事件中的媒体接触、公众参与与政治效能——以"厦门 PX 事件"为例的经验研究》,《开放时代》2011 年第 5 期。

② 参见张劲松、丁希:《论短信政治时代的政府回应力重塑——以厦门"海沧 PX 项目"事件为重点》,《探索》2008 年第 4 期。

③ 参见陈天林、刘爱章:《网络时代预防和处置生态环境群体性事件的新思路——透视厦门 PX 事件》,《科学社会主义》2009 年第 6 期。

④ 参见胡象明、唐波勇:《危机状态中的公共参与和公共精神——基于公共政策视角的厦门 PX 事件透视》,《人文杂志》2009 年第 3 期。

⑤ 参见朱芒:《公众参与的法律定位——以城市环境制度事例为考察的对象》,《行政法学研究》2019 年第 1 期。

会放大"现象的事件中①,应该如何在风险决定时将科学理性和社会理性结合。② 另外,还有研究强调构建以政府为核心,以法律为手段的针对 PX 项目的环评程序和问题解决的模式。③ 综合来看,现有研究在某种程度上忽略了事件中的社会背景、法律制度以及 PX 事件中的多方参与主体之间的复杂关联。④ 这一认识具有重要意义,为从整体上反思厦门 PX 事件揭开了一个角。有学者也沿着这一思路作出了相应地研究,试图实现对这一事件所总结出的理论逻辑进行反思。⑤ 但总体上来说,现有的研究欠缺一种民众的视角,即民众在厦门 PX 事件中形成了什么样的认识,相应的采取了什么行动,而这些行动的采取受到了什么样的影响。因而,本章要回答的理论问题就是表达权行使如何可能?

第二节　研究进路

本章将以厦门 PX 事件作为具体的研究对象,以该事件中公民的表达权行使作为研究的切入点,结合个案研究的方法,详细阐述公民表达权行使过程中的影响因素。

（一）研究切入点

1. 表达权

笔者认为在反对厦门 PX 项目建设中,民众为实现自己的利益诉求

---

① 参见刘晓亮、张广利:《从环境风险到群体性事件:一种"风险的社会放大"现象解析》,《湖北社会科学》2013 年第 12 期。

② 参见金自宁:《风险决定的理性探求——PX 事件的启示》,《当代法学》2014 年第 6 期。

③ 参见冯辉:《公共治理中的民粹倾向及其法治出路——以 PX 项目争议为样本》,《法学家》2015 年第 2 期。

④ 参见陈海嵩:《邻避型环境群体性事件的治理困境及其消解——以"PX 事件"为中心》,《社会治理法治前沿年刊》2007 年。

⑤ 相关讨论参见陈海嵩:《环境保护权利话语的反思——兼论中国环境法的转型》,《法商研究》2015 年第 2 期;陈海嵩:《社会科学知识在环境法中的运用——基于环境群体性事件的分析》,《北大法律评论》2016 年第 2 辑。

而采取的一系列行动,是关于表达权的行使。当前关于表达权的研究多集中于理论研究,即对表达权的研究主要是回答表达权的"中心"问题。[①]宪法学者欧文·费斯(Owen Fiss)认为表达权的"中心"问题具有五个方面的特点:第一,公共对话(public discourse);第二,政治言论的优先性;第三,重视言论内容(content),并进行"无媒介化"思考;第四,对表达自由的经典想象基于印刷时代;第五,与典型、传统的"言论"(speech)最兼容。[②] 依据这五个特点,总的来说,相关的国内研究围绕以下四个方面展开:第一,明确表达权的内涵,其究竟是一种权利还是一种自由。学者们对此持有不同的观点,例如有学者认为表达权与表达自由相同[③];也有学者认为表达权是一种权利,不同于表达自由。[④] 另有学者提出不同的见解,强调表达权是一种渠道权[⑤];或是基于宪法性文件并用列举的方法来界定表达权[⑥];或是强调表达权的过程[⑦];或是认为表达权是一种资格。[⑧]

第二,明确表达权的外延。根据不同的标准划分,表达权包含不同内容。例如有学者从形式上将表达权区分为语言表达、行为表达、沉默表达,从内容上将表达权分为群体利益的表达和公民对重大政治、经济、社会、文化等公众问题发表见解与主张。[⑨] 有学者根据表达权要达到的目的,将其分为政治表达权和利益表达权,还依据表达权行使是否需要中介

---

① 参见左亦鲁:《超越"街角发言者":表达权的边缘与中心》,社会科学文献出版社2020年版,第1页。

② 左亦鲁:《超越"街角发言者":表达权的边缘与中心》,社会科学文献出版社2020年版,第2页。

③ 参见甄树青:《论表达自由》,社会科学文献出版社2000年版,第19页;郭道晖:《论作为人权和公民权的表达权》,《河北法学》2009年第1期。

④ 参见何家弘:《如何构建"中国式民主"的坐标系》,《理论视野》2018年第9期。

⑤ 参见李树忠:《表达渠道权与民主政治》,《中国法学》2003年第5期。

⑥ 参见李海新:《公民表达权及其保障研究》,武汉大学2011年博士学位论文,第7~8页。

⑦ 参见姚剑文:《论社会主义民主政治与公民表达权的保障》,《学术界》2009年第3期。

⑧ 参见淦家辉、谢向阳:《公民表达权浅论》,《燕山大学学报(哲学社会科学版)》2008年第4期。

⑨ 参见李树桥:《公民表达权:政治体制改革的前提》,《中国改革》2007年第12期。

而区分为直接表达权和间接表达权。[①] 另有学者从表达权的存在形态将其分为应有表达权、法定表达权和现实表达权,从行使主体区分为公民个体的表达权和集体表达权,从表达权属性区分为作为人权的表达权、作为政治权利的表达权和作为社会权利的表达权等。[②]

第三,明确表达权的性质。有学者认为,表达权是一项基本的公民权利。[③] 有学者认为,表达权是一项人权。[④] 有学者认为,表达权是一项自由权。[⑤]

第四,研究表达权的保障和边界。这类研究首先在整体上肯定了表达权作为一项"说话的权利"的价值,并就如何维护这一价值作出了探索。有学者认为,表达权作为以政府提供保障的方式将公民的言论自由提升为公民的权利,因而政府应当接受人民的监督,容忍说真话并善待说真话的民众。[⑥] 有学者认为,政府应当保障批评性意见的表达,提供顺畅表达渠道以及为自主表决提供配套措施。[⑦] 此外,还有学者指出应当尊重公民在意见表达上保持沉默的权利。[⑧]

另外,有研究就表达权的现实问题作出回应。例如,有学者研究了中国语境下的表达权,不仅明确了其特殊的内涵和外延,还对这一权利的实现予以关注。[⑨] 还有研究基于网络社会中表达乱象,讨论如何拓展表达权并对网络表达进行约束。例如,有学者从刑法规制的角度出发,指出《刑法修正案(九)》增设的"编造、传播虚假信息罪"对网络表达权滥用的

[①] 参见淦家辉、谢向阳:《公民表达权浅论》,《燕山大学学报(哲学社会科学版)》2008 年第 4 期。

[②] 参见虞崇胜、李海新:《公民表达权研究述评》,《云南行政学院学报》2010 年第 5 期。

[③] 参见淦家辉、谢向阳:《公民表达权浅论》,《燕山大学学报(哲学社会科学版)》2008 年第 4 期。

[④] 参见郭道晖:《论作为人权和公民权的表达权》,《河北法学》2009 年第 1 期。

[⑤] 参见章舜钦:《和谐社会公民表达权的法治保障》,《法治论丛》2007 年第 4 期。

[⑥] 参见汤啸天:《政府应当如何保障人民的表达权》,《法学》2008 年第 5 期。

[⑦] 参见汤啸天:《再论人民表达权的行使与政府的保障》,《同济大学学报(社会科学版)》2010 年第 3 期。

[⑧] 参见姚剑文:《论社会主义民主政治与公民表达权的保障》,《学术界》2009 年第 3 期。

[⑨] 参见郭春镇:《作为中国政法话语的表达权》,《法学家》2021 年第 5 期。

限制存在现实和制度困境,因此尝试在最大限度保护公民的网络表达权的理念下,严格采用区分事实表达与意见表达的解释方法。① 例如,有学者就网络空间中的表达权的保障研究指出,应当在理性开放包容理念与国家主动干预政策并重的前提下,构建多层次分级治理体系,实行双轨制技术管理模式。② 例如,有学者从法益冲突的视角,阐述了网络表达权边界应由国家法益、社会法益和个人法益限制。③

综上所述,现有研究主要集中在如下两个方面。一是明确表达权的规范意义,阐明了表达权的内涵、外延、性质以及边界和保障。二是在现实情境中对表达权进行讨论,要么结合中国场景讨论表达权具有的独特意涵;要么结合网络时代的特征分析表达权具有的新内涵,在此基础上实现对公民网络表达权的保障。可以肯定的是,现有的表达权研究具有开创意义,明确表达权的规范意义从而有力推动了后续的理论研究以及实践研究。另外,有关表达权的现实研究,则为理解表达权的实践提供了思考的方向与动力支持。不难得知,现有的研究在上述两方面的内容作出了重大贡献,但某种程度上存在对表达权行使的现实关切不足的问题。具体而言,表达权作为一项法律赋予公民的权利,在现实行使过程中会受到哪些因素的影响与制约尚未得到详细阐述。

2. 法律意识

不可否认的是,表达权行使受到权利主体的法律意识制约。法律意识不仅是法学上的专业概念,还是人们日常生活中的熟悉概念,因此首先需要在学理层面予以明晰。有学者考证指出我国学术界对于法律意识的认识很大程度上受到了苏联法学理论的影响。④ 综合各类法律意识的学说来看,当前学界对于法律意识的认识主要有三种观点。第一,作为通说

---

① 参见李立丰、高娜:《"网络表达权"刑法规制之应然进路——以刑法第二百九十一条第二款之立法范式为批判视角》,《苏州大学学报(哲学社会科学版)》2016 年第 6 期。

② 参见熊文瑾、易有禄:《论网络表达权的边界——以实现网络信息内容生态治理为目的》,《江西社会科学》2020 年第 8 期。

③ 参见张治中:《法益冲突视角下网络表达权的边界及类型》,《青年记者》2020 年第 25 期。

① 参见孙春伟:《法律意识概念的学理解释及其评价》,《学术交流》2008 年第 10 期。

的法律意识的观点。此种观点认为法律意识是人们关于法、法律现象的思想、观点、知识和心理。持此种观点的有著名法理学者沈宗灵,其在1994年主编的《法理学》中就将法律意识定义为:"泛指人们关于法的思想、观点、知识和心理的总称,其含义相当于我国日常生活中所称的'法制观念'。"①另一种观点认为法律意识其实是认识的中间部分,而这个中间部分的前提条件,则是关于法律意识的感性认识与理性认识的中间部分。有学者认为"法律意识是法律心理向较高层次的法律思想体系的一个过渡。法律意识中既有法律心理的成分,也有法律思想的因素,是位于两者之间的一个中介环节"。② 相较于前述的通说的法律意识,此种观点强调法律意识的心理层面。第三种观点认为法律意识是一定的心理现象。由此可见,此种观点强调从心理学方面来定义法律意识。著名法理学家张文显就持此种态度,并将法律意识定义为"人们对法律现象的内在领悟及领悟到的感觉、知觉、观念、态度和情感等心理观念因素"。③ 除了上述规范主义的法律意识的研究方式,还有借鉴社会科学研究方式,通过问卷调查、访谈等实证研究的方式进行研究。这类研究主要针对某一特定主体,例如农民、大学生等,并且研究的范围限定在某一特定的区域(范围)。比如,有学者基于269个村3675个农民的法律意识进行问卷调查后分析指出,虽然农民的法律意识整体上有进步,即认为法律能够保障自身的权益并且基本上能做到遵纪守法,但是有少部分或者极少数农民受到诸如权力、金钱等因素影响而持有不同的观念。④ 有学者通过对四川省内三所理工科院校大学生开展法律意识现状问卷调查得出大学生普遍存在缺少理性的法律思维、法律保护意识淡薄等问题,由此提出了相应的对策建议。⑤ 面对此种调查问卷研究法律意识的方式,有学者指出他们的理论

---

① 沈宗灵:《法理学》,北京大学出版社2001年版,第217页。

② 刘作翔:《法律文化理论》,商务印书馆2001年版,第126页。

③ 张文显:《法哲学范畴研究》,中国政法大学出版社2001年版,第239页。

④ 参见刘金海:《现阶段农民法律意识的调查研究——基于269个村3675个农民的问卷分析》,《华中农业大学学报(社会科学版)》2015年第1期。

⑤ 参见张晶、柳翠:《全面依法治国视阈下的大学生法治教育——以理工科院校大学生法律意识现状调查为视角》,《西南交通大学学报(社会科学版)》2018年第5期。

假设存在的三个局限性,由此提出法律意识的理解框架,即法律意识是行动者自身对法律的理解,它不仅包含"行动与结构",还包含"行动者与制度"。① 有研究进一步明确了法律意识作为一种心理机制,生成所需要的三个层次:首先,意识主体对社会现象的认识;其次,以感受到法律的积极要素为前提;最后,人们对法律的亲近倾向的"固化"。②

因而,可以借鉴上述思路,从民众的视角出发,关注民众的法律意识与行动之间的关系,从而对表达权进行研究。换言之,本章以民众关于表达权的行使受到了什么样的影响为出发点,重点关注民众关于表达权的行使是如何受到法律意识和行动两个因素影响,由此产生出不同的表现方式。因此,对于表达权的研究就需要从两个维度展开,不仅需要考虑表达权作为一项法律规定的权利从而给人们提供的保障,还需要结合表达权行使的外部环境。这就意味着认识表达权,除了需要明确保障表达权行使的相应制度,还需要考察相应的社会与政治环境。本章将以一种"整体性"③思路展开,尤其考虑公民的表达权行使会受到社会、政治环境以及法律怎样的影响。这也就意味着研究将关注表达权的实践意义,采用整体性的视角,详细阐明制度、社会与政治环境三者是如何互动从而影响了公民表达权行使。

(二)研究方法

本章将采用延伸个案的方法。之所以选择延伸个案的方法,是因为试图以一种整体论方法来通过个案展现法律实践中的真实。换言之,延

---

① 参见刘子曦:《法律意识的两个维度:以业主诉讼维权为例》,《开放时代》2014 年第 4 期。

② 参见杨子潇:《由"迎法下乡"遇冷看农民法律意识的生成机制》,《求索》2022 年第 1 期。

③ "整体性"作为一种研究策略,试图协调法律规范在实践中产生的与中国基本价值和经验之间的张力。相关论述参见朱晓阳:《"语言混乱"与法律人类学的整体论进路》,《中国社会科学》2007 年第 2 期。应用"整体性"的研究可参见张剑源:《家庭暴力为何难以被认定?——以涉家暴离婚案件为中心的实证研究》,《山东大学学报(哲学社会科学版)》2018 年第 4 期。

伸个案的方法是在社会文化情境的整体中,以生动和形象的表现方式深层次地揭示了法律运行的结构,从而实现超越地方的认识"想象"得出个案的"性质"和意义。在谈及延伸个案的方法前,先对个案研究进行基本阐述。有学者总结个案研究具有以下两个基本特征:一是研究的高度聚焦性,整个研究完全"聚焦于一点";二是研究资料的多样性,既包含资料来源的多样,又包含资料收集手段的多样。[①] 其中,个案研究的高度聚焦性不仅是个案研究最本质的特征,还是个案研究和其他研究方法根本的区别。[②] 正是由于个案研究的高度聚焦性,所以才能通过个案的多样性资料来源从而达成对个案特别深入、详细和全面的了解,最终形成对个案相对完整的认识,即通过个案认识到其呈现出事物或事件发生、发展和变化的过程。简而言之,个案研究以求展现宏观社会背景与微观社会实践因素之间的动态运作。[③]

然而,关于个案研究方法的批评亦不在少数,其中批评最多的问题就是个案研究的代表性问题。此种批评意见又可详述为如下三个问题:一是单个的个案研究,能具有代表性吗? 二是个案研究在多大程度上具有代表性? 三是个案研究的结论是否能够推论到总体?[④] 由此也不难得出,针对个案代表性的讨论是以定量调查具有的"代表性(从样本推论总体)""假设检验"的特征作为对话背景,而对个案研究本身的意义和价值理解不足。[⑤] 除了对作为一种研究方法的个案如何超越自身的质疑和回应外,从事个案研究的学者们同样有着"走出个案"的学术愿景。具体表

---

① 参见风笑天:《个案的力量:论个案研究的方法论意义及其应用》,《社会科学》2022 年第 5 期。

② 参见风笑天:《个案的力量:论个案研究的方法论意义及其应用》,《社会科学》2022 年第 5 期。

③ 参见卢晖临、李雪:《如何走出个案——从个案研究到扩展个案研究》,《中国社会科学》2007 年第 1 期。

④ 参见王宁:《代表性还是典型性? ——个案的属性与个案研究方法的逻辑基础》,《社会学研究》2002 年第 5 期。

⑤ 参见黄盈盈、王沫:《生成中的方法学:定性研究方法十年评述(2011—2021)》,《学习与探索》2022 年第 5 期。

现在采取个案作为一种研究方法的研究者即使谨慎的划定自己研究结论适用的范围,但是始终都在尝试着回答一个更为普遍的,被视为超越个案的问题。如何从个案出发,而又不拘泥于个案,最终通过个案研究反应具有普遍性、一般性的问题?针对这一愿景,学者们进行"走出个案"的方法尝试,思考如下问题:如何从微观的个案场景的限制中迈向宏大景观。①基于此,研究中产生了两种不同的进路,其中一种就是基于个案的概括。不少学者就一个或者少数几个个案进行某种形式的概括。这种认识带有类型学研究范式的色彩,认为个案研究的意义是通过大量的个案积累,从中总结出丰富的类型,在此基础上,通过模式化再到普遍化。不难看出,这种认识来源于费孝通的社区研究。此类研究从村庄出发,认为只要作为研究样本的村庄类型足够丰富,那么,通过对这类样本之间的对比、概括和提炼,就一定能总结出一个一般模型,由此实现了从小村庄扩展到整个中国社会的目标。②基于类型化实现一般现象和规律提炼的"走出个案"的思路颇具理想性。随着研究阅历的增长,费孝通显然认识到了这一思路的局限。因此,晚年的他拓展了研究的单位,将视野由村庄转向了小城镇。对于这一转变,费孝通指出中国农村的调查研究不能仅仅限于农村,而是应当理解到在城乡网络当中,处于中心的小城镇对于农村社区的重要影响。当然也有学者提出相反的意见,从研究单位的角度出发,小城镇的研究虽然能够展现出原来的村庄所不能够展现的复杂力量和关系,但是究其本质以及逻辑思路,两者其实并没有什么差别。③此外,这种寻求类型化的社会科学研究方法恰恰因为自身追求对复杂事件的简单化、条理化和普遍化的理解,并依此作出"科学的"和"客观性"的分析,无意间对事件进行了剪裁,忽略了复杂事件中"随机性"。

因此,究竟应该如何认识个案?以及延伸个案?研究中产生了基于

---

① 参见卢晖临、李雪:《如何走出个案——从个案研究到扩展个案研究》,《中国社会科学》2007年第1期。

② 参见费孝通:《学术自述与反思》,三联书店1996年版,第34～35页。

③ 参见卢晖临、李雪:《如何走出个案——从个案研究到扩展个案研究》,《中国社会科学》2007年第1期。

个案的另一种路径,即回归个案的复杂性和独特性。个案研究必须注重理解研究对象所处的情境,并通过解释予以展现。换言之,通过深入剖析研究对象选取的个案,展现在特定的社会情境下,个案中的各项因素是如何运动变化的,即以一种事件/过程的分析策略来揭示复杂事件。它不同于格尔茨在人类学视域中所言的"在个案中进行概括"。[①] 这种概括蕴含了一种比较意识,对个案中的重要方面作出描述,并形成与它相关理论的比较,发现或者弥补既有理论的不足。而此处的个案研究则更倾向对个案进行延伸,注重复杂个案中宏观与微观结合和互动。本章尝试对个案所反映的社会现象中的内在结构、关系、过程、功能、机理等进行详细、全面、深入的了解,从而探索个案当中的特殊和不寻常的部分,由此以达成对个案新的理解,获得新的认识。简单地说,本章将采用一种历时性的视野,通过着重描述时间维度下整个事件的动态发生过程,而不仅仅只关注事件(个案)本身,并强调将整个事件(个案)放在当时的特定社会情境(关系)中进行考察,梳理在事件(个案)的发展过程中各种细微的变化因素,从而完整、深入地考察个案,拓展个案的广度和深度。[②] 这种研究方法将试图弥补运用社会科学方法中类比、量化的策略所展现出的抽象性[③],而未能详细呈现厦门 PX 事件的整体发生、解决逻辑。换言之,笔者关注的是民众在反对 PX 项目中所采取的行动,即公民如何将自己的利益诉求进行表达,并基于此分析公民在表达自身利益诉求的过程中如何受到社会与政治环境的影响以及法律的制约,又是如何将这些因素转化成为资源,最终成为实现自身诉求的力量支持。

---

① 　[美]克利福德·格尔茨:《文化的解释》,纳日碧力戈等译,上海人民出版社 1999年版,第 29 页。

② 　"延伸个案法"的有关问题参见朱晓阳:《"延伸个案"与一个农民社区的变迁》,载张曙光、邓正来主编:《中国社会科学评论》(第 2 卷),法律出版社 2004 年版,第 27~54页;[美]麦克·布洛维:《公共社会学》,沈原等译,社会科学文献出版社 2007 年版,第77~138 页。

③ 　参见陈海嵩:《绿色发展中的环境法实施问题:基于 PX 事件的微观分析》,《中国法学》2016 年第 1 期。

第三节 厦门 PX 事件中表达权行使

在厦门 PX 事件中，民众面对即将建设在家门口的 PX 项目，通过各种形式行使表达权，以求传达自身的利益诉求。总的来说，上述行动具有以下两个特点。

(一)明确的环境利益诉求

民众在反对厦门 PX 项目中的意见表达始终围绕环境问题，而没有扩大化或泛化。从事件发展的时间维度来看，无论是某市民涂鸦的内容，还是民众在厦门本地论坛以及短信上科普相关 PX 产品的知识，抑或是部分民众聚集在市政府门前以温和的形式所表达的态度，相应的口号和标语都紧紧围绕着环保诉求。早期厦门 PX 项目即将建设投产的消息披露后，民众为了表达他们保护环境的利益诉求，在街头通过涂鸦诸如"我爱厦门""厦门岛是每个人的""反对 PX 项目"等文字予以展现。随后，在厦门本地论坛中，民众表达了同样的环境利益诉求，"还我蓝天""我们要健康"等标语和口号贯穿事件始终。另外，在和平表达反对意见时，民众也始终坚定自己的环境利益诉求，当有情绪激昂者表达超出环境利益诉求时，立马被其他民众所制止。由此可知，民众表现形式多样的环境利益诉求都始终得以明确的表达，更可贵的是民众的意见都仅针对 PX 项目，没有超出实现环境利益诉求的本意。特别在通过和平表达反对意见准确向政府表明自身对于 PX 项目的态度后，民众倡议没有必要再继续采取更为激烈的形式表达意见，而是应该重点关注厦门 PX 项目的进展情况以及怎么处理的问题。①

(二)张弛有度的行动

在整个厦门 PX 事件中，为了实现自身的环境利益诉求，民众采取了

---

① 参见谢良兵:《厦门 PX 事件:新媒体时代的民意表达》,《中国新闻周刊》2007 年第 20 期。

各种各样的行动。这些行动大体上可依据是否有制度性的保障,从而分为非制度性行动与制度性行动。

1. 非制度性行动

在媒体报道有关厦门 PX 项目的提案后,基于对 PX 项目即将开工建设消息的关注,民众立即采取了一系列行动以表达自身对 PX 项目的意见。根据 PX 事件的整个发展过程,民众所采取的最具代表性行动有涂鸦、短信以及和平表达反对意见三项。在 PX 事件初期,某市民表示为了反对 PX 项目建设污染城市,在厦门某处施工工地,用油漆颜料在地面、墙壁和电线杆上喷涂文字及图画,内容包括"我爱厦门"等字样以及眼泪和厦门市鸟白鹭。[①] 在 PX 事件的发展过程中,民众在厦门本地论坛上自发对于 PX 项目进行知识科普,以及将上述知识科普内容编辑成手机短信群发。短信内容将 PX 项目描述为一种剧毒化工品,认为这一项目投入生产之后会对厦门造成的影响巨大,威胁到厦门人民的健康生活。在事件尾端,民众以和平表达反对意见的方式表达自身环境利益诉求。随后,民众则采用了更加温和的方式表达自身的环境利益诉求。

2. 制度性行动

民众除了采取非制度性行动外,还通过现有的制度渠道表达自身的环境利益诉求。

2006 年 11 月,具有化学知识背景的 Z 某因在厦门本地媒体上看到厦门 PX 项目开工的新闻,基于已有的知识,她质疑 PX 项目环境影响评价程序中选址的科学性。因而 Z 某根据 2003 年《环境影响评价法》,向存有该 PX 项目环境影响评价报告的国家环保总局环评司、PX 项目环评机构以及厦门市环保局请求查阅有关 PX 项目的环评报告书。[②] 此外,为了提升 PX 项目选址的科学性,Z 某等百余位政协委员在 2007 年 3 月的全国两会上联名提交"关于厦门海沧 PX 项目迁址建议"的提案,他们认为

---

① 参见谢良兵:《厦门 PX 事件:新媒体时代的民意表达》,《中国新闻周刊》2007 年第 20 期。

② 参见《厦门 PX 项目正在稳步推进》,载《第一财经日报》2007 年 5 月 29 日第 A04 版。

该项目与居民区的距离没有达到安全距离标准,若是出现极端事故,或者遭遇自然灾害、战争及恐怖威胁,后果将不堪设想。①

与此同时,其他民众也积极通过政府搭建的诸如专线电话、网络平台、传真等民意反映渠道表达自身环境利益诉求。据厦门市政府的统计,截至 2007 年 6 月 13 日 16 时,一共收到来自民众的 2623 条意见和建议。各渠道反映意见和建议的具体分布情况如下:通过两条专线电话分别接收意见和建议 830 条、580 条,通过网络渠道接收意见和建议 1154 条,另外接收到传真、信函形式的意见和建议数额分别为 56 条、3 条。② 为了使征求到的民众意见和建议能够被相关机构吸纳,以及增加民众整体对于 PX 项目的了解,厦门市政府分管该项工作的相关工作人员强调,他们十分重视收集到的民众意见和建议。他们就民众意见和建议具体做了两件工作,一是将意见和建议进行了分析整合以书面报告形式提交给市委、市政府,并抄送环评机构以参考;二是以新闻发布的形式将意见和建议情况反馈给民众。③

2007 年 7 月厦门市政府决定重新对 PX 项目进行环境影响评价。此次环境影响评价在力求实现环境影响评价过程的透明公正以及更好地与民众对话的前提下展开,厦门市政府专门成立了厦门市城市总体规划环境影响评价领导小组及其办公室,另外还聘请了具有相应知识背景的专家顾问组。在环境影响评价范围上,此次环境影响评价的范围相比之前作出了突破,覆盖整个厦门市市域。同年 11 月底,环境影响评价工作组撰写了《厦门市重点区域(海沧南部地区)功能定位与空间布局的环境影响评价》,宣布 12 月 5 日至 12 月 14 日为征求市民相关意见和建议的阶段,并且明确了此次征求意见的方向包括对海沧南部发展目标、空间格局

---

① 参见朱谦:《环境信息是如何从封闭走向开放?——厦门 PX 项目与城市总体规划环评的法律思考》,《中国环境法治》2007 年第 1 期。

② 《群众对海沧 PX 项目的意见和建议》,载《厦门日报》2007 年 6 月 15 日第 2 版。

③ 《诉求渠道畅通 市民四天提建议两千余条》,载《厦门日报》2007 年 6 月 6 日第 2 版。

分配,降低环境污染影响的措施等方面。^① 12 月 8 日,厦门网开放了一个名为"环评报告网络公众参与活动"的投票平台,民众在平台上不仅能够表达自身对于 PX 项目的态度,还能在专门的论坛发表相应看法。网站数据显示,参与投票人数共计 58454 人次,就投票的结果来看,有超过90%的投票者反对兴建 PX 项目。^② 除此之外,在 12 月 10 日、12 日民间环保组织"厦门绿十字"组织的座谈会上,最终一共形成了 13 条反对厦门PX 项目的意见。由此可以看出,厦门民众对于此次环境影响评价的高度参与性。另外,在正式开始环境影响评价座谈会以征求意见和建议前,为了保证公众参与的公开和公正性,厦门市政府采取了以下两项措施:一是在相关意见和建议的表达上,优先考虑市民,不区分人大、政协与市民发言顺序。二是在抽号程序方面,坚持透明公开抽取。抽选市民代表参加座谈会的全程都有公证处进行公证并由社会各界群众监督,最终从报名的 624 名市民中抽取了最后参会的 100 名市民,在相关报纸上进行公布。^③ 在环境影响评价的座谈会上,市民代表积极表达自身对于 PX 项目的态度和意见。在为期两天的座谈会上,106 名实际参与者有 85%以上表达了反对意见并且阐述了理由,另有支持该项目的市民发表了意见。^④

---

① 《厦门市总体规划环评进入"公众参与"阶段》,http://www.chinanews.com/gn/news/2007/12-05/1096113.shtml,下载日期:2020 年 8 月 21 日。

② 参见赵民、刘婧:《城市规划中"公众参与"的社会诉求与制度保障——厦门市"PX 项目"事件引发的讨论》,《城市规划学刊》2010 年第 3 期。

③ 《公开公正体现尊重和信赖——海沧南部地区规划环评公众参与综述》,http://www.xm.gov.cn/xmyw/200712/t20071216_194419.htm,下载日期:2020 年 8 月22 日。

④ 参见赵民、刘婧:《城市规划中"公众参与"的社会诉求与制度保障——厦门市"PX 项目"事件引发的讨论》,《城市规划学刊》2010 年第 3 期。

第四节　讨论：影响表达权行使的原因

2007 年 12 月 16 日,福建省政府召开讨论厦门 PX 项目去留问题的专项会议,最后会议形成了决定,将 PX 项目迁到漳州古雷半岛。厦门 PX 事件的解决以及形成良好的公众参与制度,使其成为类似问题治理的典型案例。当中公民表达权行使亦被评价为取得了良好的社会效果和法律效果,基于此,本部分将探讨公民表达权行使是如何受到影响? 又是哪些因素影响了表达权行使?

(一)维稳治理中的非政治

党的十九大报告指出:"建设平安中国,加强和创新社会治理,维护社会和谐稳定,确保国家长治久安、人民安居乐业。"[1]由此可见,维护社会的和谐稳定在我国治理中的重要地位。改革开放以来,我国正处在转型时期,面对利益冲突问题时会呈现出挤压和放大效应[2],社会稳定问题也不断凸显,其中一个表现就是集体上访与群体性事件的频发,并且呈现出升级趋势。因此如何处理代表着社会矛盾不可调和极端现象的群体性事件,具有重要意义。正如习近平总书记指出:"要积极、妥善化解各类社会矛盾,确保社会既充满生机活力又保持安定有序。"[3]从有关报道公布的数据来看,在 1993 年到 2004 年这 12 年间,全国群体性事件发生数量已经由 1 万件增长到 7.4 万件,参与人数也相应由 73 万人增加到 376 万多人,年均增长 12％;其中,百人以上群体性事件由 1400 件增长 4 倍达到 7000 多件。[4] 2005 年全国群体性事件的数量曾出现短暂下降,但转年之

---

① 习近平:《决胜全面建成小康社会　夺取新时代中国特色社会主义伟大胜利——在中国共产党第十九次全国代表大会上的报告》,载《人民日报》2017 年 10 月 28 日第 1 版。
② 参见吴忠民:《社会矛盾新论》,山东人民出版社 2015 年版,第 28 页。
③ 《习近平在全国公安工作会议上强调 坚持政治建警改革强警科技兴警从严治警履行好党和人民赋予的新时代职责使命》,《人民周刊》2019 年第 9 期。
④ 参见王东进等:《积极化解人民内部矛盾 妥善处置群体性事件》,《中国社会发展战略》2004 年第 3 期。

后又开始呈现持续上升趋势,2006 年上升至 6 万多起,2007 年达到 8 万多起。[①] 这一时期的群体性事件主要表现出下列特点:数量增多、规模扩大、方式激烈、原因多样、波及面广等。[②] 众所周知,虽然群体性事件所带来的社会风险不等于政治风险,但是需要警惕风险的转化。习近平总书记曾指出:"要高度重视并及时阻断不同领域风险的转化通道,避免各领域风险产生交叉感染,防止非公共性风险扩大为公共性风险、非政治性风险蔓延为政治风险。"[③]不少研究都证明了环境冲突引发的社会风险会影响政治稳定,从而导致政治风险。例如,诺曼·迈尔斯就提出环境安全与政治稳定联系紧密。[④] 有学者的研究详细揭示了环境冲突所引发的政治风险会经历环境风险—环境冲突—政治风险—政治事件的演化过程。[⑤] 基于对政治风险的关切,国家逐步构建以政治消解和行政回应为核心的双重治理路径,具体则体现为以各级党委为主导的全面维稳体制和以各级行政部门为主导的应急管理体系和政府回应体制。[⑥]

维稳体制的形成经历了从理念到制度安排的过程。维稳理念初步形成于 20 世纪 80 年代末 90 年代初,其核心思想是邓小平在强调安定的政治环境时提出"稳定压倒一切"的观点。[⑦] 遵循这一观点,之后的维稳治理理念逐渐丰富并生成了维稳治理模式。党的十四大报告中提出:"没有

---

① 参见李培林、陈光金:《力挽狂澜:中国社会发展迎接新挑战——2008—2009 年中国社会形势分析与预测总报告》,http://www.doc88.com/p-4661617136378.html,下载日期:2021 年 3 月 25 日。

② 参见应星:《"气"与抗争政治:当代中国乡村社会稳定问题研究》,社会科学文献出版社 2011 年版,第 6 页。

③ 习近平:《增强推进党的政治建设的自觉性和坚定性》,《求是》2019 年第 14 期。

④ 参见[美]诺曼·迈尔斯:《最终的安全:政治稳定的环境基础》,王正平、金辉译,上海译文出版社 2001 年版,第 16~22 页。

⑤ 参见刘超、李清:《环境冲突政治风险的生成机理与防控策略》,《吉首大学学报(社会科学版)》2021 年第 2 期。

⑥ 参见刘瑾、刘伟:《近十年来国内学界的群体性事件研究:回顾与反思》,《甘肃行政学院学报》2017 年第 5 期。

⑦ 《邓小平文选》(第三卷),人民出版社 1993 年版,第 331 页。

政治稳定、社会动荡不安,什么改革开放,什么经济建设,统统搞不成。"①
此外,中央还十分强调政治局面的稳定必须坚持以经济建设为中心,坚持
改革开放促进发展,由此奠定了"改革、发展、稳定"三者兼顾的理论雏形。
在之后的党和政府工作中,中央不断强调"改革、发展、稳定"三者之间的
密切关系。在"改革是动力,发展是目标,稳定是前提"②的认识下,中央
进一步指出若是不处理好三者的关系,尤其是没有稳定的政治、社会环
境,那么当前取得的种种成果就会丧失。随着改革开放的深入,党和政府
在面临大量涌现的各类矛盾和冲突时,更加意识到稳定的重要性。2007
年,中央越来越注重"把促进改革发展同保持社会稳定结合起来",并且提
出"社会稳定是改革发展的重要前提"。③ 同时上述理念进一步通过领导
责任制安排贯彻落实到党和政府工作的方方面面,具体体现为确立了维
护稳定是各级党委政府的"重大政治责任",必须增强危机意识、居安思
危,并规定了各级党政主要领导是本地区维护稳定的"第一责任人"。④
2000 年中央多部门联合发布了《关于对发生严重危害社会稳定重大问题
的地方实施领导责任查究的通知》,其中规定若是发生重大群体性事件,
那么相应的地方、单位、部门及领导都必须承担责任。⑤ 2003 年中央更加
明确了党政领导在处理群体性事件中的重要地位,要求他们第一时间到
达现场并做好相应的群众工作。⑥ 因而,在这种理念导向和制度安排下,
各级政府和领导干部在各项工作中都十分重视维护社会稳定,将其视为

---

① 江泽民:《加快改革开放和现代化建设步伐 夺取有中国特色社会主义事业的更
大胜利——在中国共产党第十四次全国代表大会上的报告》,载《人民日报》1992 年 10 月
21 日第 1 版。

② 《江泽民文选》(第一卷),人民出版社 2006 年版,第 365 页。

③ 胡锦涛:《高举中国特色社会主义伟大旗帜 为夺取全面建设小康社会新胜利而
奋斗——在中国共产党第十七次全国代表大会上的报告》,载《人民日报》2007 年 10 月
25 日第 1 版。

④ 参见胡仕林:《群体性事件发生学研究》,中国社会科学出版社 2018 年版,第 198 页。

⑤ 参见陈冀平主编:《中国社会治安综合治理年鉴 2001—2002》,中国长安出版社
2003 年版,第 12～13 页。

⑥ 参见冯仕政:《社会冲突、国家治理与"群体性事件"概念的演生》,《社会学研究》
2015 年第 5 期。

自身工作的头等大事,特别注重确保地方"不出事"。①

与此同时,国家相应设立了一套以应急管理体系和政府回应为目标的制度,从而形成了以行政机构为核心的危机化解方式。根据 2003 年发布的《中共中央关于进一步加强和改进公安工作的决定》,各地逐渐出现了政法委书记由公安厅局长兼任的制度安排。2004 年,中央下发了《关于建立中央处理信访突出问题及群体性事件联席会议制度的通知》《关于积极预防和妥善处置群体性事件的工作意见》,并召开了全国预防和处置群体性事件的电视电话会议,极大地提升了政府治理信访突出问题和群体性事件的能力。2006 年中共十六届六中全会通过了《关于构建社会主义和谐社会若干重大问题的决定》,国家开始关注和谐社会建设。另外,中央还发布了《关于预防和化解行政争议健全行政争议解决机制的意见》,意见提出要积极探索和完善行政争议解决相应制度。2006 年 3 月全国人大常委会颁布《治安管理处罚法》。最高人民法院也于 2006 年 12 月发布了《关于妥善处理群体性行政案件的通知》。另外,全国人大常委会于 2007 年 8 月通过了《中华人民共和国突发事件应对法》。中央也在《关于进一步加强新时期信访工作的意见》中提出开展信访工作的新格局。这些举措实际上协调了各部门在防控群体性事件中各自的工作内容,明确了各自的职责范围,由此提升了整体防控群体性事件的能力。

在国家总体重视维稳,解决群体性事件的背景下,厦门 PX 事件的发生一开始就引起国家重视,并投入了相应的资源予以解决。据悉,在百余位政协委员联名提出"关于厦门海沧 PX 项目迁址建议"的提案后不久,国家环保总局环评司相关人员就提案中涉及的相关问题和提案代表进行沟通交流,此外,全国政协还表示会重点关注这一提案的后续发展和解决工作。② 除了国家层面的关注外,地方政府也对解决 PX 事件作出了努力。《厦门晚报》曾连续两日刊登专版文章,以厦门市环保局、PX 项目建

---

① 参见黄毅峰:《社会冲突视阈下"维稳"治理模式的限度分析》,《中南大学学报(社会科学版)》2018 年第 2 期。

② 参见屈丽丽:《厦门百亿化工项目安危争议》,载《中国经营报》2007 年 3 月 19 日第 A1～A2 版。

设方答记者问的方式,针对"PX 项目"的相关环保问题进行回答。另外,厦门市政府在解决 PX 事件中始终秉持谨慎的态度,对于市民的和平表达反对意见的行为没有轻易作出政治定性,而是以包容开放的心态,果断作出缓建决定,并重新组织人员、委托机构进行环境影响评价,同时公开透明抽选市民代表,召开公众参与环评座谈会。整个 PX 事件并没有呈现出政治化趋向,而是紧紧围绕着环境保护这一主题,使事件的解决不面临复杂的局面。这也使各级党委和行政部门能够承认民众的环境利益诉求及正当性,从而使事件在环境保护的整体话语中予以解决。这一事件中产生的争议始终围绕着 PX 项目环境影响评价的科学性的主题。无论是民众采取的非制度性行动还是制度性行动,都在总体上坚持绿色、环保的呼吁,与国家治理中的加强环境保护、建设生态文明的理念结合起来,还与领导责任制下的地方政府官员责任结合起来。在这样的双重驱动下,民众的表达权行使具有了源源不断的动力支持。

(二)公民的双重理性表达

公民表达权行使最终取得良好的社会效果与法律效果,离不开民众自身的理性表达。民众在厦门 PX 事件中所采取的行动,呈现了两种意义上的理性表达。

一是协商民主意义上的理性表达。此时的协商民主是作为一种治理形式。具体而言,协商民主是一种以共同的善为目标,通过主体间对话、讨论与沟通从而形成共识的机制与治理形式。[1] 由此可知,协商民主默认存在共同体,并且认为通过交往,就能将每个公民的利益整合,从而形成共同体的利益。基于整合共同体内部多元化的利益和价值取向的需求,因而过程的重要性凸显,用以调节不同主体的利益主张和价值取向。在这一过程中,共同体之中的每个独立个体表现为彼此之间的交流沟通、

①　参见陈家刚:《协商民主概念的提出及其多元认识》,《公共管理学报》2008 年第 3 期。

交换、放弃,从而达成合意。① 不难得知在合意形成过程中权力剔除了私人利益而变得中性。除此之外,过程是否具有公平性同样是需要考虑的问题,可以明确的是需要其他诸如公正、合理、规范等条件进行辅助以形成判断。② 因此,在侧重通过程序实现主体间对话、讨论与沟通的意义上,民众的表达呈现出理性的特征。因此,协商民主意义上的理性表达是指相关利益通过既已存在的意见和建议反馈制度,实现不同利益主张的沟通和妥协从而形成了合意。

因而,在厦门 PX 事件中,协商民主意义上的理性表达体现为如下三个方面。首先,表现在厦门 PX 项目迁址提案的提出。2007 年 3 月全国人大和政协会议上百余位政协委员提出的"关于厦门海沧 PX 项目迁址建议"的提案,使这一事件一开始就以一种力求问题解决而非宣泄的态度进入国家的视野中。据了解,政协委员们在提案时,进行了全面的考虑,除了考虑到该项目存在的环境、安全隐患,还考虑到成本收益最大化问题。他们注意到,此时 PX 项目刚刚被批准建设,现下企业还处在建厂房未投入生产阶段,因此如果这时候决定迁址,则企业产生的损失在可接受范围内。③ 其次,在政府搭建的民意反映渠道中,民众踊跃参与进行意见表达。据厦门市政府的统计,截至 2007 年 6 月 13 日 16 时,群众积极通过相应渠道提出对于 PX 项目的意见和建议,据统计一共收到 2623 条意见和建议,具体的分布情况如下:通过两条专线电话分别接收到意见和建议 830 件、580 件,通过网络渠道接收到意见和建议 1154 件,另外接收到其他形式的意见和建议即传真 56 件、信函 3 件。④ 信访局相关工作人员

---

① 参见哈贝马斯:《民主的三种规范模式》,曹卫东译,载中国社会科学网,http://www.cssn.cn/zhx/zx_wgzx/201310/t20131026_621115.shtml,下载日期:2021 年 2 月 23 日。

② 哈贝马斯:《民主的三种规范模式》,曹卫东译,载中国社会科学网,http://www.cssn.cn/zhx/zx_wgzx/201310/t20131026_621115.shtml,下载日期:2021 年 2 月 23 日。

③ 参见屈丽丽:《厦门百亿化工项目安危争议》,载《中国经营报》2007 年 3 月 19 日第 A1～A2 版。

④ 《群众对海沧 PX 项目的意见和建议》,载《厦门日报》2007 年 6 月 15 日第 2 版。

在收集整理民众意见和建议后也表示"民众的意见建议越来越理性了"。^①从收到的意见和建议的情况来看,民众对于 PX 项目的建设意见不是同意或者否定的简单说明,还包含了对这一项目是否建设的有理有据的分析。不仅如此,还有相当一部分民众还表示理解、信任和支持政府,对于进行新的环境影响评价提出了合理可行的建议。除此之外,民众还表达了反对以激进的方式陈述意见。最后,在环境影响评价的座谈会上,参与的民众主要围绕海沧南部地区发展目标与空间格局规划的环境影响两个方面来表达自身环境利益观念,当有人言辞激烈出现非理性的人身攻击时,立刻被其他与会者指责制止。^②民众通过正式的意见表达渠道对自身利益诉求的表达,呈现出理性的特点。在这一过程中,市民以制度作为支撑逐渐参与 PX 项目建设的意见和建议反馈中,从而更深刻地感受到了法律规范的力量。这种关系性距离有助于公众最终形成共同体意识。有实证研究表明对于具体法律规范的接触越多,越能够影响行为主体的法律意识并且使其作出符合法律期待的行为。^③

二是情绪意义上的理性表达。情绪具有丰富的理论内涵,有研究表明,情绪一般具有如下四种成分:认知、动机、躯体和主观体验。^④从情绪认知的角度出发,认知和情绪之间存在关系。认知成分作为情绪的表征,以有意识或者无意识的方式表征了人们感知世界一些情绪性相关方面的个体差异。而在另外一个方面,信息资源与情绪之间也存在关系。有研究指出,信息和情绪是影响公众责任归因的两个因素,其中,个体对事件

---

① 参见《诉求渠道畅通 市民四天提建议两千余条》,http://www.xm.gov.cn/xmyw/200706/t20070606_165291.htm,下载日期:2020 年 8 月 22 日。

② 参见朱红军:《"我誓死捍卫你说话的权利"——厦门 PX 项目区域环评公众座谈会全纪录》,《南方周末》,http://www.infzm.com/content/998,下载日期:2021 年 3 月 25 日。

③ 参见李娜:《守法作为一种个体性的选择——基于对建筑工人安全守法行为的实证研究》,《思想战线》2015 年第 6 期。

④ 参见姜媛、白学军、沈德立:《情绪认知评价的若干问题》,《首都师范大学学报(社会科学版)》2007 年第 3 期。

中客观信息的了解,影响了个体对事件的认知过程。① 另外,情绪认知理论认为,情绪产生是个体受到情境刺激或者对事物评价,环境刺激、生理状况和认知过程三个因素都影响了情绪的产生,其中,个体的认知过程是影响情绪产生的关键因素。② 基于前述知识可知,此处情绪意义上的理性表达指民众在表达自身利益诉求时,整体上并未明显受到事件情境中信息的刺激从而产生出过激行为。正是在这一宽泛意义上,在厦门 PX 事件中,民众始终明确自身的环境利益诉求,在相应的表达行动中也遵循这一点。民众的情绪意义上的理性表达,尤其在民众所采取非制度性行动中具有积极意义。他们所采取的诸如涂鸦、短信以及和平表达反对意见的三种非制度性行动,均体现出非暴力、非破坏的特征。即使是在极其容易发生情绪化表达的情境中,民众也能够和平表达反对意见。民众都以一种温和的方式进行,没有发生任何暴力冲突,也没有损毁公物、留下垃圾,并自觉尊重秩序维护。《南方都市报》社论对此给予了高度评价,认为厦门 PX 事件中民众的行动给人留下了深刻的印象,并且细数了民众所采取的街头涂鸦、论坛跟帖、短信群发、和平发表反对意见等行为,称赞民众始终采取一种理性的方式表达自身的诉求,力求 PX 项目建设问题的合理解决,而没有采用暴力等极端行为扩大影响。③

面对具有高度不确定性的治理对象,尤其是环境风险,行政决策者与民众认识的不一致早已不是新鲜话题。行政决策者的风险规制本质上是"知识—权力"组合型环境风险规制范式将科技理性作为绝对可靠的逻辑前提,从而免除了自身向民众说明的义务,然而科技理性具有的高度抽象性漠视了民众所感受到错综复杂的现实。④ 因此,行政决策者采用科学

---

① 参见文宏、李凤山:《信息与情绪:事故灾难中公众责任归因的类型学分析——以无锡高架桥坍塌为例》,《北京行政学院学报》2021 年第 6 期。

② 参见邓春林、周舒阳、隆征帆:《基于情绪归因理论的突发事件微博用户情绪》,《科技情报研究》2021 年第 3 期。

③ 参见《南都:厦门 PX 项目暂缓 政府且莫误读民意》,http://news.sina.com.cn/c/pl/2007-05-31/084313118883.shtml,下载日期:2020 年 8 月 17 日。

④ 参见章楚加:《环境风险规制中的民意困局及其破解》,《中南大学学报(社会科学版)》2021 年第 1 期。

作为一种规制环境风险有效方便的政治策略时,必然会引起民众的不满。① 民众的不满在信息提供不完全和描述风险方式不理智的影响下,加之"知识—权力"组合型环境风险规制范式没有包含双向交流机制,极易转化成为集体行动来表达自身的利益诉求。在前述逻辑上,集体行动被视为寻求利益诉求表达的严重后果②,同时其也存在不具备形式合法性问题。然而,在厦门PX事件中,民众的整个环境利益诉求的表达过程,尤其是和平表达反对意见并非过激行为,呈现出井然有序、适可而止的形态,没有造成危害公共安全、扰乱公共秩序以及影响公共卫生等结果。③ 此种情绪意义上的理性表达,展现了民众利用一些非制度的"问题化"行动策略。换言之,民众通过有节制的群体聚集手段,有分寸地扰乱社会秩序,目的在于既使政府能感受到解决问题的紧迫性,又避免了自身落下"暴力"的口实。④ 这也从侧面说明公民在采取集体行动时,为了自身合乎法律的利益诉求得到关注,可以采用的一种策略,即应该尽量保持在法律允许的范围内,主张非暴力、非破坏性形式的集体行动。⑤ 正是此种情绪意义上的理性表达,为民众在协商意义上的理性表达提供契机。因为从整体上看,集体行动之所以发生,是因为社会问题与矛盾存在,以及民众在其中诉求表达不畅与不能。从民众的角度而言,此时的民众极易基于一种对立情绪而采取一些非制度性参与措施,并且在其中出现情绪化的表达,甚至出现危害人身安全以及公共财产安全的行为。可想而

---

① 参见金自宁:《风险规制与行政法》,法律出版社2012年版,第116页。

② 参见毕慧:《论环境群体性事件的趋势、原因与应对——基于浙江的分析》,《浙江社会科学》2015年第12期。

③ 参见田飞龙:《公众参与的时代标本——厦门PX事件的过程分析与模式归纳》,https://article.chinalawinfo.com/space/SpaceArticleDetail.aspx? AID = 44908&AuthorId = 131568&Type=1,下载日期:2021年6月10日。

④ 参见应星、晋军:《集体上访中的"问题化"过程——一个西南水电站的移民的故事》,载《清华社会学评论》(特辑),鹭江出版社2001年版,第91~93页。

⑤ 参见Benjamin van Rooij:《人民对抗污染之战:认识中国公民的反污染行动》,载Jennifer Holdaway等主编《环境与健康:跨学科视角》,社会科学文献出版社2010年版,第219页。

知,这样的情绪和行动不仅影响了社会正常的公共生活秩序,还不利于社会稳定。因而从国家的视角来看,重视与强调公民的理性表达完全符合国家治理的期待。这也在根本上说明,公民的理性参与,是公民表达自身利益诉求的应有之义。当前民主社会要求公民在参与政府主导的公共治理活动时,遵循广泛、有序、有效的原则。只有社会各主体在公共治理活动中都坚持上述原则,才能形成公共理性。公共理性是将理性拓展到公共生活领域,特别是拓展到公共政治生活领域的结果。当前学界对于公共理性的认识多来源于罗尔斯对公共理性概念的阐释基础。罗尔斯在《政治自由主义》一书中定义了公共理性,并且进行了比较系统的阐述。他认为公共理性是一个民主国家的基本特征,是以公共善为理性目标,共享平等公民身份的人的理性。[①]　随后,罗尔斯在《公共理性观念再探》一文中进一步详细阐述了公共理性,他认为公共理性的观念需要满足以下特征:一是在主体上,需要具有公正的理念,享有自由而平等的身份的各种政治主体;二是在目的上,以持久合作为特征的政治社会中就公共事务进行充分合作;三是在结果上,产生公共的、可以预期的共治效果。[②]　由此可以看出,公共理性应当从两个层面予以理解,一方面是各种自由而平等的政治主体,包括利益集团、非政府组织、公民大众等广泛、有效、有序地参与社会治理活动;另一方面这种社会治理活动是由政府主导,并且是以“共建共治共享”为基本内容。[③]　这也在某种程度上说明公共治理活动是公共理性形成的基础,而公共理性作为一种能力并非社会各主体天生具有。这意味着养成公共理性需要社会整体有平等、宽容的氛围。在这一氛围中,社会各主体以自由的对话陈述观点和诉求偏好,彼此尊重,在公正理念和合作精神指导下积极参与公共事务的协商,以非暴力压制的

---

① 参见[美]罗尔斯:《政治自由主义》,万俊人译,译林出版社 2000 年版,第 225 页。

② 参见[美]罗尔斯:《公共理性观念再探》,载哈佛燕京学社,三联书店主编:《公共理性与现代学术》,生活·读书·新知三联书店 2000 年版,第 1~46 页。

③ 参见史云贵:《论合作治理中的合作理性》,《社会科学战线》2019 年第 11 期。

方式共同探讨问题的解决方案。① 在厦门 PX 事件中,民众的非暴力以及非情绪化的表达是公共理性形成的引子,同时公民在公众参与制度中表达自身观点时进行相应的说理,为形成公共理性提供了可能。

(三)法律作为结构和资源

厦门 PX 事件中,公民表达权的行使受到了法律的影响。相当一部分有关研究都指出,在当时我国环境保护的法律法规因为缺乏具体可实行的公众参与制度,对公民行使表达权产生了不利影响。一般而言,环评范围仅局限于单个建设项目,在宏观决策和整体规划上欠缺考虑环境与资源因素。② 有学者认为,当时的公众参与诸如听证会等方式只限于规划编制程序中,且法律规定内容简单无具体可实施性规定。③ 还有学者指出,在公众参与环评过程中,环境信息的公开制度的缺失,由此带来环评过程不透明,给公权力以规避环境信息公开来隔绝公众参与提供了可能。④ 厦门 PX 项目所在的海沧地区已经形成化工石化工业项目集中的大型工业区,因而从单个建设项目的环境影响评价来看,PX 项目可因为符合环保要求因而环评很容易通过。但与此同时,该地区还在规划建设以居住为主要功能的海沧新城,从而导致整体上空间布局混乱,致使符合环保要求的项目成为了高风险项目。此外,作为一项涉及重大公众环境权益的 PX 项目,应当让受到不利影响的公众知情,但从厦门 PX 项目进入公众视野的过程来看,环境信息的公开情况存疑。当时的环境法律对建设项目环境影响评价公众参与的要求主要依据《环境影响评价法》第5条、第21条。然而上述两条文乃至整部法律都未关注环境信息的公开。

---

① 参见马奔、付晓彤:《协商民主供给侧视角下的环境群体性事件治理》,《华南师范大学学报(社会科学版)》2019 年第 2 期。

② 参见陈仪:《对完善我国环境影响评价法律制度的思考——厦门 PX 项目和上海磁悬浮项目环评风波的启示》,《云南大学学报(法学版)》2008 年第 2 期。

③ 参见朱芒:《公众参与的法律定位——以城市环境制度事例为考察的对象》,《行政法学研究》2019 年第 1 期。

④ 参见朱谦:《抗争中的环境信息应该及时公开——评厦门 PX 项目与城市总体规划环评》,《法学》2009 年第 1 期。

另外,当时也没有政府信息公开的专门法律。正是因为环评过程中的公众参与问题规范过于原则,缺乏相应的细致制度性规定,各制度之间衔接不畅,因而在实际中被架空。由此不难得出,法律作为一种"结构",为制约人们的行动提供了可能,既有制度规定的不完善不细致,导致公权力"合法"避开相应制度规定从而损害公民的权利,但我们还应该注意到法律作为一种"资源"从而被行动者所借助。① 换言之,公民主张自己在环境保护中具有的相关权利遭到损害,从而提起相应的要求保障自身利益的诉求。

当时我国环境保护的法律规范赋予了公民在环境保护中具有知情权、表达权和参与权。另外,法律明确了公民具有保护环境的义务,并规定了公众有参与环境评价的权利以及实现该项权利的制度。首先是1989 年制定的《环境保护法》第 6 条规定了"一切单位和个人都有保护环境的义务"②,其次在 2003 年实施的《环境影响评价法》第 3 条规定了环境影响评价范围包括在我国领域内以及管辖的海域内进行建设的项目。该法第 5 条明确国家总体上鼓励公众参与环境影响评价中。在其后的第11 条中规定了专项规划的编制机关在对会造成重大的环境影响的项目,除了需要保密的之外,都要进行深度的公众参与,例如举办论证会、听证会等。该条款还要求在环境影响报告书中附有相应是否采纳意见的具体说明。不仅如此,2004 年《行政许可法》第 46 条、第 47 条规定了听证程序启动的三种类型,有学者从法律体系整体出发解释认为公众可依据这一规定,参与和"建设项目"决定有关的属于公众参与的听证会中。③ 而规范性文件更为详细地规定了在建设项目中公众如何参与环境影响评价。在 2006 年发布的《环境影响评价公众参与暂行办法》中,对于公众参与程序作出相对具体的规定,从内容上来说,第 2 章规定了公众参与的一般要求,包含两方面内容,一方面规定了公开环境信息的具体程序即负有

---

① 参见王启梁:《不信任背景下的权利意识生长》,《中国法律评论》2016 年第 3 期。

② 《环境保护法》(1989 年)第 6 条。

③ 参见朱芒:《公众参与的法律定位——以城市环境制度事例为考察的对象》,《行政法学研究》2019 年第 1 期。

环境信息公开义务的主体公开的内容以及方式,另一方面规定在征求公众意见时应该采取的程序和方式。第 3 章详细规定了公众参与的组织形式,包括调查公众意见的问卷设计问题应当秉持的原则以及包含的内容、咨询专家意见的形式、对于组织座谈会、论证会、听证会的要求以及方式。另外,2003 年国家环保总局发布的《规划环境影响评价技术导则(试行)》和《开发区区域环境影响评价技术导则》确立了国家环境保护行业标准。

上述环境保护法律法规中对于环境影响评价以及公众参与的规定,为民众要求厦门 PX 项目重新进行环境影响评价提供了法律上的支持和保障。虽然以上规则在实践中出现诸多问题而颇受诟病,但是仍然不可忽略其作为一种原则在此次的环境影响评价中发挥的指导性作用,成为公众参与区域规划环评的法律依据。2007 年 7 月厦门市政府重新启动了对 PX 项目的环境影响评价报告程序,依据环境影响评价法的相应法律法规,对于规划环评中环境信息公开和公众参与方面进行了具体可实施的制度探索。同年 12 月 5 日,《厦门市重点区域(海沧南部地区)功能定位与空间布局环境影响评价》(以下简称《评价》)的公众参与正式开始。为了能真正实现环境影响评价中公众参与,组织者厦门市政府采取了以下两项举措。一是厦门市政府注重信息的公开,主要体现在信息内容、形式与获取渠道方面。厦门市政府以简单明了的方式向社会公众公开了《评价》的内容,主要涉及海沧南部地区的总体发展目标、区域格局分配、当前环境状况以及按照目前规划会造成的环境污染。[1] 公众既可以在厦门政府网站获取《评价》的电子全文,又可以在公共图书馆免费获取《评价》的纸质文本。[2] 在公众环评座谈会阶段,厦门市政府公开此次座谈会的整个过程,包括参与的时间、范围、途径,尤其是在公证处公证和社会各

---

① 参见朱谦:《环境信息是如何从封闭走向开放?——厦门 PX 项目与城市总体规划环评的法律思考》,《中国环境法治》2007 年第 1 期。

② 参见《规划环评公众参与公告》,http://www. xm. gov. cn/zxgg/200712/t20071205_193615.htm,下载日期:2021 年 3 月 25 日。

界群众的监督下,以电视台现场直播随机摇号方式抽选参与座谈会代表。[①] 二是厦门市政府注重公众意见的听取和回应。例如为了能形成与公众的良好交流,厦门市政府座谈会结束后第一时间就整理报道了座谈会上公众的相关意见。[②] 不仅如此,2007 年 12 月 19 日,中国环境科学院还在网站上详细刊登了此次城市总体规划环评公众参与过程中,公众参与的意见的汇总整理和回复。该回复总体上分为三个部分,首先,对于收集整理的公众参与意见的来源以及数量进行了说明;其次,针对不同来源的公众意见进行了观点的统计与分析;最后,针对规划环评报告书的相关技术方面问题的说明。[③]

第五节　法治促进公民有效表达

从厦门 PX 事件的整个发生和发展过程来看,公民表达权的行使离不开制度的支持。因此,通过法治促进公民的有效表达成为保障公民表达权的思路和方向。

（一）公民表达权的预设与现实

表达权一词缘起于中共中央的文献。该词首次出现在 2006 年 10 月 11 日,中国共产党第十六届中央委员会第六次会议的《中共中央关于构建社会主义和谐社会若干重大问题的决定》中,决定指出在作出决策和政务公开中“依法保障公民的知情权、参与权、表达权、监督权”。[④] 此后,“表达权”被纳入中共中央的正式文件中。2007 年 10 月,中国共产党第

---

① 参见朱红军:《“公众参与”背后的政府考量》,http://www.infzm.com/contents/999,下载日期:2021 年 3 月 25 日。

② 参见《海沧南部地区规划环评公众参与首场座谈会昨举行》,http://www.xm.gov.cn/xmyw/200712/t20071214_194300.htm,下载日期:2020 年 9 月 4 日。

③ 《中国环境科学院回复厦门 PX 项目公众意见》,http://news.sina.com.cn/c/2007-12-19/130314557354.shtml,下载日期:2020 年 12 月 7 日。

④ 参见《中共中央关于构建社会主义和谐社会若干重大问题的决定》,2006 年 10 月 11 日中国共产党十六届中央委员会第六次会议通过。

十七次全国代表大会《高举中国特色社会主义伟大旗帜 为夺取全面建设小康社会新胜利而奋斗》的报告提出完善民主制度的举措,要"保障人民的知情权、参与权、表达权、监督权"。[①] 从表达权的提出来看,其与民主制度的建设相关,作为民主法治成熟的标志,公民表达权最大的功能则是避免基于少数服从多数的民主原则而造成多数人的暴政。[②] 另外,表达权还是促进社会和谐的基础。和谐社会要求对于社会差异的包容,能够实现社会不同层面的协商和沟通,以追求一种动态的平衡。而公民的表达权则是达到这种状态的前提条件,故要求保障公民的表达权。有研究指出,表达权与和谐社会存在积极的共生关系,主要表现为表达权能够提升政府的合法性、促进社会的和谐,并且能发展民主政治。[③] 据此不难推测出,表达权提出实质上是要以法律的形式保障公民表达,防止公权力肆意侵害公民表达。因而有学者基于和谐社会的背景指出,表达权的实现关键是调配好公权力和权利主体之间的关系,因而需要从以下四个方面入手:一是通过法治实现对政府权力制约,二是使政府承担对公民表达权的保障和救济,三是对公民表达权设立司法救济,四是通过权利素养教育使公民具备权利素养。[④]

在表达权提出之后,其在一系列的党政文件的不同章节和领域中被提及。例如,2008 年 2 月 27 日党的十七届二中全会公布《关于深化行政管理体制改革的意见》,2008 年 10 月 12 日党的十七届三中全会公布《关于推进农村改革发展若干重大问题的决定》等等之类的文件中。此外,还有一系列的国家人权行动计划以及相应的评估报告中提及表达权。有学者基于对这一系列相关文件进行梳理和分析后指出,基于文件的名称和内容而言,表达权的概念所包含的内容已经由单一变得丰富:它是公民权

---

① 参见中国共产党第十七次全国代表大会《高举中国特色社会主义伟大旗帜 为夺取全面建设小康社会新胜利而奋斗》的报告。

② 参见蒋德海:《依法治国不能忽略民主建设》,《求索》2017 年第 5 期。

③ 参见史献之:《表达权与和谐社会之间的隐蔽逻辑》,《湖北社会科学》2008 年第 5 期。

④ 参见刘祥平、卢家银:《表达权在和谐社会中的实现路径》,《前沿》2011 年第 5 期。

利和政治权利,也是基本人权;不仅是制度建设的内容,还是政治体制改革的组成部分;还是依法行政、科学监督等基本理念的具体制度安排,以及广义上社会主义民主法治建设的重要内容。[①]

通常认为,表达权的理论基础建立在协商民主之上。协商民主的提出给民主理论注入了新活力。协商民主首次作为一个学术概念提出于 1980 年,由约瑟夫·毕塞特(Joseph Bessette)在《协商民主:共和政府中的多数原则》中提出并论述。他以《联邦党人文集》为基础论述了美国宪政结构,其目的是反驳 20 世纪以来认为美国宪法具有"精英的""贵族的"特点,并认为美国宪法具有"协商民主"的理念,既要限制大众的多数,又要使多数原则有效。[②] 此后,协商民主概念和内涵得到学者们广泛的探讨研究,其中伯纳德·曼宁(Bemard Mannin)和乔舒亚·科恩(Joshua Cohen)最具有代表性。前者明确了协商民主的合法性基础,而后者将民主理论付诸制度实践。曼宁认为协商民主包含以下五点:"第一,协商的本质是各种观点相互比较的过程。第二,协商过程具有以下四个维度:既是集体的,也是个人的,同时还是话语的和理性的。第三,协商过程虽然是公众自己建构教育和培训,但是它要求听众具有相对的理性。第四,政治协商并不保障人人都能参与普选以及协商,但是它也限制多数利用自己的多数优势排除少数的权利和观点。第五,协商理论仅仅是使决策有可能更加合理的过程,而不是能够完全实现决策完善与合理。"[③]科恩认为协商民主追寻的是共同的政治目标,也就是每一个公民都要参与到公共协商中并达成合意。

因而,协商民主概念又可以从如下五个层面进行理解:"第一,协商民主具有不确定性,主要是指协商民主所依赖的共同体是正在形成的、独立的共同体,承载了延伸到未来的希望。第二,协商过程的双向制约性,具

---

① 参见郭春镇:《作为中国政法话语的表达权》,《法学家》2021 年第 5 期。

② 参见陈家刚:《协商民主概念的提出及其多元认知》,《公共管理学报》2008 年第 3 期。

③ Manin B., Mansbridge S. J., On legitimacy and Political Deliberation, *Political Theory*, 1987, Vol.15, No.3, pp. 338-368.

体而言,共同体成员在协商过程中所作出的框架规定,最后作为协商的结果反过来约束他们的行动。第三,协商民主的基础是在多元利益上形成的共同体,即基于的是共同体成员的多元性,承认在协商解决集体问题中存在的目标差异性。第四,协商民主更强调协商过程的合法性,即清晰明白的协商程序是合法性来源,相对而言,协商结果没有那么重要。第五,参与协商的共同体成员都具有协商能力,即理性参与以及执行。"①哈贝马斯对协商民主作出了重要贡献,提出了一个程序性的民主过程概念。他在《民主的三种规范模式》中,以传统自由主义(市场式或经济式)民主论(以熊皮特为代表)与共和主义民主论(以卢梭为代表)为基础进行继承和批判。他着重从公民、法律以及政治合意三个维度对两类民主模式进行了描述,并批判了共和主义民主模式中相信存在共同的政治伦理信念,因此结合话语理论发展出了第三种民主模式即协商民主(话语民主)。②他认为自由主义在民主程序的认识上存在如下缺点,以国家为中心的政治理解,并将民主的意见和意志的形成视为不同利益之间的妥协。与之相应的民主程序用以保证结果的公平,从而忽略了公民所具有的集体行为能力,即不关注公民在民主活动中如何行为。在这一民主程序下,国家注重为经济社会提供规范支持,即强调国家积极为公民提供相应经济社会方面的公共福利。共和主义民主模式虽然认识到公民之间能够存在整体观念,只需要提供交往的方式,就能将每个公民的利益化整,但是对于共同体内部的价值和利益取向的多元化认识不足。这是因为共同体内部多元化的利益和价值取向存在矛盾冲突难以想象。因而需要通过每个公民彼此之间的充分交流沟通、交换和放弃,不断调节不同主体的利益主张和价值取向最终形成合意。可以预见的是,这一过程中最终形成的合意必然通过权力剔除了私人利益而变得中性。当然,对于过程本身是否具有公平性的问题,则需要另外的辅助条件进行判断,可以明确的是公正、

---

① 参见陈家刚:《协商民主概念的提出及其多元认知》,《公共管理学报》2008年第3期。

② 哈贝马斯:《民主的三种规范模式》,曹卫东译,载中国社会科学网,http://www.cssn.cn/zhx/zx_wgzx/201310/t20131026_621115.shtml,下载日期:2021年2月23日。

合理、规范的达成合意的程序必然是判断条件内容。在上述过程中,话语理论扮演重要角色,它不仅注重共和主义重视政治合意的本质,还关注国家在形成政治合意过程中提供的法律制度规则。它坚持民主意志的形成的合法性不是来源于已确定的伦理信念,而是来源于在各种形式的讨论和沟通。这表明协商民主旨在构建一个能够沟通交流的领域,使有关民主意见和意志能够形成,并且具有一定合理性。这种民主的意见和意志也是社会团结的体现和追求,它作为结果需要公民在交往中实现,也作为一种过程需要公民践行在政治合意的过程中。因而这种话语理论实现民主,需要相应的沟通程序和条件的制度化。它有力地质疑了整体与部分关系中有关中心的构建。由此提出了无中心的社会,也就是这种社会具有独立性、不依靠附着在其他领域中,能够被视为一个单独的、能承载其他问题的总体。① 因此,它需要通过法律媒介,与其他合法系统建立联络。话语政治不同于其他系统之间的相互依赖才能运作,它和合理的生活世界语境中存在紧密联系,通过把生活世界中的资源利用起来,在制度化的意见和意志形成过程中,达成民主。简而言之,协商民主理论通过话语理论和程序性限制整合了上述两种理论,从而产生了以理性的对话、论证和说服为核心的协商民主。

综上所述,协商民主是一种规范性(而非描述性、解释性)民主论,强调以对话、协商为中心的公民主动参与。② 因而,它既强调个人拥有多元的利益、知识,自身权利受到认可和保护的观点,又批判个人在公共领域中受到的种种制约性因素,因而作出公共决策之类的政治实践则在形式上为个人提供公众参与的方式,在实质上不仅增强自身的参与能力,还使个人基于妥协和交换最终达成合意。③ 协商民主因而具有以下五项核心

---

① 哈贝马斯:《民主的三种规范模式》,曹卫东译,载中国社会科学网,http://www.cssn.cn/zhx/zx_wgzx/201310/t20131026_621115.shtml,下载日期:2021 年 2 月 23 日。

② 参见王锡锌:《前言》,载《公众参与和行政过程——一个理念和制度分析框架》,中国民主法制出版社 2007 年版,第 9 页。

③ 参见王锡锌:《公众决策中的大众、专家与政府——以中国价格决策听证制度为个案的研究视角》,《中外法学》2006 年第 4 期。

理念:第一,强调公民的参与,即公民的民主参与和自由讨论。通过公民自由平等而理性的参与和讨论,以对话的形式达到相互妥协,并基于此来改变自己的偏好追求共识和决策具有合法性和代表性。第二,协商作为协商民主的核心概念。它是指人们在充分讨论之后,凭借个人的知识和良知充分思考并作出集体决策。第三,平等性作为协商民主的重要特征之一。它体现在两个方面,一方面是在参与的形式、方式上,每个公民都具有的平等参与决策机会,另一方面是在参与的实质内容层面,每个公民都能参与重大决策的讨论中并对此产生影响。第四,民主协商的目的是赋予政治决策合法性,因而实现协商民主的途径是公民的参与、讨论、对话和协商。第五,公民的责任和理性。在协商过程中,公民承担着如下责任:一是在协商过程中提供理由说服其他参与者;二是要对协商过程中出现的理由和观点作出回应;三是以达成共同的意见和意志为导向,在协商过程中依据各类理由和观点修正建议。[①] 因此,协商民主作为一种理念和制度,试图将公民之间的理性讨论引入到民主过程之中,使作出的民主决策具有质量和理性。它要求在公民参与的实践中,能够以平等自由的姿态,对决策事项进行有理有据的表达。由此来看,在治理意义下,协商民主能够最大程度调和多元文化民主的矛盾,从而使普遍认同的决策成为可能。因此,公民的表达权在协商过程中占据重要位置,它不仅是公民能够有效参与民主决策的前提,也是民主决策能够合理合法的结果体现。这也表明在协商民主视角下,国家应当通过确立一些保障公民表达的条件,从而使每个参与者都能陈述自己的利益。

然而,在实际中,表达权的实现受到诸多方面的制约。权利的实现离不开制度的安排。作为一项法律保障的权利,其最直观的表现是受到法律固有结构的制约。在厦门 PX 项目中表现得尤为明显。当时我国环境法律制度的缺失,主要体现在如下两个方面:一是在环境影响评价制度中,重大环境决策环评的缺失。例如,我国环境影响评价制度中环境影响

---

① 参见杜英歌、娄成武:《西方协商民主理论评述》,《国家行政学院学报》2010 年第 5 期。

评价的范围主要包括了规划的评价和建设项目的评价，但规划仅包括综合性指导规划和专项规划，并没有把政策和计划纳入现行的环境影响评价制度的评价对象之列，仅仅只重视容易直接展现出环境影响的建设项目。然而这种政策和计划对环境影响具有爆发性却被忽略。在 2004 年初，厦门 PX 项目业主腾龙芳烃公司委托甲级环评机构承担该建设项目的环境影响评价工作。然而厦门市政府为打造一条石化产业链，而将海沧区域发展目标规划为"石化重镇"。在这一区域规划目标的指导下，海沧区不仅计划建设投产 PX 项目，还包括其他化工产业，例如年产 270 万吨的对苯二甲酸的生产线、年产 80 万吨的聚酯化纤的生产线。[①]　二是环境影响评价中的公众参与制度的缺失。虽然我国法律初步建立起公众参与机制，但是由于对于公众参与具体程序缺乏规定，简而言之，没有相应的法律制度的保障也使环境影响评价中公众参与制度落空。因而厦门 PX 项目在即将开工建设时遭到质疑并由此引发了之后的诸多抗议。根据相关消息，厦门 PX 项目的首次环评工作中有公众参与。此次公众参与形式以问卷调查为主，还详细分析了其中不赞成该项目建设的意见，并在其中提出了十分严格的环保措施要求以及居民搬迁建议。[②]　这也是官方认为自身在该项目的环境影响评价过程中，按照法律的规定对这个重大影响公共利益的项目进行了公众参与，没有作出失范行为，但仍然不能消除民众的疑虑。[③]　与此同时，早期 Z 某曾向保存 PX 项目环评报告书的三个国家机关，即国家环保总局环评司、PX 项目环评机构以及厦门市环保局要求提供有关 PX 项目的环评报告书，但都未取得实质性进展。[④]　有评论者甚至尖锐地指出 PX 项目的建设投产更多是一种经济利益的考

①　参见屈丽丽：《厦门百亿化工项目安危争议》，载《中国经营报》2007 年 3 月 19 日第 A1～A2 版。

②　参见刘超：《环境法的缺失与厦门 PX 事件》，《江汉大学学报（社会科学版）》2008 年第 3 期。

③　参见《海沧 PX 项目已按国家法定程序批准在建》，载《厦门晚报》2007 年 5 月 29 日第 2 版。

④　参见《厦门 PX 项目正在稳步推进》，载《第一财经日报》2007 年 5 月 29 日第 A04 版。

量。据悉,这一系列的化工产业建设完成投产后,能给厦门市的经济增长带来强大动力,相比于 2006 年厦门工业总产值 2443.8 亿元,2007 年投产建成后的化工项目能让厦门工业总产值预期完成 2800 亿元,增长 20%,可望达到 3000 亿元。[①] 面对如此巨大的经济收益,有评论直言舆论发挥不了任何实际的作用,仅仅是说明或者情绪的宣泄。[②]

(二)塑造有效的公民表达权行使制度

表达权在当前社会中的重要性不容忽视。这是因为在当前处在急剧变化与转型的社会中,价值与利益呈现出多元化,由此带来的是如何调和法律规则与实践之间的紧张问题。而这种不协调问题,究其原因是在民主决策的过程中,缺乏真诚、具有质量的公众参与和表达。在当前的一些决策过程中,并没有充分让各种利益和诉求进行表达、交流、协商和整合的制度供给。虽然存在形式上的表达、交流、协商和整合的方式,但是由于法律制度的缺陷和政治的制约,导致这些方式在实践中并没有发挥相应的功能,兑现其承诺。因此,为了解决这种由于价值和利益多元化带来的问题,需要从上述两个约束入手,也就是说,通过法律制度的完善确保公民的参与民主决策,并让其利益和诉求的表达能够有效传递到相关主体。

因而如何设立或者完善制度来保障公民表达权的有效行使值得我们思考。从表达权的预设与实践中来看,协商民主理论的核心所包含的参与、平等、合法、协商等理念,可作为我们进行表达权制度完善的指导。这就意味着在表达权的保障框架的搭建,整体上需要形成“一核多元、协同共治”的格局,因而需要做到以下四个方面:提供政府协同治理的能力,提升公众自觉参与、理性协商的民主素养,提高企业与公众的协商能力以及

---

① 参见刘超:《环境法的缺失与厦门 PX 事件》,《江汉大学学报(社会科学版)》2008年第 3 期。

② 笑蜀:《厦门 PX 项目不只是舆论的尴尬》,https://business.sohu.com/20070531/n250330699.shtml,下载日期:2020 年 12 月 8 日。

发挥环保组织的协商功能。① 具体在厦门 PX 事件中,正是因为公共决策的体制和过程中参与权的"虚幻",导致了公民表达权的行使受阻。因而,从构建保障公民表达权的一个理论和制度的框架角度出发,不仅需要赋予公众在公共决策中参与的权利,更重要的是要让公众在公共领域里能够有效表达和选择。② 其中最为重要的一点,就是在制度层面保障公民表达权。在这一层面,需要做到以下三点:一是有序的公民结社和利益组织化应当成为一种趋势。原因在于通过将公民组织起来,聚焦参与讨论的主题,能够增强公众和政府进行对话的能力。二是信息公开制度的建设应当成为重点。信息全面公开作为公民参与的前提条件,需要得到保障。这也从侧面说明,信息作为一种权力,决定了公众话语能力和参与能力。三是构建以及完善参与者之间的对话、协商和回应的机制。从既有的研究和经验中都不难得出,通过对话、协商和回应,参与者之间达成理解和共识,由此形成共同行动的基础。

表达权的有效行使需要法治。在依法治国、建设法治国家的背景下,法律作为国家治理的一种手段处于中心地位,以法律规定的形式明确公民所享有的权利义务能够最大限度地保障公民所享有的权利。换言之,不仅需要将表达权视为一项权利予以认真对待,同时需要有相应的制度规定予以支持,否则对于公民表达的保障就会沦为空谈。在一个急剧转型的社会中,存在一个现有体制和民众期望之间的矛盾的事实,即使民众的一些需求无法通过制度框架予以表达,但是民众也仍然希望通过制度框架来表达自身的期望。由此不难得出若是民众在制度框架内的寻求表达渠道受阻,那么他们就会在制度框架外表达。从厦门 PX 事件的民众反对中,我们可以看到这一点。因而要避免这种制度框架外的表达,就需要找到利益双方能够有效沟通交流的渠道,也就是说需要通过法律上的机制设计来搭建这一沟通渠道。

---

① 参见许波荣、金林南:《协商民主视角下邻避冲突风险的应对——基于无锡锡东垃圾焚烧发电厂复工项目的个案分析》,《地方治理研究》2022 年第 2 期。

② 参见王锡锌:《公众决策中的大众、专家与政府——以中国价格决策听证制度为个案的研究视角》,《中外法学》2006 年第 4 期。

当时的《环境保护法》《环境影响评价法》《环境影响评价公众参与暂行办法》中将公民的表达权放在重要地位,注重环境保护中的公众参与,制定公众参与的相应的程序与措施,但是由于该方面多为原则上的规定以及相应的具体操作规定、保障程序的缺乏,导致实践中对于公民表达权保障沦为空谈。公众参与作为环境影响评价中的核心制度,若是能将其完善使之具有可行性,本质上可对公民实现表达权提供途径与方式。

第一,应该完善环境影响评价中参与公众的主体以及范围。相关法律规定中"有关公众"的表述,使参与公众的主体概念模糊不清。因而在实践中,即使厦门市政府反复强调海沧 PX 项目的批准建设程序不存在违反法律规定的情况,但是仍然不能打消民众的疑虑。[①] 此外,官方还特别指出这一项目的环境影响评价报告书完全符合法律规定,并在公众参与程序中按照规定进行了现场调查和公众参与。[②] 但是就整个厦门 PX 事件发生情况来看,其环境影响评价中参与公众的主体和范围存疑。有猜测指出厦门 PX 项目的环境影响评价中公众参与没有发挥本身的作用,理由在于像厦门 PX 项目这类涉及重大公众环境权益的项目,基于常识,负责环境影响评价报告书编制的单位具有让可能受到建设项目影响的公众知道自身处境的职责,即使受影响的公众范围无法确定,最低限度也应该让当地的专业学者知情并发表其专业意见。[③] 另外,在这一个环境影响评价的项目中,公众参与不应仅限于需要编制报告书的专项规划和建设项目,还应扩大到整个区域规划环境影响评价。正如厦门 PX 项目中所历经的两次环境影响评价那样,正是因为该项目第一次所进行的环境影响评价是建设项目的环境影响评价,也就是针对海沧区 PX 项目,而忽略了对整个区域规划的考量,因而才导致了民众对环境影响评价的

---

① 参见《海沧 PX 项目已按国家法定程序批准在建》,载《厦门晚报》2007 年 5 月 29 日第 2 版。

② 参见《海沧 PX 项目已按国家法定程序批准在建》,载《厦门晚报》2007 年 5 月 29 日第 2 版。

③ 参见朱谦:《抗争中的环境信息应该及时公开——评厦门 PX 项目与城市总体规划环评》,《法学》2008 年第 1 期。

质疑。有学者曾坦言区域环境容量一直以来被忽视,目前对于环境保护的标准和要求多针对单个项目,长此以往则会导致意料之外的不良后果,例如单个项目符合环保标准甚至能达到先进水平,但若是考虑到整体区域环境,这些单个符合环保标准的项目聚集则会造成环境的重大污染。[①] 基于对区域环境容量的考虑,厦门市政府积极促成了第二次环境影响评价。正如相关报道所肯定的那样,此次环境影响评价不再是单个建设项目的环境影响评价,而是扩大了范围,将整个海沧区纳入,进行区域的规划项目的环境影响评价。

第二,应该完善环境信息的公开制度。这一完善应当要求政府不仅仅作出单向的信息及时准确公开,还应当将公众的意见进行整理反馈,形成双向的交流机制。厦门市政府在厦门 PX 项目的首次环境影响评价中,存在没有公开相应环境信息的嫌疑。主要体现在当 Z 某得知海沧即将建设 PX 项目从而采取多种渠道反映时,都没有实质性的进展。另外,厦门市民对这一项目的关注的爆发过程虽然没有直接表明厦门市政府存在环境信息公开不足的问题,但也间接说明了厦门市民对于这一项目的了解不足。[②] 从市民展开的抗议厦门 PX 项目的各种行动可知,此时厦门 PX 项目的环境影响评价过程并没有向公众公开相关的环境信息。而在第二次环境影响评价中,有关环境信息的公开做到了及时、透明。有学者总结道,此次的环境影响评价中的信息公开不仅注重规划环评本身的信息公开还需要注重公众参与等信息的公开。[③]

具体来说,在规划环评信息公开的内容和方式方面,不仅公开环境影响报告书的内容简本,还为市民提供了便利的获取方式。在公众参与方式等信息公开方面,则应该包含公众参与的时间范围、方式与途径、过程

---

① 参见屈丽丽:《厦门百亿化工项目安危争议》,载《中国经营报》2007 年 3 月 19 日第 A1～A2 版。

② 参见《厦门 PX 事件》,http://news.sina.com.cn/c/2007-09-27/165713986641.shtml,下载日期:2020 年 9 月 5 日。

③ 朱谦:《抗争中的环境信息应该及时公开——评厦门 PX 项目与城市总体规划环评》,《法学》2008 年第 1 期。

等信息。另外,政府还尝试以回应公众意见实现信息双向交流,并且积极在环境影响评价中的各阶段予以实践。厦门市政府于 2007 年 5 月 30 日决定缓建厦门 PX 项目,仅在数天后,市政府就收集到的市民对 PX 项目的意见和建议情况召开新闻发布会向社会通报。厦门市政府不仅公开收到意见和建议的整体数目情况,还对其进行分类整理并进行公布。市政府收到的意见和建议围绕厦门 PX 项目的建设大致分为三大类。第一类是针对厦门 PX 项目的区域规划环评。大多数市民表示自身对此次环评的关注以及进一步了解该项目的需求,因此向市政府提出公开该项目的有关情况的要求。除此之外,他们还表达了应该加快此次区域规划环评,尽早得出环评结果从而再作决策的意愿。第二类是部分具有从事化工行业经验的技术工人和一些市民表示对厦门 PX 项目建设的支持。他们的理由有两点,一是他们认为厦门 PX 项目带来的风险可控,项目的环保问题没有所想所言的那么严重;二是 PX 项目有助于城市发展,而厦门争取到这一项目的落户实属不易。第三类是部分市民仍然坚持对厦门 PX 项目的反对意见,认为应该停建或搬迁。主要原因在于部分市民认为,从厦门整体环境角度出发,该项目对环境污染有着巨大威胁。[①] 除了将这些意见向公众和社会公布,厦门市政府还表示这些意见已经完整地传达给环评机构以供其进行区域规划环评时参考。

正是由于旧有的环境保护相关法律法规存在缺陷,因而在环境保护实践中产生了张力。然而,2009 年通过并实施的《规划环境影响评价条例》依旧没有对规划项目的环境影响评价公众参与制度给予更多的重视。在这样的前提背景下,具有"史上最严环保法"之称的新《环境保护法》于2014 年颁布。[②] 这一新《环境保护法》在总则部分明确规定"增强环境保护意识",作为一种价值理念对公众参与制度的完善具有指导意义,另外

---

① 厦门政府网:《市政府通报 PX 项目意见建议征求情况》,http://www.xm.gov.cn/zwgk/xwfbh/szftbpxxmyjzqqk/200708/t20070831_175029.htm,下载日期:2020 年 12 月 7 日。

② 新华网:《新〈环保法〉将打出治理环境污染"组合拳"》,http://www.news.cn/talking/20141031a/,下载日期:2020 年 9 月 8 日。

还专章规定信息公开,为环境影响评价中有效的公众参与提供了信息基础。后续我国陆续修订颁布了相关的环境影响评价的法律法规,例如2016 年、2018 年两度修订的《环境影响评价法》,2017 年修订了《建设项目环境保护管理条例》,2018 年制定了《环境影响评价公众参与办法》等法律规范,都努力试图进一步使环境影响评价过程中的公众参与制度具备可操作性,尤其在法律责任方面,规定了若是违反而应承担相应法律责任。另外,该法律法规力图通过公开相关的环境影响评价信息,让公众充分认识到相关的环境利益,并且基于此积极表达自身的利益和诉求。然而在实际的环境信息公开实践中,环境信息的公开仍存在不少问题。从总体上来看,新《环境保护法》实施后,各地、各级环保部门对于建设项目环境影响评价文件的信息公开要求实施情况良好。在国家层面,环境保护部在网站上主动公开又可分为两个阶段:第一个阶段是从 2012 年开始到 2013 年,环境保护部就受理的建设项目环评报告书的简本予以公开;第二个阶段是自 2014 年 1 月 1 日起,全文公开受理的建设项目环评报告书。除此之外,环境保护部还给公众自由阅读和下载的环境影响报告书提供便利。具体而言,只要环境影响报告书不涉及国家秘密和商业机密,那么公众就可以自由阅读和下载相应的建设项目环境影响报告书全文。就环境影响报告书的公开情况来看,总体上呈现出较好的趋势,但仍有少部分存在问题。据统计,在地方层面,省级环保部门按照新规对于建设项目环境影响报告书完全公开比率达 71%,但仍然有部分省、市级环保部门未能完全公开环境影响报告书全文,例如存在网站公开链接无法打开、只公开部分环境影响评价文件信息等问题。[①] 对于以新媒体方式公开环境影响评价信息,也有学者提出自己的担忧:由于对采用新媒体方式公开持一种"鼓励"的态度,因而在实际中很有可能仅是倡导性而缺乏实践。[②]

　　二是以明确细化环境保护中公众参与,尤其是环境影响评价中公众

---

　　① 参见冯嘉:《论新〈环境保护法〉中重点环境管理制度实施的力度和效果》,《中国高校社会科学》2016 年第 5 期。

　　② 参见朱谦、楚晨:《环境影响评价过程中应突出公众对环境公益之维护》,《江淮论坛》2019 年第 2 期。

参与,从而实现对公民表达权进行保障。现行的法律法规中无法明确环境影响评价中的"公众"到底包括哪些,因而导致在实际中,环评单位或建设单位会以自身利益出发来确定相关参与主体,从而无法反映相关利益群体的利益。① 就其本质,公众参与所保护利益内容具有私益和公益的二元性。由此,很容易在现实中出现保护环境公共利益的公众没能有效参与环评中来。例如在深度公众参与的座谈会与听证会中,《环境影响评价公众参与办法》第 14 条规定了环评文件编制阶段,参与的公众为"可能受建设项目影响的公众"。与此同时,《环境影响评价公众参与办法》第 15 条规定公告内容包括会议的时间、地点、主体和可以报名的公众范围、报名办法,而公告方式则采用"网络平台＋当地场所"的模式。由此可能导致深度参与的公众范围受到限制,也即仅限于在建设项目周围。公告内容的简洁化很有可能决定了建设项目之外的公众不了解关于深度座谈的信息从而无法参加。另外,也存在由于不确定自身与所建设项目之间的因果关系而不参加座谈与听证会的现象。二是深度参与的公众因为私人利益而导致环境保护的公共利益无法实现。对于环评过程中的深度参与,有学者明确指出仅就当下的法律规定来说,公众参与本身很可能异变为只追求私人利益。② 这一担忧在现实中已经发生,公众参与环境影响评价并非基于公共利益,而是基于私人利益的考量。例如,在云南怒江水电开发项目中,建设项目附近的公众就因为政府给予高额的征地拆迁补偿费从而放弃了对环境公共利益的追求,相反正是环保组织的诉求和努力,才实现保护该流域的环境的公共利益诉求,最终限制了怒江流域的水电开发项目。③

此外,环境影响评价中公众参与的形式也会影响环评中公众的表达。

---

① 参见朱谦、楚晨:《环境影响评价过程中应突出公众对环境公益之维护》,《江淮论坛》2019 年第 2 期。

② 参见朱谦、楚晨:《环境影响评价过程中应突出公众对环境公益之维护》,《江淮论坛》2019 年第 2 期。

③ 参见搜狐网:《守护怒江的力量 于晓刚和"绿色流域"组织》,http://lvse.sohu.com/20081016/n260075543.shtml,下载日期:2021 年 3 月 26 日。

就如有学者指出,公众参与决策的结果的有效性和决策问题、参与规模和成员因素存在紧密的联系。[①] 就以厦门 PX 项目中的环评座谈会为例。首先,针对座谈会讨论的问题,参与的公众中有不少人都是在表达要还是不要 PX 项目的观点,根本上表达的是自身的价值诉求,即对于海沧南部地区功能应该如何定位以及空间环境会受到什么影响。[②] 然而,对于需要专业知识进行系统理性分析的环境影响评价报告简本的意见,民众因为自身知识结构受限从而无法回答如何理性的实现环境公共利益。其次,就参与规模而言,需要实现利益群体的多元,这是因为基于实践可知,要想实现意见的充分交流,必须保障参与讨论的人数众多而且利益群体多元。此次参与厦门 PX 项目环评座谈会的人员的规模很大,总计有超过 200 名人员参加,并且在人员组成方面体现了多元化,其中有 106 名通过摇号产生的市民代表,还有近百名人大代表以及政协委员。此外,还有旁听人员以及此次环评报告的出具方中国环科院的专家、驻厦中央媒体和厦门本地媒体以及外地记者。[③] 为了实现意见的充分交流的目的,从时间要求、发言内容要求以及态度要求三个方面规定了会场纪律,要求与会人员遵守。最后,就座谈会参与成员来说,成员发表自己意见会受到种种隐性制约。例如,相比起否定厦门 PX 项目建设的大多数成员,对于这一项目建设持肯定态度的成员很难讲述自身的观点。另外,在实际意见表达中,具有特殊组织身份的人,也不太能完全摆脱自身所属组织的约束而发表见解,因而在某种程度上,相关的人员并没有积极充分地表达自己的意见和建议。此外,在座谈会中对于公众与具有特殊组织身份的人的座谈位置安排的调整,以及在座谈会中各方发言的顺序变动,其目的都在于明确公众的地位,并给予更多的表达意见的可能。这样的安排举动确

---

① 参见朱谦:《城市规划环评中公众意见的表达途径——以厦门市海沧南部地区规划环评公众参与座谈会为例》,《城市规划》2012 年第 6 期。

② 参见朱谦:《城市规划环评中公众意见的表达途径——以厦门市海沧南部地区规划环评公众参与座谈会为例》,《城市规划》2012 年第 6 期。

③ 参见搜狐网:《环评座谈会全记录:"我誓死捍卫你说话的权利"》,http://news.sohu.com/20071220/n254205635.shtml,下载日期:2021 年 3 月 1 日。

实在制度内以策略的方式保障公民的表达权,但是也恰恰说明了另外一个问题,具有特殊组织身份的人的意见和一般公众的意见对于政府环境决策的影响力是不一样的,或许很明显前者的意见影响力要大得多。

由此可见,公民表达权的行使在现实中受到种种因素的制约,因此如何让公民的表达权有效行使,成为现实中一个重要的问题。然而这一问题的解决,离不开如下两个方面的共同作用:一是公民要能够不断培育自己的公共精神,提高自身表达权行使的能力;二是法律对于公众表达权的保障。但由于法律的实践并非在真空中,而是深深嵌在世界中,因而受到社会、政治的影响。换言之,公民表达权的行使在实际运行过程中会出现与制定初衷相背离的现象,故需要不断地完善环境保护法律法规,明确环境信息公开以及公众参与的主体,以此切实保障公民的表达权。通过《环境保护法》《环境影响评价法》《建设项目环境保护管理条例》《环境影响评价公众参与办法》等法律法规的修订,注重环评过程中的公众参与,对于保障公民的表达权提供法律支持。针对民众个人而言,在公众参与中,民众应当理性看待问题,始终具有形成公共意见或建议的意识,全面了解民主决策中所需要的各方面的信息,明确自身的权利和义务,从而正确地行使表达权。针对公权力机关而言,首先,应当完善相应的公众参与制度,始终保障公民能够有效参与民主决策,并且能够有效行使表达权。这是因为法律作为一种行为规范,约束着环评过程中政府的权力,限制政府的恣意,并给公民的表达提供渠道,促进权力与权利的沟通。其次,应当有效地实施法律,在采用具体制度时,要注重采取有效的策略以求达到制度制定的初衷。

本章小结

在厦门 PX 事件中,公民行使表达权取得了良好的社会效果和法律效果,实际上是在特殊背景下多方资源作用的结果,具有共性和独特性。换言之,在这一事件中,维稳治理的社会背景、环境保护法律法规的结构和资源属性,在公民的情绪意义与协商民主意义上的理性表达运作下,形成了环境保护语境并与政府治理目标达成了一致,最终影响了公民自身的环境利益诉求表达。由此不难得出,表达权行使受到"整体性"影响。

不可否认的是,由具体矛盾纠纷引起,影响社会稳定的群体性事件随着不同的时代、不同的社会呈现出不一样的特点。进入新时代以来,我国社会主要矛盾已经转化为人民日益增长的美好生活需要和不平衡不充分的发展之间的矛盾。[①] 社会主要矛盾的转变以及政府在长期应对和处理群体性事件的探索中,由于理念、方法和能力的变化,形成了治理模式的转变。有学者将其总结为从"粗糙的摆平"过渡为"精致的治理",并指出正是由于在治理过程中价值取向更为合理,治理过程更加规范、细致和精准,治理手段多样,最终直接导致群体性事件呈现出衰变的趋势。[②] 这也从一个侧面说明了公民表达权行使所受"整体性"影响,本质上要求国家在治理活动中注重多方因素以及资源运用逻辑已内嵌在相应的治理过程中,推动了社会治理水平的提升,推进国家治理体系和治理能力现代化。

[①] 参见习近平:《决胜全面建成小康社会　夺取新时代中国特色社会主义伟大胜利——在中国共产党第十九次全国代表大会上的报告》,载《人民日报》2017 年 10 月 28 日第 1 版。

[②] 参见韩志明:《从"粗糙的摆平"到"精致的治理"——群体性事件的衰变及其治理转型》,《政治学研究》2020 年第 5 期。

第九章

权能相长:论网络表达权
与国家权力的合作互动关系

　　网络表达权是表达权在网络媒介上的表现形式,也即人们借由互联网,以文本、声音、图像等形式表达其有关公共事务的态度、思想与感情的权利。在我国新冠肺炎疫情防控过程中,公民网络表达权的行使对于国家的高效治理起到了重要作用。通过多种互联网平台,公民和媒体及时揭示了疫情治理中存在的突出问题,并提出了大量有益意见,这些声音中的相当一部分被政府部门听到,或通过政府意见征集平台"互联网＋督查"聚集到决策部门,国家[①]从而得以借此直接地、有针对性地回应并解决了诸多治理问题。国家对于网络表达的关注与采纳,实际是自下而上的意见反映与舆论生成对于行政决策产生了影响,一定程度上打破了我国向上负责的组织结构与自下而上传递民意的政治承诺和治理需求之间的悖论[②],令国家得以更好地向下负责,代表民意行使公共权力。网络表达权与国家权力合力推动了对新冠肺炎疫情的治理,它们之间存在怎样的应然关系,如何形成有效互动,以及如何在互动的过程中实现彼此相长,值得深入研究,也是本章的核心关切。

---

　　① 为了表达上的方便,此处综合采纳法律意义上和公民日常生活习惯上所采用的"政府""国家"含义,即包括执政党、国家主席和整个立法、行政、司法、军事、监察系统在内的国家机关,而党中央、全国人民代表大会及其常务委员会、国务院为其代表。参见周雪光:《国家治理逻辑与中国官僚体制:一个韦伯理论视角》,《开放时代》2013 年第 3 期。

　　② 参见周雪光:《国家治理逻辑与中国官僚体制:一个韦伯理论视角》,《开放时代》2013 年第 3 期。

第一节　网络表达权之权利与能力本质

作为一项植根于人类自然本性和社会本性的基本人权,有关表达的权利有着悠久的主张与抗争历史。尽管其核心内涵"表达思想与感情之自由"基本固定,其外延则具有开放性,并随着科技与社会的进步,公民与社会、国家斗争的发展不断得到新的拓展。表达相关权利从言论自由、出版自由等纯粹语言自由,扩展为又包括了象征性言论自由和附加言论自由等一组自由的集合①,从而发展为字面意涵更加宽泛的"表达自由"。②从单纯的发言权延伸至寻求、接受和传递信息的权利,甚至不作表达的权利,人们在法庭上所为之争辩的表达媒介也从报纸、书籍发展至广播、电视到如今的互联网。③网络改变了表达者、表达形式和表达手段,但并未改变表达作为基本人权和公民基本政治性权利、人类生存之核心能力的本质属性。

(一)网络表达权之权利属性

1. 基本人权与公民基本权利属性

表达权一词源于"表达自由""言论自由",表达自由为该项自由通用的人权与宪法权利表述。《世界人权宣言》第 19 条和《公民权利和政治权利国际公约》第 19 条第 2 款是表达自由的国际法渊源。④而《公民权利和

---

① 参见甄树青:《论表达自由》,社会科学文献出版社 2000 年版,第 23 页。

② 正是由于其发展性,无论在官方还是学术表述中,言论自由、表达自由、表达自由权均常混用。

③ 参见王四新:《网络空间的表达自由》,社会科学文献出版社 2007 年版,第 33~52 页。

④ 《世界人权宣言》第 19 条规定:"人人有权享有主张和发表意见的自由;此项权利包括持有主张而不受干涉的自由,和通过任何媒介和不论国界寻求、接受和传递消息和思想的自由。"《公民权利和政治权利国际公约》第 19 条第 2 款规定:"人人有发表自由之权利;此种权利包括以语言、文字或出版物、艺术或自己选择之其他方式,不分国界,寻求、接受及传播各种消息及思想之自由。"

政治权利国际公约》第 19 条第 3 款则提出了限制表达所必须遵守的三项前提,从此合法律性、正当性和必要性被视为表达自由的国际人权法保障起点。[①] 在国内法中,表达自由主要涉及《宪法》第 35 条言论、出版、集会、结社、游行、示威自由,第 40 条通信自由和通信秘密,第 41 条监督权,以及第 47 条文化权利条款。表达自由为我国《宪法》保护的公民基本权利,其具体保护由其他下位法律法规加以实现。

2006 年,党的十六届六中全会通过了《中共中央关于构建社会主义和谐社会若干重大问题的决定》,表达权一词首次出现在官方文件中。其被置于"完善民主权利保障制度,巩固人民当家作主的政治地位"小节,完整表述为"推进决策科学化、民主化,深化政务公开,依法保障公民的知情权、参与权、表达权、监督权"。从此,表达权与知情权、参与权、监督权被称为公民"四权",作为公民的重要民主政治性权利多次写入党和国家的政策文件中。

我国发布的人权文件表明,表达权的权利内容与表达自由存在交叉乃至重合。例如,国务院新闻办公室在 2016 年 9 月发布了《国家人权行动计划(2016—2020 年)》,在第二部分"公民权利和政治权利"中,便用表达自由和言论自由解释国家维护公民"表达权和监督权"的措施:"扩展表达空间,丰富表达手段和渠道……依法保障公民的表达自由和民主监督权利",其中第一个举措是"依法保障公民互联网言论自由"。事实上,在我国政府曾发布过的官方人权文件中,"表达权""言论自由"常常在不同年份交替使用,但"表达权"的使用频率更高。如 2013 年发布的《2012 年中国人权事业的进展》使用的还是"知情权、参与权、表达权和监督权",2015 年的《2014 年中国人权事业的进展》在"民主权利"进展部分采用的则是"公民言论自由权",2018 年的《改革开放 40 年中国人权事业的发展

---

① See Evelyn Mary Aswad, To Protect Freedom of Expression, Why Not Steal Victory from the Jaws of Defeat? *Washington and Lee Law Review*, 2020, Vol. 77, No. 2, pp. 609-660; Barrie Sander, Freedom of Expression in the Age of Online Platforms: The Promise and Pitfalls of a Human Rights-Based Approach to Content Moderation, *Fordham International Law Journal*, 2020, Vol.43, No.4, pp.939-1006.

进步》白皮书,使用的仍是"表达权"等四权的表述。而在三份官方人权文件中,表达权与言论自由的保障方式与成就均为出版物和信息网络的发展情况。我国政府对于表达权与表达自由、言论自由的混用现象表明,作为民主四权之一的表达权与宪法规定的表达自由有着某种程度的重合关系,亦为一项基本人权和公民基本权利。既然如此,为何创造"表达权"一词而不直接使用通用的"表达自由"?从表达权的政治性权利属性观察,是重要的思路与视角。

2. 政治性权利属性

表达自由既具有政治性权利面向,也涉及文化等私人领域方面的表达自由,因而是一项综合性权利。争取表达自由的斗争历史始终与公民自由议论公共事务相关,并以议政为其最高价值。在美国,表达自由被视为国家民主体制的关键要素[1],因此与政治关联的表达在法庭上往往能得到宪法第一修正案近乎绝对的保护,而其他类型表达则常常需与公共利益和他人利益相权衡。但是,由于有关公共事务之外的思想与情感的表达"对于人格的全面发展是绝对必要的"[2],因此表达自由不仅限于对于政治事务的表达,还包括文化活动自由。正是在这个意义上,《宪法》第47条公民文化权利条款亦被归为表达自由的法律渊源。[3]

与此相对的是,我国着重强调表达权作为政治性权利对于民主的促进作用,正是在此方面网络表达权对国家权力产生最为直接的影响。国务院新闻办公室于2019年9月发布了《为人民谋幸福:新中国人权事业发展70年》白皮书,叙述了我国保障民主"四权"的成就。其中对国家落实公民表达权行动的集中表述为:"畅通民意表达渠道,创新群众监督方式,建立便捷高效的网络表达平台,公民在网络上积极建言献策,表达诉

---

① 参见[美]欧文·M.费斯:《言论自由的反讽》,刘擎、殷莹译,新星出版社2005年版,第97页。

② [美]欧文·M.费斯:《言论自由的反讽》,刘擎、殷莹译,新星出版社2005年版,第109页。

③ 参见何家弘:《探索中国的民主之路》,《中国政法大学学报》2019年第2期;左亦鲁:《超越"街角发言者":表达权的边缘与中心》,社会科学文献出版社2020年版,第90页。

求,有序参与社会管理"。可见,我国将公民参政议政、权力监督和权益呼吁方面的表达作为表达权的主要表现形式,并将建设网络表达平台作为国家保障这一人权的必要措施。

由是观之,将表达权与表达自由相区别的是,表达自由是一种统合了言论自由全部相关权利的、包含了公私性质表达的法定权利集,而表达权则与知情权、参与权、监督权互为条件,作为一组政治性民主权利出现于各种政治文件,是一个具有中国特色的政治术语。由于"四权"频繁被写入政治性文件而绝迹于法律规范,因而有论者认为,表达权在我国仅为一项政策文件中规定的应然权利,与法律无关而不可操作。[①] 但类比我国官方所使用的其他特殊政治术语,如"人民"之于"公民"、"群众路线"之于"民主","表达权"可视为国家对法律术语的政治化变形与活用,而法定权利寓于其内。质言之,"表达权"是我国官方对"表达自由"这一法律术语的政法表述方式,其保护对象是表达自由的政治性表达部分,用以强调其民主权利性质。网络表达权又为表达权在网络媒介上的表现形式,其权利内容为公共事务方面的网络表达自由,因此亦为受到我国法律所保护的基本人权与公民基本权利。三者之间的逻辑关系可用图 9-1 表示。

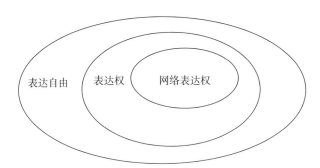

图 9-1　表达自由、表达权与网络表达权的逻辑关系

---

① 参见李丹:《从表达自由到表达权——中国表达自由的演化机理研究》,厦门大学 2017 年硕士学位论文,第 37 页。

（二）网络表达权之能力属性

网络表达权的实现需要一定能力。表达自由在一系列主客观前提均具备的条件下才能实现，这些条件也是其成为一项权利的原因。这是因为唯有稀缺的资源才会被关注被争夺，有缺失或被损害之虞的利益才会被争取为权利受到法律保护，如果表达如同思想活动一般自然而无法遏制，它就不会成为一代代仁人志士为之呼吁抗争的对象，不会成为一项为全世界公认的人权。然而，成为法定权利只是实现表达权的必要条件，却非充分条件，即使成功将表达权写入宪法，也并不意味着这一文本上的基本权利能够真正得到有效实施。这是因为，表达权所重视的不是自言自语或家庭内部的闲谈，而是具有一定目的的、对于公共事务意见的公开发表。目的的实现取决于很多条件甚至运气，而表达的成功作出本身也需要公民具备一定能力。例如，公民需要一定的文化水平阅读政府文件，才能就其发表真实意见；如果他因为居住地网络基础设施的缺乏，连接触到网络的条件都没有，那么网络表达权的行使也无从谈起。因此，人权理论亦提示了权利的权能要素中的"能力"部分，即享有权利的实际可能性。①

这种能力是一种"内外兼修"的"混合能力"。网络表达本身是公民在一定外部环境中发展出的内在能力，以及其基于内在能力实施表达行为的外部条件之结合。② 比如，公民进行网络表达所需的内在能力是其在一定的教育条件下获得的文化与政治素养，而其作出网络表达的外在机会则是他拥有上网的基础设施条件，允许作出表达的国家制度条件，宽容的社会文化环境条件，等等。在现今世界，国家承担了提供能力培养、保障所需的政治、社会和经济境况的主导责任。由于网络是信息社会如水、电、路一样的基础设施，表达则是网络的基本功能与人们在其中的基本活动方式，国家已就保障公民网络表达权反复作出承诺。总之，国家采取

---

① 参见夏勇：《人权概念起源：权利的历史哲学》，中国政法大学出版社2001年版，第48页。

② 参见［美］玛莎·C.纳斯鲍姆：《寻求有尊严的生活——正义的能力理论》，田雷译，中国人民大学出版社2016年版，第15页。

"扩展表达空间,丰富表达手段和渠道"①等积极措施所保障的自由权利,实际为公民的核心能力②。

这种能力是实质性的自由。能力理论归根结底所追求的,是个人在外部环境的培养与制约下所能够在社会中取得的真实机会与实质自由,因而其认为能力成就自由。③ 也因此,实质自由意味着人们能够拥有的"真实选择",以及将选择面扩大的能力。④ 亮眼的 GDP 数字不能用来评估公民的生活品质⑤,单凭《宪法》上的几十个汉字无法成就百家争鸣。网络表达权的内容是网络表达自由,拥有一定能力才能使其成为实质性的自由。网络表达权作为一种可能性和潜力,可以蓄而不发,也可根据行为人的选择,随时令权利脱离纸面,根据主体的意志活动起来,如此公民方能享有实质自由。

第二节　网络表达权对国家权力之合作价值

一般认为,可以从三个视角观察和理解表达自由的价值,即思想市场理论所蕴含的表达自由"促进知识和发现真理"的认知价值,自主理论所主张的"确保个体的自我实现"的伦理功能,以及共和主义理论所指出的表达增进协商、促进民主的政治功能。⑥ 这些理论极大地影响了我国相

---

① 参见《国家人权行动计划(2016—2020 年)》。

② 根据人性尊严所要求的底线生活水平,纳斯鲍姆构建了她的公民核心能力目录,并毫无疑问地在"对外在环境的控制"能力中加入了"享有政治参与、自由言论和结社的权利",即表达权。参见[美]玛莎·C.纳斯鲍姆:《寻求有尊严的生活——正义的能力理论》,田雷译,中国人民大学出版社 2016 年版,第 24 页。

③ 参见[印]阿玛蒂亚·森:《论经济不平等/不平等之再考察》,王利文、于占杰译,社会科学文献出版社 2006 年版,第 258 页。

④ 参见[印]阿马蒂亚·森:《以自由看待发展》,任赜、于真译,中国人民大学出版社 2012 年版,第 292 页。

⑤ 参见[美]玛莎·C.纳斯鲍姆:《寻求有尊严的生活——正义的能力理论》,田雷译,中国人民大学出版社 2016 年版,第 34～36 页。

⑥ [美]罗伯特·波斯特:《民主、专业知识与学术自由——现代国家的第一修正案理论》,左亦鲁译,中国政法大学出版社 2014 年版,第 11 页。

关理论的发展。[①] 公民表达权行使对于民主政治的作用是中外学者重点考察的对象,而网络表达权亦因其民主效用,在巩固国家权力的权力合法性、提高其治理能力方面起着重要作用。

(一)巩固权力合法性

首先,网络表达权的行使促进了民主协商和民主参与。互联网带来了前所未有的信息开放,使得知识和有关公共事务的信息廉价易得。网络对参与主体的开放性以及一定程度的去中心化增加了公民与国家之间的联系机会,也大大增加了人们之间的弱联系[②],增强了公民进行信息共享和思想交流的可能和意愿,增加了公民之间形成强联系甚至组织、社团的机会。它低廉的成本、便捷的信息传递方式、多对多的信息即时交互传播方式,在相当程度上解决了公民参与公共讨论的时间、空间、人数、成本、发言机会等困难,使得大规模的即时协商成为可能。此外,网络的匿名功能提升了公民提起开放性话题、发表不同意见的意愿。因此,网络屡屡被与哈贝马斯(Juergen Habermas)的"公共领域"概念联系在一起[③],甚至被高度评价为其所构想的"理想沟通情境"。[④]

公民之所以为"公"民,而不是平民、小民,是因其有权利、也有责任就

---

① 譬如我国学界有代表性观点认为,有效的表达自由制度能够帮助人们"增进知识与获致真理,维持与健全民主政治,维护与促进个人价值",并产生两种衍生价值:平衡社会的稳定与变动,有利于文化的繁荣。侯健:《言论自由及其限度》,《北大法律评论》2000 年第 2 期。

② See Mark S. Granovetter, The Strength of Weak Ties, *American Journal of Sociology*, 1973, Vol. 78, No. 6, pp. 1360-1380.格兰诺维特指出,根据人们之间的交往时间、情感强度、能够相互倾诉的亲密度与互惠帮助关系四要素来衡量,人际联系的强度可分为强联系、弱联系和无联系。弱联系能够让人们接触到自己所在固定圈子之外的信息,并增强社会凝聚力。

③ 在哈贝马斯看来,公共领域是"一个关于内容、观点、也就是意见的交往网络;在那里,交往之流被以一种特定方式加以过滤和综合,从而成为根据特定议题集束而成的公共意见或舆论。"[德]哈贝马斯:《在事实与规范之间:关于法律和民主法治国的商谈理论》,童世骏译,生活・读书・新知三联书店 2003 年版,第 446 页。

④ 陈剩勇、杜洁:《互联网公共论坛:政治参与和协商民主的兴起》,《浙江大学学报(人文社会科学版)》,2005 年第 3 期。

公共事务与国家展开互动,而这种互动需由表达取得。① 公民主要通过两种方式运用网络表达权与国家对话,一是国家发起体制内协商,即政府设置特定议题和议程,公民参加国家设置的网络公共论坛或者意见征集活动,并发表意见和建议;二是公民发起体制外协商,通过主动而分散的讨论汇集成舆论,从而引起国家对特定问题的注意和回应,这种网络表达形式具有更高的参与度、共识度。② 而相应地,国家以此回应了公民的民主协商和民主参与要求,提高了公共决策的民主合法性与可接受性,并解决了公民实时关注的问题。

其次,网络表达权的行使强化了民主监督。网络表达能够有效汇聚公民力量,令公民得以与强势的国家抗衡,实现民主监督的目的。在制约国家权力的滥用方面,网络表达权的典型运用方式是:直接揭发或者联系个人事例讨论、批评国家行为方式,由一个单独个体发表的意见推动形成舆论,从而增益该个体表达的强度和持久度,形成更大影响力。由于个人的力量和声音十分有限,普通个体在行使《宪法》第 41 条监督权时常常无法得到及时有效回应。网络之所以常常成为民众心目中较之正式法律渠道更加便捷有效的问题解决途径③,便是因为网络的种种特性为快速形成舆论提供了得天独厚的条件。舆论的形成使公民联合成为网络交往共同体,这赋予公民一种类似组织化的力量,即交往权力。④ 相较于网络上零散的个人表达和简短讨论,对特定问题持类似意见的人们围绕该话题形成了一个松散的意见社群,而持有其他意见的人们对于该话题的讨论更激发了话题的扩大、深化和讨论人数的增加,聚集起来的公民呼声强烈到在众声纷纭中脱颖而出,形成国家不能忽视、不得不回应的社会热点。

---

① "我们想获得的自由……只是开明地听取人民的怨诉,并作深入的考虑和迅速的改革"。[英]密尔顿:《论出版自由》,吴之椿译,商务印书馆 1958 年版,第 1 页。
② 参见赵海艳:《公共决策中网络协商民主的形式及效能分析》,《深圳大学学报(人文社会科学版)》,2019 年第 4 期。
③ 从"上诉不如上访,上访不如上网"的流行语上可见一斑。
④ 参见邹卫中:《自主与困境:网络民主困境及其新路》,中央民族大学出版社 2015 年版,第 201 页。

网络民主监督的流行催生了"网络反腐"等流行语,亦证明了这种监督方式的有效性。通过有效的网络民主监督,国家得以及时满足公民对于改进国家行为的要求,进而巩固国家权力的合法性。

(二)提高治理能力

首先,网络表达权的行使有利于促进社会自治。公民通过网络表达处理社会事务,以社会自治减轻国家治理的压力,令国家治理更加有效。"话语不仅是表现世界的实践,而且是在意义方面说明世界、组成世界、建构世界"。① 由福柯(Michel Foucault)的话语权力理论和哈贝马斯的交往权力理论产生了"网络权力"概念,即公民通过在网络上进行商谈交往、产生共鸣,从而形成的国家权力所不得不回应的共同意志。② 因此,该"沟通的权力"③因公民行使网络表达权而产生,其行为方式仍是利用舆论参与和干预政府决策。然而,网络表达"建构世界"的作用不止如此,其所产生的社会权力对社会本身拥有一定支配作用④,其支配对象除了政府行为,还有社会公共事务以及社会个体,其支配空间除了网络空间之内还包括现实世界。如公民通过网络表达直接制定或讨论形成网络论坛规则,其足以支配人们能否发言、发言方式和发言内容。又如在网络曝光产品质量问题,强大的网络舆论将严重降低生产者的社会评价,进而影响其运营乃至存续。总之,话语产生的网络权力能够起到社会自治作用。

在以国家权力和社会权力为内容的公共权力配置上⑤,新中国经历

---

① 〔英〕诺曼·费尔克拉夫:《话语与社会变迁》,殷晓蓉译,华夏出版社 2003 年版,第 60 页。

② 参见邹卫中:《自主与困境:网络民主困境及其新路》,中央民族大学出版社 2015 年版,第 197～202 页。

③ 王锡锌:《公众参与:参与式民主的理论想象及制度实践》,《政治与法律》2008 年第 6 期。

④ 参见郭道晖:《论国家权力与社会权力——从人民与人大的法权关系谈起》,《法制与社会发展》1995 年第 2 期。

⑤ 参见徐勇:《GOVERNANCE:治理的阐释》,《政治学研究》1997 年第 1 期。

过国家权力的由收到放,直至将社会自治作为提高国家治理能力的重要举措,①而"民主四权"亦包含国家事务的民主管理和社会事务的民主自治两部分。社会治理理念与实践的发展过程是一个国家分权过程,与之相反,网络空间经历了一个国家权力不断扩张的过程。从"在互联网上,没人知道你是一条狗"到网络实名制的全面铺开,从肆无忌惮的人肉搜索到《民法典》将个人信息置于法律保护之下,国家规制了网络表达,将网络权力越来越全面地纳入国家权力的管制范围内。社会治理是国家治理的一部分,国家藉由网络权力实现了更全面有效的社会治理,而相应的,网络权力的社会治理能力越来越受到国家的治理能力影响。

其次,网络表达权的行使能够弥补国家与基层社会之间的信息鸿沟。公民网络表达内容形成了一个庞大的信息库,由居住在不同住所甚至地区、具有不同生活方式和生活体验、带有不同知识和视角的人们的表达充实而成。它不仅是有价值的知识资源、商业资源,也是国家治理的信息基础,对于治理像中国这样超大规模的国家来说尤其关键。网络表达反映了公民接触到的事实、思考的意见、建议和怀有的态度、情绪,这三种信息借由民主协商、民主参与和民主监督向国家提供了宝贵的治理信息,打破了顽固的科层制造成的条块间信息流动阻滞,传递了社会治理问题和国家权力运行问题的相关信息,甚至直接提供了解决问题的方法或者思路。由此,国家得以更加有效地发现问题,并通过更加符合民意的方式解决问题。

有人可能会从网络表达的庞杂性出发,质疑国家在海量平台、纷繁表达中及时取得有价值信息可能面对的困难,大数据技术解决了这个难题。大数据技术在网络爬取数据,将原子化的网络表达加工为合成化的民意信息,通过多重标准分析赋予其可视化的表现方式②,提高了国家有效率地汲取民意、掌握舆情的治理能力。国家采纳公民网络表达信息的途径

---

① 参见《中共中央关于坚持和完善中国特色社会主义制度 推进国家治理体系和治理能力现代化若干重大问题的决定》。

② 参见汪波:《大数据、民意形态变迁与数字协商民主》,《浙江社会科学》2015年第11期。

有大致三种：被动的舆论强音输入，以及主动的"定向收集"和"全网搜集"。所谓定向收集，就是国家主动设置政府网络平台、收集有关特定范围事务的网络表达。全网搜集便是借由大数据技术，整合与挖掘分散的网络表达中蕴含的舆情动态。[①]　通过这些应用手段，互联网赋予了公民和国家更加锋利的矛，甚至可以说是"炮"，不仅将政府间信息传播的蜂巢体制捅破[②]，也将公民与国家机关之间的信息阻隔轰碎。

　　总之，公民拥有网络表达能力、行使网络表达权有助于增强国家权力的合法性与其治理的有效性，即强化国家的"权"与"能"。网络表达通过增进民主巩固了国家权力的正当性，而网络表达形成社会权力、建构网络社会并对现实社会亦产生了一定的影响力，从而实现了对网络空间和现实社会一定程度的自治。同时，国家在去中心化的网络表达中获得了丰富的治理信息，进一步提高了治理能力。网络表达权对国家权力的建构作用并不仅仅是由其自身特性使然，国家设立论坛、征集意见、接收信息、回应民意等互动行为，亦是合作实现的必要条件。而在这些行动之外，国家亦主动采取措施，保障公民网络表达之"权"利与"能"力的实现。

第三节　国家权力对网络表达权之分层保障

　　法定权利必然对应着国家与他人的作为或不作为义务。[③]　在宪法基本权利所涉及的群己关系中，个人权利与国家权力的关系最为主要，而国家还担负着调整其他关系的责任。表达权不仅是道德权利，更因为属于法定权利而受到国家的保护和调整。在恪守权力谦抑，为公民自由留足空间之外，国家承担着以可靠的网络治理能力保障公民享有实质的网络

---

　　① 参见何志武、陈呈：《网络民意的表达路径与收集机制研究——基于政策议程设置的视角》，《中州学刊》2019年第11期。

　　② 参见田雷：《跨省监督——中国宪政体制内的表达自由》，《北大法律评论》2012年第1期。田雷引用了许慧文的"蜂巢政体"概念，来说明市场化媒体传播范围的扩大刺破了政府边界造成的信息隔膜。

　　③ 参见夏勇：《人权概念起源：权利的历史哲学》，中国政法大学出版社2001年版，第28页。

表达权和表达能力的义务。对于网络三个逻辑层级的国家治理,证明了国家治理对于网络表达权利和能力的建构和保障作用。

（一）网络分层理论基础

分层理论在互联网的技术和治理理论中应用甚广,相应地也存在多种分层方式。如本科勒(Yochai Benkler)提出了著名的信息环境分层说,即物理基础设施层、逻辑基础设施层、内容层三层说。[①] 根据莱斯格(Lawrence Lessig)对该理论应用于互联网环境的阐释,底层的物理层包括电缆、计算机和网线,其上的逻辑层指的是互联网 TCP/IP 协议,顶层的内容层则是网络表达所产生的信息数据,特别是免费或收费的软件,音乐、电影等资源。[②] 虽尚存在六层说等其他分层方式[③],三层说在网络分层理论中最为普遍,学者们就此发展出了具有一定交叉而又差异较大的多种理论。例如在物理层、中间层和应用层三层说中,物理层是指关键信息基础设施,中间层是连接了网络基础设施和用户的互联网服务提供商,应用层则指网络信息内容。[④] 又如技术层、应用层和意识层三层说:技术层是计算机和网络底层协议,应用层是网络的通信、娱乐等具体功能,意识层是指互联网上存在的独立的意识形态。[⑤]

在已有层次模型的基础上,根据国家的网络治理措施及与公民网络表达的关系,本章将互联网划分为设施层、规则层和内容层。设施层是将

[①] See Yochai Benkler，From Consumers to Users：Shifting the Deeper Structures of Regulation Toward Sustainable Commons and User Access，*Federal Communications Law Journal*，2000，Vol. 52，No.3，p.562.

[②] See Lawrence Lessig, The Architecture of Innovation，*Duke Law Journal*，2002，Vol 51，No.6，pp. 1788-1790.

[③] See Lawrence B Solum & Minn Chung, The Layers Principle：Internet Architecture and the Law, *Notre Dame Law Review*，2004，Vol. 79，No.3，p. 816.六个层次由高到低分别是:内容层、应用层、传输层、互联网协议层、连接层和物理层。

[④] 参见邵国松:《国家安全视野下的网络治理体系构建》,《南京社会科学》2018 年第 4 期。

[⑤] 参见于志刚:《网络安全对公共安全、国家安全的嵌入态势和应对策略》,《法学论坛》2014 年第 6 期。

个人接入互联网的软硬件设施,决定了网络的可用性。其包括电缆、基站、根服务器等在内的互联网基础设施,也包括网站、应用软件等表达平台,还包括计算机和手机等终端设备。规则层的内容是规定了网络中信息流动方式的规则,其决定了表达能否作出和作出方式,包括带宽分配规则,网站和应用软件的规则、算法等内容。内容层则是网络上各方主体输入的信息,特别是公民作出的表达内容。国家在这三个层面采取不同的网络治理措施,保障公民网络表达权利与能力的实现。

(二)设施层保障

数字鸿沟是公民缺乏网络表达能力的主要原因之一,也是国家治理的重点。由于年龄、文化程度、职业、经济条件、居住地区等方面原因,人们在能否运用和怎样运用信息网络方面存在很大的差别,因而产生了在信息资源的掌握和运用上的差距,形成了信息富有者和信息贫乏者。同经济差距本身可能导致一系列可获取资源的不平等一样,数字鸿沟还导致了人们在通过网络可获得的种种民主、经济、教育资源和机会方面的不平等,而其最直接的影响就是公民网络表达权的行使。因此,缺乏网络表达能力的群体常常也是社会中处于弱势地位、缺乏其他资源的群体,他们的表达需求亦十分强烈,甚至比享有更多社会资源的人们更加迫切。

在弥补数字鸿沟方面,国家的主要任务是发展硬件基础设施建设及运行安全维护,从而丰富网络表达资源。一方面,我国通过推行"村村通"和"电信普遍服务试点"等基础设施工程,让偏远地区与农村居民得以共享网络便利。[①] 另一方面,国家通过网络安全制度建设和行政合规等措施维护网络运行安全。在 2016 年颁布的《网络安全法》引领下,我国以等级保护为基础的网络运行安全制度体系不断充实,在保护范围、方法和技术标准等方面均有提升[②],关键信息基础设施保护制度亦处构建之中。

---

① 参见中国互联网络信息中心:《第 45 次中国互联网络发展状况统计报告》,http://www.cac.gov.cn/2020-04/27/c_1589535470378587.htm,下载日期:2021 年 5 月 6 日。

② 参见张汉青:《网络安全等级保护制度 2.0 标准正式发布》,载《经济参考报》2019年 5 月 16 日第 7 版。

国家担负了公共产品的提供者责任,为公民行使网络表达权利、获得网络表达能力提供社会经济条件。

弥补数字鸿沟不仅为国内政策,亦为我国在国际网络治理活动中所倡导与实践的基本主张。例如,在 2003 年举办的信息社会世界峰会日内瓦阶段会议上,我国政府代表以缩小数字鸿沟为主题作了发言①,并在 2005 年的突尼斯阶段会议上再次提出这一号召。② 2011 年,中国与俄罗斯等国向联合国大会提交了《信息安全国际行为准则》(2015 年提交修订本),提出应从提升信息安全能力建设水平方面弥合发展中国家与发达国家之间的数字鸿沟。由此可见,基础设施建设与网络安全保障是我国弥合国内外数字鸿沟举措的两个基本手段,也是保障我国公民享有和行使网络表达权的基本手段。

(三)规则层保障

随着网络无政府主义迷梦的破灭,人们已渐渐认清,网络空间与报纸、广播、电视等大众传播媒介一样绝非自由世界。如网络平台有着毋庸置疑的支配权力,"其选项设计塑造何为可能,其内容规则影响何可准许,其个性化算法决定何者可见"③,其"以监控为基础的商业广告模式"④则收集了大量的公民个人信息,进一步强化了其支配权。主体建构网络连接、网站和应用程序的首要目的是盈利而非促进网络表达。如若这种支配权不受任何外力的限制,就等于把公民的网络表达权完全置于网络运营者的意志之下,市场思维与不平等地位的结合将危及网络表达权的行

---

① 参见王旭东:《加强合作,促进发展,共同迈向信息社会》,《世界电信》2004 年第 1 期。

② 参见黄菊:《加强合作 促进发展 共创信息社会美好明天》,《中国信息界》2005 年第 21 期。

③ Barrie Sander, Freedom of Expression in the Age of Online Platforms: The Promise and Pitfalls of a Human Rights-Based Approach to Content Moderation, *Fordham International Law Journal*, 2020, Vol.43, No.4, p. 939.

④ Danielle Keats Citron and Neil M Richards, Four Principles for Digital Expression (You Won't Believe #3), *Washington University Law Review*, 2018, Vol. 95, No.6, p.1375.

使。在此情形下,国家便承担了限制网络运营者滥用权力的责任。通过法律工具,国家使居于劣势地位的网络表达者有能力将义务施加给优势地位者。如美国反复提出网络中立法案以限制企业行为、保障用户自由使用网络设施与服务[①],又如我国强化网络运营市场管理制度,禁止企业开展以侵害用户权益为代价的恶性竞争。

在 2010 年的"3Q 大战"中,腾讯公司以停止运行为手段要求通信软件 QQ 用户卸载奇虎公司的 360 安全软件。当然,作为企业法人,腾讯公司拥有在符合法定条件和约定条件的情形下解除产品服务合同的自由。然而这一针锋相对的商业竞争措施强行绑架网络用户,公民欲使用该网络表达媒介便需放弃另一网络产品及服务,否则腾讯公司便将单方面解除合同,令公民因不正当理由失去重要的网络表达媒介,这一做法违背了民法的诚实信用原则,侵犯了消费者的自主选择权[②],也侵犯了公民的网络表达权。该事件在工信部的调停下得到了解决,而工信部随即于 2011 年 12 月通过了《规范互联网信息服务市场秩序若干规定》专门规制此类行为。[③] 公民个人面对能够随意修改代码的网络运营者时是无力的,国家权力的支持对于网络表达权的正常行使起着重要的后盾作用。

(四)内容层保障

关于网络空间公共领域的美好想象由平等、自由与理性等因素建构而成。[④] 然而,生活的真相早已证实,关于网络表达的绝对自由想象就只

---

① 参见胡凌:《"网络中立"在美国》,《网络法律评论》2009 年第 1 期。

② 《消费者权益保护法》第 9 条第 1 款规定:"消费者享有自主选择商品或者服务的权利"。第 2 款规定:"消费者有权自主选择提供商品或者服务的经营者,自主选择商品品种或者服务方式,自主决定购买或者不购买任何一种商品、接受或者不接受任何一项服务。"

③ 《规范互联网信息服务市场秩序若干规定》第 5 条禁止互联网信息服务提供者实施恶意干扰竞争者提供产品和服务的行为,包括对其产品或服务实施不兼容、强迫用户不使用其产品或服务等;第 7 条禁止互联网信息服务提供者无正当理由拒绝、拖延或中止提供产品或服务等行为。

④ 参见[英]安德鲁·查德维克:《互联网政治学:国家、公民与新传播技术》,任孟山译,华夏出版社 2010 年版,第 117 页。

是想象而已,那个人们原以为集合了最广泛、最多元意见的"思想市场",是由法律、代码、论坛规则等国家、企业和社会规范层层审查、细致筛选后形成的。在规则既定的条件下,即使用户的表达成功通过了各级审查得到发表,仍不能保证它能够按照用户希望的方式呈现在网络上。其中,出于利益冲突,人为删除公民的网络表达内容是最突出的一个问题。

与欧盟率先承认的网络"被遗忘权"不同,网络删帖是指删除、篡改、屏蔽有关特定利益主体的(通常是负面的)信息,使其无法正常呈现的行为。这种删除手段经常是违法的,包括制造虚假材料投诉删帖,利用网站技术漏洞删帖,获取管理员账号密码删帖,与管理员开展不正当交易删帖,运用技术手段屏蔽信息,或篡改帖文内容使该信息被湮没,等等。① 从这些手段来看,删帖需要一定的技术知识或社会资源,由此催生了"网络公关"行业,一大批个人和企业以此为业,收取删帖费盈利。② 如此,公民合法的网络表达遭到了删除或篡改,其意欲实现的个人和社会目标无法实现,社会与国家亦因社会监督、民主监督受到阻挠而遭受了损失。为规制网络删帖"公关"乱象,2013 年两高公布了《关于办理利用信息网络实施诽谤等刑事案件适用法律若干问题的解释》,第 7 条将有偿删帖的违法行为归入非法经营罪③,未达到非法经营罪入罪标准的违法行为依据法理应归入行政管辖范畴。这一规则从维护市场秩序出发,客观上通过惩治非法删帖行为维护了公民网络表达权。在民事关系方面,由于 2010 年《侵权责任法》构建的"通知—删除"制度被利用为非法删帖的工具④,

---

① 参见梁建强、王成:《揭秘"网络水军"删帖"产业链"》,http://www.xinhuanet.com/politics/2019-01/22/c_1124024235.htm,下载日期:2020 年 12 月 4 日;朱虹:《警方揭秘:那些收费删帖的人,是怎么操作的》,http://legal.people.com.cn/gb/n1/2020/0819/c42510-31828143.html,下载日期:2020 年 12 月 4 日。

② 参见张洋:《删帖牟利 违法害己》,载《人民日报》2013 年 12 月 5 日第 9 版。

③ 在中国裁判文书网以"删帖""非法经营""刑事案件"为条件进行检索,可获得 54 篇裁判文书。检索时间:2020 年 9 月 9 日。

④ 原《侵权责任法》(已于 2021 年 1 月 1 日废止)第 36 条第 2 款规定:"网络用户利用网络服务实施侵权行为的,被侵权人有权通知网络服务提供者采取删除、屏蔽、断开链接等必要措施"。

2014 年,最高法又公布了《关于审理利用信息网络侵害人身权益民事纠纷案件适用法律若干问题的规定》,详细规定了公民因该"通知—删除"条款遭到删帖后的法律救济渠道,并直接规定"擅自篡改、删除、屏蔽特定网络信息或者以断开链接的方式阻止他人获取网络信息"应承担民事侵权责任①,与刑事、行政责任对接。该条款虽未明确该行为侵犯何种类型权益,但其显然侵犯了公民网络表达权。2021 年起实施的《民法典》则在第1195 条、第 1196 条重述并完善了该"通知—删除"措施的实施方法以及反向救济措施。至此,国家在民事、刑事和行政方面建构了非法干预信息呈现行为的责任网和救济网②,以保障公民网络表达权的行使。

　　总之,为保障公民掌握网络表达能力、顺利行使网络表达权,国家分别在互联网之设施、规则和内容三个方面开展工作。国家通过完善农村地区网络基础设施建设、建构网络安全保护体系弥合数字鸿沟,解决网络的可用性问题;通过法律约束网络运营者遵循诚实信用原则提供网络产品和服务,保障网络表达环境的稳定性;通过法律禁止非法删帖行为并给予法律救济,维护公民网络表达之完整性。在此情形下,国家与公民处于同一阵线,国家权力为网络表达权之行使提供条件和帮助。在网络中存在的各种关系中,公民权利与国家权力的合作互动关系虽为主流,但也不可避免地存在冲突,网络表达权的不当行使可能会对国家权力正常运行产生损害,令合作互动转变为零和甚至负和博弈。"政府创设并保护权利,而且禁止人民为所欲为"。③ 国家权力利用其绝对优势地位,立法限制可能损害他人权益的网络表达④,维持这一权利与其他权利及国家权

---

　　① 《关于审理利用信息网络侵害人身权益民事纠纷案件适用法律若干问题的规定》已于 2020 年 12 月 29 日获得修正,而修正后的第 10 条第 2 款仍保留了该项规定。

　　② 除上述规定以外,我国的网络法体系中还存在其他规制干预公民网络表达之呈现行为的法律规范,如《刑法》第 286 条第 2 款、《电子商务法》第 39 条第 2 款、《网络信息内容生态治理规定》第 22 条等。

　　③ [美]凯斯·桑斯坦:《网络共和国:网络社会中的民主问题》,黄维明译,上海人民出版社 2003 年版,第 96 页。

　　④ 其中典型是《宪法》第 51 条:"中华人民共和国公民在行使自由和权利的时候,不得损害国家的、社会的、集体的利益和其他公民的合法的自由和权利"。

力的平衡。而在此过程中,不可避免地出现了一些阻碍正当网络表达作出的情形。

第四节 国家权力运作对合作互动之阻碍

在信息社会,表达权所涉及的抗争关系从公民与国家之间的关系转变为网络用户、网络表达平台和国家之间的三角关系。[①] 这三组关系中不仅包括三种主体两两之间的合作对抗,亦包含两两联合与第三方的对抗。国家与公民联合为常见情形,其通过国家制度和社会制度限制网络运营者侵犯公民权利,抗衡网络利维坦。对于公民表达的过度限制将导致网络表达平台失去其吸引力和盈利价值,因此公民与企业有着共同的表达自由诉求,要求限制国家利维坦,取得权利和行业发展的有利法律和政策工具。国家与企业之联合则是最危险的一种情况,但这种情形常常出现,人们称这种合作为联合规制(co-regulation[②])、辅助审查(collateral censorship[③])、政企发包[④]等等。国家通过法律要求表达平台审查公民表达内容,删除有害言论,提供数据用于治理,企业成为准行政机构。诚然,这些合作是维持良好的互联网环境,以大数据实现更良好国家治理、增进公民福祉的措施,但是在法律制定与实施行为缺乏制约与民主监督的情形下,这种合作极易导致公民表达权受损,国家与社会之间的合作互动关系受阻。当前我国的网络表达治理虽未陷入如此境地,但亦如其他国家一样,存在一些国家权力使用中值得警惕的问题。

---

① Jack M. Balkin, Free Speech Is a Triangle, *Columbia Law Review*, 2018, Vol. 118, No.7, p.2014.

② Federica Casarosa, The European Regulatory Approach Toward Hate Speech Online: The Balance between Efficient and Effective Protection, *Gonzaga Law Review*, 2019, Vol. 55, No.2, pp. 392-393.

③ Jack M. Balkin, Free Speech Is a Triangle, *Columbia Law Review*, 2018, Vol. 118, No.7, pp. 2016-2017.

④ 参见于洋、马婷婷:《政企发包:双重约束下的互联网治理模式——基于互联网信息内容治理的研究》,《公共管理学报》2018年第3期。

(一)制度过于稠密

出于对自由价值的偏重,学者常常在呼吁国家为公民赋权赋能的同时反对国家干预能力效果之呈现①,为此,学者不赞同国家采取直接或助推措施,来帮助实现人们所设想出的网络表达的种种积极价值。国家仅应"扩展自由的领域"②,至于人们在该领域内怎样运用这种机会则随其自由意志而定。法定表达自由权的基本含义为国家不干涉公民自由表现行为,但是在纯粹自由视角之外,亦产生了大量实用主义研究,特别是有关网络表达、网络民主之缺陷的研究。③ 其中一些缺陷是由社会固有的深层经济因素导致的,如数字鸿沟,网络身份、权限等级化。另一部分则与互联网的特性以及协商民主、直接民主自身具有的困难相关,如缺乏理性和秩序、群体极化、公共协商绩效差等等。④ 而相应地,学者们不仅呼吁国家保障网络表达权之实现,还要求国家采取措施保障其积极有效实现,将网络表达之工具价值充分发挥出来。

学术研究尚且有此倾向,国家制度实践更是致力于以其价值观塑造网络表达。从《宪法》的表达自由限制条件出发⑤,国家多次立法规制网络表达,如 2000 年国务院发布的《互联网信息服务管理办法》第 15 条禁止九种违法信息的网络传播(通常合称"九不准"),是我国较为典型的网

---

① "政治的恰当目标在于能力,而非运作,因为这样就可以为人类自由的行使留下空间。"[美]玛莎·C.纳斯鲍姆:《寻求有尊严的生活——正义的能力理论》,田雷译,中国人民大学出版社 2016 年版,第 19 页。

② [美]玛莎·C.纳斯鲍姆:《寻求有尊严的生活——正义的能力理论》,田雷译,中国人民大学出版社 2016 年版,第 18 页。

③ 如[美]凯斯·桑斯坦:《网络共和国:网络社会中的民主问题》,黄维明译,上海人民出版社 2003 年版;曹泳鑫、曹峰旗:《西方网络民主思潮:产生动因及其现实性质疑》,《政治学研究》2008 年第 2 期;申建林、张晶晶:《网络是民主的引擎?——技术乐观主义的困境与网络民主前景》,《理论探讨》2019 年第 1 期。

④ 参见陈剩勇、杜洁:《互联网公共论坛:政治参与和协商民主的兴起》,《浙江大学学报(人文社会科学版)》2005 年第 3 期。

⑤ 《宪法》第 51 条规定:"中华人民共和国公民在行使自由和权利的时候,不得损害国家的、社会的、集体的利益和其他公民的合法的自由和权利"。

络信息内容禁止性条文。2019 年国家网信办发布的《网络信息内容生态治理规定》（以下简称《规定》）在我国长期、广泛应用的"九不准"之外构建了更为细密的内容治理标准。其不仅禁止十一项违法信息（第 6 条），还规定应当"防范和抵制"九种法律未禁止的不良信息（第 7 条），并列举了国家鼓励发布的七种正能量信息（第 5 条），详细点明网络表达平台（《规定》中称"网络信息内容服务平台"）应"积极呈现"这些信息的页面位置（第 11 条）。由此，国家对网络表达内容的要求从"合法"拔高至"弘扬正能量"（第 2 条第 2 款），从禁止违法行为提高至抵制"不良信息"。

伦理道德入法的倡导性规范在我国法律中颇为常见，暂且不论第 7 条所列举"不良信息"之标准的民主性、合理性与清晰性，其亦非纯粹的倡导性条款。它虽未将发表"不良信息"行为列入法律处罚之列，但要求网络表达平台发现此类信息即"应当""依法立即采取处置措施，保存有关记录，并向有关主管部门报告"（第 10 条第 2 款），网页显著位置不得呈现"不良信息"（第 11 条第 2 款），如此保证对"不良信息"的有效过滤和对"不良信息"发表者身份的掌握。《规定》没有在第 35 条直接说明网络表达平台违反第 10 条中的"不良信息"条款应承担的法律责任，但在第 36 条则明确了违反第 11 条第 2 款应承担警告、限期改正、暂停信息更新等法律责任。因此，在稠密的行政规范和可能的行政责任风险下，该《规定》事实上将道德要求归入了执法范畴，并因此能够强制表达平台对公民表达内容实施超越法律标准、进入伦理道德范畴的筛选。网络表达平台为规避合规风险，不得不尽量提高"不良信息"的判断标准，织就更加稠密的平台规则。鉴于对伦理道德的判断有着很强的主观性，表达内容的含义又相当程度上取决于其特定背景，因重度依赖程序自动识别违规信息，平台常常"错杀"表达内容，对网络表达权的行使产生了一定的阻碍。

（二）执法方式不当

在稠密的法网之下，有效的执法带来了预期的寒蝉效应，人们对于网络表达权的行使更加谨慎。诚然，寒蝉效应并不一定是坏事，国家权力所带来的威慑对于国家安全和社会秩序、人民生活都是必需品，如对犯罪人适用刑罚,以令其本人与他人打消犯罪和再犯想法。[1] 但当"当心微信群被封"等言语出现频率过高,以至成为流行语时,便需引起对于执法方式的反思。除了一部分因慑于国家权威闭口不谈国事的网友,还有一部分网友采取了"曲线表达"方式绕开审查。由于一些言论因涉及违禁信息被政府或平台审查后删除,对此不以为然的网友常常将可能会引发规制的词语改头换面,重新发表。曲线表达的方式有使用拼音、首字母、谐音字等,这种表达方式往往能得到其他用户的心领神会,甚至增加了阅读的趣味性。这些换汤不换药的表达,加上"速读防删""速转防删""速存防删"的标题,反而能刺激更多网友的猎奇心理,使得确实违法违规的信息与被误删的信息均传播更广,而来自当局的删除行为和避而不谈,有时甚至会赋予这些真假不明的信息以"真相"光环。

究其原因,是因为部分国家机关及其工作人员对"国家安全""社会秩序"等词语采取了国家权力本位而非公民权利本位的解释方式,以安全、稳定无条件压倒自由、权利,导致打击范围过大、打击力度过当。而国家与网络运营者的合作则进一步大幅度扩张了这种解释方式与规制态度的适用面。通过建立国内网络运行的逐级许可制度体系[2],以及设立网络实名制、平台处置网络信息并向国家机关报告、平台配合国家机关工作等制度[3],国家以网络运营者为介将行政权力进一步深入社会内部。为了免于国家权力的惩罚,网络表达平台逐渐开始利用技术和人力采取比法律更严格的表达审查标准,出现了大量误删或删除原因存疑的情形,却对表达者和信息接受者缺乏清晰合理的解释说明。在严格的审查标准下,申诉恢复信息并不总能奏效。在此情形下,一部分表达者通过申诉途径重新发布信息,另一部分表达者出于嫌麻烦、害怕惩罚的心理放弃了表达,还有一些人则使用了曲线表达方式。国家网络信息内容治理在一定

---

[1] "我们的社会需要的不是'寒蝉'缺席,而是将寒蝉效应维持在一个最佳程度。"参见[美]卡斯·R.桑斯坦:《谣言》,张楠迪扬译,中信出版社 2010 年版,第 124 页。

[2] 参见唐海华:《挑战与回应:中国互联网传播管理体制的机理探析》,《江苏行政学院学报》2016 年第 3 期。

[3] 如《网络安全法》第 24 条第 1 款,第 28 条、第 47 条、第 48 条、第 50 条等。

程度上陷入了塔西佗陷阱,影响了国家治理的合法性基础。

与人治相对,法治的核心内容是权力制约,于是产生了对于公权力限制表达之限制的研究,而其基本要求便是法律保留原则和比例原则。其一,对于表达权这一公民基本人权的限制,应仅限于由宪法和全国性代议机关通过的法律作出规定[①],由公民自身决定对其基本权利作出约束。其二,限制措施对于实现合法、正当之目标而言应必要、相称,并且保证选择最小的限制手段。[②] 当前我国网络内容管理行政规范日趋稠密,一定程度上超越了宪法和法律对公民基本权利的限制[③],国家权力对公民生活的干预扩大而深化。在此基础上,国家以网络表达平台为媒介实现了对网络表达的有效监管,在具体执法中却常常对表达的限制性规定采用便于管理而不利于权利行使的解释方式,令网络表达不仅受到更加严格的限制,可能还附带法律责任或其他不利后果,从而导致了过度的寒蝉效应和曲线表达的流行。国家权力与公民网络表达权之间的合作互动出现了不和谐的曲调,需要进行一定的调适。

第五节　互动关系之良性发展对策

在现代化建设背景下,公民对于网络表达的权利意识和能力需求高涨,国家治理和社会治理策略亦已顺应时代发展作出相应转变,这股潮流势不可挡。然而,由于国家权力固有管控、防范言论的制度和行为惯性,一定程度上妨碍了网络表达权的实施。在接受而不是全盘否定已有的内容规制制度与实践的立场上,人们开始讨论如何对其加以改进。如提出以正当程序约束对网络表达的事前审查:限制言论的决定和措施应公开

---

① 参见侯健:《表达自由与行政法规制定权——以网络信息内容管理规范为例》,《新闻大学》2018 年第 2 期。

② 参见孙南翔:《论互联网自由的人权属性及其适用》,《法律科学(西北政法大学学报)》2017 年第 3 期;黄惟勤:《互联网上的表达自由:保护与规制》,法律出版社 2011 年版,第 41～43 页。

③ 参见侯健:《表达自由与行政法规制定权——以网络信息内容管理规范为例》,《新闻大学》2018 年第 2 期。

透明,给予用户有关表达如何被限制、为何被限制的有效通知;规制标准须清晰、详细、准确,以尽可能限制审查者的自由裁量;表达者应能够得到迅速、及时的司法救济机会。[①] 这些建议有着相当的借鉴意义。对我国而言,还应从思维转变和制度完善上双管齐下,令网络表达权与国家权力的合作互动关系保持良性发展态势。

(一)贯彻表达自由理念

表达权是表达自由的一部分,表达自由是一种权利,同时亦为《宪法》所保护的价值。鉴于网络表达权的基本人权和公民基本权利地位,须将表达自由理念设计到国家的相关法律制度和制度实施活动中,从而促使在其规制下的网络运营者亦把表达自由设计进网络产品和服务里。这既是国家贯彻宪法价值的应然义务,也是出于对网络架构本身可规制特性[②]的考虑。循此进路,学者提出了多种主张,如呼吁国家与网络技术公司践行《公民权利和政治权利国际公约》第 19 条[③],又如倡导立法、行政机关与企业推进大众参与、平等获取信息和技术、交互性、民主控制技术设计、自由应用与二次创作等核心价值的实现。[④]

总体而言,为在国家网络表达内容治理活动中贯彻表达自由理念,其一,应在立法活动中时刻体现出"国家是自由的朋友"[⑤],对待公民网络表达,应以政府不作为为原则,干预为例外。由此,国家不仅应在立法活动

[①]　See Dawn C. Nunziato, How (Not) to Censor: Procedural First Amendment Values and Internet Censorship Worldwide, *Georgetown Journal of International Law*, 2011, Vol. 42, No.4, pp. 1147-1157.

[②]　参见[美]劳伦斯·莱斯格:《代码 2.0:网络空间中的法律》,李旭、沈伟伟译,清华大学出版社 2009 年版,第 5 页。

[③]　See Molly Land, Toward an International Law of the Internet, *Harvard International Law Journal*, 2013, Vol. 54, No. 2, pp. 457-458.

[④]　Jack M. Balkin, Digital Speech and Democratic Culture: A Theory of Freedom of Expression for the Information Society, *New York University Law Review*, 2004, Vol. 79, No.1, p. 54.

[⑤]　[美]欧文·M.费斯:《言论自由的反讽》,刘擎、殷莹译,新星出版社 2005 年版,第 16 页。

中严格遵守法律保留原则,在具体的制度设计中体现表达自由理念,亦应在法律规范备案审查、法律清理等活动中恪守该标准。其二,在制度条件相对稳定且出于惯性难以改变的情形下,对于制度的解释运用便更为紧迫重要。因此执法机关在解释法律的过程中,应将表达自由理念置于维稳的管控理念之前,网络表达平台的规制标准亦将随之更有益于网络多种表达,大量"不良信息"甚至"违法信息"也许便能够得到截然不同的定性。具体针对国家网络信息内容生态治理工作,则至少应注意以下三种情形。

首先,应鼓励网络表达多元化,防范因弘扬"正能量"而矫枉过正。《规定》详细列明了国家认可的"正能量"信息标准,一方面具有明显的主观性与国家立场,另一方面又容易导致在执行中层层加码,令网络信息媒体逐渐趋于内容单一化,丧失其反映社会真实情形、报道公民真实呼声的作用。良好的网络生态应提倡在自由氛围下,兼具理性与感性的多元网络文化,其底线是法律,而非"正能量"。处于违法标准之上、正能量标准之下的网络表达不仅拥有其内在的固有价值,即个人自由,也有极大概率对社会、对人类有着不亚于"正能量"信息的正向外部效应。根据这一理解,在涉及公共问题的表达和讨论中,国家应提供优质论坛,以开放、宽容的态度对待网络表达内容,让尽可能多元的意见通过讨论、辩论发酵成理性的观点。国家希望提高网络表达质量,进一步改善网络信息内容生态,便应启发公民作为有机联系的共同体成员之身份意识,推动形成利他思维和关切公共事务的习惯,约束其遵守协商辩论规则,以实现"深思熟虑的民主"[①]。在表达自由理念下,类似 2014 年国家网信办发布的《即时通信工具公众信息服务发展管理暂行规定》第 7 条第 2 款,即未经国家批准,普通公民网络公众账号不得发布、转载时政新闻的规定便值得细细商榷,因其多元化网络表达、启发公民政治理性功能可能甚于对政权安全的影响。

---

① 陈家刚:《协商民主研究在东西方的兴起与发展》,《毛泽东邓小平理论研究》2008 年第 7 期。

其次,应秉持宽容态度,严格控制执法机关认定的违法信息和不良信息之范围。法律原本涉及的是"义务的道德",即令社会得以有序运转的底线道德、基本规则,出于引导和教育目的加入的伦理道德性规范,在实践中却有可能蜕变为"愿望的道德"之执行依据,用过高的道德境界要求公民行为。[①]因此,即便以道德入法,该法也仅应关注最基本的道德,必须以维护最大化的个人自由为底线,清醒认识社会对"悖德"行为容忍度的易变性,并尊重个人隐私。总之,"在没有超过容忍极限时,没有事情应该受法律惩罚"。[②]对于网络表达的规制是社会正常运行之必需,而不只是国家之恶。但规制的方式、程度决定了其是鼓励了符合特定社会普遍价值观的表达,还是过度地扩张了国家权力范围,抑制了整体的网络表达。根据表达权的政治性权利性质,对于有关公共卫生突发事件和政府工作人员工作作风等公共问题的表达,应谨慎解释社会秩序和国家安全等内涵模糊、外延宽泛的词语,充分考虑当事人的主观恶性、认知能力与法益侵害性,保持宽容态度,[③]慎重作出违法认定。否则,不仅会令具有公共价值的言论被人为湮灭而造成社会和国家的损失,甚至会令莫谈国事变为网络潜规则,甚至渗透进社会文化,造成冷漠而不是慎思明辨的公民性与社会氛围。如此,国家不仅未能帮助公民过上有德性的生活,反而损害了其成为有德性公民的能力。对于信息内容不良影响的判断则因人而异又变动不居。把恐怖片当喜剧片观看的影迷不在少数,从丧尸片中感悟人性、升华自我的人更多,有的家长认为动画片《黑猫警长》的某些画面"血腥、惊悚、残忍等致人身心不适"(《规则》第 7 条第 5 项),也可理解。救火小英雄赖宁的事迹曾被写入教科书,若干年后则被认为"可能引发未成年人模仿不安全行为"(《规则》第 7 条第 8 项)从教材中移除。抵制"不

---

① 参见[美]富勒:《法律的道德性》,郑戈译,商务印书馆 2005 年版,第 8 页。

② [英]帕特里克·德富林:《道德的法律强制》,马腾译,中国法制出版社 2016 年版,第 21~26 页。

③ 参见唐兴华:《治理有关新型冠状病毒感染的肺炎的谣言问题,这篇文章说清楚了!》,https://mp.weixin.qq.com/s/ETgXN6HInzlC8cxzhDdU9g,下载日期:2020 年 1 月 28 日。

良信息"应充分尊重社会的发展及多样性,这就要求保持法律的谦抑和行政机关的宽容,从而实现网络表达平台的宽容态度。

最后,可考虑将网络伦理治理交还给社会权力处理。鉴于扩张乃行政权力的本性,也是我国以及世界各国的国家权力发展趋势,制度规定的倡导性规范在行政实践中可能会变成强制性要求,"弘扬正能量"变成报喜不报忧,清朗的网络空间变成僵化的网络空间。法律是公认的道德底线,亦可起到一定的道德教化作用,但当国家欲以法律将公民的普遍道德水准提高到一个确定的高度,"积极的敦促"随时可能在执法中变成"强加的义务"①,就可能将面临因法律无法实施而权威降低,抑或表达权受到过度限制两种危险。因此,将伦理道德问题仍交由社会自治是一条规避这种风险的路径。一则,社会权力相较于国家权力更加崇尚自由表达,且因其不以强制力为后盾,不易造成压抑的表达氛围。二则,社会权力与普罗大众距离更近,在治理伦理问题上更为正当有效。随着网络社会的发展,网民已抛弃网络空间绝对自由的想法,对于网络伦理已渐渐形成了较为一致的意见,网络暴力、流量造假、谣言散布、过度低俗血腥的网络内容受到抵制,科学研究和理性思考越来越受欢迎,破除网络谣言甚至成为一项受欢迎的业务。由国家经事前审查删除言论常常激起逆反心理,而遭受公众广泛鄙夷的表达受到市场主动抵制后更加容易被消灭。因而,可将国家权力对网络伦理的直接治理范围限于国家机关、国家企事业单位及其工作人员,以及党员和官方媒体等,为正能量网络空间和正能量表达提供示范。对于该范围以外的、尚未触及法律底线的网络社会伦理问题,交由柔性、潜移默化的社会自治力量解决,清朗的网络空间也许更易于实现,表达自由也更能得到贯彻。

(二)畅通救济渠道

就最常见的网络表达权受限情形,即网帖被删除所能够获得的救济而言,我国法律法规和网络表达平台规则对此存在忽视。例如,微信公众

---

① [美]富勒:《法律的道德性》,郑戈译,商务印书馆 2005 年版,第 84 页。

号文章时常被删除,实践中可直接在被删除页面点击链接提出申诉,因此推断其用户协议中应规定了平台删除权力和用户申诉权利。带此目的检视微信平台相关协议[①],根据《微信公众平台服务协议》第 12.1 条,在腾讯公司通过内部审查或者受到投诉发现违规内容时,有权"不经通知""随时对相关内容进行删除、屏蔽",以及对违规账号采取处罚措施。但该协议未说明任何就此的救济渠道。因而仅从该协议看,微信公众平台用户发布的信息可随时被平台悄无声息地删除,且对此无计可施,透明、可申诉的程序价值在此一概皆无。《微信公众平台运营规范》《腾讯微信软件许可及服务协议》《腾讯服务协议》亦是如此。笔者查阅其他微信相关协议和规范,发现《微信个人账号使用规范》提到了"申诉机制",规定用户对处理结果有异议可通过客服提出申诉;《微信外部链接内容管理规范》也提供了申诉链接,于是终于在腾讯客服网站发现了申诉流程介绍。网站"公众号"栏目规定,若公众号分享的外链内容被判违规,须修改后再提请申请恢复访问,但未提及不服"违规"判断应如何救济。此外,笔者没有发现对于用户本人撰写的公众号文章被删除、屏蔽有何救济措施。因此,众多的协议和规范均规定并详细解释了违规内容,却未指出或清晰指出救济渠道。如此一来,公众平台文章被删除后用户能否拥有申辩机会完全取决于平台,而缺乏事先的约定或规定。而在申诉未通过后又要如何继续寻求救济,从这些材料来看亦不清楚。

笔者将目光转向公力救济,在规制网络表达内容的法律中,也仅存在对于发布违法、不良信息的禁止性规定和相关法律责任,而未发现就行政机关和网络表达平台错误规制行为能够采取的救济措施;对于因从事删帖业务触犯非法经营罪的,亦未发现类似恢复被删信息的规定;查阅"中国裁判文书网"上公布的最近三例非法经营删帖业务案件,判决并未涉及恢复被删网帖。[②] 最后,在民事案件中,根据《关于审理利用信息网络侵

---

① 查阅微信相关协议日期:2020 年 9 月 17 日。

② 参见山东省临沂市兰山区人民法院(2020)鲁 1302 刑初 217 号刑事判决书;湖南省岳阳市岳阳楼区人民法院(2020)湘 0602 刑初 342 号刑事判决书;广东省英德市人民法院(2020)粤 1881 刑初 110 号刑事判决书。

害人身权益民事纠纷案件适用法律若干问题的规定（2020 修正）》第 5 条，表达者发表的信息被删除的，可主张表达平台承担违约或侵权责任，从而恢复信息呈现。若删除行为是因"通知—删除"规则而作出的，根据《民法典》第 1195 条和第 1196 条规定，表达者可根据该"通知"向平台提交不存在侵权行为的"声明"，并由平台转送给通知者，若其未能在合理期限内依法采取进一步的措施，则表达者被删除信息应予以恢复呈现；若该通知因错误造成损害，还可要求通知者承担侵权责任。

总之，权利来自法律，也需要公民的积极争取。无论是立法修法，还是以制度工具或行政手段要求企业改变用户协议，均需可观的时间与物质、人力成本。如有一定数量的公民更加主动地维护自身权利，推动与网络表达平台的交涉，甚至将该过程通过网络予以分享，可能会更有效率地探索出通畅的表达权救济路径。从当前法律规定来看，若因"被侵权人"通知或平台主动审查被删除信息，表达者有权直接要求表达平台承担违约或侵权的民事责任，也可根据《民法典》就"通知"进行答辩，并进而恢复信息，甚至要求提出错误通知的一方承担侵权责任。但是，若通知者是国家机关，其救济程序仍未发现直接规定。从"通知—删帖"行为应属具体行政行为来看，表达者有权从网络平台得知执法主体和通知内容，并采取行政复议和行政诉讼等措施。公民争取权利救济的行为必将对国家和网络表达平台的内容管理制度产生影响，典型案例的形成将有助于在实践中形成更加透明的内容治理机制，以及更加便捷、有效、公正的表达权救济渠道。

本章小结

表达权是表达自由的政治性权利面向，网络表达权是表达权在网络媒介上的表现形式，因此其既是一项基本人权，又是我国《宪法》规定的公民基本权利。作为民主"四权"的一部分，其具有典型的政治性权利属性。网络表达权是在特定的政治、社会和经济境况下发展出的公民核心能力，实质性表达自由的实现便取决于是否拥有这种能力。因而，网络表达权利与国家权力之间有着相辅相成的合作互动关系,通过合作,公民的权利、能力和国家的权力、治理能力均能获得发展。网络表达权令公众有机会在代议制机关之外直接与国家机关沟通交流。在网络上,人们作出表达,引发讨论,取得国家关注,获得国家回应。网络表达权的行使能够巩固国家权力的合法性,并提高其治理能力,从而确保国家权力行使正当有效。而国家权力则通过对网络设施层、规则层和内容层的治理,来弥合数字鸿沟,约束网络运营者遵守诚实信用原则,并保障表达内容正常呈现不受干扰。

国家权力为推动网络表达权以积极、健康的方式运作,运用法律制度进行网络表达内容治理。然而随着权力运行日久,法律制度,尤其是行政规范愈益稠密,国家权力对公民网络表达的约束有泛化趋势。又由于执法机关对制度的解释适用容易倾向于便利管制而不利于自由,网络表达平台在严厉的行政规范和行政执法下愈益对网络表达加以严密审查。在此情形下,良好的权利权力合作互动关系常常遭到扭曲,公民网络表达呈现出过度的寒蝉效应,曲线表达方式被广泛使用以隐晦反抗国家权力的严格管控。如果"国家支配方式的演变趋势正从国家权力与官僚权力之间关系这一主线转变为国家与民众之间关系这一主线"①,那么就更要维护网络表达这一民众与国家联系的重要渠道。为改变这种不良互动,令国家权力脱离塔西佗陷阱,需在国家制度中贯彻表达自由理念,将表达自由理念置于稳定、管制理念之前,支持繁荣多元化网络表达,对有关公共事务的表达内容保持宽容态度,并考虑将网络伦理事务留给社会自治。同时畅通公民救济渠道,鼓励公民根据法律,通过与网络表达平台协商,提起民事诉讼和行政复议、行政诉讼等方式寻求救济,通过典型案例为公民主动维权作出示范,亦警醒掌握规制权力的国家和网络表达平台合理约束其支配权。

网络表达权的内容与行使方式是自由表达,其与国家权力是相互赋

---

① 周雪光:《国家治理逻辑与中国官僚体制:一个韦伯理论视角》,《开放时代》2013年第3期。

权还是相互排他,就目前而言主要取决于国家对实质性自由的态度。国家有着控制社会的原初目的,但国家也在社会中深受其影响和制约。当前我国在理论研究和政策实施上,均强调建设"有效且有限"的国家能力[①]、加强社会主体对公共权力的行使以实现协同共治[②],相较于国家与社会制衡论[③],我国更加重视强国家与强社会的合作互动以实现共赢。在此,对公民负责的强大国家所涉及的不仅是民主问题,也是一个国家建构即国家能力问题,还不可避免地是一个法治问题[④],而公民网络表达权的行使则本质是社会力量的发展问题。网络表达权与国家权力之间的合作互动,是拥有与行使网络表达权的公民和旨在遵循公民意志、对公民负责的国家协调相互之间的利益关系,通过互助实现共赢。在此过程中,公民通过行使网络表达权,与国家权力在合作互动中共同优化其权利、权力和各自的能力,通过替对方赋权赋能为自身增权增能,实现"权能相长",此应为理想的良性"国家—社会"关系。

---

① 刘鹏:《三十年来海外学者视野下的当代中国国家性及其争论述评》,《社会学研究》2009年第5期。

② 尤其是2013年党的十八届三中全会提出了建设"社会治理体制"之后,社会共治理念在我国国家治理活动中受到了更高重视。参见江必新:《以党的十九大精神为指导加强和创新社会治理》,《国家行政学院学报》2018年第1期。

③ 参见[美]弗朗西斯·福山:《政治秩序的起源:从前人类时代到法国大革命》,毛俊杰译,广西师范大学出版社2014年版,第433页。

④ 参见[美]弗朗西斯·福山:《政治秩序的起源:从前人类时代到法国大革命》,毛俊杰译,广西师范大学出版社2014年版,第21页。

从权利话语到权利实现

　　权利的意义不在于或不仅仅在于文本上的表达,而更多地体现为它的实践。文本上的权利向实践中的权利的变化过程,既是权利日渐生动并取得活力的过程,也是权利主体的利益、价值及其蕴含于权利中的尊严的实现过程。表达权也是如此。此外,它还具有党和国家所欲实现的战略价值,是国家软实力的组成部分,它的有效实现最终有助于国家的法律和政策真正体现和实现人民意志。本课题的研究,就是基于这一问题意识,在对表达权自身的内涵、发展进行研究的基础上,探索如何对表达进行治理,如何通过完善国家制度、提升国家治理能力进而有效实现表达权。

　　话语权和话语体系的建设,是"讲好中国故事,传播好中国声音,阐释好中国特色"①的要求,也是我们面临的重要任务。而"表达权"是一个极具中国特色的政法话语,在某种意义上,它是对宪法学理论中表达自由的转进。在欧美自由主义传统中,宪法学理论上的表达自由更多地具有消极防御功能,体现为一种免受干预的自由,表达自由预设了国家与公民的二元对立关系,国家是公民表达自由最大的敌人。从表达自由向表达权的变迁,体现了自由从单一的防御功能向防御与进取相结合的演变趋势。在表达权设定下,国家与公民之间是一种信赖关系,国家有义务为公民表达权的实现提供必要条件,且公众对此具有合理期待。尤其是在网络融合的场景下"国家—公民"的二元关系转化为"国家—平台—公民"的三元

---

　　① 习近平:《习近平谈治国理政》(第一卷),外文出版社2018年版,第162页。

关系,平台企业基于技术控制形成了一种堪比国家公权力的社会权力,这就更需要国家介入到言论市场中,通过资源的分配和平台的监管来保障公共辩论的多样性。

　　表达权是一种通过权利话语进行的有中国特色的权利建构。"权利"是一个具有明显甚至强烈指向性的话语,当一个人声称自己有"权利"的时候,往往对应的就是他人有义务做或者不做某件事。权利表达更容易引发人们的共情与共鸣,伯克曾经说过一段非常有意思的话:"就要求权利而言,最糟的请求者,即最粗野、最无知的请求者的要求会得到更多的同情,因为他无知。他的弱点,他的贫困,他的不幸,都能增加其权利的分量,他以穷人的形象起诉,他应该成为法庭最宠信的人。"① 这种从消极权能向积极权能与消极权能两者整合的变迁,既体现了作为中国政法话语的表达权对修辞的超越,也体现了其自身的理论化与体系化。在这个意义上,它立足于中国场景,援用了世界通行的"皮"(权利),并将其与中国的传统与政治道德和现代观念进行融合,同时结合民主政治的发展和互联网的支撑,将其与社会主义民主政治建设的"骨"有机整合为一体,实现了一种"实用"的中西融合。② 因此,作为中国政法话语的表达权,不是一个修辞(rhetoric),而是一个术语(terminology),这个术语本身蕴含着在中国的政法体制框架内对中国法律和法治的理解。对这个"词"的理解和阐释,离不开中国政法体制这一"物"③,也离不开对与表达自由相关联的法理的阐述,更离不开新时代尊重与保障数字人权、建设中国特色社会主义法治体系进而推进全面依法治国的宏阔场景。对表达权在学理上的梳理和解释,有助于丰富中国特色社会主义法学和法治话语,为该权利在实践中的实现与保障提供理论支撑。

　　表达权的实现,需要国家公权力有所为有所不为。"有所不为"意味

---

　　① 〔英〕埃德蒙·柏克:《自由与传统——柏克政治论文选》,蒋庆等译,商务印书馆2001年版,第37页。

　　② 参见黄宗智:《中西法律如何融合?——道德、权利与实用》,《中外法学》2010年第5期。

　　③ 参见侯猛:《当代中国政法体制的形成及意义》,《法学研究》2016年第6期。

着对推进政治民主和自治的表达权给予充分尊重、不加干涉,这与传统的表达自由消极防御功能相通。"有所为"意味着国家还应有积极行动,通过多种方式对各种表达行为进行治理。

首先,治理的对象除了个体的表达行为,还应该将网络平台的行为纳入进来。在传统纸质媒体时代,"街头发言者"模式构成了表达自由的基本样态,并由此决定了它的意涵、价值和实现方式。在国家、网络表达平台和个体之间形成三角模式的新时代,表达权的学理基础、价值与实现方式则呈现出高度的复杂性。与西方自由主义传统下的表达自由概念不同,表达权建立在节制资本和底线性思维之上,是汲取西方法治成果并立足本土提出的富有活力的政法表述。它自身"以人民为中心"的属性要求通过降低甚至排除思想市场中的"不正当竞争",营造一个真正体现公意、实现民主的"新思想市场"。为此,我们承认互联网平台对公众表达具有不可替代的正向价值,但也应正视其失序风险,并从整体环境角度对其予以防范和规制。

其次,应注意对网络表达权异化进行治理。当表达权与互联网相结合时,网络表达权除了表达固有的内容之外,还被自媒体技术所蕴含的平等性、匿名性、言论传播的不可控性等特征所影响,并由此有了异化的可能性。2020年新冠肺炎疫情蔓延引发了重大突发性公共卫生危机,"网络表达权"在疫情防控过程中逐步发生异化,并导致了网络谣言的制造与传播。网络谣言制造者与传播者视角有效揭示了"网络表达权"异化的发生逻辑。一方面,话题制造、相对剥夺感以及偏颇吸收共同导致了网络谣言的制造行为;另一方面,事件重要性与模糊性、信息不对称、信息流瀑与群体极化、算法推荐等因素叠加,导致了网络谣言的传播行为。要妥善治理疫情防控背景下"网络表达权"异化问题,需要从"权利"与"权力"两个层面着手,一是通过区分原则为"网络表达权"的行使设定边界,从制度规范层面降低权利的异化风险。二是借助比例原则与效益原则提升公权力对于"网络表达权"治理手段的适当性。

最后,网络表达权的实现需要通过国家治理能力的强化与提升来进行保障。在物质层面上,应建设表达权的基础设施,以消除隐藏在数字迷雾中的对信息弱势者的隐性不平等,实现表达权的平等保护,进而保护其相应的政治、经济利益。在制度层面上,需通过恰当的制度安排使得表达者的声音能够"达"到"听众"耳中,使得听众能够"听到",公众合理的声音亦能被"听取"。而此二者的实现,均需要国家治理能力的支持和保障。在这个意义上,公民网络表达权的行使本质是社会力量的发展问题。网络表达权与国家权力之间的合作互动,是拥有与行使网络表达权的公民和旨在遵循公民意志、对公民负责的国家协调相互之间的利益关系,通过互助实现共赢的过程。在此过程中,公民通过行使网络表达权,与国家权力在合作互动中共同优化其权利、权力和各自的能力,通过替对方赋权赋能为自身增权增能,实现"权能相长",此应为理想的良性国家—社会关系。有了这种关系,公民表达权和国家治理能力就如同 DNA 双螺旋链的形状,能够在密切连接的基础上螺旋式上升和发展。

在新中国场景中,党的重视可保证人民权利保障措施的力度与强度。近年来,表达权频繁出现在党和政府的重要文件中,这意味着作为政法话语的表达权得到了党和政府的高度关注。在学理上对表达权进行全方位研究是其有效实现的前提,在进行理论廓清之后,随着国家治理能力的进一步提升和对表达权实现所必需条件的逐渐满足,我们有理由相信,表达权会得到充分的实现。在实现表达权的基础上,我国将进一步推进法治化民主政治建设,实现"公意",通过把"以人民为中心"和共同善的理念与内容纳入法律原则和制度中而制定良法,并通过治理体系和治理能力的现代化实现善治。

Bibliography

1. 中文著作

[1]陈冀平主编:《中国社会治安综合治理年鉴2001—2002》,中国长安出版社2003年版。

[2]戴元光、金冠军:《传播学通论》,上海交通大学出版社2000年出版。

[3]《邓小平文选》(第2卷),人民出版社1994年版。

[4]《邓小平文选》(第3卷),人民出版社1993年版。

[5]邓瑜:《媒介融合与表达自由》,中国传媒大学出版社2011年版。

[6]冯鹏志:《伸延的世界——网络化及其限制》,北京出版社1999版。

[7]冯玉军:《新编法经济学:原理·图解·案例》,法律出版社2018年版。

[8]高鸿钧主编:《清华法治论衡》(第四辑),清华大学出版社2004年版。

[9]郭莉:《权利制约视域下网络舆论监督的法律规制》,社会科学文献出版社2019年版。

[10]贺珍怡等主编:《环境与健康:跨学科视角》,社会科学文献出版社2010年版。

[11]侯健:《表达自由的法理》,上海三联书店2008年版。

[12]胡仕林:《群体性事件发生学研究》,中国社会科学出版社2018年版。

[13]黄惟勤:《互联网上的表达自由:保护与规制》,法律出版社2011年版。

[14]黄晓钟、杨效宏、冯钢主编:《传播学关键术语解读》,四川大学出版社2005年版。

[15]《江泽民文选》(第一卷),人民出版社2006年版。

[16]李玫:《西方政策网络理论研究》,人民出版社2013年版。

[17]李杉:《中国传媒产业规制及其演进研究》,中国传媒大学出版社2017

年版。

[18]李朱主编:《群众路线大家谈》,华文出版社 2013 年版。

[19]梁治平主编:《转型期的社会公正》,上海三联书店 2010 年版。

[20]林来梵:《从宪法规范到规范宪法》,商务印书馆 2017 年版。

[21]罗豪才、宋功德:《软法亦法》,法律出版社 2009 年版。

[22]荣敬本、崔之元等:《从压力型体制向民主合作制的转变:县乡两级政治体制改革》,中央编译出版社 1998 年版。

[23]桑本谦:《理论法学的迷雾》,法律出版社 2008 年版。

[24]邵培仁:《传播学》,高等教育出版社 2008 年版。

[25]申凡:《传播学原理》,华中科技大学出版社 2012 年版。

[26]施治生、沈永兴:《民主的历史演变》,北京出版社 1982 年版。

[27]汪晖、陈燕谷主编:《文化与公共性》,三联书店 1998 年版。

[28]汪旻艳:《网络舆论与中国政府治理》,南京师范大学出版社 2015 年版。

[29]王绍光、胡鞍钢:《中国国家能力报告》,辽宁人民出版社 1993 年版。

[30]王四新:《网络空间的表达自由》,社会科学文献出版社 2007 年版。

[31]吴开松、李华胤、徐晓晨:《群体性事件的社会心理因素研究》,华中科技大学出版社 2014 年版。

[32]夏勇:《人权概念起源:权利的历史哲学》,中国政法大学出版社 2001 年版。

[33]谢静:《美国的新闻媒介批评》,中国人民大学出版社 2009 年版。

[34]谢鹏程:《公民的基本权利》,中国社会科学出版社 1999 年版。

[35]许崇德:《中华人民共和国宪法史》(上册),福建人民出版社 2005 年版。

[36]叶浩生:《西方心理学的历史与体系》,人民教育出版社 1998 年版。

[37]应星:《"气"与抗争政治:当代中国乡村社会稳定问题研究》,社会科学文献出版社 2011 年版。

[38]于建嵘:《抗争性政治:中国政治社会学基本问题》,人民出版社 2010 年版。

[39]张楚:《网络法学》,高等教育出版社 2003 版。

[40]张国良:《传播学原理》,复旦大学出版社 2009 年版。

[41]张千帆:《宪法学》(第二版),法律出版社 2013 年。

［42］甄树青：《论表达自由》，社会科学文献出版社 2000 年版。

［43］中共中央办公厅法规局：《中国共产党党内法规制定条例及相关规定释义》，法律出版社 2020 年版。

［44］中共中央马克思恩格斯列宁斯大林著作编译局：《马克思恩格斯选集》，中共中央翻译局翻译，人民出版社 1995 年版。

［45］中国社科院语言研究所词典编辑室编：《现代汉语小词典》（第 5 版），商务印书馆 2008 年版。

［46］中央政法委员会办公室：《学习实践科学发展观暨深入开展"大学习、大讨论"活动读本》，中国长安出版社 2009 年版。

［47］周晓虹：《社会心理学》，高等教育出版社 2008 年版。

［48］邹卫中：《自主与困境：网络民主困境及其新路》，中央民族大学出版社 2015 年版。

［49］左亦鲁：《超越"街角发言者"：表达权的边缘与中心》，社会科学文献出版社 2020 年版。

2. 中文译著

［1］［美］安东尼·刘易斯：《言论的边界：美国宪法第一修正案简史》，徐爽译，法律出版社 2010 年版。

［2］［美］安东尼·刘易斯：《批评官员的尺度》，何帆译，北京大学出版社 2011 年版。

［3］［美］安德鲁·基恩：《网民的狂欢》，丁德良译，南海出版公司 2010 年版。

［4］［英］安德鲁·查德维克：《互联网政治学：国家、公民与新传播技术》，任孟山译，华夏出版社 2010 年版。

［5］［印］阿马蒂亚·森：《以自由看待发展》，任赜、于真译，中国人民大学出版社 2012 年版。

［6］［古希腊］柏拉图：《法律篇》，张智仁、何勤华译，商务印书馆 2016 年版。

［7］［美］大卫·斯隆：《美国传媒史》，刘琛等译，上海人民出版社 2010 年版。

［8］［美］戴维·温伯格：《知识的边界》，胡泳、高美译，山西人民出版社 2014 年版。

［9］［美］F. J. 古德诺：《政治与行政》，王元译，华夏出版社 1987 年版。

[10][美]富勒:《法律的道德性》,郑戈译,商务印书馆 2005 年版。

[11][美]弗朗西斯·福山:《政治秩序的起源:从前人类时代到法国大革命》,毛俊杰译,广西师范大学出版社 2014 年版。

[12]国际交流问题研究委员会编写:《多种声音,一个世界:交流与社会·现状和展望》,中国对外出版公司第二编译室译,中国对外翻译出版公司 1981年版。

[13][法]古斯塔夫·勒庞:《乌合之众:大众心理研究》,冯克利译,中央编译出版社 2004 年版。

[14][英]赫克托·麦克唐纳:《后真相时代》,刘清山译,民主与建设出版社2019 年版。

[15][法]霍尔巴赫:《自然政治论》,陈太先、眭茂译,商务印书馆 1994 年版。

[16][美]哈罗德·拉斯韦尔:《社会传播的结构与功能》,何道宽译,中国传媒大学出版社 2013 年版。

[17][英]哈耶克:《自由秩序原理》,邓正来译,三联书店 1998 年版。

[18][德]哈贝马斯:《在事实与规范之间:关于法律和民主法治国的商谈理论》,童世骏译,生活·读书·新知三联书店 2003 年版。

[19][美]汉娜·阿仑特:《人的条件》,竺乾威等译,上海人民出版社1999 年。

[20][美]J.赫伯特·阿特休尔:《权力的媒介》,黄煜、裴志康译,华夏出版社1989 年版。

[21][美]凯斯·R.桑斯坦:《偏颇的宪法》,宋华琳、毕竞悦译,北京大兴出版社 2005 年版。

[22][美]凯斯·桑斯坦:《网络共和国:网络社会中的民主问题》,黄维明译,上海人民出版社 2003 年版。

[23][美]凯斯·R.桑斯坦:《信息乌托邦》,毕竞悦译,法律出版社 2008年版。

[24][美]凯斯·桑斯坦:《谣言》,张楠迪扬译,中信出版社 2010 年。

[25][美]凯斯·桑斯坦:《权利革命之后:重塑规制国》,李洪雷、钟瑞华译,中国人民大学出版社 2008 年版。

[26][美]卡尔·科恩:《论民主》,聂崇信、朱秀贤译,商务印书馆 1988 年版。

[27][英]科林·斯科特:《规制、治理与法律:前沿问题研究》,安永康译,清华大学出版社 2018 年版。

[28][法]克罗齐耶、费埃德伯格:《行动者与系统——集体行动的政治学》,张月等译,上海人民出版社 2007 年版。

[29][美]孔飞力:《叫魂》,陈兼、刘昶译,上海三联出版社 1999 年版。

[30][美]理查德·斯皮内洛:《铁笼,还是乌托邦》,李伦等译,北京大学出版社 2007 年版。

[31][美]理查德·泰勒、卡斯·桑斯坦:《助推:如何做出有关健康、财富与幸福的最佳决策》,刘宁译,中信出版社 2015 年版。

[32][美]理查德·A.波斯纳:《法律的经济分析》,蒋兆康译,中国大百科全书出版社 1997 年版。

[33][美]理查德·A.波斯纳:《超越法律》,张力译,中国政法大学出版社 2001 年版。

[34][美]罗伯特·C.埃里克森:《无需法律的秩序——相邻者如何解决纠纷》,苏力译,中国政法大学出版社 2016 年版。

[35][美]罗伯特·W.麦克切斯尼:《富媒体 穷民主:不确定时代的传播政治》,谢岳译,新华出版社 2003 年版。

[36][美]罗伯特.波斯特:《民主、专业知识与学术自由:现代国家的第一修正案理论》,左亦鲁译,中国政法大学出版社 2014 年版。

[37][美]罗纳德·哈里·科斯:《论生产的制度结构》,盛洪、陈郁译,生活·读书·新知三联书店上海分店出版社 1994 年版。

[38][美]罗伯特·K.默顿:《社会理论和社会结构》,唐少杰、齐心等译,译林出版社 2006 年版。

[39][加]罗伯特·哈克特、赵月枝:《维系民主?西方政治与新闻客观性》,沈荟、周雨译,清华大学出版社 2005 年版。

[40][美]罗杰·迪金森等编:《受众研究读本》,单波译,华夏出版社 2006 年版。

[41][美]劳伦斯·莱斯格:《代码 2.0:网络空间中的法律》,李旭、沈伟伟译,清华大学出版社 2009 年版。

[42][英]雷蒙德·瓦克斯:《读懂法理学》,杨天江译,广西师范大学出版社

2016 年版。

[43][日]芦部信喜:《宪法》,林来梵译,清华大学出版社 2018 年版。

[44][法]卢梭:《社会契约论》,何兆武译,商务印书馆 1982 年版。

[45][美]曼纽尔·卡斯特:《网络社会的崛起》,夏铸九、王志弘等译,社会科学文献出版社 2001 年版。

[46][美]迈克尔·埃默里等:《美国新闻史:大众传播媒介解释史》,展江译,中国人民大学出版社 2004 年版。

[47][英]迈克尔·曼:《社会权力的来源》(第二卷·上),陈海宏等译,上海人民出版社 2007 年版。

[48][美]麦克·布洛维:《公共社会学》,沈原等译,社会科学文献出版社 2007 年版。

[49][美]马修·辛德曼:《数字民主的迷思》,唐杰译,中国政法大学出版社 2016 年版。

[50][加]马歇尔·麦克卢汉:《理解媒介:论人的延伸》,何道宽译,译林出版社 2011 年版。

[51][美]玛丽·安·格伦顿:《权利话语——穷途末路的政治言辞》,周威译,北京大学出版社 2006 年版。

[52][美]玛莎·C. 纳斯鲍姆:《寻求有尊严的生活——正义的能力理论》,田雷译,中国人民大学出版社 2016 年版。

[53][德]马克思、恩格斯:《马克思恩格斯全集》(第 11 卷),人民出版社 1956 年版。

[54][德]马克思:《法兰西内战初稿》,《马克思恩格斯选集》第 2 卷,人民出版社 1972 年版。

[55][德]马克斯·韦伯:《经济与社会》,阎克文译,上海人民出版社 2019 年版。

[56][美]尼古拉斯·卡尔:《浅薄:互联网如何毒化了我们的大脑》,刘纯毅译,中信出版社 2010 年版。

[57][法]孟德斯鸠:《论法的精神》,张雁深译,商务印书馆 1982 年版。

[58][英]诺曼·费尔克拉夫:《话语与社会变迁》,殷晓蓉译,华夏出版社 2003 年版。

[59][美]欧文·费斯:《言论自由的反讽》,刘擎、殷莹译,新星出版社2005年版。

[60][英]帕特里克·德富林:《道德的法律强制》,马腾译,中国法制出版社2016年版。

[61][美]乔万尼·萨托利:《民主新论》,冯克利、阎克文译,上海人民出版社2009年版。

[62][美]R.科斯等:《财产权利与制度变迁:产权学派与新制度学派译文集》,刘守英译,上海三联书店1994年版。

[63][法]让-诺埃尔·卡普费雷:《谣言:世界最古老的传媒》,郑若麟译,上海人民出版社2008年版。

[64][荷兰]斯宾诺莎:《神学政治论》,温锡增译,商务印书馆1963年版。

[65][美]施特劳斯:《柏拉图〈法义〉的论辩与情节》,程志敏、方旭译,华夏出版社2011年版。

[66][德]托马斯·莱赛尔:《法社会学导论》,高旭军等译,上海人民出版社2008年版。

[67][美]新闻自由委员会:《一个自由而负责的新闻界》,展江译,中国人民大学出版社2004年版。

[68][美]亚历山大·米克尔约翰:《表达自由的法律限度》,侯健译,贵州人民出版社2003年版。

[69][美]约翰·吉本斯:《法律语言学导论》,程朝阳等译,法律出版社2007年版。

[70][英]约翰·弥尔顿:《论出版自由》,吴之椿译,商务印书馆1958年版。

[71][英]约翰·密尔:《论自由》,许宝骙译,商务印书馆1998年版。

[72][美]约翰·维维安:《大众传播媒介》,顾宜凡等译,北京大学出版社2010年版。

[73][美]约翰·D.泽莱兹尼:《传播法:自由、限制与现代媒介》,张金玺、赵刚译,清华大学出版社2007年版。

[74][美]伊莱·帕里泽:《过滤泡:互联网对我们的隐秘操纵》,方师师、杨媛译,中国人民大学出版社2020年版。

[75][美]伊莱休.卡茨:《人际影响——个人在大众传播中的作用》,张宁、刘

海龙译,中国人民大学出版社 2016 年版。

[76][英]亚当·库珀、杰西卡·库珀:《社会科学百科全书》,上海译文出版社 1989 年版。

[77][德]尤尔根·哈贝马斯:《作为"意识形态"的技术和科学》,李黎、郭官译,学林出版社 1999 年版。

[78][英]詹姆斯·柯兰、娜塔莉·芬顿、德斯·弗里德曼:《互联网的误读》,何道宽译,中国人民大学出版社 2014 版。

[79][美]詹姆斯·米勒:《福柯的生死爱欲》,高毅译,上海人民出版社 2005 年版。

3.中文期刊论文

[1]艾佳慧:《科斯定理还是波斯纳定理:法律经济学基础理论的混乱与澄清》,载《法制与社会发展》2019 年第 1 期。

[2]包国宪、孙加献:《政府绩效评价中的"顾客导向"探析》,载《中国行政管理》2006 年第 1 期。

[3]曹义孙、娄曲亢:《柏拉图〈法律篇〉的良法思想研究》,载《首都师范大学学报(社会科学版)》2017 年第 6 期。

[4]曹海军:《新冠肺炎疫情中网络谣言的成因、二重性及其平衡理路》,载《社会科学辑刊》2020 年第 1 期。

[5]崔建周:《论党员表达权的保障与规制》,载《中共中央党校学报》2013 年第 2 期。

[6]曹泳鑫、曹峰旗:《西方网络民主思潮:产生动因及其现实性质疑》,载《政治学研究》2008 年第 2 期。

[7]陈青鹤等:《平台组织的权力生成与权力结构分析》,载《中国社会科学院研究生院学报》2016 年第 2 期。

[8]陈忠:《涂层正义论——关于正义真实性的行为哲学研究》,载《探索与争鸣》2019 年第 2 期。

[9]陈力丹:《中国、欧盟学者共同探讨表达自由的法律与实践——"中欧人权对话研讨会·表达自由"会议综述》,载《国际新闻界》2005 年第 4 期。

[10]陈进华:《治理体系现代化的国家逻辑》,载《中国社会科学》2019 年第 5 期。

[11]陈景辉:《算法的法律性质——言论、商业秘密还是正当程序》,载《比较法研究》2020 年第 2 期。

[12]陈道英:《人工智能中的算法是言论吗?——对人工智能中的算法与言论关系的理论探讨》,载《深圳社会科学》2020 年第 2 期。

[13]陈新民:《德国行政法学的先驱者——谈德国 19 世纪行政法学的发展》,载《行政法学研究》1998 年第 1 期。

[14]陈沛芹:《媒介即讯息?——论技术的使用之于媒介内容的影响》,载《新闻界》2010 年第 2 期。

[15]陈丽莉:《论自媒体时代的言论自由》,载《中国检察官》2013 年第 8 期

[16]陈星、潘勤毅:《"互联网＋"时代民族地区版权产业数字化发展及对策》,载《中国出版》2016 年第 11 期。

[17]陈家刚:《协商民主研究在东西方的兴起与发展》,载《毛泽东邓小平理论研究》2008 年第 7 期。

[18]陈海嵩:《邻避型环境群体性事件的治理困境及其消解——以"PX 事件"为中心》,载《社会治理法治前沿年刊》2007 年。

[19]陈海嵩:《绿色发展中的环境法实施问题:基于 PX 事件的微观分析》,载《中国法学》2016 年第 1 期。

[20]陈天林、刘爱章:《网络时代预防和处置生态环境群体性事件的新思路——透视厦门 PX 事件》,载《科学社会主义》2009 年第 6 期。

[21]陈莹:《行政法基本原则的丰富和发展》,载《政治与法律》2004 年第 4 期。

[22]陈仪:《对完善我国环境影响评价法律制度的思考——厦门 PX 项目和上海磁悬浮项目环评风波的启示》,载《云南大学学报(法学版)》2008 年第 2 期。

[23]陈剩勇、卢志朋:《网络平台企业的网络垄断与公民隐私权保护——兼论互联网时代公民隐私权的新发展与维权困境》,载《学术界》2018 年第 7 期。

[24]陈剩勇、杜洁:《互联网公共论坛:政治参与和协商民主的兴起》,载《浙江大学学报(人文社会科学版)》2005 年第 3 期。

[25]陈勤奋:《哈贝马斯的"公共领域"理论及其特点》,载《厦门大学学报(哲学社会科学版)》2009 年第 1 期。

[26]陈璐颖:《互联网内容治理中的平台责任研究》,载《出版发行研究》2020

年第 6 期。

[27]崔敏、王礼明:《试论言论自由》,载《学习与研究》1982 年第 4 期。

[28]崔金云:《合法性与政府权威》,载《北京大学学报(哲学社会科学版)》2003 年第 S1 期。

[29]蔡雯:《媒介融合前景下的新闻传播变革——试论"融合新闻"及其挑战》,载《国际新闻界》2006 年第 5 期。

[30]程蔓丽:《新文科背景下的新闻传播教育》,载《中国编辑》2021 年第 2 期。

[31]戴昕:《比例原则还是成本收益原则:法学方法的批判性重构》,载《中外法学》2018 年第 6 期。

[32]戴昕:《重新发现社会规范:中国网络法的经济社会学视角》,载《学术月刊》2019 年第 1 期。

[33]邓晓芒:《康德自由概念的三个层次》,载《复旦学报》2004 年第 2 期。

[34]邓炜辉:《网络表达自由的国家保障义务——兼评"法释[2013]21 号"对网络言论的刑罚规制》,载《甘肃政法学院学报》2015 年第 1 期。

[35]丁柏铨:《论公众意见表达及政府、大众传媒的关系》,载《西南民族大学学报(人文社科版)》2009 年 4 期。

[36]丁柏铨:《论新闻的有效传播》,载《新闻与传播研究》2002 年第 4 期。

[37]丁建军:《网络民意对中国民主政治的影响》,载《广西社会科学》2004 年第 11 期。

[38]董媛媛:《论美国"网络中立"及其立法价值》,载《新闻大学》2011 年第 2 期。

[39]董石桃、何植民:《协商民主:公民资格理论的反思与发展》,载《湖北社会科学》2014 年第 10 期。

[40]杜启顺:《新媒体时代隐私权的法律保护》,载《中州学刊》2017 年第 10 期。

[41]杜承铭:《论表达自由》,载《中国法学》2001 年第 3 期。

[42]方兴东、严峰:《网络平台"超级权力"的形成与治理》,载《人民论坛·学术前沿》2019 年第 14 期。

[43]方涧:《网络仇恨言论的法律识别》,载《甘肃政法学院学报》2020 年第

3 期。

[44]冯辉:《公共治理中的民粹倾向及其法治出路——以 PX 项目争议为样本》,载《法学家》2015 年第 2 期。

[45]冯仕政:《社会冲突、国家治理与"群体性事件"概念的演生》,载《社会学研究》2015 年第 5 期。

[46]冯嘉:《论新〈环境保护法〉中重点环境管理制度实施的力度和效果》,载《中国高校社会科学》2016 年第 5 期。

[47]封丽霞:《法治视角下的社会稳定》,载《中国党政干部论坛》2011 年第 4 期。

[48]范进学:《论宪法比例原则》,载《比较法研究》2018 年第 5 期。

[49]范履冰、俞祖成:《公共危机中的非政府组织功能分析——以"厦门 PX 事件"为例》,载《理论探索》2008 年第 5 期。

[50]郭道晖:《论国家权力与社会权力——从人民与人大的法权关系谈起》,载《法治与社会发展》1995 年第 2 期。

[51]郭道晖:《权力的多元化与社会化》,载《法学研究》2001 年第 1 期。

[52]郭道晖:《论作为人权和公民权的表达权》,载《河北法学》2009 年第 1 期。

[53]郭道晖:《权力的特性及其要义》,载《山东科技大学学报(社会科学版)》2006 年第 8 期。

[54]郭道晖:《论表达权与言论自由》,载《炎黄春秋》2011 年第 1 期。

[55]郭春镇:《论两种人权偏好之关系及中国人权的积极面向》,载《法学评论》2012 年第 2 期。

[56]郭春镇:《论反司法审查观的"民主解药"》,载《法律科学(西北政法大学学报)》2012 年第 2 期。

[57]郭春镇:《论法律父爱主义的正当性》,载《浙江社会科学》2013 年第 6 期。

[58]郭春镇:《权力的"助推"与权利的实现》,载《法学研究》2014 年第 1 期。

[59]郭春镇:《公共人物理论视角下网络谣言的规制》,载《法学研究》2014 年第 4 期。

[60]郭春镇:《从"神话"到"鸡汤"——论转型期中国法律信任的建构》,载

《法律科学》2014 年第 3 期。

[61]郭春镇、马磊:《对接法律的治理——美国社会规范理论述评及其中国意义》,载《国外社会科学》2017 年第 3 期。

[62]高呈祥:《"言者无罪"与"违法必究"》,载《社会科学》1982 年第 7 期。

[63]高志宏:《关于地方人大重大事项决定权之"重大事项"的判断——以"厦门 PX 事件"为例》,载《理论月刊》2009 年第 3 期。

[64]高金萍:《社交媒体格局下传统媒体如何担当"船桥上的瞭望者"——析美媒"占领华尔街"运动报道》,载《国际新闻界》2012 年第 4 期。

[65]高鸿钧:《德沃金法律理论评析》,载《清华法学》2015 第 2 期。

[66]高薇:《弱者的武器:网络呼吁机制的法与经济学分析》,载《政法论坛》2020 年第 3 期。

[67]高秦伟:《论行政法上的第三方义务》,载《华东政法大学学报》2014 年第 1 期。

[68]高秦伟:《社会自我规制与行政法的任务》,载《中国法学》2015 年第 5 期。

[69]甘绍平:《知识与自由关系的伦理反思》,载《中国人民大学学报》2020 年第 3 期。

[70]龚强、雷丽衡、袁燕:《政策性负担、规制俘获与食品安全》,载《经济研究》2015 年第 8 期。

[71]淦家辉、谢向阳:《公民表达权浅论》,载《燕山大学学报(哲学社会科学版)》2008 年第 4 期。

[72]管人庆:《论网络政治表达权的法律保障机制——以匿名权为核心视角》,载《社会科学辑刊》2012 年第 2 期。

[73]侯猛:《新中国政法话语的流变》,载《学术月刊》2020 年第 2 期。

[74]侯猛:《当代中国政法体制的形成及意义》,载《法学研究》2016 年第 6 期。

[75]侯健:《言论自由及其限度》,载《北大法律评论》2000 年第 2 期。

[76]侯健:《表达自由与行政法规制定权——以网络信息内容管理规范为例》,载《新闻大学》2018 年第 2 期。

[77]何志鹏、姜晨曦:《网络仇恨言论规制与表达自由的边界》,载《甘肃政法

学院学报》2018 年第 3 期。

[78]何勤华、王静:《保护网络权优位于网络安全——以网络权利的构建为核心》,载《政治与法律》2018 年第 7 期。

[79]何家弘:《如何构建"中国式民主"的坐标系》,载《理论视野》2018 年第 9 期。

[80]何家弘:《探索中国的民主之路》,载《中国政法大学学报》2019 年第 2 期。

[81]何志武、陈呈:《网络民意的表达路径与收集机制研究——基于政策议程设置的视角》,载《中州学刊》2019 年第 11 期。

[82]胡鞍钢:《中国国家治理现代化的特征与方向》,载《国家行政学院学报》2014 年第 3 期。

[83]胡彦涛:《自媒体时代表达自由法律限制的论证方法》,载《政治与法律》2016 年第 3 期。

[84]胡凌:《网络法中的"网络"》,载《思想战线》2020 年第 3 期。

[85]胡凌等:《网络法的理论与视野》,载《地方立法研究》2019 年第 4 期。

[86]胡凌:《论赛博空间的架构及其法律意蕴》,载《东方法学》2018 年第 3 期。

[87]胡凌:《超越代码:从赛博空间到物理世界的控制/生产机制》,载《华东政法大学学报》2018 年第 1 期。

[88]胡凌:《网络中立在中国》,载《文化纵横》2014 年第 5 期。

[89]胡凌:《"网络中立"在美国》,载《网络法律评论》2009 年第 1 期。

[90]胡象明、唐波勇:《危机状态中的公共参与和公共精神——基于公共政策视角的厦门 PX 事件透视》,载《人文杂志》2009 年第 3 期。

[91]韩新华、李丹林:《从二元到三角:网络空间权力结构重构及其对规制路径的影响》,载《广西社会科学》2020 年第 5 期。

[92]黄志雄、刘碧琦:《德国互联网监管:立法、机构设置及启示》,载《德国研究》2015 年第 3 期。

[93]黄菊:《加强合作 促进发展 共创信息社会美好明天》,载《中国信息界》2005 年第 21 期。

[94]靖鸣、江晨:《网络删帖行为及其边界》,载《新闻界》2017 年第 7 期。

[95]靖鸣、臧诚：《传媒批判视野下媒介融合过程中的问题与思考》，载《现代传播（中国传媒大学学报）》2011年第4期。

[96]靖鸣、臧诚：《微博对把关人理论的结构及其对大众传播的影响》，载《新闻与传播研究》2013年第2期。

[97]金澈清、张召、潘斌：《区块链：面向新一代互联网的基础设施》，载《新疆师范大学学报（哲学社会科学版）》2020年第5期。

[98]金自宁：《风险决定的理性探求——PX事件的启示》，载《当代法学》2014年第6期。

[99]金吾伦、蔡肖兵：《在互联网上真的没人知道你是条狗吗？——虚拟实在与物理实在的关系演变》，载《自然辩证法研究》2004年第12期。

[100]纪莉：《种族主义的新冠：以病为名——新冠肺炎的全球媒介呈现》，载《学术研究》2020年第3期。

[101]蒋红珍：《论适当性原则——引入立法事实的类型化审查强度理论》，载《中国法学》2010年第3期。

[102]蒋德海：《依法治国不能忽略民主建设》，载《求索》2017年第5期。

[103]江登琴：《美国网络色情刑事处罚的宪法审查——雷诺案的经验与启示》，载《国家检察官学院学报》2011年第1期。

[104]江海洋：《论疫情背景下个人信息保护——以比例原则为视角》，载《中国政法大学学报》2020年第4期。

[105]江必新：《以党的十九大精神为指导加强和创新社会治理》，载《国家行政学院学报》2018年第1期。

[106]姜明安：《完善软法机制，推进社会公共治理创新》，载《中国法学》2010年第5期。

[107]贾康、梁季、张立承：《"民生财政"论析》，载《中共中央党校学报》2011年第2期。

[108]孔泽鸣：《疫情事件引发的媒介恐慌与现代化治理》，载《云南社会科学》2020年第3期。

[109]孔祥稳：《网络平台信息内容规制结构的公法反思》，载《环球法律评论》2020年第2期。

[110]雷霞：《谣言生命力解读——谣言概念及公式研究综述》，载《新闻记

者》2020 年第 11 期。

[111]李怀德:《论表达自由》,载《现代法学》1988 年第 6 期。

[112]李姿姿:《国家与社会互动理论研究述评》,载《学术界》2008 年第 1 期。

[113]李丹林、曹然:《新媒体治理视域下的表达权规制研究》,载《山东大学学报(哲学社会科学版)》2019 年第 4 期。

[114]李丹林、曹然:《以事实为尺度:网络言论自由的界限与第三方事实核查》,载《南京师大学报(社会科学版)》2018 年第 4 期。

[115]李步云等:《全面推进依法治国 迈进法治新时代》,载《法学研究》2013 年第 2 期。

[116]李卓:《析网络表达自由的法律边界及路径》,载《北方法学》2018 年第 6 期。

[117]李良荣、张春华:《论知情权与表达权——兼论中国新一轮新闻改革》,载《现代传播(中国传媒大学学报)》2008 年第 4 期。

[118]李春雷、钟珊珊:《风险社会视域下底层群体信息剥夺心理的传媒疏解研究——基于"什邡事件"的实地调研》,载《新闻大学》2014 年第 1 期。

[119]李沁:《沉浸媒介:重新定义媒介概念的内涵和外延》,载《国际新闻界》2017 年第 8 期。

[120]李舒沁:《疫情背景下数字鸿沟的现状与对策》,载《青年记者》2020 年第 33 期。

[121]李宗建、程竹汝:《新媒体时代舆论引导的挑战与对策》,载《上海行政学院学报》2016 年第 5 期。

[122]李静:《法国言论自由:在限制仇恨言论与倡导宗教批评之间——重读"伊斯兰资产和圣地联合会诉瓦尔"案》,载《新闻界》2016 年第 5 期。

[123]李晓静:《数字鸿沟的新变:多元使用、内在动机与数字技能——基于豫沪学龄儿童的田野调查》,载《现代传播(中国传媒大学学报)》2019 年第 8 期。

[124]李喆:《互联网内容分级管理制度研究》,载《东南传播》2015 年第 11 期。

[125]李树桥:《公民表达权:政治体制改革的前提》,载《中国改革》2007 年第 12 期。

[126]李树忠：《表达渠道权与民主政治》，载《中国法学》2003年第5期。

[127]李墨涵：《抖音算法推荐机制的局限与对策分析》，载《新媒体研究》2019年第2期。

[128]李立丰、高娜：《"网络表达权"刑法规制之应然进路—以刑法第二百九十一条第二款之立法范式为批判视角》，载《苏州大学学报（哲学社会科学版）》2016年第6期。

[129]李德国、蔡晶晶：《基于助推理论的公共服务质量改进——一个研究框架》，载《江苏行政学院学报》2016年第5期。

[130]李忠：《论言论自由的保护》，载《法学论坛》2000年第2期。

[131]刘胜枝：《微博热搜的价值、问题与完善》，载《人民论坛》2020年第31期。

[132]刘文科：《大众媒体对当代西方政党政治的影响》，载《政治学研究》2013年第6期。

[133]刘杨：《正当性与合法性概念辨析》，载《法制与社会发展》2008年第3期。

[134]刘权：《网络平台的公共性及其实现——以电商平台的法律规制为视角》，载《法学研究》2020年第2期。

[135]刘权：《目的正当性与比例原则的重构》，载《中国法学》2014年第4期。

[136]刘鹏：《三十年来海外学者视野下的当代中国国家性及其争论述评》，载《社会学研究》2009年第5期。

[137]刘超：《环境法的缺失与厦门PX事件》，载《江汉大学学报（社会科学版）》2008年第3期。

[138]刘晋名、艾围利：《"避风港规则"的法律适用困境及消解路径》，载《南京社会科学》2020年第8期。

[139]刘晓亮、张广利：《从环境风险到群体性事件：一种"风险的社会放大"现象解析》，载《湖北社会科学》2013年第12期。

[140]刘祥平、卢家银：《表达权在和谐社会中的实现路径》，载《前沿》2011年第5期。

[141]刘少杰：《网络化时代的社会结构变迁》，载《学术月刊》2012年第

10 期。

[142]罗楚湘:《网络空间的表达自由及其限制——兼论政府对互联网内容的管理》,载《法学评论》2012 年第 4 期。

[143]罗豪才、宋功德:《认真对待软法——公域软法的一般理论及其中国实践》,载《中国法学》2006 年第 2 期。

[144]卢春天、张志坚、张琦琪:《缺场交往中青年的形象自我管理》,载《中国青年研究》2016 年第 3 期。

[145]卢建平、姜瀛:《疫情防控下网络谣言的刑法治理》,载《吉林大学社会科学学报》2020 年第 5 期。

[146]路鹃:《网络匿名表达权在司法实践中的冲突与平衡》,载《西南政法大学学报》2018 年第 6 期。

[147]陆江兵:《中立的技术及其在制度下的价值偏向》,载《科学技术与辩证法》2000 年第 5 期。

[148]陆宇峰:《中国网络公共领域:功能、异化与规制》,载《现代法学》2014 年第 4 期。

[149]陆地、敖鹏:《四种媒介的未来肖像》,载《浙江传媒学院学报》2016 年第 3 期。

[150]陆艳超、高凛:《论宪政视野下的公民表达权》,载《河南广播电视大学学报》2008 年第 3 期。

[151]梁上上:《制度利益衡量的逻辑》,载《中国法学》2012 年第 4 期。

[152]廖福特:《什么是仇恨言论、应否及如何管制:欧洲人权法院相关判决分析》,载《欧美研究》2015 年第 45 期。

[153][美]买克·魁恩:《金喇叭》,赖恭谦译,载《实事求是》1987 年第 1 期。

[154]梅夏英、杨晓娜:《自媒体平台网络权力的形成及规范路径——基于对网络言论自由影响的分析》,载《河北法学》2017 年第 1 期。

[155][美]M. 麦考姆斯、T. 贝尔:《大众传播的议程设置作用》,郭镇之译,载《新闻大学》1999 年第 2 期。

[156]马海燕:《新媒介环境下媒体话语权再分配》,载《传媒》2014 年第 7 期。

[157]马长山:《智慧生活背景下的"第四代人权"及其保障》,载《中国法学》

2019 年第 5 期。

[158]马长山:《互联网＋时代"软法之治"的问题与对策》,载《现代法学》2016 年第 5 期。

[159]马忠法、谢迪扬:《论"通知—移除"规则中网络服务平台的法律责任》,载《上海财经大学学报》2019 年第 6 期。

[160]彭善明、张起帆:《疫后社会心态治理:参与、疏导与引领》,载《学习与实践》2020 年第 4 期。

[161]彭兰:《"连接"的演进:互联网进化的基本逻辑》,载《国际新闻界》2013 年第 12 期。

[162]钱宁:《"共同善"与分配正义论——社群主义的社会福利思想及其对社会政策研究的启示》,载《学海》2006 年第 6 期。

[163]齐小力:《论表达自由的保障与限制》,载《中国人民公安大学学报(社会科学版)》2010 年第 2 期。

[164]齐延平、何晓斌:《算法社会言论自由保护中的国家角色》,载《华东政法大学学报》2019 年第 6 期。

[165]秦前红、黄明涛:《论网络言论自由与政府规制之间的关系——以美国经验为参照》,载《武汉科技大学学报(社会科学版)》2014 年第 4 期。

[166]秦前红、李少文:《网络公共空间治理的法治原理》,载《现代法学》2014 年第 6 期。

[167]秦小建:《言论自由、政治结构与民主协商程序的多元构造》,载《法制与社会发展》2016 年第 5 期。

[168]邱鸿峰、杨松:《网络传播、公共领域与行政控制》,载《中国行政管理》2007 年第 6 期。

[169]邱遥堃:《论网络平台规则》,载《思想战线》2020 年第 3 期。

[170]渠敬东、周飞舟、应星:《从总体支配到技术治理——基于中国 30 年改革经验的社会学分析》,载《中国社会科学》2009 年第 6 期。

[171]任孟山:《"新媒体总统"奥巴马的政治传播学分析》,载《国际新闻界》2008 年第 12 期。

[172]孙笑侠:《公案及其背景——透视转型期司法中的民意》,载《浙江社会科学》2010 年第 3 期。

[173]孙丽岩:《行政权下的公民权利之辩》,载《政法论坛》2013年第2期。

[174]孙立平:《"过程—事件分析"与当代中国国家农民关系的实践形态》,载《清华社会学评论》(特辑),鹭江出版社2000年版。

[175]孙南翔:《论互联网自由的人权属性及其适用》,载《法律科学(西北政法大学学报)》2017年第3期。

[176]宋全成:《自媒体发展中的表达自由、政法规制及限度》,载《南京社会科学》2017年第11期。

[177]宋亚辉:《论公共规制中的路径选择》,载《法商研究》2012年第3期。

[178]宋海彬、郑志泽:《自媒体语境下网络民族仇恨言论法律规制问题探析》,载《广西民族研究》2018年第4期。

[179]宋迎法、王玉:《非制度化政治参与原因探究——以厦门PX事件为例》,载《北京工业大学学报(社会科学版)》2012年第1期。

[180][丹麦]施蒂格·夏瓦:《媒介化:社会变迁中媒介的角色》,刘君、范伊馨译,载《山西大学学报(哲学社会科学版)》2005年第5期。

[181]隋岩:《群体传播时代:信息生产方式的变革与影响》,载《中国社会科学》2018年第11期。

[182]邵国松:《国家安全视野下的网络治理体系构建》,载《南京社会科学》2018年第4期。

[183]时飞:《网络过滤技术的正当性批判——对美国网络法学界一个理论论争的观察》,载《环球法律评论》2011年第1期。

[184]石长顺、曹霞:《即时通信时代的网络规制变革——从"微信十条"谈起》,载《编辑之友》2014年第10期。

[185]史献芝、李强彬:《表达权的多维视域考量》,载《中共四川省委党校学报》2009年第2期。

[186]史献之:《表达权与和谐社会之间的隐蔽逻辑》,载《湖北社会科学》2008年第5期。

[187]史云贵:《中国社会群体性突发事件有效治理的理性路径论析——一种基于公共理性的研究视角》,载《社会科学》2010年第1期。

[188]沙勇忠、曾小芳:《基于扎根理论的环境维权类群体性事件演化过程分析——以厦门PX事件为例》,载《兰州大学学报(社会科学版)》2013年第4期。

[189]沈承诚:《环境维权的二元形态差异:生活的政治与对话的政治——基于癌症村和厦门 PX 项目的案例》,载《江苏社会科学》2017 年第 3 期。

[190]邵培仁:《新闻传播者的特点、权利和责任》,载《新闻知识》1996 年第 8 期。

[191]申金霞:《后真相时代社交媒体平台的事实核查分析》,载《新闻与写作》2019 年第 3 期。

[192]申建林、张晶晶:《网络是民主的引擎?——技术乐观主义的困境与网络民主前景》,载《理论探讨》2019 年第 1 期。

[193]苏力:《〈秋菊打官司〉案、邱氏鼠药案和言论自由》,载《法学研究》1996 年第 3 期。

[194]陶国臣:《没有大众的"大众媒介"》,载《新闻战线》1983 年第 12 期。

[195]田大宪:《媒介的权力及其异化》,载《陕西师范大学学报(哲学社会科学版)》2005 年第 6 期。

[196]田雷:《跨省监督——中国宪政体制内的表达自由》,载《北大法律评论》2012 年第 1 期。

[197]唐皇凤:《社会主要矛盾转化与新时代我国国家治理现代化的战略选择》,载《新疆师范大学学报(哲学社会科学版)》2018 年第 4 期。

[198]唐海华:《挑战与回应:中国互联网传播管理体制的机理探析》,载《江苏行政学院学报》2016 年第 3 期。

[199]汤啸天:《政府应当如何保障人民的表达权》,载《法学》2008 年第 5 期。

[200]汤啸天:《再论人民表达权的行使与政府的保障》,载《同济大学学报(社会科学版)》2010 年第 3 期。

[201]屠凯:《论文化权利与表达自由的界分》,载《法商研究》2020 年第 5 期。

[202]王立成:《资本主义民主中的表达自由及其限制》,载《湖南师范大学社会科学学报》1990 年第 1 期。

[203]王锡锌:《公众参与:参与式民主的理论想象及制度实践》,载《政治与法律》2008 年第 6 期。

[204]王利明:《法治:良法与善治》,载《中国人民大学学报》2015 年第 2 期。

［205］王利明:《新时代中国法治建设的基本问题》,载《中国社会科学》2018年第1期。

［206］王敬波:《政府信息公开中的公共利益衡量》,载《中国社会科学》2014年第9期。

［207］王四新:《限制表达自由的原则》,载《北京行政学院学报》2009年第3期。

［208］王四新:《表达自由:媒体与互联网——以美国为例》,载《国际新闻界》2007年第5期。

［209］王雅菲、臧诚:《媒介批判视野下西方自由主义理论的现实困惑》,载《青年记者》2012年第8期。

［210］王海、陈瑞:《美国传媒集中化的产业逻辑动因》,载《国际新闻界》2004年第6期。

［211］王海稳:《论网络民意表达的政治价值考量及其限度》,载《甘肃理论学刊》2009年第2期。

［212］王桂科:《我国媒介产业演变过程的制度分析》,载《南方经济》2005年第1期。

［213］王蕙心:《被“主宰”的网络言论市场——以对自动化“水军”的多元规制视角切入》,载《现代法治研究》2020年第1期。

［214］王君超、郑恩:《“微传播”与表达权——试论微博时代的表达自由》,载《现代传播(中国传媒大学学报)》2011年第4期。

［215］王来华、林竹、毕宏音:《对舆情、民意和舆论三概念异同的初步辨析》,载《新视野》2004年第5期。

［216］王戈璇:《列斐伏尔与福柯在交冏维度的思想对话》,载《英美文学研究论丛》2010年第2期。

［217］王启梁:《不信任背景下的权利意识生长》,载《中国法律评论》2016年第3期。

［218］王全宇:《人的需要即人的本性——从马克思的需要理论说起》,载《中国人民大学学报》2003年第5期。

［219］王旭东:《加强合作,促进发展,共同迈向信息社会》,载《世界电信》2004年第1期。

[220]王红霞、杨玉杰:《互联网平台滥用格式条款的法律规制——以 20 份互联网用户注册协议为样本》,载《法学论坛》2016 年第 1 期。

[221]王安琪:《大数据战略下网络用户协议语言问题与监管建议》,载《辽东学院学报(社会科学版)》2019 年第 3 期。

[222]王瑞雪:《公共治理视野下的软法工具》,载《财经法学》2020 年第 4 期。

[223]汪明峰:《互联网使用与中国城市化——"数字鸿沟"的空间层面》,载《社会学研究》2005 年第 6 期。

[224]汪波:《大数据、民意形态变迁与数字协商民主》,载《浙江社会科学》2015 年第 11 期。

[225]吴飞:《西方传播法立法的基石——"思想市场"理论评析》,载《中国人民大学学报》2003 年第 6 期。

[226]吴悦、陈芳、李彬彬:《关于"知识鸿沟"影响因素的文献综述——基于 SCI 和 CSSCI 数据库的分析》,载《东南学术》2018 年第 1 期。

[227]吴青熹:《习近平网络社会治理思想的三个维度》,载《东南大学学报(哲学社会科学版)》2017 年第 6 期。

[228]吴亮:《网络中立管制的法律困境及其出路——以美国实践为视角》,载《环球法律评论》2015 年第 3 期。

[229]韦路、张明新:《第三道数字鸿沟:互联网上的知识沟》,载《新闻与传播研究》2006 年第 4 期。

[230]韦路、丁方舟:《论新媒体时代的传播研究转型》,载《浙江大学学报(人文社会科学版)》2013 年第 4 期。

[231]韦珊珊:《网络政治文化发展的发生学研究》,载《人民论坛·学术前沿》2019 年第 7 期。

[232]魏露露:《网络平台责任的理论与实践——兼议与我国电子商务平台责任制度的对接》,载《北京航空航天大学学报(社会科学版)》2018 年第 6 期。

[233]徐会平:《中国宪法学言论自由观反思》,载《学术月刊》2016 年第 4 期。

[234]徐勇:《GOVERNANCE:治理的阐释》,载《政治学研究》1997 年第 1 期。

[235]许向东、郭萌萌:《智媒时代的新闻生产:自动化新闻的实践与思考》,载《国际新闻界》2017年第5期。

[236]许颖:《互动·整合·大融合——媒介融合的三个层次》,载《国际新闻界》2006年第7期。

[237]向长艳:《自媒体言论监管面临的挑战、问题及策略研究》,载《新闻爱好者》2020年第2期。

[238]熊静波:《表达自由和人格权的冲突与调和——从基本权利限制理论角度观察》,载《法律科学(西北政法学院学报)》2007年第1期。

[239]熊文瑾、易有禄:《论网络表达权的边界——以实现网络信息内容生态治理为目的》,载《江西社会科学》2020年第8期。

[240]夏勇:《权利哲学的基本问题》,载《法学研究》2004年第3期。

[241]谢金林:《网络舆论生态系统内在机理及其治理研究——以网络政治舆论为分析视角》,载《上海行政学院学报》2013年第4期。

[242]谢昕欣:《思想市场的法经济学分析》,载《经济研究导刊》2014年第2期。

[243]谢小瑶、王育红:《作为公共论坛的网络空间:从公共网站展开》,载《江南大学学报》2017年第5期。

[244]肖冬梅:《"后真相"背后的算法权力及其公法规制路径》,载《行政法学研究》2020年第4期。

[245]袁继红:《社会选择与集体理性——从阿罗不可能定理谈起》,载《学术研究》2015年第8期。

[246]姚大志:《善治与合法性》,载《中国人民大学学报》2015年第1期。

[247]尤陈俊:《当代中国国家治理能力提升与基础性国家能力建设》,载《法制与社会发展》2015年第5期。

[248]闫慧、孙立立:《1989年以来国内外数字鸿沟研究回顾:内涵、表现维度及影响因素综述》,载《中国图书馆学报》2012年第5期。

[249]闫海:《表达自由、媒体近用权与政府规制》,载《比较法研究》2008年第4期。

[250]余伟如:《"流量社会"的崛起及其政治经济学探析》,载《理论与改革》2020年5期。

[251]尹建国:《我国网络信息的政府治理机制研究》,载《中国法学》2015年第1期。

[252]易顶强:《略论表达权的宪政意义》,载《江苏广播电视大学学报》2008年第4期。

[253]杨立新:《网络服务提供者在网络侵权避风港规则中的地位和义务》,载《福建师范大学学报(哲学社会科学版)》2020年第5期。

[254]杨福忠:《公民网络匿名表达权之宪法保护——兼论网络实名制的正当性》,载《法商研究》2012年第5期。

[255]杨久华:《试论我国网络表达自由发展的障碍因素及其对策》,载《兰州学刊》2008年第5期。

[256]俞可平:《国家治理的中国特色和普遍趋势》,载《公共管理评论》2019年第3期。

[257]喻国明等:《"个人被激活"的时代:互联网逻辑下传播生态的重构——关于"互联网是一种高维媒介"观点的延伸探讨》,载《现代传播(中国传媒大学学报)》2015年第5期。

[258]喻国明等:《趣缘:互联网连接的新兴范式——试论算法逻辑下的隐性连接与隐性社群》,载《新闻与传播研究》2020年第1期。

[259]虞崇胜、李海新:《公民表达权研究述评》,载《云南行政学院学报》2010年第5期。

[260]于建嵘:《自媒体时代公众参与的困境与破解路径——以2012年重大群体性事件为例》,载《上海大学学报(社会科学版)》2013年第4期。

[261]于志刚:《网络安全对公共安全、国家安全的嵌入态势和应对策略》,载《法学论坛》2014年第6期。

[262]于洋、马婷婷:《政企发包:双重约束下的互联网治理模式——基于互联网信息内容治理的研究》,载《公共管理学报》2018年第3期。

[263]叶娟丽、徐琴:《移动互联网·大数据·智能化:人工智能时代权力的规训路径》,载《兰州大学学报》2020年第1期。

[264]姚剑文:《论社会主义民主政治与公民表达权的保障》,载《学术界》2009年第3期。

[265]章舜钦:《和谐社会公民表达权的法治保障》,载《法治论丛》2007年第

4 期

[266]张文显:《新时代的人权法理》,载《人权》2019 年第 3 期。

[267]张文显:《法理:法理学的中心主题和法学的共同关注》,载《清华法学》2017 年第 4 期

[268]张志铭:《欧洲人权法院判例法中的表达自由》,载《外国法评议》2000 年第 4 期。

[269]张一兵:《索绪尔与语言学结构主义》,载《南京社会科学》2004 年第 10 期。

[270]张理智:《论"理性经济人假说"之不能成立》,载《江苏社会科学》2002 年第 6 期。

[271]张爱凤:《网络舆情中的文化政治》,载《新闻与传播研究》2017 年第 2 期。

[272]张燕、徐继强:《论网络表达自由的规制——以国家与社会治理为视角》,载《法学论坛》2015 年第 6 期。

[273]张千帆:《平等是一门科学——就业歧视法律控制的比较研究》,载《北方法学》2007 年第 4 期。

[274]张长东:《国家治理能力现代化研究——基于国家能力理论视角》,载《法学评论》2014 年第 3 期。

[275]张亮:《行政法视域中网络平台第三方义务的解释与适用》,载《黑龙江社会科学》2017 年第 6 期。

[276]张巍:《德国基本权第三人效力问题》,载《浙江社会科学》2007 年第 1 期。

[277]张志、刘文婷:《论公民互联网表达及其规制问题》,载《现代传播》2009 年第 1 期。

[278]张康之、向玉琼:《网络空间中的政策问题建构》,载《中国社会科学》2015 年第 2 期。

[279]张小强:《互联网的网络化治理:用户权利的契约化与网络中介私权力依赖》,载《新闻与传播研究》2018 年第 7 期。

[280]张虎彪:《环境维权的合法性困境及其超越——以厦门 PX 事件为例》,载《兰州学刊》2010 年第 9 期。

[281]张劲松、丁希:《论短信政治时代的政府回应力重塑——以厦门"海沧PX项目"事件为重点》,载《探索》2008 年第 4 期。

[282]张跣:《微博与公共领域》,载《文艺研究》2010 年第 12 期。

[283]郑玉双:《实现共同善的良法善治:工具主义法治观新探》,载《环球法律评论》2016 年第 3 期。

[284]郑晓剑:《比例原则在民法上的适用及展开》,载《中国法学》2016 年第 2 期。

[285]郑戈:《算法的法律与法律的算法》,载《中国法律评论》2018 年第 2 期。

[286]左亦鲁:《告别"街头发言者":美国网络言论自由二十年》,载《中外法学》2015 年第 2 期。

[287]左亦鲁:《算法与言论——美国的理论与实践》,载《环球法律评论》2018 年第 5 期。

[288]展江:《哈贝马斯的"公共领域"理论与传媒》,载《中国青年政治学院学报》2002 年第 2 期。

[289]周濂:《政治正当性与政治义务》,载《吉林大学社会科学学报》2006 年第 2 期。

[290]周辉:《技术、平台与信息:网络空间中私权力的崛起》,载《网络信息法学研究》2017 年第 2 期。

[291]周辉:《平台责任与私权力》,载《电子知识产权》2015 年第 6 期。

[292]周辉:《从网络安全服务看网络空间中的私权力》,载《中共浙江省委党校学报》2015 年第 4 期。

[293]周娟:《环保运动参与:资源动员论与后物质主义价值观》,载《中国人口·资源与环境》2010 年第 10 期。

[294]周葆华:《突发公共事件中的媒体接触、公众参与与政治效能——以"厦门 PX 事件"为例的经验研究》,载《开放时代》2011 年第 5 期。

[295]周学峰:《"通知—移除"规则的应然定位与相关制度构造》,载《比较法研究》2019 年第 6 期。

[296]周汉华:《论互联网法》,载《中国法学》2015 年第 3 期。

[297]周雪光:《中国国家治理及其模式:一个整体性视角》,载《学术月刊》

2014 年第 10 期。

　　[298]周雪光:《国家治理逻辑与中国官僚体制:一个韦伯理论视角》,载《开放时代》2013 年第 3 期。

　　[299]赵振宇:《保障公民知情权和表达权中政府及媒体的责任》,载《新闻记者》2009 年第 4 期。

　　[300]赵娟:《论美国言论自由判例中的公共论坛原理——以 2009 年萨姆案说起》,载《行政法学研究》2010 年第 4 期。

　　[301]赵秋雁:《论社会舆情治理的法理基础和实施路径》,载《北京师范大学学报(社会科学版)》2017 年第 6 期。

　　[302]赵海艳:《公共决策中网络协商民主的形式及效能分析》,载《深圳大学学报(人文社会科学版)》2019 年第 4 期。

　　[303]赵淼:《在合法性与正当性之间——马克斯·韦伯正当性理论的当代解读》,载《贵州师范大学学报(社会科学版)》2009 年第 5 期。

　　[304]赵汀阳:《关于自由的一种存在论观点》,载《世界哲学》2004 年第 6 期。

　　[305]赵汀阳:《被自由误导的自由》,载《世界哲学》2008 年第 6 期。

　　[306]郑燕:《网民的自由与边界——关于微博公共领域中言论自由的反思》,载《社会科学研究》2012 年第 1 期。

　　[307]郑保卫:《新闻立法刍议》,载《法学》1989 年第 12 期。

　　[308]臧震:《美国宪政精神下的表达自由——以焚烧国旗案为例》,载《法学论坛》2006 年第 2 期。

　　[309]邹晓玫:《网络服务提供者之角色构造研究》,载《中南大学学报(社会科学版)》2017 年第 3 期。

　　[310]邹军:《"网络中立"论争新趋势及启示》,载《新闻与传播研究》2015 年第 6 期。

　　[311]卓莉:《自媒体时代下微博反腐的机制研究》,载《理论与改革》2013 年第 4 期。

　　[312]翟小波:《"软法"及其概念之证成——以公共治理为背景》,载《法律科学(西北政法学院学报)》2007 年第 2 期。

　　[313]朱谦:《抗争中的环境信息应该及时公开——评厦门 PX 项目与城市

总体规划环评》，载《法学》2009 年第 1 期。

[314]朱谦:《城市规划环评中公众意见的表达途径——以厦门市海沧南部地区规划环评公众参与座谈会为例》，载《城市规划》2012 年第 6 期。

[315]朱谦、楚晨:《环境影响评价过程中应突出公众对环境公益之维护》，载《江淮论坛》2019 年第 2 期。

[316]朱晓阳:《"延伸个案"与一个农民社区的变迁》，载《中国社会科学评论》2004 年第 2 卷。

[317]中国行政管理学会课题组:《我国转型期群体性突发事件主要特点、原因及政府对策研究》，载《中国行政管理》2002 年第 5 期。

4. 学位论文

[1]李丹:《从表达自由到表达权——中国表达自由的演化机理研究》，厦门大学 2017 年硕士学位论文。

[3]龚艳:《仇恨言论的法律规制研究》，山东大学 2011 年博士学位论文。

[4]路鹏程:《晚清言论自由思想的肇始与演变(1833—1911)》，华中科技大学 2009 年博士学位论文。

[5]李海新:《公民表达权及其保障研究》，武汉大学 2011 年博士学位论文。

5. 英文著作

[1]Alan Hunt, *Explorations in Law and Society: Towards a Constitutive Theory of Law*, Routledge, 1993.

[2]Butler J., Butler K. C., *Excitable Speech: A Politics of the Performative*, Psychology Press, 1997.

[3]Christine Parker, *Just Lawyers, Regulation and Access to Justice*, Oxford University Press, 1999.

[4] Coleman S., Gøtze J., *Bowling Together: Online Public Engagement in Policy Deliberation*, Hansard Society, 2001.

[5]Douglas M., Fraleigh, Joseph S., *Tuman, Freedom of Expression in the Marketplace of Ideas*, SAGE Publications, 2010.

[6]Harry Kalven, *The Concept of Public Forum: Cox v. Louisiana, The Supereme Court Review*, The University of Chicago Press, 1965.

[7] Leigh Hancher, Michael Moran, *Capitalism, Culture, and Economic*

Regulation, Clarendon Press, 1989.

[8] Lepri B., Staiano J., Sangokoya D., *The Tyranny of Data? The Bright and Dark Sides of Data-Driven Decision-Making for Social Good, Transparent Data Mining for Big and Small Data*, Springer International Publishing, 2017.

[9] Jon Elster, *The Cement of Society: A Study of Social Order*, Cambridge University Press, 1989.

[10] Owen Fiss, *Liberalism Divided: Freedom of Speech and the Many Uses of State Power, Boulder*, Westview Press, 1996.

[11] Pierre Bourdie, J. D. Salinger, *An Invitation to Reflexive Sociology*, University of Chicago Press, 1922.

[12] Saul Levmore, Martha Nussbaum, *The Offensive Internet: Speech, Privacy and Reputation*, Harvard University Press, 2010.

[13] Shibutani T., *Improvised News: A Sociological Study of Rumor*, Bobbs Merrill, 1966.

[14] Waldron J., *The Harm in Hate Speech*, Harvard University Press, 2012.

6. 英文期刊论文

[1] Allport G. W., Postman L, An Analysis of Rumor, *Public Opinion Quarterly*, 1947, Vol.10, No.4.

[2] Natalie Alkiviadou, Hate Speech on Social Media Networks: Towards a Regulatory Framework?, *Information & Communications Technology Law*, 2019, Vol.28, No.1.

[3] Barrie Sander, Freedom of Expression in the Age of Online Platforms: The Promise and Pitfalls of a Human Rights-Based Approach to Content Moderation, *Fordham Internation Law Joura*, 2020, Vol.43, No.4.

[4] Bleich Erik, The Rise of Hate Speech and Hate Crime Laws in Liberal Democracies, *Journal of Ethnic and Migration Studies*, 2011, Vol.37, No.6.

[5] Brink, David O, Millian Principles, Freedom of Expression, and Hate Speech, *Legal Theory*, 2001, Vol.7, No.2.

[6] Brems, Eva. Belgium: The Vlaams Blok Political Party Convicted Indirectly of Racism. *International Journal of Constitutional Law*, 2006, Vol. 4, No. 4.

[7] Raphael Cohen-Almagor, Why Confronting the Internet's Dark Side?, *Philosophia*, 2017, Vol. 45, No. 3.

[8] Danielle Keats Citron and Neil M Richards, Four Principles for Digital Expression (You Won't Believe ♯3), *Washington University Law Review*, 2018, Vol. 95, No. 6.

[9] Dan Hunter, Cyberspace as Place and the Tragedy of the Digital Anticommons, *California Law Rerview*, 2003, Vol. 91.

[10] Dawn C. Nunziato, How (Not) to Censor: Procedural First Amendment Values and Internet Censorship Worldwide, *Georgetown Journal of International Law*, 2011, Vol. 42, No. 4.

[11] Evelyn Mary Aswad, To Protect Freedom of Expression, Why Not Steal Victory from the Jaws of Defeat?, *Washington and Lee Law Review*, 2020, Vol. 77, No. 2.

[12] Federica Casarosa, The European Regulatory Approach Toward Hate Speech Online: The Balance Between Efficient and Effective Protection, *Gonzage Law Review*, 2019, Vol. 55, No. 2.

[13] Gasser Urs&Schulz Wolfgang, Governance of Online Intermediaries: Observations from a Series of National Studies, *Korea University Law Review*, 2015, Vol. 18.

[14] Gunther Teubner. After Privatization: The Many Autonmies of Private Law, *Current Legal Problems*, 1998, Vol. 51, No. 1.

[15] Leonidas K. Cheliotis, Decorative Justice: Deconstructing the Relationship between the Arts and Imprisonment, *International Journal for Crime Justice and Social Democracy*, 2014, Vol. 3, No. 1.

[16] Jack M. Balkin, Free Speech Is a Triangle, *Columia Law Review*, 2018, Vol. 118, No. 7.

[17] Jack Balkin, Digital Speech and Democratic Culture: A Theory of Free-

dom of Expression for the Information Society, *New York University Law Review*, 2004, Vol. 79, No. 1.

[18]Jack M. Balkin, Media Access: A Question of Design, *Georgd Washington Law Review*, 2008, Vol. 76, No. 4.

[19]Jack Balkin, The Future of Free Expression in a Digital Age, *Pepperdine Law Review*, 2008, Vol. 36, No. 2.

[20]Jerome A. Barron, Access to the Press—A New First Amendment Right, *Harvard Law Review*, 1967, Vol. 80, No. 8.

[21] J. M. Balkin, Media Filters, the v-Chip, and the Foundations of Broadcast Regulation, *Duke Law Journal.*, 1996, Vol. 45, No. 6.

[22]King, Julie, Democracy in the information age, *Australian Journal of Public Administration*, 2006, Vol. 65, No. 2.

[23]Leets L, Responses to Internet Hate Sites: Is Speech too Free in Cyberspace?, *Communication Law & Policy*, 2001, Vol. 6, No. 2.

[24]Lawrence Lessig, *The Architecture of Innovation*, Duke L. J., 2002, Vol51, No. 6.

[25]Lawrence B. Solum & Minn Chung, The Layers Principle: Internet Architecture and the Law, *Notre Dame Law Review*, 2004, Vol. 79, No. 3.

[26]Mark S. Granovetter, The Strength of Weak Ties, *American Journal Sociology*, 1973, Vol. 78, No. 6.

[27]McHarg Aileen, Reconciling Human Rights and the Public Interest: Conceptual Problems and Doctrinal Uncertainty in the Jurisprudence of the European Court of Human Rights, *Modern Law Review*, 1999, Vol. 62, No. 5.

[28]Molly Land, Toward an International Law of the Internet, *Harvard International Law Journal*, 2013, Vol. 54, No. 2.

[29]Owen Fiss, In Search of a New Paradigm, *The Yale Law Journal*, 1995, Vol. 104, No. 7.

[30]Patrick M. Garry, The Flip Side of the First Amendment: A Right to Filter, *Michigan State Law Review*, 2004, Vol. 2004, No. 1.

[31]Patni, Ritika & Kasturika Kaumudi, Regulation of Hate Speech, *Na-*

tional Uniersity of Juridiral Sciences Law Review, 2009, Vol. 2, No. 4.

[32]P. J. Tichenor, G. A. Donohue, C .N. Olien, Mass Media Flow and Differential Growth in Knowledge, *Public Opinion Quarterly*, 1990, Vol. 34, No. 2.

[33] Rosenfeld, Michel, Hate Speech in Constitutional Jurisprudence: A Comparative Analysis, *Cardozo Law Review,* 2002, Vol. 24, No. 4.

[34]LaShel Shaw, Hate Speech in Cyberspace: Bitterness Without Boundaries, *Notre Dame Journal of Law Ethics & Public Polity*, 2011, Vol. 25, No. 1.

[35] Tim W, Network Neutrality, Broadband Discrimination, *Journal on Telecommunications & High Technology Law*, 2003, Vol. 2, No. 1.

[36] Travers J, Milgram S, An Experimental Study of the Small World Problem, *Sociometry*, 1969, Vol. 32, No. 4.

[37] Tsesis, Alexander, Hate in Cyberspace: Regulating Hate Speech on the Internet, *San Diego Law Review*, 2011, Vol. 38, No. 3.

[38]Stefanie Ullmann, Marcus Tomalin, Quarantining Online Hate Speech: Technical and Ethical Perspectives, *Ethics and Information Technology*, 2020, Vol. 22, No. 2.

[39]Yochai Benkler, From Consumers to Users: Shifting the Deeper Structures of Regulation Toward Sustainable Commons and User Access, *Federal Communications Law Journal*, 2002, Vol. 52, No. 3.

7. 报纸

[1]《海沧 PX 项目已按国家法定程序批准在建》,载《厦门晚报》2007 年 5 月 29 日第 2 版。

[2]黄玉浩:《"PX 项目"群体过敏症》,载《新京报》2012 年 12 月 24 日第 A16 版。

[3]梁燕等:《反歧视,美国华裔这次做足准备》,载《环球时报》2020 年 3 月 26 日第 007 版。

[4]《研究当前新冠肺炎疫情防控和稳定经济社会运行重点工作》,载《人民日报》2020 年 3 月 5 日第 001 版。

［5］李红娟：《平台经济反垄断关键在于构建有效竞争的监管机制》，载《经济参考报》2020 年 12 月 24 日第 1 版。

［6］上官敫铭：《厦门人反 PX 之战：环保旗帜下的民意胜利》，载《南方都市报》2007 年 12 月 25 日第 5 版。

［7］吴仕平：《不造谣 不信谣 不传谣》，载《芜湖日报》2020 年 2 月 7 日第 1 版。

［8］《厦门 PX 项目正在稳步推进》，载《第一财经日报》2007 年 5 月 29 日第 A04 版。

［9］屈丽丽：《厦门百亿化工项目安危争议》，载《中国经营报》2007 年 3 月 19 日第 A1～A2 版。

［10］《新冠病毒和 SARS 病毒是什么关系》，载《北京科技报》2020 年 2 月 17 日第 05 版。

［11］习近平：《决胜全面建成小康社会 夺取新时代中国特色社会主义伟大胜利——在中国共产党第十九次全国代表大会上的报告》，载《人民日报》2017 年 10 月 28 日第 001 版。

［12］张成林：《疫情当前不信谣不传谣》，载《海南日报》2020 年 1 月 29 日第 3 版。

［13］张汉青：《网络安全等级保护制度 2.0 标准正式发布》，载《经济参考报》2019 年 5 月 16 日第 7 版。

［14］张洋：《删帖牟利 违法害己》，载《人民日报》2013 年 12 月 5 日第 9 版。

8．外国判例

［1］Abrams v. United States，250 U.S. 616(1919).

［2］Davis v. Commonwealth of Massachusetts，167 U.S. 43(1897).

［3］FCC v. Pacifica Foundation，438 U.S. 726(1978).

［4］Miami Herald Pub. Co. v. Tornillo，418 U.S. 241(1974).

［5］Near v. Minnesota，283 U.S. 697(1931).

［6］New York Times Co. v. Sullivan，376 U.S. 254(1964).

［7］Red Lion Broadcasting Co. v. FCC，395 U.S. 367(1969).

［8］Schenck.v.United States，249 U.S. 47(1919).

［9］Trinity Methodist Church v.FRC，62 F. 2d 850(D.C.Cir.1932).

［10］Turner Broadcasting System v. FCC，512 U.S. 622(1994).

［11］Turner Broadcasting System v. FCC，520 U.S. 180(1997).

［12］United states v. American Library Association，539 U.S. 194(2003).

9. 中国判例

［1］广东省深圳市南山区人民法院(2016)粤 0305 民初 12187～12199、12318 号民事判决书。

［2］辽宁省辽阳市中级人民法院(2019)辽 10 民终 1671 号二审民事判决书。

［3］山东省临沂市兰山区人民法院(2020)鲁 1302 刑初 217 号刑事判决书。

［4］湖南省岳阳市岳阳楼区人民法院(2020)湘 0602 刑初 342 号刑事判决书。

［5］广东省英德市人民法院(2020)粤 1881 刑初 110 号刑事判决书。

写后记从来都是一件愉快的事情。它意味着一项艰苦工作基本结束,意味着可以稍微松一口气,整理一下心绪,感受和体会写作之外的世界的精彩。

所有过往,皆为序章。尽管这一项工作可以暂时告一段落,但在做这项工作过程中的学习、积累以及由此产生的新的观点和思路,却可以成为新的起点。或许,就是在这样一种过往与新的开始的循环中,学术思考和理论研究以螺旋方式演进和提升。在这个意义上,"过往"成为新起点的前奏。因此,回顾过往,应有助于新序章的开始。最初在申报国家社科基金重大招标项目"互联网与表达权的法律边界研究"课题的时候,我对课题的理解更多的是将文本作为立足点展开,对题目的主旨和意图、课题设置的背景性资料并不了解,因此申报的时候完全立足于法学学科进行。在申报结果出来之后的一个会议上,才偶然了解到这个课题更多的是一项传媒学的议题,因此未能中标也成为顺理成章之事。好在国家社科基金规划办相关部门对我的标书中的部分内容较为认可,将之作为国家社科基金重点项目予以立项。于是,在规划办将题目调整为"互联网背景下的表达权研究"之后,我随之也调整了团队成员、研究成果形式,并和团队成员一道开始了比预期要艰苦的研究。

本课题的研究之所以遇到了超出预期的困难,是因为对"表达权"的理解和定位有了更深入和丰富的认识。在投标书中和课题立项之后,团队更多的是从法学尤其是公法学的基础上理解表达权,将其视为宪法学理意义上的"表达自由",并将《宪法》第 35 条"中华人民共和国公民有言论、出版、集会、结社、游行、示威的自由"作为其规范基础。这样理解固然有其道理,但在通读了大量关于表达权的党和政府的文件之后,我们发现它的意涵并不限于此,还需要结合党和国家的系列政治文件进行理解和阐释。在这个意义上,表达权具有权利属性,在功能意义上是一种权利,也是一种政法话语,其特有的表达方式也意味着有很多有待发掘的内涵。这种理解的深入,是一种随着研究的深入而产生的新认知。由于这种认知产生的时间较晚,课题组的转向也较为艰苦,相关的成果发表也较为滞后。除了在早期进行探索性研究表达权相关治理问题时所作的基础理论性质的相关研究《对接法律的治理——美国社会规范理论述评及其中国意义》(《国外社会科学》2017 年第 3 期)外,其他的成果如《论作为中国政法话语的表达权》(《法学家》2021 年第 5 期)、《媒介融合视角下表达权的生成机理与制度调适》(《北大法律评论》第 22 卷 · 第 1 辑)、《网络表达的多元规制——以规范表达权的实现为视角》、《权能相长:论网络表达权与国家权力的合作互动关系》都是基于这种新认知而产生,因而发表时间较晚。由此,本课题形成的近 40 万字的结项文集,对互联网背景下中国特色政法话语——表达权的学理属性、治理方式及其实现等各方面的探究,更像是对结合了权利属性与政法话语的表达权进行研究的序章。这一序章是写作团队集体智慧的结晶,凝结了每位团队成员的学术思考。我承担了本书整体策划、总体框架设计、讨论确定大纲等工作,并对每一章的文字和表达进行了审阅和校对。本书具体分工如下:第一章、前言和结语,郭春镇;第二章至第九章,作者分别为王海洋、黄耀鹏、成立文、曾钰诚、谢于思、侯天赐、熊捷、张慧。

之所以能够有机会写后记,是因为尽管"序章"已经开启,尽管现有的工作有种种不足,成果难称得上令人满意,但毕竟课题研究的工作基本上告一段落。回望一下,团队之所以能够初步达到预定的目标,或许主要源于对生命、生活、工作、学习等的坚守、坚持和成长。在研究的过程中,其他与之直接或间接相关的诸多人生经历也使人在劳作的同时,感悟和体会到。在这一段时间里,团队的成员有人毕业,也有人加入,他们在文献收集、梳理、部分内容的写作方面付出了诸多努力。而我,则经历了亲人的离开、小女儿的出生等诸多波折。这短短的两三年,好像过了很久。但无论时光如何流转,该面对的事情总是要面对,面对的时候,也总离不开坚守、坚持,并在这些经历中,让人不仅变老,而且成长。

　　生活有时候会以真切的疼痛让人感受生命的坚守和人生的聚散。两年前的夏季,炎热的天气跟以往没有什么不同,但我的人生却有了很大的不同,因为我再也没有妈妈了。母亲由于脑卒中瘫痪卧床了 8 年,并在后面几年丧失了语言能力。我的工作地点离父母有 1800 公里,这实实在在地影响到了我做儿子孝敬母亲的机会和时间。因此,每年在繁忙的工作之余,尽量在出差或调研顺道的时候,回家看望她。每次见面,她都很高兴,虽然说不出话,但都会咿咿呀呀地表达自己的情感。这样的情景每次都让我想到自己一两岁的时候跟她说话,应该也是这样的吧。每次离开,她都很不舍,我也都会跟她约个大致的时间,说到时会回去看她。在我最后一次回家看望她之前的相当长一段时间,她状态都不是很好。我每次跟她视频,她反应也都较慢,没有什么明显的、严重的症状,但情绪总是不高。最后一次视频,我跟她确定了回家的时间,从她的表情来看,好像心里有了期待。其实,最后一面我并没有跟她说多少话,也没有多少交流。我只是觉得她的手很凉,呼吸也不是很顺畅,姐姐和哥哥说她好几天都是这样,不大跟人交流,也基本上不怎么吃东西。我拉着母亲的手,像以往一样问候她,跟她不停地说些家常话,她听了几句之后突然呼吸急促,几分钟后就离世了。后来,我一直在想,多年的疾病,已经让母亲油尽灯灭了。她之所以能等到我回到家,跟我见最后一面,完全是在苦苦坚持和等待。生命可以如此坚守,直至团聚。

　　人生有散也有聚。在母亲去世 4 个月后的平安夜里,一个有极嘹亮歌喉的小生命来到了我的家。隔着长长的产房和走廊,以及厚重的双重手术室门,我都能听到那个嘹亮的哭声持续了将近一个小时(因为妻子在做剖官产后的清创与缝合手术)。从此,两个都在奔五的人意外地又再做了一次爸爸妈妈。年龄不饶人,工作和生活的紧张和压力,在有了孩子之后也照样逃不脱。工作方面,除了教学科研,还有行政事务,一样都不能少做,一样也都不能做差。因此,这一两年过得颇为艰辛。不过,快乐一点都没有少。到了这个年龄,又有了养育一个孩子的经验,我们把带小女儿的过程更多地变成了一种享受。她每一天的变化,每一个细小的进步,每一次甜蜜的笑容,我们都尽力用大脑或者手机、相机等设备牢牢地记住。现在,我们有了一个健康、快乐、聪明、吃饭不挑拣、热爱音乐与阅读的小猪宝。感谢生命和生活的馈赠,让这样的一个精灵与我们团聚。

人生过半,很多事情自我感觉越来越明白。感谢生活,它投我以"琼琚"、"琼瑶"和"琼玖",而我限于自己的能力,却只能报之以"木瓜"、"木桃"或"木李",甚至对很多给我恩惠最大的人,我心存感激却无以报答。首先,要感谢我的父母。在每一本书的后记里,我都感谢他们,感谢他们把"砖头大小的"我,抚养成现在的样子。虽然我已是中年,但我身心依然接受着他们的"抚养",他们当年的一个笑容、一次鼓励、一次批评甚至一个巴掌,都造就了现在的我,影响着我现在和未来的行为,甚至在某种意义上影响到了我的下一代。我现在有两个孩子,养育她们的时候往往会想起我的父母在物资匮乏的时代是如何想方设法、辛苦劳作、精打细算,才能把 6 个孩子养育成人,其间要经历怎样的艰辛与磨难。现在,父亲已经 90 多岁了,90 岁生日的时候由于疫情我没有回家陪他。我希望能在疫情得到控制之后回家再陪陪他,让他好好享受四世同堂、被几十口人包围的快乐。其次,我要感谢我的爱人张薇薇副教授。她曾半开玩笑地对我说:40 多岁还给你生了一个小女儿,我这也算是真爱了。其实不只如此,不止是这个孩子,在工作、生活的方方面面,她都尽了最大努力让这个家完整、快乐、幸福。有一天吃晚饭的时候,大女儿对我们说:我看你们俩的关系还挺好的。我说:当然!我和你妈妈也是混在一起十几年的好兄弟了。俗话说"多年父子成兄弟",其实夫妻一起久了,也是如此,对待各种事情,都是非常默契、心有灵犀的。再次,我要感谢我的岳母和两个女

儿。"家有一老,如有一宝",我的岳母在我大女儿出生之前就跟我们一起
生活了,对我们大人小孩的衣食住行各方面都倾注了几乎所有的心力,现
在她70多岁了,依然帮我们带孩子。每次想起她,我心里都充满了感激。
至于我的两个女儿,我实在想不起来用哪些美好的词语来形容她们。但
我有时候会想:如果没有她们,我人生的意义还能存下多少?带大女儿去
看《你好,李焕英》(由于当时小女儿只有一岁,需要有人照料,在我爱人陪
我岳母看了之后,是我带大女儿去看的)之后,我们讨论这部电影的创新。
我们达成了两个共识:一是贾晓玲是肉身穿越、李焕英是灵魂穿越,虽然
逻辑上有些问题,但这样叙事仍然是有新意的。二是立意不同,很多穿越
小说和题材都是一个人穿越之后大开金手指甚至金大腿,让自己如何成
功。而这部电影则是穿越之后试图改变别人(母亲)的命运,让别人过得
更幸福,甚至为此愿意让自己未来消失(贾晓玲希望李焕英与沈光林结
婚),这是最为真挚的爱。聊完之后,大女儿对我说:如果我穿越了,我希
望我们还是原原本本的一家人,跟现在一样快乐地在一起。那时一岁多
一点的小女儿还不怎么会说话,但她已经会很聪明地用各种方式表达自
己的想法和需要了,她的一颦一笑,都让我们的生活更加有趣。

　　最后,我要感谢我的师长、朋友和同事们,他们给我带来莫大的帮助
和支持,使我能够在工作上有所进展和进步、生活上顺利和快乐。感谢孙
笑侠教授、张文显教授、李龙教授、沈国明教授、季卫东教授、汪习根教授、
胡玉鸿教授、马长山教授、姚建宗教授、陈云良教授、徐亚文教授、宋方青
教授、徐崇利教授、谢海定研究员、郑戈教授、支振锋研究员、董彦斌教授、
杨建军教授、陈林林教授、李学尧教授、谢晓瑶教授、刘连泰教授、陈柏峰
教授、李忠夏教授、桑本谦教授、李晟教授、尤陈俊教授、王启梁教授、常安
教授、刘忠教授、胡凌教授、戴昕教授、周尚君教授、李拥军教授、柯岚教
授、于明教授、刘诚教授、陈景辉教授、陈锐教授、侯学宾教授、朱振教授、
邱昭继教授、朱晓勤教授、陈鹏教授、魏磊杰副教授等,感谢他们的提携、
教诲、指导和帮助!感谢国家社科基金匿名评审专家对本书提出的意见
和建议!作者们根据或参阅其意见与建议,对相关内容和表达进行了修

改和调整。同时，我还要感谢本项成果所引用文献的各位作者，是他们在智识上的贡献，使我能够让自己的讨论有学理和实践的支撑。感谢我的学生张慧、曾钰诚、王海洋、成立文、熊捷和黄耀鹏提供的各种帮助和便利。

郭春镇

2021 年 12 月初稿

2023 年 3 月 11 日于厦大海滨